Arno Borst

# Die Katharer

# HERDER / SPEKTRUM

Band 4025

Das Buch

Die Katharer wurden als Ketzer verflucht, verfolgt und verbrannt. Die Aura des Geheimnisvollen und der Faszination umgibt sie bis heute. Lange Zeit wußte man von ihnen nur das, was ihre Todfeinde, die Inquisitoren der katholischen Kirche, von ihnen sagten. Arno Borst zeigt, wer diese Anhänger einer alternativen religiösen Bewegung wirklich waren. Dabei unternimmt er mit diesem Standardwerk einen faszinierenden Streifzug durch das Mittelalter. Er läßt eine für uns dunkle Zeit lebendig werden, indem er lange verschollene Quellen zum Sprechen bringt. Borst geht von den Selbstzeugnissen der Katharer aus, entschlüsselt, was ihre eigenen Ideen waren: von Diesseits und Jenseits, vom rechten Leben und der rechten, christlichen Lehre. Die Katharer: eine hierarchische, streng organisierte Sekte, die sich mit den Armutsbewegungen des Mittelalters verband. Sie wurde zur größten Herausforderung kirchlicher und staatlicher Gewalt, bis zu ihrer Vernichtung durch die Inquisition. Und doch läßt sich mit Borst heute feststellen: „Erst während der Auseinandersetzung mit den Katharern entschied sich Europa mit allen guten und bösen Konsequenzen zu seinem bis heute wirksamen Gesetz, daß die hiesige Welt eine Aufgabe und ihre Bewältigung der Daseinsgrund der Menschen sei." Eine einzigartige kulturgeschichtliche Lektüre.
Das Nachwort schrieb Alexander Patschovsky, Professor für Geschichte des Mittelalters an der Universität Konstanz.

Der Autor

Arno Borst, geboren 1925, emeritierter Professor für Geschichte des Mittelalters in Konstanz, ist bekannt für seine zahlreichen Studien und Publikationen zum Mittelalter und seiner Kultur-, Religions- und Sozialgeschichte. Borst ist als Wissenschaftler vielfach ausgezeichnet worden, so erhielt er u. a. den „Sigmund-Freud-Preis für wissenschaftliche Prosa". Unter seinen Werken: „Der Turmbau von Babel" (6 Bde. 1957–63), „Lebensformen im Mittelalter" (1973), „Mönche am Bodensee" (1978), „Das mittelalterliche Zahlenkampfspiel" (1986), „Barbaren, Ketzer und Artisten" (1988), „Computus" (1990).

Arno Borst

# Die Katharer

Mit einem Nachwort von
Alexander Patschovsky

Herder

Freiburg · Basel · Wien

Zum Titelbild:

*Ketzerverbrennung.* Farbminiatur in: Bible moralisée der Handschrift Wien, Nationalbibliothek, cvp 2554 fol. 30$^v$ (erste Hälfte 13. Jh.); vgl. Bible moralisée. Faksimile-Ausgabe im Originalformat des Codex Vindobonensis 2554 der Österreichischen Nationalbibliothek, Commentarium von Reiner Haussherr (Codices selecti 40 und 40*, Graz und Paris 1973).

Die Szene stellt den Gegenwartsbezug zum Befehl Gottes an Moses dar, Gotteslästerer durch Steinigung mit dem Tode zu bestrafen (Levit. 24, 12–16); dieser Befehl findet in einem über unserem Bild stehenden Medaillon szenische Darstellung. Man sieht inmitten eines Scheiterhaufens an Pfählen festgebundene Menschen, denen ein Fürst das Urteil spricht. Dazwischen ein Bettelmönch, dessen Abwehr wie Mahnung zum Ausdruck bringender Gestus darauf hinzudeuten scheint, daß er den Verurteilten ins Gewissen redet; doch ist daran zu erinnern, daß für die Sanktion der weltlichen Instanz der Spruch des geistlichen Richters ursächlich war. Der auf dem Titelbild nicht wiedergegebene Begleittext läßt erkennen, daß es sich bei den zum Feuertod Verurteilten direkt um Katharer handelt (toz les mescreanz et toz les populicanz et toz cels qi deu gabent, „alle Ungläubigen und alle Popelikaner und alle, die Gott lästern"; ‚Popelikaner' ist eine der vielen zeitüblichen Bezeichnungen für Katharer). Der Herausgeber der Faksimile-Edition, R. Haussherr, hat in dieser und ähnlichen Darstellungen der Handschrift zu Recht einen Reflex auf die Albigenser-Kreuzzüge gesehen, deren Opfer die Katharer Südfrankreichs waren.

*Text:* Et qe Moyses commanda qe cil qi se gabade deu fust lapidez; et il si fu senefie qe dex commande as rois et as contes et as princes qe il ocient toz les mescreanz et toz les populicanz et toz cels qi deu gabent.

„Und daß Moses befahl, daß der, der Gott lästert, gesteinigt würde; und damit wurde bedeutet, daß Gott den Königen und den Grafen und den Fürsten befiehlt, daß sie alle Ungläubigen und alle Popelikaner und alle, die Gott lästern, töten." (Hinweise zum Titelbild von Alexander Patschovsky)

Gedruckt auf umweltfreundlichem,
chlorfrei gebleichtem Papier

5. Auflage

Alle Rechte vorbehalten – Printed in Germany
© Verlag Herder Freiburg im Breisgau 1991
Lizenzausgabe mit Genehmigung des Verlages Anton Hiersemann, Stuttgart
© des Nachworts von Alexander Patschovsky,
Verlag Herder Freiburg im Breisgau
Herstellung: Freiburger Graphische Betriebe 1997
Umschlaggestaltung: Joseph Pölzelbauer
ISBN 3-451-04025-5

# Inhalt

Inhalt

# Vorwort zur Taschenbuchausgabe

Die fortdauernde Nachfrage nach diesem Erstlingswerk erklärt sich nicht aus dem Weitblick des Verfassers, sondern aus einem Zusammenspiel von Bedingungen und Folgen, das er nicht voraussehen konnte. Es war zunächst nichts weiter als ein Zufall, daß der französische Dominikaner Antoine Dondaine 1937 in Florenz eine Handschrift von etwa 1240 entdeckte, die einen ‚Liber de duobus principiis‘ enthielt. Damit kam das erste authentische Selbstzeugnis der Katharer ans Licht, sechshundert Jahre nach ihrer Vernichtung durch die dominikanische Inquisition. Von dieser größten Sektenbewegung des lateinischen Mittelalters war der modernen Forschung bislang fast nur bekannt geworden, was ihre Todfeinde, die Inquisitoren, behauptet hatten, daß die Katharer Epigonen der Gnostiker und Manichäer, einer vorchristlichen und antichristlichen Gegenkirche seien. Noch als Dondaine 1939 den ‚Liber de duobus principiis‘ in Rom veröffentlichte, bezeichnete er ihn als neumanichäischen Traktat.

Sein Fund hätte in ruhigeren Zeiten viele Federn in Bewegung gesetzt, ging aber im Getöse des Zweiten Weltkriegs beinahe unter. Es war wieder ein Zufall, daß Dondaines Buch, das nicht bis Deutschland kam, 1947 in Basel dem Göttinger Orientalisten und Religionshistoriker Hans Heinrich Schaeder in die Hand fiel. Er hatte den religiösen Dualismus der iranischen und hellenistischen Antike am gründlichsten studiert und erkannte, daß der neu aufgetauchte Text exakt festzustellen erlaubte, ob und wie der Katharismus des katholischen Mittelalters wirklich mit dem antiken Synkretismus und seinen byzantinischen Ausläufern zusammenhing. Es traf sich des weiteren günstig, daß der Göttinger Mittelalterhistoriker Percy Ernst Schramm, ein Meister im Aufspüren neuer Quellen, die Beziehungen zwischen Byzanz und dem Abendland aufs genaueste kannte und Schaeders Anregung höchst fruchtbar fand. Beide verabredeten 1948, gemeinsam eine Doktorarbeit über den ,Liber de duobus principiis' zu betreuen.

.Da ich damals in Göttingen mittelalterliche Geschichte bei Schramm, Religionsgeschichte bei Schaeder studierte, brauchte ich nur zuzugreifen. Meine Dissertation, 1951 der Göttinger Fakultät vorgelegt, ergänzte Dondaines Edition durch eine Analyse von Handschrift und Text; sie klärte Entstehung und Schichtung, Sprache und Stil, Gedankenführung und Inhalt, auch im Vergleich mit den bisher bekannten katholischen Quellen. Die Untersuchung stellte die Erforschung des Katharismus auf ein sicheres Fundament, erschien aber im Druck 1953 bloß noch als Anhang (S. 254–318). Sie ging in die jetzt maßgebliche Ausgabe des ,Liber de duobus principiis' von Christine Thouzellier 1973 so vollständig ein, daß ihre gesonderte Wiederholung niemandem nützen würde. Auch zwei kürzere Anhänge fallen weg, die der Erweiterung und Ergänzung bedürfen: eine Liste der katharischen Bistümer und Bischöfe (Erstausgabe S. 231–239) und eine Sichtung der verschiedenen Namen, mit denen die Katharer sich selbst bezeichneten und von anderen bezeichnet wurden (Erstausgabe S. 240–253).

Der Schwerpunkt der Arbeit verlagerte sich ohnehin auf Deutung und Beschreibung der katharischen Bewegung im ganzen. Am meisten trug dazu Herbert Grundmann bei, der führende Erforscher religiöser Bewegungen im lateinischen Mittelalter. Er holte mich nach der Promotion als Assistenten nach Münster und ließ mir Zeit, die Dissertation für den Druck zu überarbeiten. Dabei erwies sich der ,Liber de duobus principiis' als passendster Schlüssel zu den Rätseln, die mittelalterliche Quellen und moderne Forschungen über Geschichte, Glauben und Wirkung der Katharer hinterlassen hatten. Es ergab sich, daß sie wohl aus der orientalischen Fremde kamen, mit ihrer unbedingten Absage an das Diesseits jedoch die abendländische Christenheit erstmals vor die Kernfrage Jesu stellten: „Was nützt es dem Menschen, wenn er die ganze Welt gewänne, aber an seiner Seele Schaden litte?" Erst während der Auseinandersetzung mit den Katharern entschied sich Europa mit allen guten und bösen Konsequenzen zu seinem

12

bis heute wirksamen Gesetz, daß die hiesige Welt eine Aufgabe und ihre Bewältigung der Daseinsgrund des Menschen sei.

Die Edition der Inquisitionsakten von Montaillou durch Jean Duvernoy 1965–72 und ihre Auswertung durch Emmanuel Le Roy Ladurie 1975 brachten, was mir versagt geblieben war, die ungedruckten örtlichen Quellen zum Sprechen. Sie lehren, daß noch die späten Katharer um 1300 an jene Erlösung aus allem Irdischen glaubten, die der ‚Liber de duobus principiis' zwei Menschenalter früher am Gardasee verheißen hatte. Im Licht dieser Erkenntnis würde ich jetzt bei der Deutung der Katharer den genuin christlichen Konflikt zwischen Weltentsagung und Weltverwandlung noch stärker betonen, bei der Beschreibung die Fäden zwischen Religionsgeschichte und Sozialgeschichte noch enger knüpfen, doch an den Einzelheiten wenig ändern. Denn wenn der ‚Liber de duobus principiis' das katharische Glaubensbekenntnis so umfassend wiedergab, bleibt die aus ihm schöpfende Darstellung vorerst für die zentralen Zeiten und Räume der katharischen Geschichte gültig.

Die Gelehrten, die dieser Darstellung damals den Weg bahnten, Antoine Dondaine, Hans Heinrich Schaeder, Percy Ernst Schramm und Herbert Grundmann, erlebten den langfristigen Ertrag ihrer Arbeit nicht mehr. Wie ihnen bin ich denen dankbar, die dem Werk noch immer Beistand gewähren, dem Verleger Gerd Hiersemann, der die Taschenbuchausgabe so bereitwillig genehmigte, wie sie der Präsident der Monumenta Germaniae Historica, Horst Fuhrmann, guthieß. Karin Walter vom Herder-Verlag bemühte sich um den Neudruck nicht weniger als mein Konstanzer Nachfolger Alexander Patschovsky. Sein Nachwort bringt jüngeren Lesern den aktuellen Stand der Forschung näher, als ich es könnte, und ermutigt sie zur lohnendsten Arbeit der Historiker, zur Erschließung neuer Quellen. Sie wird die Hoffnungen des Verfassers erfüllen, indem sie seine Arbeit überholt.

Konstanz, Mai 1991

*Arno Borst*

# Vorwort

Das vorliegende Buch stellt sich zwei Aufgaben. Vor allem will es eine Antwort auf die alte Streitfrage versuchen, die um die *Deutung* der größten mittelalterlichen Sektenbewegung entbrannt ist. Sind die Katharer ihrem Wesen nach ,Ketzer', das heißt Christen, die nur von der herrschenden Kirche abweichen – oder sind sie Anhänger einer nichtchristlichen, heidnischen Religion? Historisch gesprochen: Waren die Katharer ein Teil der religiösen Bewegung des abendländischen Mittelalters – oder waren sie balkanische Bogomilen, Schlußglieder der gnostischen Tradition? Die folgenden Seiten wollen durch eine Darstellung der Literaturgeschichte (Teil I), der Geschichte (Teil II) und des Glaubens der Katharer (Teil III) erweisen, daß die Antwort nicht entweder–oder heißen kann, sondern einen Mittelweg einschlagen muß (Teil IV).

Wenn diese These richtig ist, muß sie eine Synthese ermöglichen. Es ist also die zweite Aufgabe dieser Untersuchung, eine möglichst umfassende *Beschreibung* des Katharismus zu geben, wie sie Charles Schmidt vor einhundert Jahren zum letztenmal unternahm. Dieses Anliegen kann aus äußeren Gründen nicht voll verwirklicht werden. Einmal waren mir die zahlreichen ungedruckten Quellen in Italien und Frankreich nicht zugänglich; zum anderen erfordert eine solche Synthese Einzelkenntnisse in zahlreichen Wissenschaften, wie ich sie nicht besitze. Wahrscheinlich übersteigt diese Aufgabe heute die Kraft eines einzelnen; im folgenden soll dazu nur ein Ausgangspunkt geboten werden.

Zahlreiche Gelehrte haben mir bei der Arbeit geholfen. S. E. Kardinal G. Mercati und R. P. A. Dondaine O. P. in Rom ermöglichten es mir, die Photokopien des katharischen ,Liber de duobus principiis' auszuwerten; R. P. Dondaine, der maßgebende Forscher auf diesem Gebiet, unterstützte mich ständig aufs freundlichste durch wertvolle Hinweise und neue Literatur. Auch die beiden anderen führenden Gelehrten dieses Zweiges, R. P. Ilarino da Milano O. F. M. Cap. in Rom und Teol. Dr. H. Söderberg in Uppsala, kamen mir in der liebenswürdigsten Weise entgegen.

Nicht weniger als den Spezialgelehrten verdanke ich meinen akademischen Lehrern, die mir mit Ratschlägen und Büchern stets zur Seite standen. Vor allem gilt mein Dank den Herren Prof. Dr. P. E. Schramm und Prof. Dr. H. H. Schaeder in Göttingen für ihre unermüdliche Hilfe. Vielerlei Unterstützung und Anregung erfuhr meine Arbeit auch durch die Herren Prof. Dr. W. Berges in Berlin, Doz. Dr. B. Bischoff in München, Prof. Dr. F. Dölger in München, Dr. R. Elze in Bonn, Prof. Dr. H. Grundmann in Münster, Prof. Dr. H. Heimpel in Göttingen, Dr. P. Scheibert in Uslar und durch meine Göttinger Freunde.

Bei der Bücherbeschaffung halfen mir neben fast allen deutschen Staats- und Universitätsbibliotheken mehrere westeuropäische Büchereien; insbesondere gedenke ich dankbar der Hilfe der Bibliothèque Nationale in Paris. Doch auch zahlreiche kleinere Bibliotheken wurden mir geöffnet; ein besonderes Dankeswort verdienen die RR. PP. Bibliothekare der Ordensbüchereien in Walberberg, Pullach und Scheyern.

Die endgültige Gestalt der Untersuchung und ihr Druck sind nur durch das freundliche Entgegenkommen des Präsidenten der Monumenta Germaniae Historica, Herrn Prof. Dr. F. Baethgen, und des Verlages Hiersemann in Stuttgart zustande gekommen. Ihnen, wie allen, die mir ihre Hilfe liehen, gilt mein aufrichtiger Dank.

Münster in Westfalen, Dezember 1952

*Arno Borst*

# I. Die Katharer im Spiegel von Quellen und Forschungen

Seit mehr als neunhundert Jahren bemühen sich mittelalterliche Chronisten, Theologen und Inquisitoren und moderne Theologen, Philologen und Historiker, das Rätsel des Katharismus zu ergründen. Wer heute ihr Werk fortsetzt, tut gut daran, sich die Geschichte dieser Bemühung um die Katharer vor Augen zu halten[1]. Denn aus den überholten Gedanken von Geistlichen und Gelehrten eines Jahrtausends fügt sich „die Ketzerhistorie als ein gutes Stück Geistesgeschichte" zusammen[2]; auf den richtigen Beobachtungen und Hypothesen dieser Männer ruht alle zukünftige Forschung; und hinter allem Wandel der Geister, durch alle noch so verzerrenden Spiegelungen hindurch bleibt ein Dauerndes bestehen, das Wesen des Katharismus. Wer also die mehr oder weniger ungenügenden Aussagen aller Betrachter und Forscher zusammennimmt, der hat schon fast die ganze Wahrheit über die Katharer in der Hand.

## 1. Die Chronisten des 11. Jahrhunderts

Seit dem Beginn des zweiten Jahrtausends treten im Abendland Ketzer auf; aber erst nach 1022 werden sie in der Literatur erwähnt. Unsere Gewährsmänner sind fast durchweg Chronisten; sie bringen meist nur kurze Notizen, die völlig aus dem historischen Zusammenhang losgerissen sind. Nur der unstete Kluniazenser Rudolf der Kahle († 1046/49) sieht (nach 1037) die Ketzer im größeren Zusammenhang, als Vorboten des Antichrist; er ist auch der erste Schriftsteller, der eine theologische Widerlegung der ketzerischen Lehren versucht[3].

Aber für ihn und für alle seine *katholischen* Zeitgenossen sind die Ketzer mehr ein Gegenstand der Neugier und des Abscheus als der ernsten Betrachtung; sie vertreten nach der Meinung der Zeit wirre und perverse Lehren, die sporadisch und spontan an verschiedensten Orten aufflackern; sie sind „Sonderlinge" *haeretici*, und das Absonderliche ist ihr Kennzeichen[4]. Wir kennen die Moral der frühen Ketzer schlechter als ihre Lehren, denn während die Zeitgenossen für theologische Spekulationen noch wenig Verständnis hatten und daher die dogmatischen Sätze der Häretiker unverändert und richtig wiedergaben[5], richtete sich ihr Interesse und ihr Ekel gegen die Lebensform der Ketzer; eine lange, bis in die Gegenwart fortgeführte Tradition ist im 11. Jahrhundert begründet worden, die den Ketzern Teufelsdienst und schlimmste Unzucht nachsagt[6]. Die gebildeten unter den Autoren holten sich bei den Kirchenvätern Auskunft über diese sonderbaren Schwarmgeister[7].

Warum aber erfuhr man so wenig von den *Ketzern*? Weil sie Geheimlehren pflegten? Weil die Zeitgenossen sie nicht ernst nahmen[8]? Nein. Hätten etwa die freiwilligen Märtyrer von Monteforte mehr Anhänger gehabt, so hätte sich gewiß noch mancher Gerhard gefunden, der seine Lehre mutig, ja fröhlich seinem Bischof verkündete[9], und noch weniger hätten die Rudolf und Landulf gefehlt, die sie uns weiterberichten. So dürfen wir die Quellenlage als einen Spiegel der Wirklichkeit betrachten: Die Ketzer des 11. Jahrhunderts waren Einzelgänger, ihre Anzahl war beschränkt; der Mangel an ausreichenden Nachrichten über sie zwang die Zeitgenossen, die neuen Ketzer an die Häresien der alten Kirche anzuknüpfen oder ihnen Schauergeschichten von nächtlichen Orgien anzudichten. So entstand das erste Glied in der langen Kette der Mißverständnisse.

## 2. Die Briefschreiber (c. 1140–1160)

Die grob verzerrende Auffassung der Chronisten hat die Ketzer auf ihrem Weg durch die Jahrhunderte begleitet, und nur die englischen Chroniken des 12. und 13. Jahrhunderts, von Wilhelm von Newbury bis zu Matthäus Paris, bilden später mit ihrer ruhigen Sachlichkeit ein rühmliche Ausnahme. Aber inzwischen sind andere Tendenzen hervorgetreten: Seit etwa 1140 wird wirklich die Masse von Ketzereien ergriffen, und sofort begegnen die Theologen der wachsenden Gefahr in geschlossenen Briefen, briefartigen Traktaten und Predigten [1]. Der erste Schriftsteller dieser Art ist der Abt von Cluny, Petrus Venerabilis († 1156), mit einem zwischen 1138/39 und 1142 verfaßten ,Tractatus adversus Petrobrusianos' [2]; andere folgen rasch. Wie alle Theologen der Zeit schreiben diese Polemiker unsystematische Monographien, die die Kampfschriften des Investiturstreites fortsetzen [3]; eine theologisch genaue Trennung der ketzerischen Lehrmeinungen wird gar nicht versucht, denn die Autoren dieser Zeit sind nicht immer aufs beste unterrichtet und wollen und können den Wirrwarr nicht durchdringen, der ihnen geradezu als Wesen der Ketzerei erscheint. Unter unseren Schriftstellern sind die bedeutendsten Mönche der Zeit; sie wollen die Kirche unterrichten und die Gläubigen abschrecken.

Das erste Dokument, das sich gegen die Katharer unmittelbar wendet, ist der Brief des Prämonstratenser-Propstes *Everwin von Steinfeld* (Eifel) († 1152) an Bernhard von Clairvaux, zwischen 1143 und 1144 geschrieben [4]. Everwin kennt die Ketzer, von denen er mehrere selbst verhört hat; er verwundert sich über die Standhaftigkeit dieser Sonderlinge, die ihn tief beunruhigt, und nachdem er sich selbst soweit als möglich über sie unterrichtet hat, bittet er den führenden Mann der damaligen Christenheit unter Darlegung der nackten Tatsachen um Rat [5].

Auf diesen nachdenklichen Bericht folgt im Jahre 1144/45 ein Brief des *Lütticher Klerus* an Papst Lucius II. [6], ähnlich wie Everwins Brief ein informierender Hilferuf, der über die Ketzer „in ganz Frankreich" [7] aufrichtig, wenn auch vielleicht nach dem Hörensagen berichtet.

Vor 1147 hat dann ein nicht weiter bekannter Mönch *Heribert*, wahrscheinlich aus Südfrankreich stammend, einen Brief an die Christenheit verfaßt, der, den Gläubigen zur Warnung, von den neuen Ketzern im Périgord erzählt [8]. Präzise Einzelnachrichten mischen sich hier mit Angaben über erstaunliche Wundertaten der Satansdiener.

Schließlich hat zwischen 1144 und 1147 *Bernhard von Clair-vaux* († 1153) selbst zweimal das Wort gegen die neuen Ketzer gerichtet, in einer Predigt auf das Hohelied und in dem Brief 241, von denen sich die Predigt gegen den Ketzer Heinrich und die Katharer gemeinsam, der Brief gegen Heinrich allein wendet[9]. Der beherrschende Mann der Christenwelt hat in Südfrankreich selbst mit den Ketzern disputiert und kennt sie; aber seine Schriften sollen nicht mehr nur unterrichten, sondern aufrufen; die Tatsachen sind ihm Waffe, nicht Gegebenheit. In Bernhards geballter, zorniger Sprache klingt die persönliche Leidenschaft des Mannes, der durch die Ketzer sein eigenstes Ziel, die Schau Gottes, ohne die nötige Demut und Selbstvernichtung gepredigt sieht; darum greift er die Ketzer als hochmütige Heuchler an, gerade in den Predigten über das Hohelied, die sonst von Verinnerlichung und Selbstentäußerung reden. So ist Bernhard der zuständigste und zugleich der parteiischste Zeuge gegen die Katharer[10].

Alle Dokumente dieser Reihe zeigen, wie sich die katholische Ketzerauffassung verfeinert; nur kurz ist der Weg vom nachdenklichen Staunen dessen, der die Ketzer nach ihrem Wesen fragt, bis zum leidenschaftlichen Ausbruch des großen, zutiefst beleidigten Predigers, der ihr Anliegen erkannt zu haben glaubt. Noch immer richten sich alle Schriften nur an die Gebildeten unter den Christen, nicht an die Ketzer selbst. Diese sind immer noch eine unscharfe und verworrene Masse ohne eigene Stimme, und in ihrer Mollusken-Art, die jedes echte Begreifen verhindert, liegt sowohl ihre Unangreifbarkeit wie ihre Schwäche.

### 3. Die kritischen Polemiker (c. 1160–1230)

Um die Mitte des 12. Jahrhunderts hat die katholische Theologie in den Sentenzen und Summen eine neue Stufe der Systematik erreicht[1]. Zur gleichen Zeit wird auch die Lehre der Ketzer ausgebaut und den Gegnern genauer bekannt. Die Polemik will und kann nun die katharischen Sätze genauer untersuchen und widerlegen. Bei der Verteidigung der Kirche kann man sich nicht, wie es die Zeit sonst liebt, auf die Autorität der Kirchenväter stützen, denen die Katharer nicht glauben; so tritt neben die Bibelexegese die rationale Beweisführung immer mehr in den Vordergrund. Die Katharer selbst wagen sich nur zögernd auf den Fechtboden der Literatur, werden aber schließlich auch zu theoretischen und polemischen Schriften gezwungen[2]. So nähern sich die Gegner wenigstens in der Methode einander; die nüchterne und sachlich-knappe Diskussion beherrscht das Feld.

Der erste und umstrittenste Vertreter des neuen Stils († 1185) ist der Benediktiner *Ekbert,* der spätere Abt *von Schönau* (Trier), Bruder und Biograph der Mystikerin Elisabeth von Schönau[3]. Er hat im Jahre 1163, nachdem er schon früher und auch in diesem Jahre mit vielen Katharern diskutiert hatte, dreizehn ‚Sermones adversus Catharorum errores' geschrieben, die das wissenschaftliche, theologische Anliegen neben den praktischen Zweck der Polemik stellen[4]. Hier wird in klarer, den Sentenzen der Zeit verwandter Gliederung von einem Augenzeugen die neue Ketzerei geschildert und zugleich erklärt: Ekbert schuf, durch Vergleich der Ketzerlehren mit Augustins Schriften, die erste wissenschaftlich begründete Hypothese über das Wesen der Katharer – sie seien, sagt er, bei allen Abweichungen im einzelnen, doch im ganzen Manichäer[5]. Ekberts Darstellung leidet unter seiner Hypothese[6]; und doch ist es ein großer Fortschritt, daß die noch immer ungenügenden Nachrichten über die Ketzer nicht mehr aus der Volksphantasie oder aus den Schriften der Kirchenväter allein, sondern auch durch kritischen Dogmenvergleich ergänzt werden. Wie Everwin bei Bernhard von Clairvaux, so holt sich Ekbert beim größten seiner Kirchenväter Rat und findet bei Augustin, was er bei den Ketzern vor seinen Augen vermissen mußte: ein System der Ketzerei.

Die Mängel dieses nur wenig gelesenen und kaum verbreiteten Buches ließen sich erst beheben, nachdem katharische *Selbstdarstellungen* vorlagen. Es sind – bezeichnend genug – ehemalige, bekehrte Katharer, die zuerst den Weg zur Schriftlichkeit fanden. Der erste unter ihnen ist der ehemalige *magister* und *doctor* der Katharer Bonaccorsi aus Mailand, der zwischen 1176 und 1190 in

Mailand öffentlich seine Ketzerei widerrufen und sein Bekenntnis schriftlich fixiert hat. Diese Erklärung ist dann von anderen zu dem ersten italienischen Ketzerhandbuch, zu der ‚Manifestatio heresis Catarorum' erweitert worden und uns in drei Handschriften erhalten[7]. Bonaccorsi will nichts erklären, er will nur Zeugnis ablegen und nichts verschweigen[8]. Er tut es in der lakonischen Kürze des Eingeweihten, aber die knappe Aussage des Konvertiten ist wertvoller als alle gelehrte Polemik nach dem Hörensagen[9].

Zur gleichen Zeit, um 1190, greifen die Katharer auch ihrerseits zum Geschriebenen. Sie holen sich aus Bulgarien „das Meisterwerk der bogomilischen Literatur"[10], die apokryphe ‚Interrogatio Johannis'[11] und die ebenfalls apokryphe ‚Visio Isaiae'[12]. Gegenüber dem Ansturm der Polemik suchen die Katharer also Schutz und Selbstbestätigung bei den Apokryphen, bei alten, dunklen Mythen, die ihre Lehre zu erhärten scheinen[13]. Die Kluft zwischen Katholiken und Katharern wird dadurch nur noch breiter.

Selbst die Waldenser wenden sich nun gegen die Katharer: Ein anonymer, wohl in Südfrankreich zwischen 1181 und 1184 verfaßter ‚Liber antihaeresis' aus waldensischen Kreisen stellt das christliche Leben der Waldenser gegen die unchristlichen Lehren der Katharer, die ihre Vorfahren in den verruchtesten Ketzern der alten Kirche zu suchen hätten[14].

Ein südfranzösischer Waldenser war vielleicht auch jener Ermengaud, der am Ende des 12. oder zu Beginn des 13. Jahrhunderts ein ‚Opusculum contra haereticos' schrieb und, wie gleichzeitig Bonaccorsis Bearbeiter in Italien, mehrere Ketzereien zu einem Handbuch zusammenfaßte, wenn ihm auch eine klare Gliederung nicht gelingen wollte[15].

Der Grammatiker Ebrard von Béthune († 1212) hat um die Jahrhundertwende einen unklaren und ungenauen ‚Liber antihaeresis' verfertigt, in dem sich die Verwirrung des Autors über die Vielfalt der Ketzereien abzeichnet[16].

Rasch klärten sich die Fronten, als die scharfsichtigen *Kritiker* auf den Plan traten, vor allem, als der Zisterzienser-Theologe Alanus von Lille († 1202), der ‚Doctor universalis', zwischen 1179 und 1202 zur Feder griff und in vier sauber geordneten Büchern ,De fide catholica contra haereticos sui temporis' gegen Katharer, Waldenser, Mohammedaner und Juden schrieb[17]. Alanus, der Südfrankreich aus seiner Lehrtätigkeit in Montpellier kennt, kann über die dortigen Ketzer nicht aus eigener Anschauung berichten, hat sich aber, wohl aus katharischen Quellen, besonders über die katharische Bibelauslegung gut informiert. Das sprachlich glänzend geschriebene und in nicht weniger als 22 Handschriften erhaltene Buch betont neben der Bibelexegese vor allem die philosophisch-rationale Polemik; hier wird das erste abendländische Zitat aus dem ,Liber de causis' gebraucht[18]. Bald wird diese Methode die Katharer zwingen, auf dem Wege zur Hochscholastik eine Strecke weit mitzugehen. Das ist das Hauptverdienst des Werkes, dessen theoretische, abstrakte Verfahrensweise freilich ihre Mängel hat[19].

Während in Frankreich Traktate erscheinen, sammelt man in Italien Fakten; die Richtung des Bonaccorsi wird um 1200 von einem unbekannten katholischen Lombarden fortgesetzt, der ohne einen ersichtlichen Zweck der Belehrung sachlich und präzise die Geschichte und die Lehren der Katharer und ihrer italienischen inneren Spaltungen erzählt[20]. Dieser wichtige Zeuge, der für spätere Bearbeitungen bald eine beliebte Vorlage abgab[21], stand wohl den Mailänder Katharern besonders nahe und war vielleicht, ganz ähnlich wie Bonaccorsi, früher selbst ein Mailänder Ketzer gewesen[22].

Immer deutlicher wird das Bild des Katharismus für die katholische Welt, und immer mehr erscheinen ihr die Katharer als Todfeinde. Der Albigenserkrieg ist die Folge dieser Erkenntnis. Auch die Literatur zeigt uns den wilden Ausbruch von Haß und Kampfeswut. Der junge, glänzend informierte Zisterzienser Peter von Vaux-Cernay († c. 1219) führt in seiner zwischen 1213 und 1218 abgefaßten ,Hystoria Albigensis' die Polemik sozusagen mit dem Schwerte weiter: jedes Scharmützel ist ihm ein Gottesurteil[23]. Er kennt die Katharer gut und ist in seinem unverhüllten Haß ein besserer Zeuge für sie als mancher vorsichtige Traktat[24].

Die südfranzösische Gegenseite, vertreten durch die ,Chanson

23

de la croisade' von 1213–1219, beachtet die Ketzer kaum und betont statt dessen den Kampf um die politische Freiheit der Languedoc[25].

In einer Kampfpause des Albigenserkrieges bemerken wir ein neues Anzeichen der erwachenden *katharischen Schriftlichkeit*, eine wohl um 1223/26 geschriebene ‚Notitia' über ein katharisches Konzil von 1167, verfertigt von Peter Polhan, dem späteren Bischof der Katharer von Carcassonne[26]. Der Anlaß für dieses höchst wertvolle Dokument ist ein Streit zwischen den südfranzösischen Katharergemeinden Toulouse und Carcassonne[27]. Nach diesem Zeugnis zu schließen, ist die naive Selbsteinschätzung der südfranzösischen Katharer auch dann noch von reflektierendem Selbstverständnis weit entfernt, als sie verfolgt und verjagt werden und sich zur Priesterkirche ausbilden.

Anders in Italien. Hier erwachsen um 1230 aus den innerkatharischen Streitigkeiten die ersten theoretischen Traktate der Ketzer, von denen wir leider nur durch Auszüge und Zitate wissen. Wahrscheinlich nicht die erste, aber die bedeutendste Arbeit dieser Art ist der „dicke Foliant"[28] des radikal-katharischen Hierarchen Johann von Lugio, aus dem uns Rainer Sacconi einen Auszug erhalten hat. Johann hat hier eine Rationalisierung und Systematisierung der katharischen Lehre versucht, die ihn in nahe Berührung zur katholischen Theologie und Philosophie brachte[29]. Noch mehr näherte sich katholischen Lehren ein anderer Ketzerführer, der Gemäßigte Desiderius, der wohl ebenfalls bald nach 1230 schrieb[30]. Auch ein Tetricus, ein Anhänger des Radikaldualismus[31], und der Radikale Petrus Gallus haben sich in diesen Jahren wohl literarisch betätigt[32]. Ein ebenfalls italienisches, gewiß unbedeutendes Werk namens ‚Stella', das vielleicht einen katharischen Arzt Andreas zum Verfasser hat und *confuse et inordinate* geschrieben ist[33], gab den unmittelbaren Anlaß zu der Schrift des Salvo Burci, die eine neue Periode der Polemik eröffnet. Aus Spanien hören wir in diesen Jahren von einem ‚Handbuch des Wissens', das ein südfranzösischer Katharer namens Andreas verfaßte und das sich auch mit der neuen arabischen Philosophie auseinandersetzte[34]. In der doppelten Frontstellung gegen innerkatharische Widersacher und katholische Todfeinde entsteht die katharische Literatur; sie ist eine Reaktion und nur für kurze Zeit eine schöpferische Reaktion.

Denn während die Katharer von der Apokryphe über die Notitia langsam den Weg in die theoretische Literatur finden, hat die katholische Polemik seit Alanus gelernt, den Kampf um den Glauben mit schärferen Waffen als der Bibelexegese zu führen[35]. Die Katharer aber sind verloren, sobald sie es wagen, die scholastische Methode, die Beweisführung mit Vernunftgründen, auf ihren irrationalen, im Kerne mythologischen Glauben anzuwenden. Das geschieht in dem Jahrzehnt zwischen 1230 und 1240.

### 4. Die systematischen Scholastiker (c. 1230–1250)

Um 1230 beginnt die Blütezeit der katholischen Ketzerpolemik[1]. Die Kritiker, die nicht mehr nur polemisch und apologetisch die Verteidigung der Kirche und die Ermahnung der Christenheit, sondern zuvor die sachlich richtige Erkenntnis des katharischen Wesens erstreben, sind jetzt philosophisch und systematisch geschult; die Katharer selbst gaben ihnen durch eigene Schriften eine Fülle von Material über den katharischen Glauben in die Hand. So entsteht in wenigen Jahren eine ganze Reihe systematisch gegliederter Summen in ausführlicher, sachlicher und lesbarer Form[2]. Ihr Interesse gilt anfangs noch mehr dem Dogma der Katharer, später vorwiegend ihrer praktischen Moral. Denn die katharische Lehre wird durch diese scharf zupackende Polemik nicht weniger als durch innerkatharische Schismen schnell zerfasert, und es ist eine Art Selbstmord mit der Waffe des Gegners, wenn die Katharer zur Verteidigung ihres Glaubens sich an die katholische, scholastische Methode klammern.

Neben einigen wertvollen, aber noch nicht sicher einzuordnenden Schriften, unter denen besonders die ‚Summa' hervorsticht, die man dem Pariser Universitätskanzler Praepositin von Cremona († 1210 oder 1231) hat zuschreiben wollen[3], und neben der wirren Abhandlung des Spaniers Lukas, des späteren Bischofs von

Tuy (Galicien) († 1249), aus dem Jahre 1234[4] treffen wir am *Beginn* dieser Periode auf die Arbeit eines italienischen Laien. Salvo Burci aus Piacenza hat im Jahre 1235 als Entgegnung auf ein katharisches Buch namens ‚Stella‘ ein Buch ‚Supra Stella‘ geschrieben, das schon auf dem Wege zur Summa ist: Burci stützt sich – so sagt er – in seiner Widerlegung der Ketzer vor allem auf die Bibel; aber er hat dieses methodische Prinzip nicht klar verwirklicht und gibt in Wahrheit den Vernunftgründen breiten Raum[5]. In der Wiedergabe der katharischen Lehren ist er ausführlich und für einen Laien erstaunlich genau; er verstand es, die besten Quellen zu benutzen[6]. In der Geschichte der Polemik bedeutet er einen Wendepunkt, wenn auch sein Werk als Ansatz ohne die volle Kraft der Durchdringung geblieben und in seiner Zeit wenig beachtet worden ist.

Aber schon kurz danach, in den Jahren um 1235/38, entsteht eine wirkliche ‚Summa contra Patarenos‘ in Norditalien, die aller Wahrscheinlichkeit nach von dem Dominikaner-Inquisitor Petrus Martyr aus Verona (ermordet von den Katharern 1252) herrührt[7]. Der in der Ketzerwelt aufgewachsene Heilige und Inquisitor kennt seine Gegner wie kein anderer vor Moneta; die Überfülle der Nachrichten, nach der Weise des Alanus und der theologischen Summen gegliedert, wird nicht mehr durch den Gedankengang des Autors gefärbt, aber durch Systematik gebändigt; freilich ist in diesem strengen Mosaik die bunte Vielfalt der ketzerischen Meinungen nur schwer zu erkennen[8]. Der akademische Geist der Summa zeigt sich in der Betonung der *rationes naturales*, in der Kette der Zitate, die von den griechischen und lateinischen Klassikern bis zum Koran und zum ‚Liber de causis‘ gespannt ist, und in der Art, wie durch Dogmenvergleich die Einzelsätze der Katharer von einer Vielzahl älterer Sekten hergeleitet werden[10].

So wendet sich denn auch einer der großen Scholastiker der Widerlegung der Katharer zu, der Bischof von Paris, Wilhelm von Auvergne († 1249). In seinem gewaltigen Werk ‚De universo‘, das wohl zwischen 1231 und 1236 entstand, verteidigt er die Einheit der Welt gegen die dualistischen ‚Manichäer‘[11], auch er kaum noch mit Bibelzitaten und mit der akademischen Distanz des Gelehrten[12]. In der Hauptsache geht der Kampf gegen die Katharer jedoch auf einer weit weniger geistigen Ebene vor sich – und hier begegnen wir wieder einem Laien.

Der nichtliterarische Kampf zwischen Katholiken und Katharern spielte sich in der *Praxis* meist in der Gestalt erbitterter Diskussionen ab, und so durfte auch in der Literatur die Gattung der ,Disputatio' nicht fehlen. Zwischen 1240 und 1250 hat ein italienischer Laie namens Georg eine ,Disputatio inter Catholicum et Paterinum haereticum' geschrieben, mit ihren über dreißig erhaltenen Handschriften eines der erfolgreichsten Werke gegen die Katharer[13]. Die Gliederung ist unsystematisch wie bei jedem lebendigen Dialog; aber die Diskussion steht auf hoher Stufe und bedient sich nicht nur der Bibel, sondern auch der griechischen und lateinischen Kirchenväter als Beweismittel; die Nachrichten, besonders über die Gemäßigten und die Mittelgruppe der Katharer, sind reichhaltig und zeugen von guter Kenntnis[14]. Das Werk, das nicht ganz auf der Höhe der zeitgenössischen Bildung steht, ist vielleicht gerade darum die beste Waffe gegen die Katharer; freilich bemüht sich der Verfasser nicht um ein inneres Verständnis seiner Gegner[15].

Ohne allen gelehrten Anstrich und ganz auf die Praxis gerichtet ist eine ,Summa contra haereticos', die der wohl aus Mailand stammende Franziskaner Jakob a Capellis im fünften Jahrzehnt des 13. Jahrhunderts schrieb[16]. Von den katharischen Dogmen weiß er wenig, um so mehr von ihrer reinen und strengen Moral[17].

Es mußte wohl ein Dominikaner sein, der nach den Werken von Alanus und Petrus Martyr den theologisch-*dogmatischen* Zweig der Polemik abschloß und krönte: Moneta aus Cremona († 1260), bis 1218 Bologneser Universitätsprofessor, seitdem Dominikaner und zuletzt Inquisitor für Mailand, hat 1241 eine ebenso umfangreiche wie gehaltvolle ,Summa adversus Catharos et Waldenses' verfaßt, eine mühsame theoretische Darstellung, die ohne glatte Architektonik der Gedanken zäh von Argument zu Argument fortschreitet[18]. Sie ist aber die tiefgründigste Schrift des Mittelalters über die Katharer. Moneta ist der Wissenschaftler unter den Polemikern: Er hat zahlreiche Ketzer selbst verhört, mehrere katharische Schriften gelesen und die katharischen Argumente eingehend studiert[19]; in seiner eigenen Argumentation hat er die Scholastiker seiner Zeit, besonders Wilhelm von Auvergne, um Rat gefragt und trotz seiner Überzeugung, daß man den Aposteln mehr glauben müsse als den Philosophen, sein philosophisches Interesse nicht verleugnet[20]; um seine Gegner zu begreifen, hat er noch mehr als Petrus Martyr die alte Kirchengeschichte zum Vergleich herangezogen[21] und sich bemüht, die Katharer objektiv, ohne Parallaxe zu sehen. So gilt er mit Recht neben dem Praktiker Rainer Sacconi als der berufenste Zeuge für die Beurteilung der Katharer[22]. Das in vier Handschriften erhaltene Buch ist zu sehr dem Stoff abgerungen, um als vollendet zu gelten; aber dazu hat wohl die Eigenart der Katharer nicht weniger beigetragen als die Geistesart des Verfasser; eben das Unvollendete, Schillernde, Unvereinbare, das bei der Betrachtung der Katharer durch einen nachdenklichen Beobachter sichtbar wird, ist vielleicht das wichtigste Ergebnis, das Monetas mühevolles Werk uns hinterließ.

Hier, dicht neben dem größten Polemiker, ist der historische Ort des ersten uns erhaltenen katharischen Selbstbekenntnisses, des ,Liber de duobus principiis', der bald nach 1241 in der Gegend um Brescia und Verona entstand[23]. Der anonyme Katharer, der diese locker zusammengefügte Sammlung von Essays schrieb, folgt den Bestrebungen des Johann von Lugio und stellt sich zwischen Bibel und Philosophen, um seinen Glauben zu beweisen[24]. Aber er ist zugleich schon einer der letzten Vertreter der philosophisch-dogmatischen Kampfesweise. Ist das bloß Zufall der Funde? Wir wissen, wie spät und abgeleitet die Weisheit des ,Liber'-Verfassers ist; wir brauchen ihn nur neben Moneta zu stellen, um zu erkennen, daß die Katharer ihren Gegnern nicht mehr, wie mit dem Schwert im Albigenserkrieg, ebenbürtig sind. Wer sich die Waffen vom Feinde leiht, ist schon geschlagen.

Erwähnen wir nur kurz das rohe, nach 1242 in Südfrankreich entstandene provenzalische Gedicht vom Disput zwischen dem Inquisitor Izarn und dem Katharer Sicard de Figueiras; der darin geschilderte Inquisitor, wohl der Verfasser selbst, verwendet als kräftigstes Argument den Scheiterhaufen[25]. Weit über ihm steht ein anderer Inquisitor, der den auf die rauhe Wirklichkeit gerichteten Zweig der Polemik zu Monetas Höhe führt: Rainer Sacconi.

Rainer Sacconi († 1262/63), aus Piacenza gebürtig, war lange Jahre einer der katharischen Führer; dann wurde er, um 1245 von Petrus Martyr bekehrt, Dominikaner und war bei seinem Tode Großinquisitor für die Lombardei[26]. So einzigartig wie das Leben dieses zum Herrschen Geborenen ist sein Buch, 1250 geschrieben und aus der Überfülle des Wissens zu einem knappen Grundriß des Katharismus komprimiert. Rainer wiederholt die Arbeit des Ordensbruders Moneta nicht; es ist ihm „ein Ekel"[27], in der abgelegten Überzeugung herumzuwühlen, seine ehemaligen Glaubensbrüder zu überzeugen oder zu widerlegen: er schreibt ‚De Catharis', nicht ‚Adversus Catharos', und in dem Bericht findet man wenige Zitate aus der Bibel, nur ein juristisches und gar kein philosophisches Diktum. Die scholastische Reihenfolge wird umgekehrt; der *Praktiker* spricht zuerst und am besten über Leben und Gebräuche der Ketzer, und erst am Ende über die Lehren. Der Quellenwert der Schrift ist in jedem Satz unschätzbar[28]; aber Rainer ist von ruhigem Verständnis der Ketzer weit entfernt. Die Sätze dieses Eiferers sind gehämmert, in wuchtigem Zorn zusammengeballt, von der Leidenschaft eines Staatsanwaltes diktiert. Das Werk dieses Konvertiten bedeutet den Gipfel des moralisch-praktischen Zweiges der Polemik, dem die Zukunft gehören sollte; Rainers Schrift ist mit über fünfzig erhaltenen Handschriften das meistgelesene Buch des Mittelalters über die Katharer[29].

Den *Abschluß* dieser Glanzzeit der katholischen Ketzerpolemik bildet eine anonyme und ungedruckte ‚Summa contra Catharos', die wohl nach 1250 in Norditalien geschrieben ist und noch einmal theologische und philosophische Bildung mit genauer Kenntnis der katharischen Einzellehren verbindet[30]. In gewissem Sinne wurden die Ergebnisse der Periode zusammengefaßt von der um 1250 entstandenen ‚Brevis summula contra errores notatos haereticorum', die die wichtigsten Schriften gegen die Katharer ausgebeutet hat[31].

Überblicken wir die Zeit der systematischen Polemik, so erkennen wir neben der gleichbleibenden Unzulänglichkeit der Mittelmäßigen eine fortschreitende Entfaltung der Bedeutenden. Die polemische Technik der Katholiken verfeinert sich mit der zunehmenden Fülle der Nachrichten, aber nicht nur ihretwegen, sondern im Sinne der Zeit, in Richtung auf die Hochscholastik. Für die Ketzer bedeutet dasselbe Gesetz ebenfalls Entfaltung in Richtung auf eine Rationalisierung des katharischen Glaubens; aber das heißt zugleich Spaltung, Zwietracht und Untergrabung des eigenen Fundaments. So sinken die Katharer von der literarischen Ebene, auf die sie die katholische Polemik gezwungen hatte, wieder herab, ohne daß es zu einer wirklich fruchtbaren Begegnung, zu einem Gespräch der Feinde gekommen wäre.

### 5. Die Inquisitoren (c. 1250–1520)

Die Inquisition vollstreckt den Sieg der katholischen Kirche über die Katharer, auch in der Literatur. Das ‚klassische‘ Gleichgewicht zwischen persönlicher Polemik und sachlicher Tatsachenfeststellung, das die Glanzzeit der katholischen Ketzerliteratur auszeichnete, verschiebt sich. An die Stelle der leidenschaftlichen Diskussion tritt das kalte Verhör, an die Stelle der Nuancen das Gesetz; aus den theoretischen Summen werden nach 1250 allmählich praktische Handbücher, und daneben entsteht eine ganz neue Gruppe von Quellen, die Akten der Inquisition, Zeugen von der Vernichtung des Katharismus. Nur einmal hören wir noch die Stimme der Ketzer; auch sie ist kaum wiederzuerkennen. Aus der Gattung der Quellen, die von Autor zu Autor sachlicher und systematischer wird, werden wir unvermerkt zum Beginn der Forschung hinübergeführt.

Das erste *Handbuch* dieser Reihe ist ‚De inquisitione haereticorum‘, bald nach 1256 verfaßt und in zwei Rezensionen vorliegend, von denen die längere ein deutscher Franziskaner, wahrscheinlich David von Augsburg († 1272), die kürzere, vielleicht ältere, ein wohl französischer Dominikaner verfaßt hat[1]. Schon hier fehlt die lebendige Spannung zum Gegner; Katharer und Waldenser werden miteinander verwechselt, und im Mittelpunkt der Darstellung stehen die hinterlistigen Ausflüchte der ketzerischen Angeklagten[2].

Das mit diesem Werk verwandte, um 1260 geschriebene Predigtbuch des Dominikanerinquisitors Stephan von Bourbon († 1261) trifft mehr die Waldenser, in deren Geburtsort Lyon Stephan gestorben ist. Von den Katharern weiß er wenig; und so tut er, was hundert Jahre zuvor Ekbert von Schönau tat: Er beschreibt die Katharer nach den Definitionen, die Augustin und Isidor von den Manichäern gaben[3]; in seiner Welt von erbaulichen Geschichten und frommen Anekdoten nehmen sich die Katharer wie Exoten aus, die man mit Abscheu bestaunt.

Nicht anders steht es mit jener Bearbeitung und Erweiterung von Rainer Sacconis Werk, die um 1260 ein ungenannter Inquisitor der Passauer Diözese zusammenschrieb[4]. In diesem sog. Pseudo-Rainer, der vor allem die Waldenser bekämpft, werden den Katharern wieder unmenschliche Praktiken nachgesagt wie in der Zeit der Chronisten[5]. Über ihre Lehren und ihr Leben genügt dem Verfasser, was Sacconi schrieb.

Ein italienischer ,Tractatus de haereticis', der zwischen 1260 und 1270, wahrscheinlich in Genua von dem Dominikaner-Inquisitor Anselm von Alessandria († nach 1279), kompiliert wurde, hat es sich dagegen zur Aufgabe gesetzt, die Summa Sacconis, die in ihn mit eingefügt ist, um einige Gebiete zu erweitern und vor allem die von Rainer nur gestreifte katharische Frühgeschichte ausführlich darzustellen[6]. Der Inquisitor mit Forscherehrgeiz, der seine Häftlinge nach der Geschichte ihrer Kirche ausfragte, hat uns wertvollste Einzelheiten berichtet und auch den Kult der Katharer mit scharfen Augen betrachtet – aber die Lehre der Ketzer wird doch wieder unbedenklich an Mani angeknüpft, und die gut geordnete Kompilation ist für Inquisitoren, für die Richter über die Katharer, gedacht[7].

Und als der Hofkaplan des letzten unabhängigen Grafen von Toulouse, Wilhelm von Puylaurens († 1273), 1272 seine ,Historia Albigensium' beendet, an der er seit 1249 arbeitete, da zeigt sich, wie weit er von der Leidenschaft seines gelegentlichen Gewährs-

31

mannes Peter von Vaux-Cernay schon entfernt ist[8]. Aus Haß und Begeisterung des Zisterziensers ist bei Wilhelm ein nüchterner, freilich sehr wertvoller Bericht geworden, und jene Katharer, um die der Kampf noch vor fünfzig Jahren tobte, werden, fast ganz verstummt, zum Studienobjekt[9].

Um dieselbe Zeit, zwischen 1250 und 1280, wird in der Gegend von Carcassonne in provenzalischer Sprache ein katharisches Ritual niedergeschrieben[10]. Noch einmal greifen die Katharer zur Feder, aber nur noch, um ihre alten Bräuche festzuhalten und um ihren Predigern, die das zündende Wort verlernt haben, mit Bibelsprüchen aufzuhelfen[11]. Der katharische Baum vertrocknet allmählich.

Währenddessen arbeitet die Inquisition. Ihre *Akten* berichten uns noch, was die Vernehmenden fragten und was die Vernommenen sagten. Nicht immer erzählen die Zeugen alles, was sie wissen; nur selten sagen sie, unter dem Druck der Folter, mehr, als sie wissen, und auch dann nur, was der Inquisitor schon weiß. Wir sehen hier nur das den Inquisitoren vertraute Bild des Tatbestandes Ketzerei, und nur, wenn die Vernommenen redselig und die Vernehmenden schreibfreudig sind, entrollen sich Sittenbilder, die für die Ketzergeschichte von Wert sind[12].

Die letze Welle des südfranzösischen Katharismus endet zu Beginn des 14. Jahrhunderts vor dem Richterstuhl des Inquisitors von Toulouse, Bernard Gui († 1331). Und um die gleiche Zeit, als die letzten Katharer den Scheiterhaufen besteigen, 1323–24, schließt Gui, der künftige Bischof von Lodève, seine Tätigkeit ab mit seiner ‚Practica inqisitionis'[13]. Für Verfahren und Praxis der Inquisition ist dieses Buch ein Hauptzeugnis; für die Geschichte der Katharer ist es eine gelehrte Kompilation, zusammengestellt aus Guis eignen früheren Verhören und den besten Schriften des letzten Jahrhunderts[14]. In dem den Katharern gewidmeten Abschnitt „scheint der Historiker durch den Inquisitor hindurch"[15]. Der große Kirchenhistoriker steht vor uns zugleich als die letzte Quelle und als einer der ersten *Forscher* zur Geschichte der Katharer[16].

Nach Gui treten drei Spanier als Zeugen auf, Vorkämpfer des Papsttums in einer gewandelten Welt. Abseits vom Schauplatz ih-

rer Hochblüte wird den vergangenen Katharern mitten im Lager
ihrer Todfeinde eine gespenstische Auferstehung zuteil. Der Bischof von Elne, Guido von Perpignan († 1342), selbst ein Inquisitor, erwähnt sie in seiner ‚Summa de haeresibus et earum
confutationibus‘[17]; Alvaro Pelayo († 1350), Bischof von Silva in
Portugal, kennt sie nur noch als greuliche Teufelsanbeter[18]; der
knorrige Nikolaus Eymerich († 1399) endlich, der Inquisitor von
Aragón und Parteigänger von Avignon, hält Mani, den Vater der
Katharer, für einen Zeitgenossen des Papstes Innozenz III.[19].

Im 15. Jahrhundert schließlich kennen nur noch die Gelehrte-
sten den Namen der Katharer: so der heilige Erzbischof Antonin
von Florenz († 1459)[20] und der Humanist Johann Trithemius, Abt
von Sponheim († 1516)[21].

Die Inquisitoren, deren Reihe wir überblickten, haben den Katharismus zu einem ‚Fall‘ gemacht und diesen Fall, als er erledigt
war, zu den Akten gelegt. Sie, die die Katharer physisch vernichte-
ten, haben auch der historischen Erscheinung des Katharismus
das innere Leben genommen; so verfielen die vom geistlichen Gericht Verdammten auch der historischen Verdammnis, der Vergessenheit, und der Anfang zur Forschung, den der größte unter
ihnen, Bernard Gui, neben das Ende der Katharer gesetzt hatte,
blieb ein Ansatz.

Bevor wir uns der Wiedererweckung der Katharer durch die
neuzeitliche Forschung zuwenden, mustern wir noch einmal die
Reihe der Quellen von den neugierigen, erschreckten Berichter-
stattern des 11. Jahrhunderts über die Warner der Christenheit
im frühen 12. Jahrhundert, die theologisch angeregten Kritiker
der Ketzer und Verteidiger der Kirche am Ende des 12. Jahrhunderts bis hinauf zu den systematischen, scholastischen Erfor-
schern und Bekämpfern der Katharer und hinüber zu den ebenso
systematischen Vernichtern des 13. Jahrhunderts. Den katholischen Schriftstellern gegenüber gewahren wir die Katharer, zuerst
verworren und bedrohlich, im 12. Jahrhundert erhellt und ins
Licht der Literatur gedrängt, in dem sie sich dann im 13. Jahrhundert, tastend und halb von den Gegnern geführt, unsicher bewegen, um am Ende des Jahrhunderts wieder im Dunkel der
Vergessenheit zu versinken. Zwei geistige Mächte ringen gegen-

einander – oder umeinander? Wozu die immer neu ansetzende, immer mehr verfeinerte Bemühung der katholischen Polemiker, die Fülle der Schriften – wozu das mühsame Stammeln der Katharer, die die Kultur suchen, die Latein lernen und Philosophen zitieren? Die Katharer wollen sich im Abendland verankern; die Katholiken wollen die fremden Ketzer begreifen, einordnen. Beides ist gescheitert; der brutale Schlußstrich der Inquisitoren sagt es. In diesem für beide Teile unglückseligen Geschehen liegt wenig Willkür und viel Verhängnis; was wir im Spiegel der Quellen miterlebten, war das notwendige und erfolglose Ringen um die Seele des Fremden.

### 6. Katholiken und Protestanten (c. 1520–1740)

Die Reformation und die Spaltung der Christenheit reißt auch die Katharer aus der Vergessenheit. Der Kampf um die eine und allgemeine Kirche, in dem jede der beiden Konfessionen sich als die Kirche Christi, den Gegner als die Satanssynagoge sieht, sucht seine Waffen seit 1559 auch in der Kirchengeschichte[1]. 1500 Jahre christlicher Vergangenheit werden in zwei Welten zerrissen; hier steht die Kirche Gottes, dort der Feind der Wahrheit. Beide Seiten bezeichnen die Ketzer der früheren Jahrhunderte als Verwandte und Vorläufer der Protestanten; aber während sie nach protestantischer Auffassung die Urkirche durch die Geschichte trugen, sind sie den Katholiken Mitglieder der einen protestantischen Teufelskirche, gegen die schon die Apostel kämpften. Von neuem beginnt das Ringen um das Wesen der Katharer.

Kaum ist „immundus ille Lutherus"[2] aufgetreten, da stellt ihn der Großinquisitor der Erzdiözese Köln, *Bernhard von Luxemburg* († 1535), 1522 in den Zusammenhang der alten Ketzereien, den er aus dem Handbuch des Eymerich entnimmt[3]. Andere Katholiken stützen sich auf Bernhard[4]. Auch Sebastian Franck († 1542) folgt Bernhards Gelehrsamkeit, jedoch nur, um den alten Mächten die Waffe aus der Hand zu winden: die wahren Christen, meint er, sind der Welt allezeit Ketzer[5]. Und was Franck begann, das führt

zum Höhepunkt der berühmte, 1556 erschienene ‚Catalogus testium veritatis' des Matthias Flacius Illyricus († 1575): Es gab zu allen Zeiten Fromme, die dem Papsttum feind waren; die Katharer,
die böse Verleumdung für Dualisten und Manichäer erklärte, gehören zur Kirche Gottes [6]. Die Kirchengeschichtsschreibung wird
zur polemischen Literatur.

Seit der Erneuerung des Katholizismus im Trienter Konzil, seit
dem Beginn der Konfessionskriege in Frankreich nehmen die Katholiken, von Caesar Baronius († 1607) angeführt, den Fehdehand-
schuh auf [6a]. In rascher Folge erscheinen vor allem in Frankreich
Übersetzungen der alten Ketzerbekämpfer, die gegen die neuen
Ketzer helfen sollen [7], und Traktate, die den Fürsten am Beispiel
der Katharer zeigen wollen, wie man Ketzer ausrottet [8]. Die bedeutendsten Männer dieser Richtung sind der spanische *Jesuit* Juan
de Mariana († 1624) und sein deutscher Ordensbruder Jakob Gretser († 1625) [9]: sie edieren die Schriften des 12. und 13. Jahrhunderts, um damit die Lutheraner zu treffen [10].

Die Protestanten zahlen mit gleicher Münze zurück und reinigen die Katharer von allen Vorwürfen; der *Kalvinist* Jean Chassanion († 1598) weist 1595 auf die Greuel der Albigenserkriege
hin [11]; der ‚Hugenottenpapst' Philippe de Mornay († 1623) ehrt
1611 die Katharer als Feinde des verruchten Papsttums [12]; und der
reformierte Pastor Jean Paul Perrin schreibt 1618 eine ‚Histoire
des chrestiens albigeois', die Katharer und Waldenser als Überreste einer evangelischen Urkirche erweisen will [13]. Denn für alle
diese Autoren, die Protestanten zuerst, die Katholiken bald danach, verschmelzen in der heißen Fehde die Unterschiede zwischen Katharern und Waldensern [14].

Zu Beginn des 17. Jahrhunderts, nach dem Toleranzedikt von
Nantes, flaut der Sturm allmählich ab, und auch Richelieus Huge-
nottenkriege können das Vordringen der skeptisch-kühlen Haltung eines Jean Bodin († 1596) und eines Montaigne († 1592) nicht
aufhalten [15]. Noch immer erscheinen rein polemische katholische
Ketzertraktate [16], aber auch bei ihnen überwiegt die sachliche Beurteilung, und der Erzbischof von Toulouse, Richelieus Freund
Pierre de Marca († 1662), versucht 1640 zum erstenmal eine neue
wissenschaftliche These an die Stelle der Streitereien zu setzen:

Die Katharer sind Bogomilen[17]. Der königliche Rat Guillaume Besse († 1680) will dann 1660, ein wenig zaghaft noch, endgültig Katharer und Waldenser auseinanderhalten[18]. Jedoch diesen schönen Ansätzen zu wirklicher Forschung ist nur eine kurze Frist gesetzt.

1661 nimmt Ludwig XIV. in Frankreich die Zügel in die Hand; alsbald wird klar, daß die Freiheit der französischen Protestanten in Gefahr ist – und nur noch heftiger drängt sich der Tageslärm in die Studierstuben: Es geht um die Aufhebung des Toleranzediktes von Nantes[19]. Einer der großen Rufer im Streit, der Bischof von Meaux, Jacques Bénigne *Bossuet* († 1704), der sich für Vertreibung von Hugenotten und Jansenisten einsetzt, schreibt seit 1680 an einer großen Kirchengeschichte des Protestantismus. Diese ‚Histoire des variations des églises protestantes‘ erscheint drei Jahre nach dem katholischen Triumph vom 18. Oktober 1685[20]; sie hält den Verjagten noch einmal den Spiegel vor: Dies sind eure Vorläufer, unrein und uneins![21] Wer so vielfach gespalten ist wie diese Ketzer, der kann die Wahrheit, die immer ein und dieselbe ist, nicht besitzen. In der Krise des europäischen Geistes erwacht jedoch von neuem die kritische Vernunft; Bossuets polemische Absicht zeitigt ein wissenschaftliches Ergebnis ersten Ranges: die endgültige Trennung von Katharern und Waldensern. Zwar gelten auch die Katharer für Bossuet noch immer als Vorläufer der Protestanten, aber diese alten Manichäer kamen aus Bulgarien, während die Waldenser erst im 12. Jahrhundert in Frankreich entstanden und keine unchristlichen Dogmen vertraten[22]. Bossuet hatte mit dieser These die mittelalterlichen Quellen hinter sich[23].

Die Protestanten wehrten sich erbittert gegen diesen gefährlichen Schlag. Ihr Hauptvertreter ist der besonnene Jacques Basnage († 1723), der seit 1685 im Exil in Rotterdam lebt. Seine 1690 erschienene Erwiderung gegen Bossuet ist keine polemische Schrift, sondern eine kirchenhistorische Studie[24]. Er ist seine „erste Aufgabe, die Albigenser gegen die heftigen Anklagen des Bischofs von Meaux zu rechtfertigen"[25]. Sie sind keine Manichäer, sondern Waldenser[26]. Der vielschreibende Peter Allix († 1717), seit 1685 Pfarrer der französischen Emigranten in London, ruft 1692 über den Kanal: „Es ist lächerlich, gegen die Ansicht aller Historiker an-

zunehmen, daß die Albigenser eine von den Waldensern getrennte Gemeinschaft bildeten"[27]. Sie sind vielmehr beide die Reste einer aquitanisch-narbonensischen urchristlichen Gemeinde;
die mittelalterlichen Quellen lügen samt und sonders[28].

Das französische Jahrhundert der Theologen und Hexen, der
Geheimbünde, Ketzer und Orden klingt nach in dem deutschen
Pietisten Gottfried Arnold († 1714). Er stellt in seiner erregten und
erregenden ,Unpartheyischen Kirchen- und Ketzerhistorie' von
1699 die fromme, einsame Seele hoch über alle dogmatischen Ge-
meinschaften[29] – und doch verteidigt er auch die Katharer, setzt
sie mit den Waldensern ineins und hält alle die Quellen für Lüg-
ner, die es anders wußten[30].

Bis weit ins 18. Jahrhundert hinein dauert der oft kleinliche
Streit zwischen den Gelehrten beider Konfessionen; nicht einmal
die Katholiken glauben alle der These Bossuets[31]. Aber da hat
schon vier Jahre nach Bossuet der Remonstrant Philipp van Limborch († 1712), Professor in Amsterdam, die Inquisitionsakten des
Bernard Gui gefunden und ediert. Auch er hegte dabei polemische
Absichten; der Holländer hatte die spanische Inquisition nicht
vergessen[32]; außerdem wollte er im Geist seiner milden ,Theolo-
gia christiana ad praxin pietatis ac promotionem pacis Christianae
unice directa'[33] die Moral der Katharer und damit diese selbst
rechtfertigen. Aber als der Foliant erschien, da war der Forscher,
getrieben von der Evidenz der Akten, von seiner eigenen und der
allgemeinen Meinung zurückgetreten und erklärte: Bossuet hat
recht; die Katharer sind keine Waldenser, sondern Manichäer, die
an zwei Gottheiten glauben[34]. Das war der *Sieg der Wissenschaft*
über die Konfession.

Limborchs Urteil wurde endgültig; auch die protestantische
Forschung sah bald in den Katharern nicht mehr Luthers Vorläufer, sondern Feinde des Christentums[35]. Der Göttinger Universitätskanzler Johann Lorenz von Mosheim († 1755) hat 1746 daraus
die Folgerungen gezogen, hierin wie überhaupt in der historisch-
rationalen Betrachtung der Kirchengeschichte ein Schrittmacher
der Aufklärung[36]. „Der Erasmus des 18. Jahrhunderts" fordert an
Stelle allgemeiner Urteile die Quellenkritik[37]. Auch in der Ablehnung der katharischen Moral, die Limborch noch nicht gewagt

hatte, ist Mosheim modern. Der Protestant wendet sich mit der ganzen Abneigung enttäuschter Liebe von den Katharern, von dieser „unreinen Bande"[38]. Die objektive Einschätzung der Katharer beginnt damit, daß die Forscher sie subjektiv ablehnen.

Das zweihundertjährige Ringen der Konfessionen um die Katharer endete, wie es scheint, mit einem Sieg der aufgeklärten Wissenschaftlichkeit, aber zugleich auch mit der Rückkehr zur ablehnenden katholischen Ketzerauffassung und zu den mittelalterlichen Quellen. Das bedeutet, daß auch der zweite große Versuch des europäischen Geistes, die Katharer zu begreifen und einzuordnen, gescheitert ist.

## 7. Sammler und Kritiker (c. 1730–1850)

Die Aufklärung konnte das Erbe der vorangegangenen Auseinandersetzung um so leichter übernehmen, als in ihrem Ideal, in der Harmonie einer vernünftig geordneten Welt, kein Platz für Ketzer war. Die historischen Probleme der Wissenschaft lösen sich von konfessionellen Tendenzen; die Forscher tragen zum Aufbau des geschlossenen Weltbildes der Zeit riesige Stoffmassen zusammen[1]; aber die Katharer führen nur in den Fußnoten der großen katholischen Quellensammlungen und protestantischen Kirchengeschichten ein bescheidenes Fortleben. Erst seit 1830, mit dem Durchbruch der Romantik, rücken sie von neuem in den Mittelpunkt der kirchengeschichtlichen Arbeit; aus dem Fleiß von mehr als drei Jahrhunderten, aus Quellenkritik und Gefühlswärme fügt sich ein neues und besseres Gesamtbild ihres Wesens zusammen.

Die Schüler des Descartes, die ihre *Philosophie* im Lexikonformat schrieben, ließen den Katharismus links liegen. Pierre Bayle († 1706), der Freund der schillernden Pointen, ist zwar dem Manichäismus nicht abgeneigt, doch die Erforscher des Katharismus, Bossuet und Basnage in einem Atemzug, trifft sein versteckter Spott[2]. Voltaire († 1778) läßt sich 1756 von seinem Haß gegen die

katholische Kirche bewegen, die Katharer noch einmal als Waldenser und Nachfahren urchristlicher gallischer Gemeinden in
Schutz zu nehmen[3]. Aber schon die Gelehrten der Encyclopédie
greifen 1777 die Ergebnisse Bossuets wieder auf und nennen das
katharische Denken bloß noch ‚bemitleidenswert'[4]; vollends bei
der Parade der Atheisten, die Sylvain Maréchal († 1803) 1800 vor-
führt, fehlen in der illustren Reihe der Ketzer die Katharer; sie
sind nicht zeitgemäß[5].

Die Philologen dieser Zeit, zumeist katholische Franzosen und
Italiener, häufen die Quelleneditionen; die Werke von Jean Luc
d'Achéry († 1685), Jean Mabillon († 1707), Edmound Martène
(† 1739), Ursin Durand († 1771), Charles du Plessis d'Argentré
(† 1740), Ludovico Antonio Muratori († 1750), Giovanni Domenico Mansi († 1769) und ihrem Epigonen Jacques Paul Migne
(† 1875) sind heute noch für viele Quellen zur katharischen Geschichte die einzigen Druckorte[6]. Aber neben der modernen Stoff-
fülle dieser Sammler und Jäger leben in den Fußnoten ihrer
Werke die älteren Ideale des konfessionellen Kampfes weiter. Der
grundgelehrte französische Mauriner Joseph Vaissète († 1756) will
1730 in den spanischen Priszillianern oder bei den Italienern die
Wurzel des katharischen Übels suchen[7]; Muratori denkt 1741 an
die Paulikianer fern im Osten als die Schuldigen[8]; der Dominikaner Thomas August Ricchini († 1762) sucht 1743 bei Moneta, den
er ediert, Argumente gegen die Lutheraner[9]; der Jesuit Daniele
Farlati († 1773) greift 1765 wieder auf die Bogomilen zurück und
will die italienischen Häretiker nur als Abkömmlinge der französischen behandeln[10]; und sein profaner Landsmann Giovanni
Lami († 1770) sagt ein Jahr danach dasselbe[11]. Man sieht, die
Stammbäume der Katharer sind kürzer geworden; und doch sucht
keiner die Wurzeln dieser Ketzerei gern in seinem Heimatlande.

Die Auswertung der neu anfallenden Stoffmassen liegt, abgesehen von den Fußnoten der Editoren, in den Händen der zumeist
protestantischen und deutschsprachigen *Kirchengeschichtsschrei-
ber*. Diese aber ertrinken in dem Meer von neuentdeckten Fakten.
In den fünfundvierzig Bänden seiner Kirchengeschichte erwähnt
der Wittenberger Professor Johann Matthias Schroeckh († 1808)
auch die Katharer; er versucht noch einmal, sie vor der Bezeich-

nung als Manichäer in Schutz zu nehmen, und nennt sie ‚Mystiker'[12]. Jedoch der Zürcher Johann Conrad Füeßlin († 1775) weiß es besser: Die Katharer sind Manichäer, zwischen ihnen und den Protestanten besteht ein Unterschied wie zwischen Nacht und Tag; nur daß Katharer und Manichäer zwei Gottheiten angebetet hätten, will Füeßlin nicht glauben[13]. Der Göttinger Theologie-Professor Christian Wilhelm Franz Walch († 1784), ein bienenfleißiger Sammler ohne tiefere Absichten, ist mit seiner elfbändigen Ketzerhistorie nur bis ins 9. Jahrhundert gekommen[14]; bezeichnend für seine Arbeit wie die seiner Kollegen ist die Klage über den trockenen Stoff der Ketzergeschichte, der „uns oft in wüste Gegenden setze, daß man nicht allein keinen Ausweg finden kann, sondern auch in der Tat nicht weiß, wo man ist, und durch die neueren Führer, die den Weg weisen wollen, noch mehr in Verwirrung gerät"[15].

Leichter haben es die katholischen Schriftsteller, die mit ihren Ketzerkatalogen und Traktaten nur eine alte Tradition fortsetzen und auf dem Stand des Tages halten müssen. Ihr Urteil über die Katharer ist noch immer das durch Bossuet neu bestätigte Verdikt der mittelalterlichen Inquisition. Der heilige Moraltheologe Alfons von Liguori († 1787) weist ihnen den Weg in den drei Bänden von 1772 ‚Trionfo della Chiesa ossia istoria delle eresie colle loro confutazioni'[16].

In der Tat, das Zeitalter der Vernunft bedeutet noch einmal, wie zuvor die Zeit der Konfessionskämpfe, den Triumph der katholischen Kirche über die Katharer. Wichtige Grundsteine für die kommende Arbeit waren zwar gelegt, in den Editionen der Katholiken und in den vielbändigen Darstellungen der Protestanten. Dennoch urteilte die Aufklärung nicht weniger abfällig über die Katharer als die Konfessionen und wiederholte nur die früheren Ergebnisse[17]. Eine neue Hochblüte der katharischen Studien begann erst im frühen 19. Jahrhundert, als die *Romantik* bei ihrer Suche nach Kirche und Vaterland, nach Fernem und Geheimnisvollem auf die exotischen Katharer der Languedoc traf. Wieder, wie schon einmal im 16. Jahrhundert, sind es die Protestanten, die den neuen Anlauf zum Verständnis des Katharismus wagen.

Der vielgeschmähte Heinrich Schmid macht 1824 den Anfang,

indem er die Katharer zu seinen Mystikern zieht und ihnen in Schroeckhs Nachfolge neben Verwandtschaft mit den Waldensern „vorherrschende Gefühlsreligion" zuschreibt[18]. Q. de Parctelaine sieht 1833 in den südfranzösischen Katharern, die Waldensern und Reformatoren verwandt gewesen seien, „den ersten Versuch des Menschengeistes, sich von dem unsinnigen und unerträglichen Joch der mittelalterlichen Klerisei zu befreien"[19]. Dagegen muß 1834 die brave Schülerarbeit des Holländers Peter Jas noch einmal die grundsätzliche Verschiedenheit von Waldensern und Katharern nachweisen; aber auch diese Abhandlung macht die Katharer zu Mystikern und Philosophen[20]: man beginnt, die Katharer wieder mit Sympathie zu betrachten und macht sie zu Zeitgenossen des 19. Jahrhunderts. Ein anderes Zeichen der Erneuerung ist die Reaktion des Anglikaners George S. Faber († 1854), der 1838 wieder einmal aus der Gleichsetzung von Katharern und Waldensern „sozusagen einen Glaubensartikel" macht[21]. Die Flut der Schriften über die Waldenser steigt beängstigend[22]; die Geschichte der Albigenserkriege findet gefühlvolle und patriotische Bearbeiter[23]. Einige dieser Autoren spüren etwas vom Mischcharakter des Katharismus[24]; aber den meisten fehlt es an der kritischen Sachlichkeit.

Die *Kritiker* treten bald auf den Plan. Der verständige Ludwig Flathe macht 1835 bei seiner Suche nach Vorläufern der Reformation vor den Katharern halt: Sie haben mit der evangelischen Reaktion im Grunde nichts zu tun[25]; diese Manichäer sind ein schweres Unglück für den Protestantismus, ja für das Menschengeschlecht gewesen[26]. 1832 erscheint in England Fabers Gegenspieler, Samuel R. Maitland († 1866), mit einer kritischen Untersuchung des Beweismaterials, das Perrin vor zweihundert Jahren vorgelegt hatte; das Ergebnis ist wieder die vollständige Abtrennung der Katharer von den Waldensern, aber auch der Anstoß zu der glänzenden, vor allem von Dieckhoff und Herzog geleisteten wissenschaftlichen Klärung der Waldensergeschichte[27]. Auch für die Katharer ist die Stunde der Erschließung nahe.

Die Quellenstudien und die beginnenden kritischen Ansätze verlangen eine *Zusammenfassung*. Döllinger macht sich seit 1839 daran, sie zu bieten; aber immer neue Funde in den Archiven verzögern den Druck des Werkes, das Darstellung und Quellen-sammlung zugleich werden soll; erst fünfzig Jahre später erscheint es [28]. 1845 widmet der Württemberger Christoph Ulrich Hahn den Katharern einen ganzen Band seiner Ketzergeschichte; freilich leistet er nur den einen Teil der Aufgabe; sein Buch ist eine tüchtige Dokumentensammlung [29]. Die allgemeine Kirchen-geschichtsschreibung mischt sich ins Spiel: August Neander († 1850), der jüdische Schüler Schleiermachers, verbindet die Ka-tharer erneut, und diesmal fest, mit den Bogomilen [30]; und der Göttinger Kirchenhistoriker Johann Carl Ludwig Gieseler († 1854), der gerne das Kleine genau betrachtet, bringt für die Quellenanalyse und die Datierungen des mittelalterlichen Schrift-tums manchen Fortschritt [31].

Die Zeit ist reif für den Forscher, der die Arbeit eines Jahrhun-derts zusammenfaßt, der die Freude am Detail mit der Kenntnis der ganzen Kirchengeschichte, die Gefühlswärme der Zeit mit kri-tischem Geist vereinigt. 1849 erscheint das alsbald preisgekrönte Buch ,Histoire et doctrine de la secte des Cathares ou Albigeois'; sein Verfasser ist der protestantische Ordinarius für praktische Theologie, später für Kirchengeschichte in Straßburg, Charles Schmidt († 1895) [32]. Der Elsässer hat hier alle bekannten Zeugnisse über die Katharer liebevoll gesammelt und scharfsichtig ausgewer-tet; darüber hinaus hat er ein neues Gesamtbild der katharischen Bewegung gezeichnet, das bis auf den heutigen Tag wirksam ge-blieben ist. Mit einer ihm selbst schmerzlichen Schärfe mußte er an den Katharern jene Aufspaltung des Glaubens in Lehre und Le-ben vollziehen, die dem Protestanten naheliegt: die katharische Lehre ist ein zwar auf christliche Sätze gestütztes, aber im Grunde nichtchristliches Neuheidentum, ein religiöser und philosophi-scher Irrweg; das ethische Streben der Ketzer ist dagegen rein, gut-willig und vorbildlich [33]. Eine zweite Trennung der Bereiche ist ebenso deutlich: In Schmidts Buch stehen die historische Ent-wicklung, vornehmlich eine Geschichte der Verfolgungen, und der Glaube der Katharer, ein unveränderliches, logisches System, unverbunden nebeneinander [34]. Geschichte und Glaube, und in-nerhalb des Glaubens Dogma und Moral fügen sich nach Schmidts Auffassung nicht harmonisch zu dem Bau des Katharis-

mus zusammen; sie sind voneinander isoliert, ja sie widersprechen einander. Schmidts Lösung der Herkunftsfrage ist unglück-
lich[35]; trotzdem ist sein Buch bis heute die beste Monographie
über die Katharer[36]. Sein Werk hat schnell Schule gemacht; seine
Trennung zwischen katharischem Dogma und katharischer Moral ist der Anfang einer neuen Periode, in der die Theologen den
Katharismus wegen seiner Dogmatik verurteilen und die praktisch gerichteten Tagesströmungen erneut die Katharer zu den Ihren machen.

Blicken wir von Schmidt zurück auf seine Vorgänger, so tritt uns
das zusammengefaßte Ergebnis der vielfältigen Bemühungen von
Aufklärern und Romantikern seit 1730 in Schmidts abschließen-
der und krönender Arbeit deutlich vor Augen. Die umfassendste
und aufrichtigste Darstellung der Katharer ist zugleich die wider-
spruchsvollste; was von Moneta galt, gilt auch für Schmidt. Beide
zeigen uns das wahre Gesicht des Katharismus, nämlich seine
Vielgesichtigkeit. Wo aber ist der Zusammenhalt für all diese inneren Gegensätze?

## 8. Liberale und Konservative (c. 1840–1920)

Das 19. Jahrhundert, selbst eine Zeit der Gärung und der Widersprüche, hat nach Schmidt kein neues Gesamtbild vom Katharismus entdeckt, sondern die Teilaspekte der paradoxen Erscheinung isoliert und überbetont. Die kritischen Forscher der Zeit
wenden sich von der dogmatischen Beurteilung der Katharer allmählich zur vorwiegend moralischen, die romantisch begeisterten Gelehrten kehren sich von der nationalen Sehweise langsam
zur sozialen; aber aus dem Stimmengewirr der Meinungen erwächst keine neue Idee vom Ganzen.

Die nationale und später die soziale Freiheit sind in diesen Jahren
die Anliegen vor allem der Deutschen und der Italiener; diese Völker sind es nun auch, die in der Erforschung des Katharismus vor-
wärtsdrängen. Das erste bedeutende nichttheologische, ja außer-

wissenschaftliche Werk über die Katharer kennzeichnet die ganze Forschungsrichtung dieser liberalen Gruppe von Poeten und *Patrioten*. Es ist das Epos ,Die Albigenser' von Nikolaus Lenau († 1850) aus dem Jahre 1842. Der Dichter bildet sich die katharische Religion der „freien Forscher"[1], die mit einem klaren Blick ins Herz der Freiheit, im Kampfe gegen Priester und Tyrannen, auf dieser Erde Christi Menschenbild vollenden[2]. Die Katharer Lenaus sind Vorkämpfer der politischen und geistigen Freiheit[3]. Dieser Gedanke hat die Forschung tief beeindruckt, zuerst in Italien. Dort hat Cesare Cantù († 1895), der Schüler des Dichterhistorikers Alessandro Manzoni, begeistert für das geeinte Italien und das liberale Papsttum, 1865 als erster Fachhistoriker ein Bild von Italiens Ketzern gezeichnet, wenig eigenständig, aber in warmen Farben und trotz Cantùs neoguelfischer Gesinnung von versöhnlicher Milde getragen[4]. Hier wird die politische und auch schon die soziale Stellung der Ketzer in den Vordergrund gerückt[5]. 1861 bezeichnet Döllinger die Katharer schon offen als die Sozialisten und Kommunisten des Mittelalters[6]. Aber noch überwiegt der nationale Gedanke. Seit 1860 schreibt ein Verfechter der provenzalischen Selbständigkeit, Napoléon Peyrat, ohne jeden wissenschaftlichen Apparat glühend begeisterte Verteidigungsschriften für die Katharer, die von den Westgoten abstammten und sein schönes, edles romanisches Vaterland zusammen mit Ghibellinen, Trobadors und Jakobinern gegen französisch-katholische Intoleranz verteidigt hätten[7].

Gegen Peyrat tritt der Hauptverfechter des französischen *liberalen* Protestantismus, Albert Réville († 1906)[8] und nach ihm 1880 Édouard Dulaurier für die Einheit Frankreichs ein[9]; als Feinde der Krone Frankreichs sind die Katharer bemitleidenswerte Toren[10]; aber als Feinde der katholischen Kirche sind sie die ersten Märtyrer der Gewissensfreiheit[11]. Der gut französisch gesonnene Charles Molinier, ein unermüdlicher Quellenforscher[12], hat dann seit 1880 das Thema erneut ins Theologische hinübergespielt; er nimmt in zahlreichen Aufsätzen die Katharer, diese grandiose Ketzerei[13], als moralisch hochstehende Elite einer Minderheit in Schutz[14]; er bemüht sich, ihre Sozialstruktur zu entdecken[15], und sieht in ihnen immer wieder Vorläufer des modernen Geistes[16].

Dort, wo sich der liberale Gedanke vom nationalen ablöst, bleibt nur die Verachtung für die Katharer übrig, die der amerikanische Journalist Henry Charles Lea († 1909) deutlich ausspricht[17]. Er verehrt die freie Beherrschung der Natur, die fortschrittliche Technik, und steht verständnislos vor dem katharischen „Verzicht auf die Natur"[18].

Die Unterdrückten aller Zeiten sind auch die Helden derer, die die Freiheit wirtschaftlich verstehen. Als 1895 der Marxist Karl Kautsky († 1938) die Vorläufer des neueren *Sozialismus* sucht, stößt er auf die Katharer, von denen er allerdings noch keine klare Vorstellung hat[19]. Sein Parteifreund Milorad Popowitsch faßt dann 1906 mit guter Sachkenntnis den Kampf der Bogomilen als sozialen Klassenkampf auf[20]. Ein Jahr später schildert der italienische Sozialist und Modernist Gioacchino Volpe auch die italienischen Ketzer als Vertreter der untersten Schichten[21], und seine Schüler Luigi Zanoni[22] und Antonino de Stefano führen die sozialistische These 1911 und 1914 so weit, daß der Katharismus als sozialrevolutionäre Bewegung, nur schlecht durch eine religiöse Einkleidung bemäntelt, erscheint[23].

Gegen den liberalen Antiklerikalismus, der die Katharer als Vorkämpfer der Freiheit preist, wenden sich, mit verschwindenden Ausnahmen einmütig[24], die Philosophen, Theologen und Philologen beider Konfessionen, die das System höher schätzen als die Freiheit. Der deutsche, protestantische *Philosophie*historiker Hermann Reuter († 1889) erzählt 1875 die Geschichte der Aufklärung im Mittelalter. Der Neander-Schüler tut die Katharer ganz kurz ab; zwar hält er ihr Leben für wichtiger als ihre Lehre, aber sie sind ihm nur „in gewisser Weise ein Mitträger der Aufklärung"[25]. Sein Antipode Wilhelm Preger († 1896) verweist 1874 die Katharer auch aus dem Bereich der mittelalterlichen Mystik[26]. Der italienische Katholik Felice Tocco († 1911) faßt 1884 den Katharismus als ein philosophisches System, in dem die Lehre den Vorrang vor dem Leben hat[27]; aber am Ende kommt er doch zu dem Schluß, daß diese Ketzer keine Philosophen sind und daß ihre Macht im Mittelalter ein historisches Paradoxon darstellt[28].

Aus nationalen und *kirchlichen* Gründen, „in spanischem und katholischem Geist"[29], kämpft 1880 der große spanische Literarhistoriker Marcelino Menéndez y Pelayo († 1912) gegen alle katharische, ja „germanische Barbarei"[30]; er ist, was er sein will, „parteiisch in den Prinzipien, unparteiisch, das heißt aufrichtig, in den Tatsachen"[31]. Ähnlich handelt der Professor in Toulouse und spätere katholische Bischof von Beauvais, Célestin Douais († 1915). Noch einmal wie für Bossuet stehen für ihn Frankreich und die katholische Kirche zusammen[32]; die Katharer sind Nihilisten[33]; der im wesentlichen französische Sieg über sie ist ihm der leuchtende Gipfel der Geschichte[34]. Als endlich 1890 nach dem Tode von Ignaz von Döllinger dessen Beiträge zur Sektengeschichte des Mittelalters erschienen, da ergab sich, daß Döllinger das fünfzig Jahre alte Manuskript nicht in dem versöhnlichen Geist seines Greisenalters geschrieben hatte[35]; er sah die Katharer als Dogmatiker, nicht als Historiker, und konnte an ihrer Lehre nichts Gutes finden[36]. Umgekehrt wie Döllinger hat 1903 Paul Alphandéry († 1932) in Paris die Ketzer von der Moral her gesehen und dabei auch die Katharer wohlwollend behandelt[37]. Die Arbeiten von Döllinger und Alphandéry hat 1910 der einsichtige Katholik Félix Vernet zusammengefaßt in dem Urteil, das Leben der Katharer sei besser gewesen als ihre Lehren[38]. Genau dasselbe hatte Charles Schmidt gesagt[39], und als der Franzose Jean Guiraud 1907 und nach ihm der belgische Theologe Edmound Broeckx aus Löwen 1916 eine Zusammenfassung der Forschung versuchten, da wurde offenbar, daß die gelehrte Arbeit seit Charles Schmidt nichts Neues ergeben hatte[40].

Wie in der Zeit der Aufklärung ist das Festhalten am alten Stand der Forschung auch in der zweiten Hälfte des 19. Jahrhunderts begleitet von einem neuen Aufschwung der *Quellenedition*. Überall stoßen Lokalpatrioten und Fachgelehrte auf unerschlossene Schätze. Der Straßburger Freund von Charles Schmidt, Eduard Cunitz († 1886), entdeckt 1852 ein provenzalisches Ritual der Katharer, das nach 1887 von den Romanisten Louis Clédat, Paul Meyer und Samuel Berger, Leuchten ihrer Wissenschaft, erschlossen wird. In Frankreich durchsuchen Clemens Compayré und später die beiden Gegner Molinier und Douais mit Eifer die Archive; in Italien besorgen Tocco, Luigi Fumi, Carlo Cipolla und ihre zahlreichen Schüler die Edition ungedruckter Quellen. Döllinger fahndet seit 1839 in halb Europa nach Handschriften zur Ketzer-geschichte[41]. Im Osten Europas ist derweilen 1854 die älteste Quelle für die Bogomilen, der Traktat des Presbyters Kosmas, auf-getaucht; andere Funde, mit Rassenstolz und Entdeckerfreude pu-bliziert, folgen nach; 1869 kann der spätere Führer der kroati-schen Nationalpartei, Franjo Rački († 1894), daraufhin einen ersten Abriß der bogomilischen Geschichte geben; mit dem fran-zösischen Slawisten Louis Léger zusammen deckt er die Beziehun-gen zwischen Bogomilen und Katharern auf[42]. Die neuen Funde bestätigten die alten Hypothesen.

Und doch war dieser Gruppe von Philosophen, Theologen und Editoren, die die große Forschungstradition weiterführte, keine Zukunft beschieden. Sie hatte ihrer Zeit nach dem großen Wurf von Charles Schmidt nichts Neues mehr zu sagen; schlagartig mit dem Ersten Weltkrieg ist die bis dahin tonangebende Stimme der Theologie verstummt. Das Wort haben nun jene nationalen, libe-ralen und sozialen Richtungen, deren enthusiastische, aber un-wissenschaftliche Äußerungen im 19. Jahrhundert wir zu Beginn des Kapitels wiedergaben. Eine Flucht vor den Quellen setzt ein, die das Verständnis für das wahre Wesen des Katharismus eher lähmt als fördert. Wieder einmal behindert der Tageslärm die ru-hige Erkenntnis.

## 9. Ideologen und Religionswissenschaftler (c. 1920–1950)

Der Erste Weltkrieg hat einen tiefen Einbruch des Irrationalen in die wissenschaftliche Arbeit zur Folge. Bei der Suche nach den dunklen, mythischen Wurzeln des Geistes werden auch die Ka-tharer neu begriffen. Die Fortsetzer der romantisch-überschweng-lichen Richtung sind jetzt Ideologen, die ihre Heilslehren historisch untermauern wollen; die theologisch-kritische For-schung wird weitergeführt von der Religionswissenschaft, die mit der ebenso fruchtbaren wie gefährlichen Methode der Analogie die Katharer an die ältesten und undurchdringlichsten Geistesbe-wegungen der Weltgeschichte anknüpft.

47

Die *ideologische* Linie, die die Fakten als Waffe verwendet, beginnt bei den Engländern. Der anglikanische Geistliche Henry J. Warner bemüht sich zwar 1922, die historischen Tatsachen von fanatischen Behauptungen freizuhalten; aber nach englischer Tradition werden Katharer und Waldenser nicht getrennt, und sie alle, die individualistischen Slawen und Franzosen des 10. Jahrhunderts, verbünden sich in seinem brillant geschriebenen Buch zu einer ‚Entente cordiale‘ der Gedanken- und Redefreiheit gegen die katholische Kirche[1]. Sein Landsmann, der Schulrat Edmond Holmes, gibt 1925 einen vereinfachenden Auszug aus Charles Schmidt, in dem er die Toleranz, aber im darwinistischen Sinne, predigt und jede übernatürliche Auffassung der Religion, die katholische wie die katharische, für eine krankhafte Entgleisung hält[2].

Die Ideologien in *Italien und Deutschland* haben bald danach den Katharismus in die Reihe ihrer historischen Vorbilder eingegliedert. Der führende Historiker des Faschismus, Gioacchino Volpe, hat 1922 und 1926 in Fortführung seiner Studie von 1907 die katharische Bewegung als Aufstand der Volksseele und als revolutionäre Klassenbewegung verstanden[3]. Und Alfred Rosenberg, der Mythologe des Nationalsozialismus, verherrlicht 1930 die Katharer als Westgoten und germanische Streiter gegen die römische Priesterherrschaft[4].

Die *sozialistische* These findet nach ihrer Blütezeit vor dem Ersten Weltkrieg nur noch einen amerikanischen Verteidiger[5] und wird von Friedrich Engel-Jánosi 1931 gültig widerlegt[6]. Erst nach dem Zweiten Weltkrieg tritt sie wieder hervor[7].

Um so mehr wird der Katharismus von der halb nationalen, halb anthroposophischen Bewegung zitiert, die man *okkultistisch* genannt hat[8]. Seit dem Jahre 1925 hat Déodat Roché, ein Verehrer Rudolf Steiners, in Südfrankreich eine Bewegung inspiriert, die an ein Wiedererwachen der Occitania glaubt und in den Katharern die glänzendsten Vertreter des spiritualistischen ‚Génie d'Oc‘ preist; aus Platonismus und Manichäismus rekonstruieren diese Männer, Roché voran, einen Neu-Katharismus[9]. Die auch nach dem Zweiten Weltkrieg überaus rege Gruppe knüpft zwischen Persern, Druiden, Trobadors und Rosenkreuzlern ein enges

Band und sieht die Katharer in ihnen allen [10]. Einer ihrer begeisterten Freunde, der deutsche Dichter Otto Rahn († 1939), hat dann
1933 auf den Spuren Richard Wagners die katharische Minnekir-
che entdeckt: diese „durch manichäische Missionare christiani-
sierten Druiden" [12], Nachfahren von Iberern, Persern und Phöni-
kern, sind die Trobadors, die Hüter des heiligen Gral [12]. Rahn hat
viele Nachfolger gefunden, besonders in der Schweiz, wo Walter
Nigg noch 1949 auf ihn baut [13].

Die gemeinsamen Gegner dieser neuen religiösen Lehren, die
christlichen Kirchen, schweigen in dieser Zeit; ihre Theologie
steht selbst in einer Krise. So übernimmt die säkularisierte Form
der Theologie, die *Religionswissenschaft*, das alte Erbe der Kirchen, die Überordnung der Glaubenslehre über das Glaubensleben. Das katharische Dogma wird, teilweise in Weiterführung
von Ansichten der Ideologen, mit dem Zauberstab der Analogie
zerlegt.

Den *Auftakt* gab der vielseitige und vielschreibende Salomon
Reinach 1923 in einem Vortrag, der die Katharer als Bindeglied
zwischen Buddha und Franziskus in Anspruch nahm [14]. Seit 1925
haben bulgarische und russische Forscher dualistische Spuren in
slawischen Volksmärchen entdeckt [15]. Der jugoslawische Religionshistoriker Eugen Aničkov sieht seit 1928 hinter der keltischen Artus-Sage, hinter Trobadors und Joachim von Fiore den
Schatten der Katharer [16]. Paul Alphandéry stellt sie seit 1927 zu
den Gnostikern [17]. Richard Reitzenstein holt 1929 weiter aus und
findet Katharisches in der Vorgeschichte der christlichen Taufe,
bei Mandäern, Manichäern und Gnostikern [18]. Jean Guiraud erkennt 1935 im katharischen Ritus Reste frühchristlicher Liturgie [19]. Lucie Varga beleuchtet seit 1936 die katharischen Anklänge
bei Gnostikern, Priszillianern, Trobadors und Astrologen [20]. Der
Italiener Renato Esnault sieht 1938 durch die Jahrhunderte hindurch eine ganze ‚Ketzerökumene' bestehen [21]; Emanuel Aegerter
versucht 1939 in Paris schon eine Systematik der mittelalterlichen Ketzereien zu geben [22]. Immer mehr zeigt sich, daß das katharische Denken im Grunde gnostisch ist.

Alle diese Ansätze in Aufsatzform werden *zusammengefaßt*
von dem unendlich fleißigen Schweden Hans Söderberg, einem

49

Schüler des Religionswissenschaftlers Geo Widengren. In seinem 1949 erschienenen Buch hat er mit staunenswerter Gelehrsamkeit die Lehren der alten Gnosis und die der Katharer systematisch verglichen und die Ähnlichkeit im Aufbau beider Systeme unwiderleglich erwiesen[23]. Die Katharer erscheinen hier erneut als Sammelbecken für manche Teile der alten Dogmengeschichte[24]. Schmidt hatte Geschichte und Glauben getrennt; Söderberg läßt die historische Frage, ob und wie das katharische System geworden ist, ganz beiseite und klärt nicht, wie die Überlieferung zu denken ist, die vom zweiten zum zwölften Jahrhundert, durch dreißig Generationen lebendiger Menschen, vom einen zum anderen Gedankenkreis geführt hat[25]. Söderberg läßt auch die katharische Moral fast ganz außer Betracht; er stellt Dogmen gegen Dogmen[26]. Söderberg hat die dogmenhistorische Erkenntnis der katharischen Lehre im einzelnen sehr gefördert; am Gesamtbild des Katharismus, wie es Charles Schmidt gegeben hatte, hat er nichts Wesentliches geändert.

Die Religionswissenschaft hat also die Lücke, die durch das Beiseitetreten der Theologie entstanden war, mehr als ausgefüllt; sie hat die katharische Lehre in einen weltweiten Zusammenhang gestellt, und zwar mit größerem Ernst und freierem Blick als die gleichzeitigen Ideologen; die typologisch-systematische Betrachtungsweise hat in Söderberg einen neuen Höhepunkt erreicht. Aber der auf das Allgemeine gerichtete Blick kann vom Katharismus nur einen Teil sehen; ihm erscheinen die Katharer im Mittelalter als ein kurioses Fossil. Und das sind sie nicht.

## 10. Philologen und Historiker (1935–1950)

Der Aufschwung der mittelalterlichen Studien, besonders auf dem Gebiet der Philologie, Philosophie und Geistesgeschichte, hat seit 1935 auch für die Erforschung des Katharismus eine neue Zeit der Blüte gebracht. Das Interesse der Forschung wendet sich mehr und mehr, von der allgemeinen Betrachtung über die Jahrhunderte hinweg, der Untersuchung im einzelnen zu, um Wesen und

Geschichte der Katharer aus ihrer eigenen Art und ihrer eigenen
Zeit zu erklären. Wieder trennen sich zwei Richtungen voneinander; die theologisch-systematische wird, weit hinaus über die Ver-
allgemeinerungen der Religionswissenschaft, von katholischen
und romanischen Philologen fortgeführt; die säkularisierte findet
Pflege bei den protestantischen, meist deutschen und englischen
Historikern, die die ideologische Verflachung dieses Zweiges mit
großem Erfolg zu überwinden suchen.

Am Beginn der *philologischen* Arbeit steht ein verspäteter Abschluß älterer Forschungen. 1935 hat Jean Guiraud seine Inquisitionsgeschichte mit einer ebenso ausführlichen wie veralteten
Darstellung des Katharismus eingeleitet, die fast unverändert
seine Arbeiten von 1907 wiedergibt und, wie schon damals, die
katholisch-theologische Tradition bis zur Jahrhundertwende zusammenfaßt[1]. Eine zwei Jahre später erschienene Schrift von
Carlo Fedele Savio ist nicht weniger antiquiert[2]. Die gelehrte Welt
protestierte gegen die ungenaue und vor allem unhistorische Sehweise Guirauds[3]; und es blieb nicht beim Protest.
     Seit 1938 begann der gelehrte Pater Ilarino da Milano vom hi-
storischen Institut der Kapuziner in Rom mit der philologisch-kri-
tischen Sichtung der Quellen in der ausgesprochenen Absicht,
durch sorgfältige Einzelforschungen eine genetische Erkenntnis
des Katharismus vorzubereiten; dabei sollte die Lehre nicht hinter
dem Leben der Katharer zurückstehen, sondern zu einer historischen Synthese mitverarbeitet werden; auf diesem Wege sollte ein
neues Bild von der vielfältigen religiösen Welt des Mittelalters
entstehen[4]. Mühsame Vorarbeiten waren dafür notwendig, die
die vorhandenen Quellen nach Verfasser, Tendenz und Abhängigkeiten prüften und den Quellenbestand auf jede Weise zu erweitern trachteten; P. Ilarino da Milano hat diese Arbeiten mustergültig geleistet[5]. Auch der Florentiner Mario Esposito hat sich
dabei mehrfach ruhmvoll hervorgetan[6].
     Kurz nach 1938 haben die Dominikaner des historischen Insti-
tuts in Rom die Suche nach neuen Quellen mit Spürsinn und Or-
ganisationstalent zu einzigartigen Erfolgen geführt. Der Leiter des
Instituts, P. Thomas Kaeppeli, hat 1947 die ‚Summa‘ des Petrus

51

Martyr entdeckt[7]; vor allem aber hat sein Mitarbeiter, der ebenso glückliche wie tüchtige Pater Antoine Dondaine, fast Jahr für Jahr Funde gemacht, die die Hypothesen von vierhundert Jahren Forschungsarbeit vor das Gericht der Tatsachen ziehen: 1937 fand er den katharischen ‚Liber de duobus principiis', später den schmerzlich vermißten Bericht über die katharische Frühgeschichte, eine waldensische Schrift gegen die Katharer und anderes[8]. Daneben hat er in scharfsinnigen Untersuchungen die wertvollsten Beiträge zum Verständnis der von ihm gefundenen und der vorhandenen Quellen gegeben[9].

Gestützt auf Dondaines Edition von 1939, hat Gioele Solari († 1952) im folgenden Jahre versucht, den Katharismus in die *Philosophie*geschichte einzuordnen; er hat dabei freilich wie sein Landsmann Tocco den katharischen Glauben als ein philosophisches System verstanden und wegen seiner logischen Mängel ablehnen müssen[10]. Weit umfassender und eindringlicher ist das katharische Denken dann seit 1946 von der Französin Simone Pètrement analysiert worden; jener ‚Dualismus', dem Gnostiker und Katharer anhangen, wird hier von den Ursprüngen an in seinem Kern und in seiner Wandlung erfaßt: Zuerst glaubt die einsame, verlassene Seele, daß über dieser bösen Welt eine andere, bessere Welt der Liebe sei (transzendentaler Dualismus); erst später zieht das Denken diesen Gegensatz in die irdische Welt hinein als Feindschaft zweier gleichberechtigter Prinzipien jetzt und hier[11]. Immer wieder treten diese beiden Formen des Dualismus nacheinander auf[12]. Auch die Geschichte der Bogomilen und der Katharer und ihr Verhältnis zum Christentum ist vom Nacheinander und Nebeneinander dieser beiden Formen bestimmt[13].

Wesen und Geschichte der Bogomilen sind mittlerweile von *Slawisten* und Religionswissenschaftlen ebenfalls philologisch und systematisch untersucht worden, nachdem seit Léger in Westeuropa fast nichts in dieser Richtung geschehen war. 1945 hat André Vaillant von der École des Hautes Études die älteste und wichtigste Quelle für den Bogomilismus, den Traktat des bulgarischen Presbyters Kosmas, übersetzt und philologisch untersucht, und sein Kollege Henri-Charles Puech, der Lehrer von Simone Pètrement, hat darauf eine ausgezeichnete systematische

Darlegung des bogomilischen Glaubens aufgebaut [14]. Weitere philologische Arbeiten folgten [15]. Es bedeutete einen Rückfall, daß der Sofioter Professor Dmitri Angelov 1948 Bogomilen und Katharer auf Grund eines Systemvergleichs und unter Betonung ihres klassenkämpferischen Charakters miteinander in eins setzte [16]; denn was alle anderen philologischen Erforscher des Bogomilismus wie des Katharismus anstrebten, war eine Geschichte der Ketzerei [17].

Die *Fachhistoriker* haben sich inzwischen gleichfalls ernstlich der Katharer angenommen. 1935 hat Herbert Grundmann das von Volpe 1926 gegebene Bild der mittelalterlichen Ketzerei erweitert und von seinen ideologischen Verzerrungen gereinigt. Grundmann hat Orden und Sekten des Mittelalters aus ihrer eigenen Zeit begriffen und verglichen und dabei wieder das alte Dogma der Katharer gegenüber dem gelebten Leben der abendländischen religiösen Bewegung zurücktreten lassen [18]. Zugleich hat er die Ketzerei als Repräsentanten der erwachenden und aufsteigenden Schichten, die mit dem christlichen Leben buchstäblich Ernst machen wollten, zum ersten Male wirklich in die Geistesgeschichte des Mittelalters eingeführt [19]. Und Volpes Schüler selbst, Antonino de Stefano, kam dieser neuen Richtung entgegen [20]. Sein Landsmann Raffaello Morghen hat 1944 die dogmatisch-philosophische und die wirtschaftlich-soziale Interpretation des Katharismus ebenfalls abgelehnt, aber dafür allzu einseitig die biblisch-evangelische Seite der Ketzerei in den Vordergrund gerückt [21]. Benedetto Croce hat ihn dabei unterstützt [22]. Und der belgische Kapuziner Alcantara Mens hat 1947 noch einmal die sozialistische These zurückgewiesen und die Ketzerei wie Grundmann als Streben nach dem apostolischen Leben aufgefaßt [23]. Auch Arnold J. Toynbee hat sich, in etwas zu glatten Antithesen, Grundmanns Begriff der Ketzerei im Mittelalter zu eigen gemacht [24].

Die *Reaktion* blieb nicht aus; sie wird vertreten von den Theologen und Philologen, die auf das katharische Dogma verweisen [25], und von dem österreichischen Kulturkritiker Friedrich Heer, der mit geradezu ideologischer Leidenschaft 1949 die Katharer zu Proletariern und zu Vorkämpfern westlicher Demokratie gegen den staufischen „zaristisch-sultanischen Zwangsstaat" erklärt[26]. Der katharischen Lehre ist auch er nicht gerecht geworden.

Eine Geschichte dieser Lehre von ihren gnostischen Anfängen an bot 1947 der Engländer Steven Runciman in einem historisch gut fundierten, aber ebenso flüssig wie flüchtig geschriebenen Buch, das eine Art Geistesgeschichte des dualistischen Denkens versucht. Runciman gibt nur eine Kette von miteinander verwandten, in sich ziemlich konstanten Gedankenkreisen, deren letzter der Katharismus ist und die abseits vom historischen Geschehen ein Sonderdasein führen[27].

Der Gegensatz zwischen unhistorischer Systematik und historischer Dogmenverachtung, der uns in der Forschung der letzten Jahre immer wieder entgegentritt, ist in letzter Zeit *überbrückt* worden von einem Philologen und von einem Historiker. Der in England lehrende Slawist Dmitri Obolensky hat 1948 eine Studie über die Bogomilen veröffentlicht, die nicht systematisch, sondern historisch gegliedert ist und uns in der Tat die Geschichte der Bogomilen, ihres Glaubens und ihres Lebens im engsten Anschluß an die Zeitgeschichte plastisch vor Augen stellt[28]. Und der Historiker Raoul Manselli hat 1949 die Position von Grundmann und Mansellis Lehrer Morghen geistvoll mit Runcimans Thesen verglichen und ist dabei zu dem Schluß gekommen, daß der Katharismus nicht nur ein dualistisches System oder eine biblizistische Bewegung, sondern beides zugleich ist[29].

In der vorliegenden Arbeit muß diese Erkenntnis nur fortgeführt werden. Die Verbindung von Philologie und Historie, von Lehre und Leben soll in der Darstellung der dogmatisch bestimmten katharischen Geschichte (Teil II) und des historisch entstandenen katharischen Glaubens (Teil III) versucht werden.

Dieses methodische Prinzip der Synthese drängt sich uns nicht nur bei der Betrachtung der jüngsten Forschungsperiode auf. Seit dem 16. Jahrhundert treffen wir die Gelehrten in stets wechselnden Gruppierungen, in denen sich die Geistesgeschichte und ihr Wandel spiegelt; aber jenseits aller historischen Veränderungen finden wir immer wieder zwei Lager, die sich um die Katharer streiten: das dogmatisch-systematische, meist den Ketzern wenig geneigte, in dem sich die Inquisitoren, Bossuet, die Mauriner, die liberalen Theologen, die Religionswissenschaftler und die Philologen unserer Tage begegnen – und das andere, moralisch-praktisch gerichtete, dem die Freunde der Ketzer, Flacius Illyricus, die Polyhistoren, Lenau und seine ideologischen Nachfahren und die modernen Historiker angehören. Beide Parteien müssen in einer Richtung recht haben, und wer wie Charles Schmidt am Kreuzweg der beiden Richtungen steht, der wird das Ganze des Katharismus am besten erkennen.

Die Forschungsgeschichte läßt durch alle historischen Wandlungen hindurch etwas vom überzeitlichen Wesen des Erforschten sichtbar werden; deshalb haben wir die lange Wanderung durch fast ein Jahrtausend unternommen. Wer von den neueren abendländischen Betrachtern die Katharer als dogmatische Häretiker sah, der konnte sie mit dem Herzen nicht begreifen; wer sie als ethisch-religiöse Bewegung begriff, der fühlte sich ihnen in manchem verwandt. Denken wir noch einmal an die mittelalterlichen Quellen zurück, an den zähen Kampf zwischen Katharern und Katholiken, der trotz aller bohrenden Bemühung auf beiden Seiten ebenso verworren wie erbittert verlief. Dann dürfen wir wohl daraus das Fazit ziehen: Der Katharismus ist dem Abendland, und das heißt dem Christentum, nicht wesensgleich, sondern eine eigene Welt. Der innerste Kern dieser katharischen Welt ist gespalten in eine nichtchristliche Lehre und eine – wenigstens teilweise – christliche Lebensform.

Daß es so war, zeigte uns der Blick in den Spiegel der abendländischen Literatur. Warum es so kam, wird uns die Geschichte der Katharer lehren.

# II. Die Geschichte der Katharer

Die katharische Bewegung hat eine lange Vorgeschichte. Ihre Lehre fand in Ostiran, fast ein Jahrtausend vor Christus, ihren ersten Prediger; sie ist verflochten in den Wirkungszusammenhang der Spätantike, aus dem das Christentum herauswuchs, die Kirche sich formte und die Ketzereien sich abspalteten; auf dem Balkan hat sie sich im 10. Jahrhundert eine neue Heimat erobert und von dort aus den Weg ins Abendland gefunden. Auch die Erneuerung des religiösen Lebens, die die Katharer verkündeten, ist nicht neu; seit Christi Tod ist sie immer wieder und überall, in Ost und West, erstrebt worden; vollends seit dem 10. Jahrhundert ist sie das Grundthema der abendländischen Kirchengeschichte. Als sich im 12. Jahrhundert diese beiden Mächte, die vorchristliche, auf ihrer langen Wanderung vielfach gewandelte Lehre und die christliche, immer neue Forderung nach einem heiligen Leben, im Abendland begegneten, da entstand aus ihrer Verbindung der Katharismus. Das Widerspiel und die Disharmonie dieser beiden, einander nahe verwandten Kräfte gestalteten die Geschichte und das Schicksal der Katharer.

## 1. Der Dualismus und seine Tradition

Dualismus ist der Glaube, daß das Wesentliche und Bleibende im Menschen nicht aus dieser irdischen Welt stammt, sondern auf der Erde ein „Fremdling und Pilgrim" ist[1]. Dieser Gedanke ist mehr oder weniger das Gemeingut aller Erlösungsreligionen und mit diesen Religionen zusammen in jener „Achsenzeit der Weltgeschichte" entstanden, als „in den menschlichen Grenzsituationen die äußersten Fragen auftreten, der Mensch sich in seiner ganzen Brüchigkeit erkennt und zugleich die Bilder und Gedan-

ken hervorbringt, mit denen er trotzdem weiter zu leben vermag",
im ersten Jahrtausend *vor Christus*[2]. In China und Indien ist der
Dualismus damals ebenso wie im Abendland aufgetaucht[3] und
liegt seither überall in der Luft; er wird nirgends ganz neu erfunden oder bloß sklavisch nachgeahmt, sondern, sich wandelnd in
wechselnden historischen Situationen, immer wieder entdeckt[4].


Der erste, der unsere Welt als Kampfplatz zweier feindlicher
Mächte aufgefaßt hat, ist der halb mythische Religionsstifter Zarathustra, der wohl nicht lange nach der Jahrtausendwende in
Ost*iran* lebte[5]. Er verteidigt das Ideal seines viehzüchtenden
Stammes gegen Neuerungen[6] und ruft den Menschen als den Hel-
fer des guten Lichtes zum Kampf gegen das Böse auf. Der einzelne
hat die volle Freiheit der Entscheidung zwischen Gut und Böse,
Wahrheit und Lüge; aber es wird ihm nach seinem Tode dafür
vergolten werden. Hier erscheint die Weltgeschichte als Heilsgeschichte, noch in einer hellen, fast frohen Form: Das Gute wird
siegen[7]. Erst nachdem die Assyrer den vorderen Orient in der
Blüte geknickt haben, bilden Zarathustras Nachfolger seinen
ethischen Aufruf zu einer metaphysischen Lehre von zwei feindlichen, ewigen Gottheiten um; das Perserreich erhält durch Zarathustras Lehre auch dann noch etwas von seinem späten, milden
Glanz[8].

In *Griechenland* hält im 6. Jahrhundert der halb noch thrakische, halb schon hellenisierte Gott Dionysos seinen Siegeszug;
seine Anhänger, von denen die wandernden Bettelpriester der
Orphischen Sekten die wichtigsten sind, predigen vom bösen
Leibe, dem Kerker der wandernden Seele, von dem Jammertal dieser Welt, von der Erlösung durch Askese und Mysterium[9]. Der
Philosoph Pythagoras denkt ähnlich[10]. Hundertfünfzig Jahre später, nachdem die Welt der hellenischen Polis zerbrochen ist,
glaubt Plato, daß die Macht, ja die Weltseele selbst böse sei; er grü-
belt über die „irrende Seele, die aus der lichten Welt des Geistes in
die niedere Stofflichkeit verbannt ist und aus ihr heimverlangt"[11].

Die Begegnung von hellenischem und orientalischem Wesen
ist vollends das Schicksal der römisch beherrschten, spätantiken
Welt des Hellenismus. Sie ist krank am Diesseits; erleuchtetes

und erlösendes Wissen soll ihr helfen. In dieser Welt entsteht das
*Christentum*. Sein Gründer lebt nur das reine, die Welt überwin-
dende Leben der Liebe vor; aber schon Paulus, der semitische Völ-
kerapostel mit griechischer Bildung, kennt den Gegensatz von
Gott und Welt, Gnade und Natur[12], freilich überstrahlt von
christlicher Liebe. Der Schiffsreederssohn aus Sinope, der paulini-
sche Theologe *Markion,* hat im zweiten Jahrhundert den scharfen
Trennungsstrich gezogen: Der gute Gott, der von der Welt erlöst,
hat mit der kalten Kosmologie nichts gemein; Gesetz und Liebe,
Christus und das Alte Testament werden auseinandergerissen; Askese ist die Rettung vor der Welt[13].

Diese revolutionäre Befreiung von der Geschichte, vom Alten
Testament, vom griechischen Kosmos, wird weitergetrieben und
vollendet von jener Bewegung, die älter als das Christentum ist
und eine Überhöhung der christlichen Heilsgewißheit versucht,
vom *Gnostizismus.* Diese vielgestaltige, von Alexandria bis Baby-
lon herrschende Erscheinung, die im zweiten Jahrhundert ihren
Höhepunkt erreicht, ist griechisch und orientalisch zugleich,
Geist und Mythos in einem[14]. Gott, der unendliche Geist, ist in
der niederen Welt fremd; aber dieser „Triumph des Geistes, der
sein eigenes Wesen als Weltprinzip begriffen hat"[15], ist eingebettet in Magie und Mythologie. Die gnostischen Gemeinden vereinen Gelehrte, die die Bildung ihrer Zeit beherrschen, mit
lyrischen Schwärmern; die Aufrührer stehen neben den Müden –
und nur die Flucht aus dem Diesseits ist allen gemeinsam[16].

Die Stimmung des „gnostischen Zeitalters"[17] kehrt an vielen
Orten ähnlich wieder, im Neupythagoreertum wie im Neuplato-
nismus[18], vor allem aber in der christlichen Gemeinde selbst. Es
gehört zu dieser Stimmung, wenn im dritten Jahrhundert die
nordafrikanischen Novatianer die Reinheit des Priesters von irdischen Verflechtungen und Verfehlungen fordern[19]; und es bedeutet die Abwendung der größten Gefahr, die dem Christentum bis
heute drohte[20], als die katholische Kirche sich gegen die Gnosis
bildete und behauptete, als sie, mit der Hilfe Konstantins, die
Welt als eine Aufgabe begriff, anstatt sie aufzugeben[21]. Seitdem
ist der Dualismus nur noch eine Häresie, allerdings die Häresie
schlechthin[22].

Die strengste und klassischste Form der dualistischen Gnosis, der *Manichäismus*, ist denn auch, obgleich er eine eigenständige Religion ist, bald zum Typ der christlichen Ketzerei geworden. Ihr Gründer, der hochadlige Iranier Mani († 277), der eine Zeitlang beim zweiten Herrscher des neupersischen Sassanidenreiches Gehör fand, hat ein metaphysisches System und eine feste Kirche gestiftet; er predigt einen symmetrischen Dualismus mit zwei ewigen Gottheiten, der die Lehren Zarathustras, Buddhas und Christi in einer Universalreligion umfassen soll und in Wahrheit die Erstarrung der Gnosis bedeutet; die Erlösung des Menschen aus der Welt, die des Teufels ist, geht nach Manis Lehre mechanisch, fast maschinell vor sich[23]. Diese Religion der Gebildeten und Wohlhabenden, eine Religion des gepflegten Geschmacks, ist eine Frucht des ausgehenden babylonischen Hellenismus; sie verträgt keine Weiterbildung zu einem ‚Volksmanichäismus' und ist seit der Mitte des sechsten Jahrhunderts in West- und Ostrom verschwunden; der manichäische Siegeszug nach dem Fernen Osten, der im siebenten Jahrhundert beginnt, rückt diese Mischung von griechischer Form und orientalischem Stoff weit aus dem Gesichtskreis des Abendlandes[24]. Nur der Name ‚Manichäer' ist den folgenden Jahrhunderten als Signum für Abscheuliches, Schreckliches im Gedächtnis geblieben[25].

Die Herrschaft der christlichen Kirche beschließt in Ost und West das gnostische Zeitalter. In den Jahrhunderten, die das Mittelalter einleiten, treffen wir in der barbarisierten Welt des Westens nur noch einmal einen Dualisten, den vornehmen und frommen Spanier Priscillian († 385). Er verkündet das asketische *Mönchsleben*, das gerade damals aus dem Osten zögernd herüberkommt, und verbindet es mit keltischen astrologischen Bräuchen und einem gewissen Dualismus[26]. Seine Sekte, von Adligen und Reichen getragen, verliert sich nach 563, als auch in Spanien die christlichen Sonderkirchen in der römischen aufgehen[27].

Am anderen Ende der christlichen Welt, zwischen Mesopotamien und Armenien, ist es im vierten Jahrhundert ebenfalls eine exzentrische Gruppe des jungen Mönchtums, die dualistische Ansichten vertritt: die schwer faßbaren Messalianer, die den Satan als Herrn der Elemente ansehen und sein Erbteil, das auch in der

Menschenseele wohnt, durch ständiges Beten austreiben wollen. Diese Ketzer sind ein Teil der byzantinischen Mystik und nach dem achten Jahrhundert nicht mehr nachzuweisen [28].

Eben als die Araber nach Armenien ausgreifen, in den Jahren um 660, gründet in dieser Spannungszone zwischen Byzanz und Islam ein Armenier namens Konstantin eine neue Sekte, die besonders den Apostel Paulus verehrt und den Namen ‚Paulikianer' trägt [29]. Jahrhundertelang sind die Anhänger dieser Sekte – wilde Krieger, die das Mönchswesen und das Fasten hassen – gefährliche Feinde für Byzanz, das sie oft mit den Arabern zusammen bekämpfen; seit dem Ende des 8., jedenfalls im 9. Jahrhundert greifen ihre aktiven Missionare auch nach Bulgarien über; bis ins 13. Jahrhundert ist die Sekte auf dem Balkan lebendig geblieben [30]. Hier hat der Dualismus, der wieder an zwei gleichgeordnete Gottheiten glaubt und das Alte Testament als Satanswerk verwirft, etwas von der hellen Ethik Zarathustras und von der Entschiedenheit Markions [31]. Die späteren Dualisten, vor allem die Bogomilen auf dem Balkan, haben von den Paulikianern wohl manches gelernt.

Eines hat unser kurzer Überblick gelehrt: Der Dualismus geht nicht aus einer historischen Tradition, sondern aus einer Rebellion gegen die Welt hervor. Die Rebellen suchen sich nachträglich oft ihr Traumbild im christlich reinen Leben; aber entstanden ist ihre Auflehnung nicht aus der einfachen Nachfolge Christi. Dieser Widerwille gegen die Welt kann aufkommen, wenn sich die Gedanken hart im Raume stoßen, wenn der naive Geist durch Begegnung mit starken Fremdmächten geistiger oder politischer Art aus seinem Gleichmut aufgeschreckt wird. Je nach den Umständen von Zeit und Raum wandelt sich die Gestalt des Dualismus; und wenn auch keine Bewegung, die sich auf Dogmen stützt, ganz ohne Tradition großwerden kann, so ist die Tradition des Dualismus doch nur ein formaler Anstoß zur Sektenbildung; ihre Ursache ist ein stets ähnliches, aber nicht vererbbares Erlebnis [32]. Erst nachdem das religiöse Erlebnis zur kirchlichen Lehre geworden ist, tritt die Überlieferung wieder in ihre Rechte ein [33].

## 2. Die Bogomilen (10.–15. Jahrhundert)

Im 10. Jahrhundert ergreift der Dualismus Bulgarien. Dieses Land war zu Beginn des Jahrhunderts kaum seit zwei Menschenaltern christlich; noch lebte die heidnische, monotheistische Überlieferung der altslawischen Unterschicht[1] und der herrschenden türkischen Zuwanderer; seit der Mitte des 9. Jahrhunderts finden wir viele Paulikianer und Juden[2]. Die Khane, die sich damals zu Zaren machten, schwankten religiös und politisch zwischen Rom und Byzanz[3]; gegen die Gräzisierung der Herrenschicht und gegen den Zentralismus der Zaren wehrte sich der ländliche Adel und das verarmende Freibauerntum[4] – eine wirre, gärende Welt, die den byzantinischen und russischen Gegnern fast wehrlos preisgegeben war.

Da tritt im zweiten Viertel des zehnten Jahrhunderts, wahrscheinlich in der unzugänglichen Bergfestung Mazedoniens, ein Dorfpriester namens *Bogomil* vor den Kleinadel, den niederen Klerus und die Bauern[5] und predigt nicht Revolution, sondern Resignation, Hinwendung zu der mönchischen Gesinnung, die damals vielen im Lande Zuflucht bot[6]: Diese Welt ist böse; laßt uns, um ihr zu entfliehen, das stille, fromme Leben der Apostel führen[7]. Was seine Anhänger, die ‚Bogomilen‘, nun beginnen, ist ein bescheidenes Büßerdasein in Gebet und Innerlichkeit, mit einfacher Kleidung und Speise, ein Leben vom Bettel und im unsteten Wandern[8]. Aller Prunk der Kirche und ihre Sakramente, Bilder und Gebete, alle Macht des Staates und der Reichen sind eitel und nichtig[9]; der Wahrhafte, Bescheidene, Demütige, kurz, der Christ kann auf dieser Erde nur Verfolgung und Tränen erwarten[10].

Daß die Welt böse sei, ist diesen Bogomilen noch eine Erfahrung und erst in Ansätzen eine Lehre: Satan, der Bruder Christi und Sohn Gottes, ist abgefallen vom Herrn; er ist es, der diese Welt geschaffen hat, er ist der ‚Gott‘ der Genesis und der Gesetzestafeln des Alten Testaments[11]. Vielleicht hat Bogomil etwas Ähnliches von paulikianischen oder andersgläubigen Landsleuten gehört; es erklärte, was er fühlte; aber dieses zwischen Dualismus und Christentum schwebende Gefühl ist ganz sein Eigentum[12].

61

Seine Gemeinde, die alle irdische Organisation verachtet, kennt keine Hierarchie und nur einen sehr einfachen Ritus[13]; sie lebt, alsbald verfolgt, in der Nachfolge Christi.

Währenddessen plündern die Heere des Sviatoslav von Kiew (964–972) und des ‚Bulgarenschlächters‘ Basileios II. (976–1025) das Land. Im Jahre 1018 wird der byzantinische Kaiser endgültig Herr über Bulgarien. Viele bulgarische Adlige ziehen nach *Konstantinopel,* und die Sekte der Besiegten erobert sich Raum bei den Siegern, die damals müde auf ihren Lorbeeren ausruhten[14]. Auf byzantinischem Boden, in der Hauptstadt des Reiches, verändert der Bogomilismus sein Gesicht. Er gewinnt Anhänger beim Hochadel, der gerne philosophiert, und baut sich unter diesem Einfluß eine eigene Kosmologie[15]; er findet Freunde bei den byzantinischen Mönchen und entlehnt sich von ihnen seinen Rigorismus und die Anfänge der Schriftlichkeit[16]. Die Lehre differenziert sich; die Frage wird gestellt, ob Satan wirklich nur Gottes Sohn sei oder etwa selbst ein ewiger, in seinem Reich allmächtiger Gott[17]; und jetzt entscheiden die theologischen Fragen über die Struktur der Sekte: Aus der Differenz der Lehren entsteht eine Spaltung in Kirchen. Die Anhänger der neuen Lehre von Satans Gleichberechtigung sammeln sich in der ‚dragowitischen‘ Kirche, nach der thrakischen Landschaft Dragowitsa benannt; die Altbogomilen, jetzt nur noch eine Partei, nennen sich ‚bulgarisch‘[18].

Bald bilden sich in Byzanz, Kleinasien und auch schon in Dalmatien weitere Kirchen, angeblich nach dem Muster der Apokalypse in der Siebenzahl[19]. Allmählich wird die Mission aktiver, die Zahl der Mitglieder wächst; auch die Gemeinde muß sich in Priester und Gläubige differenzieren[20]. Der Ritus nimmt mönchische Züge an, die Gebetspraxis verschärft sich ebenso wie das Fastengebot[21]; die Zeremonien teilen sich und wachsen sich aus[22]. Aus der ethischen Bauernbewegung des 10. Jahrhunderts ist zu Beginn des 12. Jahrhunderts eine Sekte mit mönchischem Ritus und spekulativer Lehre geworden, in der die Spannung zwischen Dualismus und Christentum immer mehr spürbar wird. Die Radikalen, die Anhänger der dragowitischen Kirche, sind es, die als echte Söhne von Byzanz einen Teil des Alten Testamentes spiritualistisch auszulegen und damit anzuerkennen wissen[23]; sie sind es, die den Glauben an die Seelenwanderung einführen[24] und Auferstehung und Jüngstes Gericht gänzlich leugnen[25].

Nachdem sich das Gesicht der Sekte in Byzanz so grundlegend gewandelt hatte, trat bald ein Rückschlag ein, als sich das Reich unter den Komnenen von neuem aus seiner Erschlaffung erhob[26]. Schon der Neubegründer der byzantinischen Macht, Alexios I. (1081–1118), griff um 1110 gegen die Bogomilen der Reichshauptstadt energisch durch[27], und nach 1140 wetteifern Kaiser Manuel (1143–1180) und die hauptstädtischen Synoden in der Bekämpfung der Sekte[28]. Die Bogomilen weichen dem Druck aus und wandern erneut in ihr slawisches Ausgangsgebiet zurück; aber nun ist die Heimat Exil, und die *internationale Mission* beginnt: Nach Serbien, Bosnien, Dalmatien und hinüber nach Italien und Frankreich ziehen seit der Mitte des zwölften Jahrhunderts bogomilische Missionare, ausgesandt von bogomilischen Bischöfen[29]. Sie haben den Katharern ihre Lehre gebracht. Der bogomilische Glaube entwickelt sich nicht mehr weiter, während er sich verbreitet.

Es folgt auf dem Balkan, wie in Westeuropa, die *Blütezeit* des Dualismus. In Bulgarien, das 1185 nach manchen Revolten unter den Brüdern Asen sein zweites Reich errichtet, sind die Bogomilen anfangs nur geduldet; aber unter Iwan Asen II. (1218–41) gewinnen sie Macht und Einfluß[30]. In Bosnien wird ihr Glaube 1199 vom Ban Kulin (1180–1204) zur Staatsreligion gemacht; er unterstützt hier den bosnischen Patriotismus gegen das päpstliche Ungarn und die bosnischen Bane gegen die adlige Feudalität[31].

Als im 14. Jahrhundert das staatliche Leben auf dem Balkan *verfällt*, verliert auch der Bogomilismus an Gewicht, in Bulgarien rascher als in Bosnien; die mönchische Reformbewegung der Hesychasten gewinnt an Boden, während die Bogomilen zu Synkretismus und Nacktkultur herabsinken[32]. Als 1393 Bulgarien und 1463 Bosnien den Osmanen verfallen, übernimmt der Islam, fast ein halbes Jahrtausend nach Bogomil, mühelos sein Erbe[33].

Der Bogomilismus, die mächtigste Sektenbewegung in der Geschichte des Balkans, ist untrennbar verbunden mit den Geschikken des Landes, das zwischen den zwei Kaisern und Kirchen des

Mittelalters liegt. Er ist in seinem Wesen eine sonderbare Mischung von erneuertem christlichem Lebensernst und erlebtem Dualismus, der allmählich zur Lehre wird[34]. Er ist mit der gewaltigsten häretischen Bewegung des europäischen Abendlandes nahe verwandt und hat ihr die dualistische Lehre gebracht; aber Bogomilen und Katharer sind nicht miteinander identisch. Das Abendland ist nirgends, auch in seinen meistverfolgten Ketzern nicht, ein bloßer Abklatsch des Ostens. Lehren, Schriften und Missionare mögen aus dem Osten kommen; die Ketzerei im Abendland hat seit dem Beginn unseres Jahrtausends ihr eigenes Gesetz[35].

### 3. Abendländische Ketzer im Zeichen der Weltflucht (c. 1000–1050)

Seit der Jahrtausendwende flammen in West- und Südeuropa hier und dort Ketzereien auf, schwer zu entwirren in ihrem inneren Zusammenhang und doch einheitlich in ihrer enthusiastischen Frömmigkeit und asketischen Weltflucht. Diese stillen, kleinen Gemeinden mit vorwiegend praktischen, ethischen Zielen, ohne ausgebaute Lehren mögen von dem verwandten Bogomilismus des 10. Jahrhunderts durch Händler aus Byzanz und den slawischen Ländern gelegentlich Stoff für ihre Kontemplation empfangen haben[1]; aber ihr Anliegen ist abendländisch. Sie sind geboren aus der religiösen Selbstbesinnung, die damals überall das Zeitalter des rohen Feudalismus zu überwinden sucht; sie sehnen sich nach der mönchischen Stille, die die Kluniazenser und die italienischen Eremiten üben, nach dem Gottesfrieden, den auch die Kirche predigt, nach der Erkenntnis, die auch das Ziel der Dialektiker ist, nach der Erneuerung des religiösen Lebens, die auch Kaiser Otto III., König Robert der Fromme und Kaiser Heinrich III. vorantreiben[2]. Aber die Ketzer entstammen zunächst nicht dem Adel, der diese Stimmung damals trägt, sondern dem niederen Volke.

Es ist nicht das Glaubensbekenntnis eines künftigen Papstes, Gerberts von Aurillac, von 991 und nicht das Schreiben eines Papstes, Nikolaus' II., von 1060, in denen sich die Ketzerei *zuerst* und zuletzt spiegelt[3]. Es ist vielmehr der Bauer Leuthard aus dem Dorf Vertus in der Champagne, der kurz nach dem Jahre 1000 eines Tages vom Felde heimkommt, seine Frau verjagt, die Kruzifixe der Dorfkirche zerschlägt, den Geistlichen die Zahlung des Kirchenzehnts verweigert und den Propheten des Alten Testamentes nicht mehr glauben will. Man hält ihn für verrückt; aber er spricht von einer wunderbaren göttlichen Offenbarung: er tue all das *quasi ex praecepto evangelico*. Nun findet er unter den Bauern rasch Anhänger; aber als er vor den greisen Bischof Gebuin II. von Châlons († 1004) geführt wird, steht Leuthard als offenkundiger Narr schnell wieder allein; er stürzt sich 1004 in einen Brunnen, einer der wenigen Selbstmörder im Mittelalter[4]. Diese schemenhafte Gestalt kann nicht aus sich selbst verstanden werden; Bruchstücke der bogomilischen Ablehnung von Ehe, Kreuz, Altem Testament und Kirchenmacht mögen zu ihm gelangt sein und seinem radikalen Bauern-Biblizismus zum Ausbruch verholfen haben[5].

Andere eigenwillige Sektierer treffen wir damals in Italien[6] und in Westdeutschland[7]. Dann taucht um 1018 in Südfrankreich, in Aquitanien, eine Schar auf, die die Kraft des Kreuzes, der Taufe und der Ehe leugnet und sich von einigen Speisen fernhält; unser Berichterstatter hält sie für mönchsähnlich und meint, diese ‚Manichäer' hätten beim niederen Volk viel Anklang gefunden; noch um 1028 hören wir von ihnen[8]. Auch im benachbarten Toulouse finden sich 1022 und noch später Ketzer mit geheimen Lehren, deren Genossen *per diversas occidentis partes* verstreut leben[9].

Vielleicht stieß die ganze Bewegung von Südfrankreich aus in mehreren Wellen nach dem Norden vor; ein Bauer aus dem Périgord brachte sie wohl vor 1019 nach *Orléans*. Dort ergreift sie die Adels- und Bildungsschicht, die nächste Umgebung des reformfreudigen Königs Robert (996–1031); es sind Adlige und Kleriker von der Heiligkreuzkirche in Orléans, fromme und angesehene Männer, darunter ein Vertrauter des Königs und der Beichtvater der Königin Konstanze; sie treiben Mission bis hinauf nach

Rouen[10]. Auch hier wird die altbogomilische Lehre verfochten: Ein Gott schuf alles, aber die sichtbare Welt hat er nicht geschaffen, nur geordnet; Christi sichtbare Geburt ist unglaubwürdig, denn „wir waren nicht dabei und können nicht glauben, daß es wahr ist". Scharf trennen die Kleriker das Sichtbare vom Unsichtbaren, wie es auch ihr berühmter Zeitgenosse Fulbert von Chartres tut[11]; das Materielle ist unrein; Ehe und Fleischgenuß, Taufe, Eucharistie und Beichte, die kirchliche Hierarchie, alle frommen Werke und Gebete sind zu verwerfen; aller Glaube ist innerlich. Die ,wahren Christen' leben von ,himmlischer Speise'; durch die Handauflegung werden dem Gläubigen alle Sünden getilgt, der Heilige Geist steigt auf ihn herab und eröffnet ihm die Tiefen der Heiligen Schrift; nichts mehr mangelt der Seele, der Feuertod kann ihr nicht schaden, sie sieht sich schon im unsterblichen Triumph beim himmlischen König[12]. Lachend sind die Ketzer in den Tod gegangen, als König Robert sie mit Hilfe von Spionen 1022 entdeckt, als erste Ketzer des Abendlandes zum Scheiterhaufen verurteilt und am 28. Dezember 1022 verbrannt hat[13]. Sie glaubten, ihre Lehre werde bald alles Volk und auch den König von Frankreich ergreifen[14] – und wirklich sind jetzt Ketzer überall.

In den Diözesen Châlons und *Arras* predigt ein Italiener namens Gandulf vor 1025 den ungebildeten Laien, vor allem den Handwerkern; sie folgen ihm und betonen nicht wie die Kleriker von Orléans die spiritualistische Lehre, sondern das schlichte evangelische Leben. Auch hier ist das Äußerliche unnütz: Die gedankenlosen, zum christlichen Leben unfähigen Kinder haben von der Taufe keinen Gewinn; unwürdige Priester können nichts Heiliges verrichten; die Eucharistie ist ein *vile negotium*, denn wie konnte Christus seinen Leib auf so viele Brote verteilen? Das Bekenntnis nach der Sünde kann nichts mehr gut machen; das Bekennen des Glaubens ist kein Verdienst; nur Taten zählen. Gotteshäuser sind Steinhaufen, das Kreuz ist Menschenwerk, die kirchliche Hierarchie mit ihrem Glockengetön und Kirchengesang taugt zu nichts[15]. Man soll nicht heiraten, sondern das Fleisch von der Begehrlichkeit befreien; man soll die Welt verlassen, von seiner Hände Arbeit leben, niemanden hassen und alle

Gleichgesinnten lieben; man soll leben wie die Apostel, wie Paulus vor allem; das allein, ohne alles Sakrament, rechtfertigt den Menschen [16]. Alles ist diesen Handwerkern ein Sollen, auf die *voluntas,* die *regenerationis petitio* kommt alles an; jenes ‚Warum?‘, auf das Theorie und Dogmen antworten, ist hier gar nicht gefragt worden; nur die den Bogomilen vertraute radikale evangelische Moral, nicht auch ihre Lehre herrscht in Arras. Dem gewandten Bischof Gerhard I. von Cambrai (1013–1048) wird es nicht schwer, diese Ketzer zu bekehren, nachdem man sie 1025 entdeckt hat [17].

In Italien, von wo die Missionare nach Arras und vielleicht auch nach Südfrankreich gekommen waren, finden wir nicht wie in Frankreich die dialektische Aufspaltung und Zuspitzung der Ketzerei, und wir treffen nach Bauern, Klerikern und Handwerkern dort den Adel. Um 1028 sind auf der Burg *Monteforte* (zwischen Turin und Genua) etwa dreißig Edelleute versammelt, darunter die Gräfin des Ortes; sie vereinen Leben und Lehre zu einer reinen, fast franziskanischen Lebensform. Offen und fröhlich, zu jedem Leiden gerne bereit, bekennen sie ihre Anschauung, als Erzbischof Aribert von Mailand (1018–1045) zusammen mit mehreren Adelsherren gegen sie eingreift. Gott Vater, so sagen sie, ist ewig, er schuf alles, in ihm besteht alles. Aber Christus ist nicht Gott, sondern die von Gott geliebte Menschenseele; der Heilige Geist ist das rechte Wissen und Schriftverständnis; aus ihm und Maria, d. h. der Heiligen Schrift, ist Christus geboren: die Worte der Bibel und ihr erleuchtetes Verständnis sind die Voraussetzung für die innere Erneuerung des Menschen [18]. Dieser neue Mensch lehnt das Weltliche ab; Jungfräulichkeit ist sein höchstes Ideal; wenn er verheiratet ist, betrachtet er seine Gattin wie eine Mutter oder Schwester und träumt davon, daß sich die Menschheit wie die Bienen ohne Sünde fortpflanzt. Aller Besitz ist allen gemeinsam; man ißt kein Fleisch, fastet und betet beständig, *vicissim* bei Tag und Nacht; man kasteit sich zur Sühne, und sobald der natürliche Tod herannaht, läßt man sich von den Genossen töten, um den Märtyrertod und seine Seligkeit zu kosten. So sind denn auch die meisten dieser Ketzer, als sie vor die Wahl zwischen Kreuz und Scheiterhaufen gestellt wurden, freiwillig in die

Flammen gesprungen, erfüllt von einer jenseitigen Sicherheit, die alles Irdische gerne von sich wirft[19].

Noch danach treffen wir in Italien Ketzer, vor allem in Verona; in Venedig und Ravenna hat man sie nicht geduldet; aber unser Berichterstatter, der heilige Bischof Gerhard von Czanád (Ungarn) (1037–1046), weiß, daß sie auch in ‚Griechenland' viele Gesinnungsgenossen haben. Sie verachten die Kirche, ihre Priester und ihre Riten, vor allem gute Werke für die Toten, denn es gibt keine Auferstehung des Fleisches[20]. Vielleicht spiegelt sich hier schon die neue, byzantinische Richtung der Bogomilen.

Auch in Nordfrankreich *klingt* die Erregung noch *nach*. Zwischen 1043 und 1048 findet man in der Diözese Châlons, nicht weit von Leuthards Dorf, Bauern, die sich heimlich versammeln, die Ehe, Fleischgenuß und Tiertötung verbieten und ganz blaß sind vom Fasten. Die Handauflegung schenkt ihnen den Heiligen Geist und feurige Beredsamkeit; sie sind nicht mehr wie die Ketzer von Arras rein praktisch gerichtet und folgen dem von Orléans angeschlagenen Ton. Bischof Wazo von Lüttich (1042–1048) weiß, wie man sie behandeln muß: *Nec eos quaeramus per saecularis potentiae gladium huic vitae subtrahere*[21].

Die Konzilien warnen in Reims und Toulouse noch später vor Ketzern[22]; aber es ist schon der letzte Ausläufer der Bewegung, der Weihnachten 1051 in Goslar sein Ende findet. Dort haben Kaiser und Reich einige Leute verurteilt und hängen lassen, die wohl aus Lothringen kamen. Sie wollten wie die Bauern von Châlons keine Tiere töten, auch das Küken nicht, das ihnen in Goslar ein Bischof zu töten befahl; ihr Glaube war wohl ein getreues Abbild der Häresie von Châlons[23].

Damit ist die abendländische Ketzerei für ein halbes Jahrhundert erloschen[24]. Sie ist überall von einer weltfeindlichen Bibelbewegung getragen, die vielleicht manchmal ein Echo auf den bogomilischen Ruf bedeutet; im Wesen jedoch fügt sie sich, bei aller Verschiedenheit der Ketzer von Orléans, Arras und Monteforte, in die abendländische Wendung zum christlichen Lebensernst ein. Die Askese der Ketzer geht der Herrschaft des kluniazensischen Geistes voraus; ihre Innerlichkeit wird von Gregor VII. verfochten werden; ihr Drang nach Erleuchtung und dialektischer Scheidung zwischen Diesseits und Jenseits wird bald die Geister bewegen. Die kleinen Gruppen der Ketzer werden davon schneller ergriffen als das Gesamtgefüge der Epoche; der Zeitgeist ist in dem Bauern aus der Champagne und in den Leuten, die in Goslar gehängt wurden, nicht weniger mächtig als in Päpsten und Kaisern. Aber die formenden Mächte sind hier, nicht dort. Die Ketzerei ist nur ein anarchisches Aufflackern des Werdenden, das dann ohne sie, ja nicht einmal gegen sie, Gestalt gewinnt. Dadurch, daß die Ziele der Ketzer, ganz anders als sie glaubten, in dieser Welt, seit der zweiten Hälfte des elften Jahrhunderts im Abendland Wirklichkeit werden, ist die Ketzerei überholt. Daran ist ihre Fortwirkung gescheitert[25].

## 4. Abendländische Ketzer im Zeichen der Kirchenreform (c. 1100–1150)

Was sich im Anfang des 11. Jahrhunderts an vielen Stellen, auch bei den Ketzern, vorbereitet hatte, brachte das bewegte Zeitalter Gregors VII. zur Reife. Die dialektische Scheidung von Wissen und Glauben, der auch die Ketzer des frühen 11. Jahrhunderts mit anderen Zeitgenossen huldigten, wurde in Frage gestellt durch Berengar von Tours ebenso wie durch seine Gegner, bis dem Vater der Scholastik, Anselm von Canterbury, eine neue Synthese gelang[1]. Die asketische Weltflucht des Christenmenschen, die ein Petrus Damiani noch mit den Ketzern teilte, zerbricht im Lärm des Investiturstreites, bis endlich Gregor VII., Mönch und Papst zugleich, der Kirche die Überwindung der Welt und gleichzeitig ihre Gewinnung zum Programm setzt[2]. Die Reinheit des täglichen Lebens, die auch die Ketzer gepredigt hatten, wird das zweite große Ziel Gregors VII., der neben das sakramentale Amt des Priesters die Forderung nach seiner persönlichen Würde stellt[3].

In der Zeit, wo der *Papst* der größte Revolutionär ist, sind die, die man sonst Ketzer nennt, seine Getreuesten. Da ist die *Pataria* in Mailand und Florenz seit 1057, eine Bewegung mit zwei Gesichtern: Sie will zugunsten der Stadtfreiheit die Herrschaft der feudalen Bischöfe brechen; aber diese Trennung von Staat und Kirche soll zugleich die Kirche erhöhen, sie frei machen für das apostolische Leben. Es war Gregors großes Wagnis, sich mit dieser Bewegung, die von der Masse, vor allem den städtischen Webern, getragen wurde, zu verbünden, denn sie wollte die Einschränkung irdischer Kirchenmacht[4]. Das Bündnis des Papstes mit der Pataria ist ein Bund der Methoden, nicht der Ziele; nur weil Methoden zweischneidig sind, wurde die Pataria keine Ketzerei[5].

Gegen die irdische Kirchenmacht, gegen die geistlichen Oberen, kann sich Gregors Parole von der Priesterwürde rasch wenden. Die zweite Probe aufs Exempel stellt 1077 bei Cambrai der Priester *Ramihrdus* an. Gerade in dem Jahre, in dem ein Aufstand der Bürger und der Weber den Bischof von Cambrai zur Gewährung der städtischen Freiheit zwang, erklärte Ramihrdus, dessen Freunde die Weber waren, er werde von keinem habgierigen Abt oder Bischof mehr den Leib des Herrn nehmen. Die erbitterte Geistlichkeit läßt den aufrührerischen Konfrater verbrennen – und Gregor VII. feiert ihn als Märtyrer[6].

Das Papsttum muß bald innehalten; aus Synthesen werden Kompromisse. Da drängen die Radikalen weiter. Muß denn nicht nach der Kirchenreform die Armutsbewegung folgen, soll denn nicht die Kirche nach der kaiserlichen auch von jeder anderen irdischen Fessel befreit werden? Während das reichgewordene Cluny sich eine prächtige Kirche baut, während dagegen die neue evangelische und apostolische Armut der Zisterzienser und Prämonstratenser aufsteht, zündet der Funke, den Gregor VII. in die Massen des Volkes geschleudert hatte: Eine *neue Ketzerei* entsteht. Nicht mehr die stille Gruppe wie im 11. Jahrhundert, sondern die fanatische Menge, nicht mehr spiritualistische Innerlichkeit, sondern rohe Demonstration, nicht mehr der Theosoph, sondern der Demagoge beherrschen nun das Feld, gerade in jenen Ländern, wo die junge Welt der Städte aufblüht, in Norditalien, Südfrankreich und Flandern[7].

Da zieht seit etwa 1105 ein ehemaliger Priester aus der Provence, *Peter von Bruis,* barfuß und langbärtig, ohne festen Wohnsitz, durch ganz Südfrankreich, vor allem östlich der Rhone; überall predigt er vor dem zusammenströmenden Volke[8]. Man sollte die Kirchen einreißen; im Wirtshaus und im Stall kann man ebensogut beten. Man sollte die Kruzifixe verbrennen, anstatt Christi Marterholz zu verehren. Es braucht keine Gebete und Almosen für Verstorbene, keine Taufe für unvernünftige Kinder und keine Eucharistie; denn Gott ist nur denen gnädig, die es verdienen, die sich aus dem Glauben rechtfertigen[9]. Die Reform wird radikal; es ist der Abt von Cluny selbst, der gegen Peter von Bruis schreibt; schon vorher, vielleicht 1126, hat ihn die Menge, die er rief, bei der alten Abtei von St.-Gilles verbrannt[10].

In dem Dorf Bucy-le-Long bei *Soissons* glauben kurz vor 1114 zwei kluge Bauern, die Brüder Clemens und Ebrard, nicht, daß Christus wirklich Fleisch geworden sei; die Eucharistie sei böse, der Mund des Priesters sei der Schlund der Hölle. Die Bauern sind davon überzeugt, daß sie wahre Christen, die Erben des Gottesreiches, sind; sie leben wie die Apostel, streng asketisch und keusch. Guibert von Nogent, der mit ihnen sprach, meint in seinem Bericht, Menschen dieses Glaubens seien schon in der ganzen Welt, in der Latein gesprochen wird, verbreitet. Das erregte Volk verbrennt auch hier die Umstürzler[11].

Auch in Flandern regt es sich wieder; der Nachfolger des Ramihrdus ist ein Laie namens *Tanchelm*, vielleicht einer der Räte des reformfreundlichen Grafen Robert II. von Flandern[12] (1093–1111). Als er bemerkt, daß etwa in Antwerpen der Leutpriester Hilduin mit seiner eigenen Nichte im Konkubinat lebt, bricht sein Zorn seit 1112 in begeisternden Predigten aus, die in Antwerpen, Flandern, Seeland und Brabant beim niederen Volke Widerhall finden: Die Priesterhierarchie und ihre Sakramente taugen nichts, die Kirche ist ja zum Bordell geworden. Rein muß man sein, dann ist man Gott so nahe wie Christus; dann hat man den Heiligen Geist und ist Gemahl Mariens –, mit einem Wort: Tanchelm ist Gott. Ein ehemaliger Priester und ein Schmied begleiten ihn; in goldenen Gewändern, von Bewaffneten umgeben, zieht der neue Gott durchs Land und gründet seine eigene Kirche. In der Selbstvergottung endet die radikale Forderung nach dem würdigen Priester. 1115 ist Tanchelm von einem katholischen Priester erschlagen worden; aber noch nach seinem Tode finden sich gläubige Anhänger[13].

71

In Florenz und Orvieto hören wir 1117 und 1125 von Ketzern, die der Pataria vielleicht nahestehen; in Ivoy in der Diözese Trier leugnen 1122 zwei Priester und zwei Laien die Wirksamkeit der kirchlichen Sakramente. Dann aber, in der Krise des Reformpapsttums, im Schisma von 1130, treten die Ketzer für eine Weile in den Hintergrund, bis nach 1135 eine *zweite Welle* der Ketzerei durch West- und Südeuropa geht, eine verstärkte Wiederholung der ersten[14].

Seit 1101 begegnet uns ein entlaufener Mönch, vielleicht aus einem kluniazensischen Kloster, mit Namen *Heinrich,* der in Le Mans und Lausanne mit Bußpredigten beginnt. Immer wieder taucht er von neuem auf, Hildebert von Lavardin verjagt ihn 1116 aus Le Mans, 1135 wird er gefangen der Synode von Pisa vorgeführt, dann ist er wieder entkommen und predigt weiter, in Poitiers, in Bordeaux, zuletzt in der Gegend um Albi; nach 1145 verliert sich seine Spur. Der langbärtige, redegewaltige Mann setzt das Werk des Peter von Bruis fort, dessen Lehren er wohl erst nach 1135 begegnet[15]. Heinrich wettert gegen die Kirche, und seine Anhänger, die ihn empfangen „wie einen Engel vom Himmel", lassen seiner Predigt die Tat folgen, schänden Kirchen, zerschlagen Altäre, zünden Kruzifixe an, prügeln Priester und zwingen Mönche zum Heiraten. Denn Heinrich lehrt, Gott habe auch die Ordensleute als Mann und Frau erschaffen; viele von seinen Anhängern verheiraten sich auf sein Geheiß mit den verachteten *venales mulieres,* die künftig ein rechtes Eheleben führen sollen. Die strenge Askese wird nicht gefordert: das Fleisch ist nicht böse, man ißt es selbst am Karfreitag[16]. Nur dem Erwachsenen, ernstlich zum christlichen Leben Entschlossenen nutzt die Taufe; danach soll er ein einfaches Leben ohne Kleiderluxus und Aufwand führen, ein apostolisches Leben, in dem er Verdienste sammelt; denn nach dem Tode kann niemandem mehr durch fremden Glauben geholfen werden[17]. Bald formieren sich die Anhänger zur Kirche; vor Heinrich wird das Kreuzzeichen einhergetragen, man nennt ihn Vater und Bischof und versorgt ihn reichlich mit Spenden. Und doch ist das positive Ziel der Sekte nur eine dürftige Ersatzkirche, die von der Opposition gegen Rom lebt und von der Muskelkraft der Masse beherrscht wird[18].

Ähnliches begegnet uns 1135 in Lüttich, wo eine kleine Gruppe von Ketzern Kindertaufe und Totengebete verwirft und an Stelle der Ehe den gemeinsamen Besitz der Frauen für alle Würdigen fordert[19].

Seinen absonderlichen Ausklang findet der Gedanke von der Rechtfertigung durch persönliche Reinheit in der Bretagne. Dort predigt der adlige *Eon von Stella* seit 1145 gegen Kirchen und Klöster und sammelt auf seinen Wanderzügen beim einfachen Volk viele vertrauensvolle Gläubige, mit denen er in abgeschiedenen Gegenden zusammenlebt, um Buße zu tun. Seine Vertrauten nennen ihn den Herrn aller Herren, und er selbst hält sich, wie Tanchelm vor ihm, für Gott: Er ist der Richter über Lebende und Tote, von dem die katholischen Priester singen; er wird die Welt durch Feuer richten, die Gott Vater ihm anvertraut hat[20]; er ist Christus, und seine Jünger benennt er mit Namen von Engeln, Propheten und Aposteln. Der irdische Gott organisiert die Welt total: Sein Zepter hat die Form eines Y; wenn die Gabel nach oben zeigt, so gehören zwei Drittel der Welt Gott Vater, ein Drittel Eon, und umgekehrt. 1148 hören die Konzilväter von Reims unter schallendem Gelächter Eon an; im Gefängnis des Reimser Erzbischofs ist er bald danach gestorben[21].

In eine noch gefährlichere Verstrickung mit der Weltlichkeit kam der Gedanke von der armen, büßenden Kirche bei dem bedeutendsten unter allen diesen Ketzern, bei *Arnold von Brescia* († 1155). Er ist der Erbe der Pataria und das Opfer ihres inneren Zwiespaltes geworden. Arnold fordert die apostolisch arme, wandernde Kirche, „ein gewaltiger Prediger der Weltverachtung", der erbitterte Gegner jenes Bernhard von Clairvaux, der von der Herrschaft der Kirche nicht lassen will[22]. Und doch ist Arnold nicht an seiner Predigt, sondern an seiner Politik gescheitert, als er die arme Kirche den Römern verkündete, die frei sein wollten von der Kirchenherrschaft, als er sich der Städtebewegung verschrieb und trotzdem auch noch den Kaiser zum Bundesgenossen forderte. So haben ihn 1155 alle verlassen, und nach seinem schmählichen Ende ist der kleine Haufe seiner Anhänger rasch verflogen[23].

Wir halten inne; denn der Kreis ist geschlossen. Noch während Heinrich, Eon und Arnold leben, kommen aus dem Osten die Katharer. Alle Ketzereien, die wir nach der gregorianischen Reform auftauchen sahen, sind geprägt von der Kirchenreform. Sie wollen Buße und christliche Armut an Stelle einer reichen, in den Wirren der Welt verhafteten Kirche. Und doch kommen sie alle, je später je mehr, nicht ohne eine Kirche aus, ohne eine irdische Form. Ihnen allen fehlt jede dogmatische Spekulation; ihre Argumente sind von massiver Handgreiflichkeit[24]. Und doch ist das auf die Dauer nicht genug in einer Zeit des Zweifels, des Ungenügens der überkommenen Begriffe, in der Zeit Abälards. Seit den vierziger Jahren des 12. Jahrhunderts sucht die Masse derer, die ihren Frieden mit der katholischen Kirche nicht schließen wollen, nach einem Glauben, der die Ablehnung der römischen Kirchenmacht mit einem metaphysischen Halt umkleidet und zugleich die Armut der wahren Christen, ihre Demut und ihr weltabgewandtes Leben im Sinne der Apostel verkündet; man sucht eine Kirche der Reinen. Nach dem Aufflackern des 11. Jahrhunderts war der bogomilische Ruf vielleicht nicht wieder verstummt, und einzelne Gruppen mögen ihn vernommen haben. Nun aber, als der katholische Vertreter der armen Kirche Gottes, Bernhard von Clairvaux, die Christenheit beherrschte, als die ketzerischen Massenbewegungen von Flandern bis Rom sich als allzu irdisch erwiesen, nun ist die große Stunde der Bogomilen gekommen.

### 5. Die Frühgeschichte der Katharer (c. 1140–1170)

Während sich in den Klosterzellen des Peter Abälard und des heiligen Bernhard von Clairvaux die Mächte des kommenden Jahrhunderts, die rationale Dialektik und die gläubige Seelenmystik, vorbereiten, während in Paris sich die Victoriner um eine Vereinigung von Spekulation und Kontemplation bemühen, verlangt die religiöse Bewegung außerhalb der Kirche nicht mehr nur das einfache apostolische Leben, sondern auch das erleuchtete Wissen. Eine neue Bewegung, jetzt Lehre und Leben zugleich, scheint alle Forderungen der Zeit zu erfüllen[1].

Die *Bogomilen* hatten sich im Laufe ihrer Ausbreitung von Bulgarien nach Byzanz bereits aus einer ethischen Bauernbewegung zu einer dogmatisch fundierten Sekte entfaltet; schon gab es eine radikale Gruppe unter ihnen, die den Teufel einen selbständigen Gott nannte. Aber noch immer blieb der Ernst der ersten Bogomilen, der Eifer zum apostolischen Leben, das Kernstück dieser Sekte, als sie in der Mitte des 12. Jahrhunderts unter dem Druck der Verfolgungen aus Byzanz wich und in weitgespannter Mission nach dem Westen vordrang. Die abendländische Frage begegnet im fünften Jahrzehnt des zwölften Jahrhunderts der bogomilischen Antwort[2].

Im Jahre 1143 kam in Byzanz Manuel Komnenos auf den Thron, der die Bogomilen bald vertreiben sollte. Wenig später dringen, anscheinend durch Vermittlung von Händlern, die Bogomilen nach Bosnien vor[3]. Bald kommen die Kreuzfahrer des zweiten Kreuzzuges nach Byzanz; einige von ihnen mögen 1149, vielleicht enttäuscht vom traurigen Ende des Zuges, den bogomilischen Glauben in ihre Heimat am Rhein und in Nordfrankreich mitgenommen haben[4]. Wenige Jahre zuvor war dort aber schon die bogomilische Lehre aufgestanden, vielleicht auch hier durch Kaufleute befördert.

Der Weg dieser Ketzer – wir nennen sie von jetzt ab Katharer[5] – gleicht einem *Triumphzug;* überall finden sie Aufnahme; eine kaum glaubliche Begeisterung trägt sie. Die langgesuchte Gewißheit für ein dumpfes Wollen scheint gefunden.

Im Jahre 1143 treten sie in *Köln* zutage. Sie sind die „Armen Christi" und führen das apostolische Leben, ohne Besitz, ständig wandernd, in Fasten, Gebet und Handarbeit. Sie allein, nicht die reichen Prälaten, sind die wahre Kirche[6]. Aber sie sind keine Schwärmer, sie haben ihre Bischöfe und Auserwählten, die durch Handauflegung die Taufe im Feuer und Heiligen Geist empfangen und über den anderen stehen, die das Vaterunser beten dürfen, weil sie Kinder Gottes sind[7]. Und bei ihnen sind *viri periti,* Glaubenslehrer, Theologen der Häresie[8]. Der Gleichklang von Leben und Lehre ist berauschend: Geistliche treten der Ketzerei bei, Frauen strömen ihr zu, und die Ketzer verkünden mit erregender Selbstsicherheit, daß ihre Sekte überall verbreitet sei; in Byzanz und anderswo habe sie sich erhalten[9]. Mit Freude lassen sich die ersten Katharer in Köln und in Bonn verbrennen – ihr Glaube dehnt sich aus[10].

Zwischen 1144 und 1145 erfährt auch der Klerus von *Lüttich* von der neuen Ketzerei, die sich in seiner Diözese findet, und berichtet sofort an den Papst. In Mont-Aimé in der Champagne sei ihr Ausgangspunkt, schon sei aber ganz Frankreich von diesen fanatischen Ketzern erfüllt. Sie haben eine ausgebildete Hierarchie, leben keusch und scheuen den Eid[11].

Die *novi haeretici* erreichen schon 1147 das *Périgord*. Auch dort führen sie das Leben der Apostel und verachten den Besitz und alles Fleisch; sie beten je siebenmal bei Tag und bei Nacht, und im Vaterunser verwenden sie, wie die Bogomilen, die sog. Doxologie. Ihre begeisterten Anhänger verlassen Hab und Gut; Adlige, Geistliche, Mönche und Nonnen folgen ihnen nach; bei ihnen wird in acht Tagen der dümmste Bauer ein erleuchteter Weiser[12].

Dort, in Südfrankreich, lernt sie auch Bernhard von Clairvaux zwischen 1144 und 1147 mit Schrecken kennen. Diese Menschen arbeiten und fasten; sie wollen leben wie die Apostel und sind ungebildete Laien; aber zwischen den Webern und Weberinnen leben auch ehemalige Geistliche, ungeschoren und im Barte – und wenn diese Sekte auch keinen Namen und keinen Anführer hat, so halten doch viele Vornehme schützend die Hand über sie[13].

In kaum mehr als zwei Jahren also hat die katharische Bewegung das Land zwischen Rhein und Pyrenäen erfaßt; durchschlagend ist das Vorbild ihres einfachen Lebens, die straffe Organisation und das hohe Ideal im Hintergrund; alle Schichten werden ergriffen und vergessen ihre Schranken: der Adel, die Geistlichkeit, die Weber und Bauern. Von der Erwartung der Zeit, von der Gunst der Stunde ist der Funke aus dem Osten zur mächtigen Flamme entfacht worden. Die führenden Männer der christlichen Welt haben sofort die Gefahr erkannt; aber die folgenden Jahre scheinen ihre Befürchtungen zu beschwichtigen. Man hört nichts mehr von den Ketzern. Nur die Konzilien mahnen dauernd; in Reims blickt man 1148 besorgt nach dem Süden, und 1157 warnt man in Reims vor den ‚Manichäern‘, die die Ehe verleugnen und, zumeist Weber, unter falschen Namen, von Frauen begleitet, von Ort zu Ort wandern [14]. Es ist die Ruhe vor dem Sturm.

Im stillen *formiert* sich die junge Bewegung. Nach dem bogomilischen Vorbild wird schnell in Nordfrankreich, vielleicht in Mont-Aimé in der Champagne, das erste abendländische Bistum der Katharer begründet [15]. In Südfrankreich kommen die Scharen, die eben noch dem Mönche Heinrich gefolgt waren, zu den Katharern; zuerst hat man wohl in der Gegend von Albi einen katharischen Bischof eingesetzt [16]. Alles dies mag im sechsten Jahrzehnt des 12. Jahrhunderts geschehen sein. Damals griff die Mission auch nach Italien über. Katharische Missionare, an ihrer Spitze der Bischof von Nordfrankreich, kommen auf langen Wanderzügen in die Lombardei; der Bischof reist bis nach Neapel. Einer der Missionare, ein Schreiber von Beruf, gewinnt in einem Flecken bei Mailand den Totengräber Markus und einige seiner Freunde, einen Weber namens Johannes Judaeus und einen Tagelöhner, für den neuen Glauben; die bekehrten Italiener ziehen dem französischen Bischof bis nach Neapel nach und empfangen dort die Handauflegung. Als katharischer Diakon kehrt Markus in die Heimat zurück und beginnt zu predigen, in der Lombardei, am unteren Po, schließlich in der Toskana. Überall schießen die katharischen Zirkel empor [17].

Die katholische Welt merkt wenig von der unterirdischen Tätigkeit der wandernden Missionare, die ganz West- und Südeuropa durchqueren. An der unerwartetsten Stelle tritt die Bewegung von neuem ins Licht der Zeit: in *England.*

In den Jahren um 1162 landen dort etwa dreißig deutsche, wahrscheinlich rheinische Bauern, Männer und Frauen, unter Führung eines „etwas gebildeten" Gerhard. Sie ziehen landeinwärts und predigen dort, daß sie wahre Christen im Sinne der Apostel seien und deshalb die Sakramente ablehnen müßten. Sie haben wenig Erfolg; nur eine Frau haben sie angeblich gewonnen. Rasch werden sie ergriffen, verurteilt und sterben eines jämmerlichen Todes; aber sie sterben gefaßt, denn „selig seid ihr, wenn euch die Menschen hassen". Der nachdenkliche Chronist fügt hinzu, diese Bewegung ohne Namen komme wohl aus der Gascogne, aber auch in Spanien, Frankreich, Deutschland und Italien sei sie schon verbreitet wie der Sand am Meer[18]. Erneut beginnt man aufzuhorchen.

In *Köln* am Rhein haben die Katharer inzwischen Schulen gegründet, denen auch angesehene Bürger angehören; in Kellern und Schuppen haben sie mit ihrer feurigen Beredsamkeit viele gewonnen; vor ihren *doctores* verstummen auch gelehrte Katholiken. Am 5. August 1163 werden einige von ihnen im Dom verhört und draußen vor dem Judenfriedhof verbrannt[19]. Aber auch die Apostel haben gelitten. Die Ketzer sind die wahre Kirche Gottes; „gut und gerecht sind sie und tun alles, was Christen tun sollen" – sie sind die *Kathari*, „das heißt Reine". Sie sagen, noch sei ihre Zeit nicht gekommen, aber schon seien sie überall auf der Welt verbreitet. Ihre Organisation und ihr Ritus werden uns deutlich[20]; und hier tritt uns auch die Lehre vor Augen: Es gibt nur einen Gott, aber der Teufel half ihm bei der Schöpfung; Christus ist nicht Mensch gewesen auf dieser bösen Erde; die Menschenseelen selbst sind nicht von hier, sie sind die Engel, die vor Beginn der Zeiten aus dem Himmel fielen und nach dem Tode endlich wieder heimkehren dürfen[21]. Es ist – hier wie überall zuvor – die alte ‚bulgarische' Partei der Bogomilen, die wir kennenlernen; und doch zeigen sich schon Spaltungen und Risse; neben das apostolische Leben der ‚Reinen' schiebt sich die dogmatische Lehre[22]. Noch ist alles verschwommen und undeutlich.

Zwei Jahre später wird in Südfrankreich offenbar, daß die junge Häresie in einer *Krise* steht. In Lombers, 16 Kilometer südlich von Albi, laden 1165 die Herren des Fleckens, eifrige Anhänger der Katharer, sieben katholische Bischöfe, darunter den Erzbischof von Narbonne, und mehrere weltliche Große, die Gräfin von Toulouse voran, zu einem Rededuell zwischen Katholiken und Ketzern; das Volk aus Albi und Lombers eilt in hellen Scharen zu dem Turnier herbei. Es soll sich zeigen, wer die wahren Christen sind. Die Katharer lehnen es ab, sich von den Prälaten ausfragen zu lassen; sie seien Wölfe, Heuchler und Verführer, „die weißleuchtende Kleider tragen und an den Fingern edelsteinbesetzte Ringe führen: Das hat ihnen Jesus nicht befohlen!" Die Bischöfe erwidern geschickt und reden von den Lehren, nicht vom Leben; die Ketzer weichen aus; nur, daß sie dem Alten Testament nicht glauben, geben sie zu. Das Unvermeidliche geschieht; sie werden als Ketzer erklärt. Da wenden sie sich zu der betroffenen Menge und verkünden ihr ein kurzes, dem Anschein nach ganz rechtgläubiges Bekenntnis; das sei ihre Lehre; es enthält fast alle die Punkte, die vorher die Bischöfe gegen sie verteidigt hatten. Die Bischöfe drängen nach, ob die Katharer dieses Glaubensbekenntnis beschwören wollten. Das wollen sie auf keinen Fall, Schwören sei Sünde. In Zank und Verbitterung endet der Tag[23]. Wir erkennen, was die Adligen von Lombers, was alle begeisterten Freunde der Katharer von ihnen wollen: sie sollen nur Christen sein. Darum verleugnen die Ketzer hier noch einmal ihre Lehre; aber schon öffnet sich die Kluft zwischen bogomilischem Dogma und abendländischem, evangelischem Christentum. Noch immer konnte es unklar bleiben, wo das Übergewicht lag: in Leben oder Lehre, Umgebung oder Überlieferung. Zwei Jahre später fällt die *Entscheidung*.

Bisher hatte nur die alte bogomilische Partei, die den Teufel zwar als Weltschöpfer, aber auch als Gottes Untertan ansah, im Abendlande Fuß gefaßt; sie mochte sich noch mit dem Christentum vertragen. Es war wahrscheinlich im Jahre 1167, als in der Lombardei bei dem Diakon der italienischen Katharer, Markus, ein Pilger namens Niketas ankam, der bogomilische Bischof der radikaldualistischen Gemeinde in Konstantinopel. Er berichtet dem erstaunten Markus von sittlichen Verfehlungen der ‚bulgarischen‘ Bogomilenführer; sie können die rechte Lehre nicht haben, weil sie kein reines Leben führen. Die Lehre der Altbogomilen, der auch Markus noch anhängt, ist also falsch. Markus schwankt einige Zeit; dann gewinnt ihn Niketas für die dragowitische Kirche, die radikale Partei, die den Satan als Gott neben den guten Gott stellt. Niketas belohnt den Konvertiten: die Katharer in Italien seien so zahlreich geworden, daß ihre Führung nicht länger ein Diakon haben könne, erklärt Niketas und fordert die Gemeinde zur Wahl eines Bischofs auf; der Gewählte ist natürlich Markus, der Missionar Italiens. Niketas weiht ihn zum Bischof. Die italienischen Katharer aber fügen sich der Autorität ihres Führers und nehmen den radikaldualistischen Glauben an[24].

Nun ziehen Niketas und Markus zusammen nach Südfrankreich. Im Mai 1167 treffen sie sich in St. Félix de Caraman bei Toulouse mit dem Katharerbischof von Nordfrankreich, Robert von Épernon, dem Bischof von Albi, Sicard Cellerier, und den katharischen Abordnungen der Gemeinden Toulouse, Carcassonne und Val d'Aran. Niketas hatte offenbar vorher in Einzelverhandlungen mit den Beteiligten folgendes abgesprochen: Alle katharischen Gemeinden Frankreichs schließen sich dem Beispiel der Italiener an und werden radikaldualistisch. Die drei bereits amtierenden Bischöfe von Nordfrankreich, Südfrankreich und der Lombardei werden nach dem neuen *Ordo Drugonthiae* noch einmal geweiht; dazu werden für Carcassonne, Toulouse und Val d'Aran drei weitere Bischöfe von den Gemeinden gewählt und von Niketas geweiht. Alles dies wird nun auf dem Konzil in St. Félix de Caraman unter großer Beteiligung der südfranzösischen Katharergemeinden ausgeführt. Danach hält Niketas eine Rede, in der er die katharische Welt Europas, die sich hier zusammengefunden hatte, nach dem Vorbild der bogomilischen Gemeinden des Ostens zu Frieden und Eintracht ermahnt. Die genaue Festlegung der Grenzen zwischen den neuen Diözesen Toulouse und Carcassonne beendet das Konzil[25].

In dieser machtvollen Kundgebung der katharischen Kirche stand der Katharismus an seinem Wendepunkt. Es konnte scheinen, als sei durch die Mission des Niketas die Geschlossenheit der Bewegung vom Bosporus bis zur Biskaya gesichert; die Organisation ist in der Tat durch sie gefestigt worden. Aber der Schritt zum Radikaldualismus ist der Schritt von der Reformbewegung zur Kirche. Niketas hat ihn vom Ethischen her, von der Würde des Priesters aus, motiviert; aber das abendländische Motiv verdeckt nicht mehr den Grundton: der Radikaldualismus ist unchristlich.

Die *Folgen* melden sich bald; das Dogma tritt in den Blickpunkt, Spaltungen zeigen sich, der Katharismus wird zum Rivalen der katholischen Kirche. Die Reform im Sinne des Evangeliums, die jetzt nicht mehr das Hauptthema der Katharer ist, wird von anderen aufgenommen: Noch nicht zehn Jahre nach dem Konzil treten die Waldenser auf und führen den Gedanken von der apostolischen Armut gegen die Katharer weiter. Gleichzeitig aber wird der Katharismus der Todfeind der katholischen Kirche. Wer die christliche Reform will, der kann von Rom mehr oder weniger geduldet werden; wer eine neue, unchristliche Kirche durchsetzen will, der muß erbarmungslos vernichtet werden.

So ist die Mission des Niketas die Schicksalsstunde des Katharismus geworden [26]. Der Schleier, der um alles Werdende liegt, hat die Katharer für fünfundzwanzig Jahre als Träger und Vollender europäischer Gedanken erscheinen lassen; das erleuchtete Wissen ihres Glaubens schien alle Zweifel der abendländischen Grübler und Schwärmer zu lösen. Und doch sind die Katharer dem Gesetz ihrer Herkunft nicht entgangen, Niketas hat den Schleier zerrissen. Die Zeit der Reife beginnt nun, aber es ist die Reife zum Tod.

## 6. Wachstum und Spaltung der katharischen Bewegung (c. 1170–1215)

Im folgenden halben Jahrhundert ist die Saat des Niketas aufgegangen. Die katharische Bewegung, die wir zunächst betrachten, bildet sich rasch zu einer Kirche aus, zu einer eigenen Welt, scheinbar ganz unabhängig von den gleichzeitigen Veränderungen der Umwelt, denen wir uns im nächsten Abschnitt zuwenden. Die katharische Organisation und ihr Dogma werden ausgestaltet, aber auch aufgespalten; die Ausdehnung des Katharismus nimmt noch immer stetig zu, und doch geht durch diese wachsende Welt bereits ein Riß. Der Katharismus wandelt sein Gesicht.

Die katharische *Organisation* war von Niketas festgelegt worden. Von den Verhältnissen in Nordfrankreich wissen wir wenig [1]; in Südfrankreich schien sich die Aufteilung in vier ‚Diözesen' zu bewähren: Die vier Bischöfe residierten voneinander unabhängig, aber miteinander verbunden, in Bezirken, die den katholischen Bistümern annähernd entsprachen und in ihrer Gesamtheit ungefähr das Gebiet der Grafschaft Toulouse umfaßten. Seit 1167 war in diesem Bereich der katharische Glaube einheitlich radikalduali-

stisch; von Spaltungen hören wir nichts[2]. Diese Geschlossenheit
mußte zur Errichtung einer Metropolitan-Verfassung reizen, und
in der Tat sind fast alle Versuche einer katharischen Zentralisa-
tion, angefangen von dem mächtigen Bischof Guilabert von Castres bis hin zu den späteren katharischen ‚Päpsten‘, von
Südfrankreich ausgegangen[3]. In dieser einheitlichen, blühenden
Kirche ist denn auch, sicher nicht zufällig, der von den Bogomilen
ererbte Ritus weiter ausgestaltet worden; fast alle wichtigen katharischen Zeremonien führen provenzalische Namen; man hat
sie bald auch nach Italien getragen[4]. Die innere Geschlossenheit
der Kirche ist für den Grafen von Toulouse ein wichtiger politischer Faktor; sie beginnt einen Platz im öffentlichen Leben einzu-
nehmen. Eine entschlossene und handlungsfähige Gemeinde
voller Lebenskraft steht vor uns.

Ganz anders in Italien. Auf die Dauer würde der eine Bischof
Markus nicht ganz Italien verwalten können; die ständig wachsenden Gemeinden verlangten nach eigenen Oberhirten. Aber
wer sollte die Bistümer aufteilen? Niketas war nach dem Osten zu-
rückgekehrt und bald gestorben; Markus selbst starb nicht lange
danach, schon beunruhigt durch Nachrichten vom „bösen Ende"
des Niketas, also durch Missionsversuche der ‚bulgarischen‘ Bogo-
milenpartei[5]. Markus übergab aber noch eine geschlossene Kirche
an seinen Freund und von ihm selbst geweihten Nachfolger, den
Weber Johannes Judaeus[6]. Nicht lange nach Markus' Tode
kommt aus ‚Übersee‘ eine Gruppe von ‚bulgarischen‘, gemäßigten
Bogomilen, angeführt von einem Mann namens Petrakios, zum
Bischof und verdächtigt bei ihm den Begründer der dragowitischen, radikalen Kirche, den verstorbenen Bischof und Amtsvorgänger des Niketas, Simon, man habe ihn bei einer Frau ertappt[7].
Von neuem ist die Reinheit der Lehre in Frage gestellt durch die
persönliche Unreinheit ihres Vertreters; ist nun die von Simon
und Niketas an Markus und Johannes Judaeus gespendete Bischofsweihe gültig? Der Bischof selbst geht zu Petrakios, dem
neuen Missionar, über; aber damit gibt er seine Bischofsweihe
preis, und seine persönliche Autorität ist gering. Die italienischen
Gemeinden folgen, wie es scheint, seiner Entscheidung, aber
nicht mehr seiner Person; gegen den Lombarden wählen sich die

Katharer der Toskana einen einheimischen Bischof, Petrus aus Florenz[8]. Beide Bischöfe werden nicht mehr durch die Weihe, nur noch durch das Vertrauen ihrer Gemeinden getragen. Die *sapientes*, die Theologen der Sekte, versuchen zu vermitteln und rufen das Schiedsgericht eines französischen Bischofs an, wohl des Bischofs von Nordfrankreich, aus dessen Bereich einst die ersten katharischen Missionare nach Italien gekommen waren. Sein Spruch fordert, daß das Los entscheiden soll und der dadurch Bestimmte alsbald zu den ‚bulgarischen' Bogomilen ziehen muß, um sich dort zum Bischof weihen zu lassen. Aber Petrus von Florenz fügt sich dem Spruch nicht, anscheinend aus persönlicher Antipathie gegen Johannes[9]. Dieser entschließt sich endlich, zurückzutreten, um das Schisma zu beenden. Nun soll von jeder der beiden Parteien ein neuer Kandidat aufgestellt werden; zwischen diesen soll doch noch das Los entscheiden. In Mosio, zwischen Mantua und Cremona, strömen die Katharer zusammen; das Los wird geworfen, es fällt für den Kandidaten der lombardischen Gruppe, Garattus. Alle sind bereit, ihn anzuerkennen; das Schisma scheint überwunden[10].

Eben will Garattus nach Bulgarien reisen, um sich dort vom Bogomilenbischof weihen zu lassen; da entdecken ihn zwei Zeugen bei einem Schäferstündchen. Diese Versündigung zerreißt sofort die mühsam wiederhergestellte Einheit; der Schiedsspruch gilt nicht mehr. Augenblicklich bilden sich sechs Gruppen: Die stärkste Partei sind die Freunde des Markus, des Johannes Judaeus und des Garattus in der Gegend von Mailand; sie folgen den Gewählten und in Bulgarien neu Geweihten, zuerst dem greisen Johannes Judaeus und nach seinem Tode doch dem Garattus; sie stellen damit die Tradition über die persönliche Würde. Die Partei von Florenz will nicht nur dem sündigen Garattus, sondern auch seinem Glauben nicht mehr folgen; eine Gruppe am Gardasee und eine weitere um Spoleto tut es ihr gleich; die drei Gemeinden schicken ihre Kandidaten zum bogomilischen Bischof der dragowitischen Kirche. Zwei weitere Kirchen formieren sich in Mantua und Vicenza; ihre Bischöfe holen sich Weihe und Glauben in Bosnien bei der bogomilischen Gruppe, die im Abendland bisher am wenigsten kompromittiert war[11]. So sind noch vor 1190 aus der einen italienischen Gemeinde sechs Bistümer mit drei verschiedenen Glaubensbekenntnissen geworden; die organisatorische Gliederung ist zur dogmatischen Spaltung umgeschlagen. Seither hören die italienischen Katharer nicht mehr auf, sich um ihren Glauben zu streiten; die Grenzen der einzelnen Bistümer verwischen sich, vor allem nördlich des Apennin; die katharischen ‚Konfessionen‘ dagegen grenzen sich immer stärker gegeneinander ab. Italien ging den umgekehrten Weg wie Frankreich [12].

Der katharische *Glaube* dieser Zeit ist, wie wir soeben sahen, in all seinen Verästelungen von den balkanischen Bogomilen übernommen und, soweit wir erkennen können, noch wenig verändert worden; um 1190 hat die ‚Interrogatio Johannis‘, eine bogomilische Schrift, ihren Weg zu der gemäßigten, lombardischen Gruppe der Katharer gefunden und sie in ihrem Glauben bestärkt [13]. Wo Lücken im System auftreten, hat man in der Bibel nach Stellen gesucht, die die katharischen Lehren zu stützen scheinen. Überhaupt wird der Katharismus noch immer als einfache Nachfolge Christi und der Apostel dargestellt; die Devise vom apostolischen Leben der Katharer tut noch ihre Wirkung [14]. Aber als 1178 in Toulouse die katharischen Bischöfe von Toulouse und Val d'Aran vor dem päpstlichen Legaten und einer Menge Volkes wieder, wie in Lombers 1165, ein ganz christliches Glaubensbekenntnis verkünden und den Glauben an zwei Gottheiten ableugnen wollen, erhebt sich ein Sturm der Entrüstung: Die Ketzer lügen; man hat sie vorher anders predigen hören [15].

Noch sind jedoch die meisten der ‚Reinen‘ wirklich *moralisch* rein und sündlos; und so verheerend sich die Forderung der persönlichen Reinheit in Italien auf die Einheit der Kirche ausgewirkt hat, sie trug den Katharern nicht nur ihre Spaltung, sondern auch ihre große Ausdehnung ein. Denn die Gemeinschaft der sündlosen Engelseelen, die eine Minderheit und eine Elite sein muß, hat zugleich von den ketzerischen Reformbewegungen des frühen 12. Jahrhunderts die Betreuung der sich damals bildenden Masse der aufstrebenden Schichten übernommen. Die ‚Vollendeten‘, die für alle stellvertretend ein strenges Leben der Askese führen und alle Ideale der Kirchenreform zu erfüllen scheinen, sind zugleich die Priester für die vielen, die ihrem Beispiel nicht ganz folgen können oder wollen, die nach katharischer Auffassung des Teufels sind, gleichgültig, was sie tun, und die darum tun, was sie wollen. In diesem schillernden Licht von Rigorismus und Zügellosigkeit zeigt sich die katharische *Ausbreitung* nach 1167 [16].

Gerade in den Heimstätten religiösen Lebens, zugleich wirtschaftlich aufblühenden Landschaften, gewinnen die Katharer festen Boden, weil sie den Lebensernst der Zeit sowohl in seiner asketischen Richtung auf das Jenseits wie auch in seiner aufkeimenden Diesseitigkeit zu fördern scheinen [17]. In Südfrankreich sind die Erzdiözesen Narbonne, Bordeaux und Bourges ernstlich vom Katharismus bedroht; in der Gegend um Albi, Carcassonne und Toulouse und in der Gascogne wimmelt es von Katharern, wie 1177 der Graf von Toulouse erschreckt feststellen muß [18]. Auch im Norden Frankreichs, vor allem in Burgund, in der Champagne und in Flandern, tauchen überall Katharer auf, in Nevers, in Vézelay, in Auxerre, in Troyes, in Besançon, in Metz, in Reims, bei Soissons, in Rouen, in Arras und anderen Städten [19]. Nach Spanien greifen sie noch selten hinüber; aber England sieht 1210 noch einmal Katharer [20]. In Deutschland findet man sie am Rhein entlang, in den Städten der Erzbischöfe vor allem; auch die Bischofsstädte an der Donau, Passau und Wien, sind ihre Treffpunkte [21]. Ihr Paradies aber ist Norditalien, die zerklüftete Welt der Städte von Mailand bis Udine, von Como bis Viterbo – „Städte, Vorstädte, Dörfer und Burgen" sind in Italien von ihnen erfüllt [22]. Was sich vor 1167 in aller Heimlichkeit beinahe zu einer katharischen Ökumene ausgewachsen hatte, das erscheint nun den bestürzten Zeitgenossen als weltweite Verschwörung gegen die katholische Kirche.

Alle *sozialen* Schichten werden von der katharischen Mission angesprochen. Die Strenge des katharischen Lebens zieht die führenden Stände der sozialen Stufenleiter an; fürstliche und adlige Gönner, Ritter, Reiche und Gebildete finden wir überall in Fülle; Priester und Mönche folgen der neuen Heilslehre [23]. Aber nicht diese Kreise sind die tragenden; denn nicht mehr der Lebensernst des Evangeliums ist jetzt das katharische Grundmotiv, sondern die bogomilische Lehre. Diese aber zieht die unteren Schichten mit ihrer einfachen Rationalität besonders an. Ein Totengräber, der täglich die Vergänglichkeit des Irdischen erlebt, predigt in Italien als erster, daß der Teufel unseren Leib geschaffen habe; Schreiber und Weber, Angehörige von sitzenden und grübelnden Berufen, stellen die Führungsschicht, Handwerker und Tagelöhner bilden das Gros der Anhänger: Es ist der „proletaroide Intellektualismus", der die bogomilische Lehre ergreift[24]. Aber es ist bei aller „Wahlverwandtschaft mit allen gedrückten und aufstrebenden Unterschichten" doch keine proletarische Bewegung, die wir vor uns haben[25]; sie ist zwiespältig auch in ihrer sozialen Struktur, und in der Zeit vor 1215 können wir noch nicht sondern zwischen hoch und niedrig, zwischen den Anhängern des einfachen Christentums und des bogomilischen Dualismus.

Auch in der *wirtschaftlichen* Stellung der Katharer liegt ein Widerspruch. Sie betonen die Armut der Apostel; jeder ‚Vollkommene' muß beim Eintritt in die Sekte all sein Hab und Gut der katharischen Kirche vermachen und sich von seiner Hände Arbeit ernähren[26]. Der einzelne ist wohl arm; aber die Kirche ist reich: Sie bietet 1162 in Flandern, 1163 in Köln den katholischen Prälaten hohe Bestechungsgelder an, sie schwimmt 1177 in Südfrankreich im Geld; in Rimini wie in Béziers verleihen die Katharer Geld, auch gegen Pfand; die Menge läuft ihnen nach *pro subsidiis temporalibus*[27]. Und die Ketzer selbst ziehen als Kaufleute auf die Märkte, um neben dem Seelenfang auch den Verdienst zu fördern; sie treiben weltliche Geschäfte für ihre Kirche[28]. Ihren Anhängern verbieten sie nicht, Zinsen zu nehmen; reiche Spenden sollen die Gewissen der erfolgreichen Gläubigen entlasten[29]. Wieder liegen abendländische Forderung nach evangelischer Lebensführung und finanzielle Erfordernisse einer dogmatisch bestimmten Kirche im Widerstreit miteinander, und auch der beginnende Frühkapitalismus wird in das Gewirr der katharischen Widersprüche mit einbezogen.

Nicht anders stellt sich die *politische* Situation der Katharer dar. Die weltverachtenden Asketen werden, vor allem in Südfrankreich, schon früh von den Adelsherren unterstützt, und zu Beginn des 13. Jahrhunderts sind die *barones* fast alle ihre Anhänger; die Grafen Raimund VI. von Toulouse (1194–1222) und Raimund-Roger von Foix (1188–1223) gehen voran; ihre Frauen sind

Stützen der katharischen Kirche[30]. Ein alter Aristokrat hat damals dem katholischen Bischof von Toulouse erklärt: „Die Katharer sind mit uns verwandt und leben anständig. Warum sollen wir sie verfolgen?"[31]. Aber nicht nur das eindrucksvolle ernste Leben der Katharer zieht den Adel an; der provenzalische Adel ist arm, und die Katharer sind Feinde der römischen Kirche, deren reiche Güter die Herren locken[32]. Die Katharer selbst haben kein politisches Programm; so werden sie Werkzeug der Politik und bieten sich dem Grafen von Toulouse als Verbündete gegen Paris von selbst an; der Papst hatte nicht ganz unrecht, als er ihnen vorwarf: „Was ein Mächtiger tut, das nennen sie gut"[33]. Auch hier herrscht also das Nebeneinander von ehrlicher Begeisterung und schlechtem Gewissen; auch hier drängt sich das Diesseits zwischen Frömmigkeit und Weltflucht.

Dasselbe gilt von der *kulturellen* Einstellung der Katharer in dieser Zeit. Sie verachten die Bildung, und 1178 können ihre Bischöfe in Südfrankreich noch kaum zwei Worte Latein[34]. Aber die katharischen Schulen, die anfangs nur der Unterweisung im Glauben dienen, stellen sich bald auf Buchwissen um und erziehen in Südfrankreich die Kinder des Adels in allen gelehrten Künsten[35]. Anfangs treten die katharischen Prediger nur durch rhetorische Begeisterung hervor; um 1215 schicken sie schon aus Italien ihre begabtesten Nachwuchskräfte zum Studium nach Paris[36]. In Südfrankreich aber sind manche Trobadors unter den Katharern, und wir finden die Sänger der Liebe in einem merkwürdigen Bund mit den Predigern der Weltverachtung[37]. Die Katharer verachten die Heiligenbilder; trotzdem ist 1204 in Reims ein berühmter Maler namens Nikolaus unter ihren Freunden[38]. Noch einmal stehen wir vor dem wirren Geflecht von bogomilischer Lehre und abendländischem Leben.

Wir haben die inneren und äußeren Geschicke des Katharismus von der Reise des Niketas bis an die Schwelle des Albigenserkrieges verfolgt und die Bewegung im vollen Übergang gesehen. Das apostolische Ideal der Armut, das den Katharismus vor 1167 großgemacht hatte, ist zwar noch im Bewußtsein vieler Anhänger, aber nicht mehr in der Struktur des Ganzen der Mittelpunkt; seit

Niketas schiebt sich das bogomilische Dogma und die Kirchlichkeit in den Vordergrund, mit Spaltungen einerseits und einer festen Organisation andererseits. Diese Wandlung bringt auch eine zunehmende Verflechtung in das diesseitige Leben notwendig mit sich. Die Katharer leben selbst in der strengsten Askese; aber sie erlauben ihren Anhängern wirtschaftliche und soziale Macht. Darin liegt ihr großer Erfolg in dieser Periode begründet, daß sie sich, mehr aus Gleichgültigkeit als mit Willen, der Welt nicht nur entziehen, sondern auch ergeben. In ihrem unsicheren Glück wurzelt schon ihr Untergang. Denn in der gleichen Periode haben sich die geistigen Kräfte des Abendlandes neu formiert – gegen die Katharer.

## 7. Religiöse Bewegung und katholische Kirche (c. 1170–1215)

Die Katharer schienen in ihrer Anstaltskirche alles zu bieten, was zu allen Zeiten die Mehrheit der Menschen von einer Religion erwartet: ein hohes Schlagwort, ein lebendiges Vorbild, zugleich ein bequemes Leben für die Anhänger, das am Ende durch ein Sakrament geheiligt werden konnte. Aber nachdem zwischen 1150 und 1170 die Katharer nahezu uneingeschränkt den ketzerischen Flügel der religiösen Bewegung angeführt hatten und von der katholischen Kirche kaum behelligt worden waren, erhoben sich nach 1170 gegen die zunehmende Dogmatisierung und Versteifung der katharischen Kirche die beiden Geistesmächte, denen die innere Umkehr des Menschen am Herzen lag. Zunächst empört sich der auf das Evangelium und seine Verwirklichung gerichtete Lebensernst der Reformbestrebungen gegen die katharische Verdinglichung des Religiösen; zwischen 1170 und 1210 schießen kurz hintereinander, an den verschiedensten Stellen, mit den verschiedensten Zielen neue Ketzereien empor, die alle dem einzelnen Menschen eine neue, persönliche Heilsgewißheit predigen. Zum andern wird die katholische Kirche aufgerufen, die durch die Verkirchlichung des Katharismus sich auf ihrem eigensten Feld angegriffen sieht und der Gefahr zögernd und mit äußerlichen Mitteln zu begegnen sucht, bis sie endlich 1215 gegen Lehre und Leben der Katharer alle inneren Kräfte des abendländischen Christentums einsetzt.

Betrachten wir zunächst die raschere Reaktion der zumeist *ketzerischen religiösen Bewegung.*

Im Jahre 1173 wird der reiche Kaufmann Waldes aus Lyon durch die von einem Spielmann vorgetragene Alexius-Legende zutiefst erschüttert: wie Alexius müßte man, wenn man wirklich Christ sein wollte, in freiwilliger Armut durch die Welt wandern. Waldes und seine Anhänger, die *‚Waldenser‘,* wollen, wie die Katharer, die Apostel nachahmen, aber sie tun es konsequenter als die Katharer. In einfachen Wollkleidern und ohne Geld, ohne Sorge um den kommenden Tag, ziehen sie durch die Welt, weil der Glaube ohne Werke tot ist [1]. Sie bilden keine Kirche, nur eine Schar von Wanderpredigern, die die katholischen Mönchsgelübde teilen. Ihr erster Feind aber ist der Katharismus, der eine unchristliche Lehre predigt und das apostolische Leben in Armut nicht mehr vorlebt [2]. Bald kommt es auch zum Konflikt mit der katholischen Kirche, als die Waldenser die freie Predigt um keinen Preis aufgeben wollen [3]. Seit 1205 spalten sich die rasch wachsenden französischen und italienischen Waldensergemeinden; die Italiener, von da ab ‚Lombarden‘ geheißen, pflegen die Handarbeit, erkennen den Privatbesitz an und schließen sich zu einer Kirche zusammen; sie lehnen nun die katholische Kirche schärfer ab als ihre französischen Brüder und geraten in die Nähe der Katharer, von denen sie auch ein Dogma übernehmen [4]. Im Ritus und in allem Äußerlichen haben beide waldensischen Gruppen manches mit den Katharern gemeinsam [5]; aber in allem Grundsätzlichen besteht die bitterste Feindschaft, denn die Waldenser sind abendländische Christen, die Katharer nicht [6].

Schon vor dem Auftreten der Waldenser in Italien treffen wir in Norditalien Geistesverwandte an, die *Humiliaten,* die den Laienevangelismus in Genossenschaften von Handwerkern, vor allem Webern, praktisch betätigen; ihr Ziel aber ist die Verteidigung des katholischen Glaubens gegen die Ketzer [7]. Sie werden 1184 selbst in die Heterodoxie gedrängt und verbinden sich dann mit den italienischen Waldensern sehr eng; aber Innozenz III. hat sie 1201 wieder in den Schoß der Kirche zurückgerufen, denn noch mehr als die kleine Elite der Waldenser konnte diejenige Bewegung ein Bollwerk gegen die Katharer werden, die das tägliche Leben nicht durch unstetes Wandern, sondern durch normales Arbeiten in den Dienst Christi stellen wollte[8].

Zu dem Gedanken vom christlichen Lebensernst gehört in der Theorie schon bei den Waldensern eine Hochschätzung des Menschen[9]. Bei dem auch politisch tätigen, eigenwilligen Juristen Hugo *Speroni* aus Piacenza tritt sie seit 1177 vollends zutage. Er lehrt die extremste Innerlichkeit: Allein die Würdigkeit des Priesters, allein die Gläubigkeit des Laien entscheidet; das schuldlose kleine Kind wird auch ohne Taufe gerettet; der wirkliche Christ braucht nicht erst Christi Erlösungstat, um selig zu werden[10]. Wie nahe klingt in dieser Selbsterlösung des Reinen manches dem Katharismus; und doch, wie fern ist diesem jene radikale Innerlichkeit ohne Kirche und Sakrament, die in ihrer Hochstimmung schon die Renaissance von ferne ankündigt[11].

Ins Eschatologische wendet sich der Wille zum christlichen Lebensernst bei dem Zisterzienserabt und späteren Ordensgründer *Joachim von Fiore* († 1202) aus Kalabrien, „den sein Denken den Katharern hätte nahebringen müssen und der einer ihrer erbittertsten Feinde war"[12]. Er sieht wie sie die Zukunft asketisch, in einem überhöhten Mönchtum; er hat den späteren Katharern manches vererbt[13]. Und doch sind ihm die Katharer die Heuschrecken der Apokalypse, Vorläufer des Antichrist, der Feind schlechthin[14]. Warum? Joachim sieht in der Gegenwart die brennende Zeit, wo sich alles entscheidet, wo das ‚Dritte Zeitalter', das des Heiligen Geistes, offenbar wird. Die Katharer aber verraten diesen Ernst der Stunde, sie wenden ihn zurück auf den Engelfall vor aller Vergangenheit und erlauben der Masse und sich selbst die träge Sicherheit der Besserwisser; sie sind die Verblendeten[15].

Joachim hat vielleicht eingewirkt auf den Pariser Philosophiedozenten *Amalrich von Bène* (bei Chartres) († 1206 oder 1207) und auf seine 1210 in Paris verhafteten Schüler, die ‚Amalrikaner', die aus allen diesen Gedanken mit Hilfe von Aristoteles, Johannes Eriugena, der Schule von Chartres und Ben Gabirol ein System errichteten, das die neue Wendung des Abendlandes zur

Philosophie widerspiegelt, aber auch die Ziele der Waldenser und Speronis noch streift[16]. Dieses System ist sozusagen die Alternative des Katharismus. Gott ist hier alles, auch und gerade das Böse, das erst die göttliche Allmacht erweist. Der Mensch, der weiß, daß Gott alles in ihm wirkt, kann nicht sündigen; diese „Erkenntnis der Wahrheit" ist schon der Himmel und die einzig mögliche Auferstehung; die Hölle ist nur das Nichtwissen und ist in uns „wie ein fauler Zahn im Munde"[17]. Das ist Gnosis im Mittelalter. Aber weil Gott eins und alles ist, darum sind alle drei göttlichen Personen Fleisch geworden und uns in der Geschichte erschienen. Nach dem Reiche des Vaters, dem Alten Testament, und dem Reiche Christi und der Sakramente ist eben das Reich des Geistes angebrochen; er wird täglich in uns Fleisch und macht jeden Gläubigen zum Gott[18]. Deutlich ist die Parallele zu den Katharern: Auch für diese ist die Seele himmlisch, sie kennt die Sünde nicht; aber dort ist die Sünde ein Teil der widergöttlichen Welt; hier ist sie die Tat des weltgewordenen Gottes[19].

*David von Dinant,* Amalrichs Kollege und Zeitgenosse, ist vollends Philosoph, nicht Theologe; er schwört auf den neuentdeckten Aristoteles und hält den logischen Gedanken auch für sachlich richtig. Die irdische Welt ist ihm nur Schein, die wahre Welt ist dort, wo nur Materie, nur Gott besteht; dieser umgestülpte amalrikanische Pantheismus führt in neue Bahnen, weitab von den Katharern[20].

So mündet der Gedanke vom evangelischen Lebensernst in diesen Jahrzehnten der beginnenden Hochscholastik in die Philosophie ein; ähnlich wie die Kirche den Weg von Bernhard von Clairvaux zu Thomas von Aquin zurücklegt, sucht der ketzerische Zweig der religiösen Bewegung seinen Glauben an das einfache christliche Leben durch das Wissen um die Selbsterlösung des Menschen zu unterstützen und zu überhöhen, ähnlich wie bei den Katharern, aber gegen sie. Das Abendland geht seine eigenen Wege, auch in der Ketzerei.

Die große Macht der Zeit, die *katholische Kirche,* ist naturgemäß in ihrer Reaktion gegen die Katharer schwerfälliger als die vielfach wechselnden, immer neu aufsprühenden Ketzereien. Langsam tastet sie sich an den Gegner heran; sie sieht ihn zunächst nur von außen, als etwas völlig Fremdes, und darum ruft sie zum Kreuzzug auf, als sie die Größe der Bedrohung erkennt. Der Albigenserkrieg hat die Gefahr nur eingedämmt; er ist nur das Vorspiel zum endgültigen Aufbruch des katholischen Geistes, den Innozenz III. auslöst.

Auch innerhalb der Kirche hat sich in der zweiten Hälfte des 12. Jahrhunderts die stete Spannung zwischen religiös-sittlichem Leben und rationalen Distinktionen der spekulativen Erkenntnis mehr und mehr zur letzteren Sehweise hin verlagert. Mit dieser Verschiebung vollzog sich gleichzeitig die zunehmende Aufhellung des katharischen Glaubens und die wachsende Verschärfung der *Ketzerbekämpfung*[21]. Bis 1177 lenkten andere Anliegen, vor allem der Kampf der Kirche gegen den Kaiser, die Aufmerksamkeit ab. Aber schon 1178 schickte Alexander III. einen Kardinal als Legaten mit mehreren Begleitern in das bedrohte südfranzösische Gebiet, allerdings ohne viel auszurichten. 1179 wendet sich das dritte Laterankonzil mit scharfen Worten gegen die Ketzer, die zunächst noch als Landplage, nicht als dogmatische Bedrohung aufgefaßt werden[22]. Im Frühjahr 1181 wird unter Leitung des Kardinallegaten Heinrich, des Abtes von Clairvaux, ein erster Kreuzzug gegen die Feinde der Kirche, vor allem gegen den Vicomte Roger II. von Béziers und Carcassonne, unternommen; er bleibt ohne starke Beteiligung und ohne großen Erfolg[23]. Als sich 1184 in Verona Friedrich Barbarossa und Lucius III. verglichen, da wurde auch die weltliche Macht, wohl unter Anrufung der kaiserlichen Kirchenvogtei, an der Bekämpfung der Ketzer interessiert; aber immer noch hat man gegen sie keinen schwereren Vorwurf, als daß sie die Sakramente verwarfen und sich der kirchlichen Disziplin nicht fügten[24]. Auch Heinrich VI. wußte sie 1196 in seinem Ketzeredikt noch nicht in ihrem eigenen Wesen zu erfassen. Disziplinarmaßnahmen schienen zu genügen[25].

Von unten wächst die Gefahr; die schwächste Stelle der Kirche, der niedere Weltklerus, ist das Angriffsziel der Ketzer. Der Priesterstand war, vor allem in Südfrankreich, nicht verrottet, der katholische Glaube war nach wie vor lebendig; aber die Geistlichen leben schlecht und recht wie bisher, und das ist nun nicht mehr genug. Sie sind, so erklären die Ketzer, Hurer und Fresser, Hunde und Schweine, die ihre riesigen Einkünfte mit Ehebruch und Völlerei verprassen, die Christi Evangelium vom Pferde herab verkünden[26]. Christus tat das nicht, und die Katharer tun es ebensowenig. Dem spanischen Bischof Diego von Osma (1201–1207) hatten die Katharer eben noch vorgeworfen, er predige zu Pferd und im Prunk; jetzt führen der Bischof und sein Begleiter, der heilige Dominikus, gegen die Katharer eine Predigt in *Demut und Armut* ein[27]. Dieselbe Empfehlung gibt nun auch der Papst selbst; und 1207 kommt der Abt von Cîteaux mit einer ganzen Schar von Zisterzienseräbten an, um diese Predigt zu den Südfranzosen in jedes Dorf zu tragen. Heftige Diskussionen zwischen den Mönchen und den Ketzern entspinnen sich; sie machen nur deutlich, daß damit „wenig oder nichts" erreicht werden kann[28].

Seit 1190 gelangt die ganze Lehre der Katharer zur Kenntnis der Kirche; Innozenz III. selbst kennt sie und stellt fest, daß man den ärgsten Feind im Lande hat, daß die katharische Gefahr bedrohlicher ist als die sarazenische. Am 14. Januar 1208 wird der päpstliche Legat in Südfrankreich, Peter von Castelnau, von Männern, die dem Grafen von Toulouse und den Katharern nahestehen, ermordet. Mit Predigt ist nichts mehr zu retten; man muß den Teufel und seinen Diener, den Grafen von Toulouse, zermalmen[29]. Jetzt predigt der Abt von Cîteaux das Kreuz. Damit kommt die Politik zu Wort, das Ränkespiel zwischen dem Grafen von Toulouse und seinem Oberherren, Philipp II. Augustus; Kaiser Otto IV. und König Johann von England mischen sich ein, und Peter II. von Aragón, der eben noch 1212 tapfer gegen die Sarazenen gefochten hatte, steht ein Jahr danach neben dem ketzerischen Raimund VI. von Toulouse. Am 24. Juni 1209 beginnt der *Kreuzzug;* Simon von Montfort, ein kleiner Adliger aus der Île-de-France, wird der Vorkämpfer der Kirche. Aber immer mehr drängt sich das politische Anliegen in den Vordergrund: Frankreich führt, zunächst noch nicht in der Person seines Königs, bald durch Ludwig VIII. als Thronfolger und dann als Herrscher, einen seiner *bella dominica*[30], und als schließlich am 12. April 1229 in Paris der Friede geschlossen wird, da ist zwar Aragón aus Südfrankreich ausgeschaltet und die Selbständigkeit der Grafschaft Toulouse beseitigt, aber keineswegs der Katharismus vernichtet[31].

In seinem Ablauf ist der Albigenserkreuzzug allerdings beides zugleich, ein Ringen um Nation und Glauben. Nichts kennzeichnet besser den Blutrausch und den Fanatismus beider Parteien als die Erzählung, der Abt von Cîteaux habe 1210 bei der Belagerung von Minerve denjenigen katharischen Gefangenen, die sich bekehren würden, das Leben zugesichert; mit großer Besorgnis habe seine Umgebung diese Großzügigkeit vernommen. Da habe der Abt gesagt: „Keine Angst, ich glaube, die wenigsten werden sich bekehren!" Und er behielt recht. 140 Katharer sprangen freiwillig in die Flammen[32]. Gräßliche Verstümmelungen und Morde ohne Rücksicht auf Alter und Geschlecht zeigen uns das furchtbar vertraute Gesicht des nationalen und religiösen Fanatismus[33].

Innozenz III. aber vertrat den Glauben allein. Alle seine Versuche, den Bischofseifer und den Massenrausch zu mildern, mußten scheitern; der Papst arbeitete im Grunde nur für die Krone Frankreichs[34]. Die Katharer sind durch die Wendung des Kreuzzuges ins Politische noch einmal gerettet worden. Jetzt aber, auf dem *Laterankonzil* von 1215, auf dem Höhepunkt seines Lebens, schmiedet der mächtigste aller Päpste die tödliche Waffe. Die gesetzlichen Bestimmungen früherer Konzilien gegen die Ketzer werden zusammengefaßt und verallgemeinert. Das berühmte Glaubensbekenntnis des Konzils ist fast Satz für Satz gegen den katharischen Glauben gerichtet; man kennt den Feind genau. Und die Kirche reformiert sich, nur scheinbar unabhängig davon, durch Zugeständnisse an die außerkirchliche religiöse Bewegung, vor allem durch die Bestätigung jener Ordensgründung, die im Kampf gegen die Katharer erfolgt war, der dominikanischen[35].

Hier also begegnen sich die beiden Mächte, die wir in diesem Abschnitt zu betrachten hatten, im gemeinsamen Kampf gegen die Katharer. Während der Katharismus das bogomilische Dogma neben und über das evangelische Leben rückt, lernen die abendländischen Ketzer, den Armutsgedanken mit der Spekulation zu verbinden, und die katholische Kirche stellt in den neuen Bettelorden das lebendige Vorbild eines christlichen Lebens neben die erstarkende spekulative Theologie. So stehen die Katharer 1215 vor geschlossenen Fronten; und was die Macht allein mit allen

Greueln des Albigenserkrieges nicht erreichte, was sie gegen die Waldenser nie erreichte, das gelang, weil die katharische Lehre dem Glaubenseifer des Dominikus, und weil die katharische Moral dem Lebensernst des Franziskus unterlag.

## 8. Stillstand und Isolierung des Katharismus (c. 1215–1250)

Auch innerhalb der katharischen Kirche klären sich nach 1215 die Fronten. Der revolutionäre Schwung der ersten Katharer macht endgültig dem Streben nach Beharrung Platz; die dritte Generation der abendländischen Katharer bildet sich das von den Vorgängern Übernommene zu einer friedlichen Anstaltskirche um. Wir verfolgen zunächst diese inneren Zustände des Katharismus, um dann angesichts des abklingenden katharischen Pathos den wachsenden Ansturm der abendländischen Gegner zu betrachten.

Die katharische *Organisation* blieb durch den Albigenserkrieg unbehelligt. In Südfrankreich werden noch 1225 Konzilien der katharischen Gemeinden abgehalten und zwei neue Diözesen, Rasèz und Agen, begründet [1]. Bis 1244 hält sich dort der Katharismus kraftvoll aufrecht; aber die Kirchlichkeit, die *obedientia*, wird jetzt schon höhergestellt als die Keuschheit [2]. In Nordfrankreich, wo die Katharer seit jeher bedroht leben, kann sich die Organisation nicht entfalten; seit 1233 wird dort die katharische Untergrundbewegung erbarmungslos ausgerottet. Die Überlebenden flüchten zu den Italienern, denen ihre Vorgänger siebzig Jahre zuvor den katharischen Glauben gebracht hatten [3]. In Italien hat sich der Wirrwarr der lokalen und dogmatischen Spaltungen gelegt; die sechs ,Diözesen' lassen sich zwar je länger, je weniger territorial gliedern, geben sich aber wenigstens den Anschein von geordneten Bistümern und bilden ihre Hierarchie bis hinab zu den Seelsorgern in den Städten sorgfältig aus [4].

Die Verkirchlichung des Katharismus zeigt sich deutlich im Ritus, der uns nun in schriftlichen Ritualen entgegentritt und von Südfrankreich aus sich auch Italien erobert. Er gewinnt eine lateinische Gestalt, neigt mehr und mehr zum Sakramentalen und

95

spaltet die einfachen Zeremonien der frühen Katharer in zahlreiche sakrale Handlungen auf, die manchmal katholische Vorbilder nachahmen. So übernehmen die Katharer also die Hierarchie, den Sakramentsbegriff und die Liturgiesprache ihrer Todfeinde, als gerade der entscheidende Kampf mit ihnen beginnt [5].

Die katharische *Lehre* ist auch jetzt noch gespalten in drei Glaubensbekenntnisse. Selbst in dem radikaldualistischen Südfrankreich finden sich jetzt häufiger auch altbogomilische, gemäßigte Lehren; die italienischen Zwistigkeiten werden durch Reisen katharischer Abgesandter nach ihren bogomilischen Mutterdiözesen auf dem Balkan immer neu vertieft, aber gleichzeitig durch das unstete Umherwandern vieler Katharer und durch ständige Diskussionen zwischen den ,Konfessionen' verwischt [6]. Die Theologen der Sekte, die eifrigsten Anwälte der Einheit im Glauben, suchen nach immer anderen Vermittlungsformeln zwischen den Radikalen und den Gemäßigten und entwickeln dadurch den überkommenen katharischen Mythos zu einer unübersehbaren Vielfalt von komplizierten Meinungen und Auslegungen. Das Durcheinander der Lehrsätze reizt andere Katharer zu Versuchen der Systematisierung und Rationalisierung; dabei werden philosophische Gedanken ins Spiel gebracht, und das große Beispiel eines Religionssystems, das katholische, wirkt fühlbar ein. Die bedeutendste Gestalt dieser innerkatharischen Auseinandersetzungen ist der Radikale Johann von Lugio, der seit etwa 1230 die katharische Lehre in einem umfangreichen lateinischen Werk systematisch, unter Ausgleich der innerkatharischen Spannungen, Benutzung philosophischer Methoden und Annäherung an katholische Lehren dargestellt hat [7]. In dem ,Liber de duobus principiis' finden Johanns Bemühungen nach 1240 einen undeutlichen und verworrenen Widerhall [8]. Zugleich mit Johann versucht auch ein Gemäßigter, Desiderius, wie Johann Stellvertreter eines katharischen Bischofs, die überkommene Tradition von der apokryphen Überlieferung und von den schlimmsten logischen Widersprüchen zu reinigen und kommt dabei der katholischen Dogmatik noch viel näher als Johann [9]. Alle diese Neuerungen dringen jedoch nicht mehr durch, so sehr sie den Erfordernissen der Zeit entsprechen; sie erhöhen nur die Verwirrung. Die Mehrzahl der Katharer bleibt bei den alten Lehren und fürchtet sich vor neuen Glaubenssätzen. Der katharische Glaube beginnt zu stagnieren [10].

Die *Moral* der katharischen Vollendeten ist unverändert von der strengsten Askese geprägt; das reine, weltabgewandte Leben wird noch immer hochgeschätzt. Aber auch dieser Bereich, wo das persönliche Verdienst entscheidet, wird von der Verkirchlichung eingefangen. Der Vollendete, der schwer gesündigt hat, kann sich noch einmal konsolieren lassen; für leichtere Vergehen ist die Beichte üblich; eine genau geregelte Bußdisziplin schreibt die Strafen für die Sünden vor. Und die schlimmste aller Sünden ist jetzt nicht mehr die Unkeuschheit, sondern der Abfall von der katharischen Kirche [11]. Die dauernde Institution überflügelt das immer neu beginnende Bemühen.

Die *Ausdehnung* des katharischen Bekenntnisses ist noch immer sehr groß; dem Anschein nach ist die Mission fast ganz zum Stillstand gekommen, und das katharische Leben konzentriert sich auf die alten Hauptverbreitungsgebiete. In Südfrankreich ist noch um 1245 ein Großteil der Bevölkerung mit den Katharern eng verbunden, wenn auch jetzt schon die meisten Ketzer in Landgemeinden, nicht mehr in den großen Städten, Unterschlupf finden oder nach Italien abwandern [12]. In Spanien haben sich Katharer in Katalonien und in León festgesetzt, von denen wir besonders um 1230 mehrfach hören [13]. Der Norden Frankreichs, vor allem die Champagne, aber auch das Artois und Flandern, beherbergt noch viele Katharer, wie sich bei den großen Verfolgungen seit 1233 herausstellt [14]. In Deutschland finden wir ihre Spuren noch immer am Rhein, von Köln bis Straßburg; aber auch bis Goslar und Erfurt hin werden sie entdeckt, insbesondere der grimmige Konrad von Marburg verbrennt die Ketzer in Scharen [15]. An der Donau halten sie sich besonders in den Dörfern der Gegend um Passau noch auf [16]. Das blühendste Zentrum des Katharismus, das Rückzugsgebiet für alle verfolgten süd- und nordfranzösischen Ketzer, ist jedoch Italien, hauptsächlich die Lombardei. In Mailand, Verona und Friaul, in Piacenza, Parma, Rimini, Siena und Florenz, in Rom und in Neapel, ja selbst in Kalabrien und Sizilien leben noch Katharer. Ihr Mittelpunkt bleibt Norditalien, das Land der Städte [17].

So überwiegt in der *sozialen* Schichtung des Katharismus nun die Stadtbevölkerung der Bürger und Handwerker. Der Hochadel unterstützt die Katharer nur noch in Norditalien, wo die Herren in den Städten wohnen; in Südfrankreich finden wir eine große Zahl mittlerer und kleiner Adelsfamilien, die den Katharern bis etwa 1240 treu bleiben; die führenden und auch die gebildeten Schichten ziehen sich jedoch schnell zurück[18]. Ein paar katholische Kapläne sympathisieren mit den Ketzern noch; Ärzte treffen wir unter den Katharern, auch unter ihren Führern, erstaunlich oft[19]. Aber was sonst bleibt, sind die reichen Kaufherren, in Nordfrankreich wie in Florenz, die Geldwechsler, die Notare und Schreiber, die Weber, Schneider und Friseure, die Schmiede, die Bauern, Tagelöhner und Landstreicher[20]. Wir spüren die Verlagerung nach unten; aber noch sind die Ehrgeizigen, die kleinen Adligen, die Bürger und gehobenen Handwerker tonangebend, und die wirklich Unterdrückten sind fast so selten wie die wirklich Herrschenden. Der Katharismus ist jetzt eine Mittelstandsreligion[21].

Diese Neigung zum Mittelstand tritt in der *Wirtschafts*gesinnung der Katharer ebenfalls deutlich hervor. Der Hang zum Geld überwindet nun völlig den Gedanken von der evangelischen Armut. „Den eigenen Reichtum wegzuwerfen, den Stand der Armen anzunehmen und Nahrung und Kleidung durch Almosen zu erbetteln, das verdammen sie"[22]. Die Katharer arbeiten zwar immer noch gelegentlich selbst als Handwerker oder als Landarbeiter; aber zumeist erscheinen sie jetzt als Kaufleute auf den Märkten[23]. Sie verwalten große Geldvorräte und legen sie in Häusern, Weinbergen und Äckern an; sie geben Darlehen in großer Zahl und führen dazu regelrechte Kontobücher; sie werfen für Ermordung von Inquisitoren, für Bestechungen und Loskauf von Inquisitionsgefangenen ansehnliche Summen aus[24]. Diese Gelder häufen sich durch reiche Subventionen von wohlhabenden Gönnern, durch Legate auf dem Sterbebett und auch durch organisierte Haussammlungen[25]. Der einzelne Vollendete ist nach wie vor arm; auf den Gewinn der katharischen Kirche ist er aber mit allem Eifer bedacht. Auch wirtschaftlich gewinnen die Bedürfnisse der Institution die Oberhand über die Forderung des Gewissens.

*Politisch* ist für die Katharer in dem sich bildenden französischen Nationalstaat kein Platz mehr; nur die Opposition einiger Unentwegter, die noch die provenzalische Freiheit verfechten, erlaubt den Katharern eine bescheidene Freistatt, bis im März 1244 die kahle Burg auf dem Montségur, nahe bei den Pyrenäen, und damit die letzte Zuflucht der trotzigen Ritter und ihrer katharischen Freunde erobert wird[26]. Anders in Italien. Hier sind die bedeutendsten Anwälte der Katharer Ezzelino da Romano (1194–1259) und Uberto Pallavicini (1197–1269): Die aufstrebende Signorie, selbständig und feindlich gegen alle und jeden, ist der Ketzerei stets nahe[27]. Und es sind die Städte, in denen sich die Frömmigkeit und darum auch die Ketzerei, die Feindschaft gegen bischöfliche Stadtherren und damit auch die Kirchenfeindschaft, das Geldstreben und damit auch der Katharismus ein Stelldichein geben. Die Katharer haben freilich nur die Loslösung von der kirchlichen Autorität, nicht aber zur politischen Unabhängigkeit auch die geistige Freiheit gepredigt; der entscheidende Faktor bei der Erringung der Städtefreiheit waren sie nicht[28]. Sie blieben politisch gleichgültig und vieldeutig; so wurden sie von allen benutzt und von allen verraten, auch von den Städten, in denen sie wohnten.

Auch auf *kulturellem* Gebiet lassen sich die Katharer in das Leben und Treiben der Zeit hineinziehen. Sie gelten im Volke als *sapientes,* denn sie lesen Latein und zitieren Aristoteles; sie kaufen sich Bücher und setzen mit ihren Sophismen die Akademiker in Erstaunen[29]. Aber sie tun es nur, um sich zu verteidigen; sie verachten im Grunde das *bonum, quod habetur ex studio* und verbieten ihren Anhängern den Zweifel[30]. Sie singen in spanischen Kirchen Trobadorliedchen während der Messe, um die Katholiken abzulenken; sie benutzen die neue, realistische Darstellung des Gekreuzigten, um das Volk zu irritieren[31]. Noch bedienen sie sich der Kultur, auch wenn sie bei ihr nur hier und da eine Stütze suchen, um sich zu behaupten.

Alles in allem hat der Katharismus in dieser Periode sich abgeklärt, aber er ist zugleich abgesunken. Die Katharer leben ruhig dahin; sie sind dabei, ihren Frieden mit der bösen Welt zu machen, wenn man sie nur gewähren läßt. Die hohen Ideale der ersten Katharer leben fort, aber sie sind eingebettet in eine Anstaltskirche, die vom Mittelstand getragen wird, nicht mehr von idealistischen Menschen aller Stände. Das friedliche Leben ist den Katharern aber nicht vergönnt; die hohen Forderungen, die sie selbst einst stellten, kehren sich jetzt gegen sie; die Welt, die sie einst verachteten, nimmt sie jetzt nicht auf. Politik und Religion verbünden sich, um den Katharismus zu vernichten.

### 9. Weltliche und geistliche Ketzerverfolgung (c. 1215–1250)

Im Albigenserkreuzzug hatte die Kirche versucht, mit Gewalt allein die katharische Idee zu besiegen; das Ergebnis war, daß die katholische Idee der französischen Macht dienstbar wurde. Nach 1215 ändert sich das Bild; während noch die Kräfte des erneuerten Katholizismus sich sammeln, um die Katharer innerlich zu überwinden, tritt schon die weltliche Macht in den Dienst der Kirche und proklamiert die gnadenlose Ausrottung der Ketzer. Während allenthalben sonst die weltliche und geistliche Macht sich befehden, stehen sie gegen die Katharer einmütig zusammen und zermalmen wie zwei Mühlsteine die fremde Ketzerei, die sich in das religiöse und politische Getriebe der Zeit gewagt hatte.

Der junge *Kaiser* Friedrich II. hat bei seiner Krönung im November 1220 die Bestimmungen des Laterankonzils von 1215 zum weltlichen Gesetz gemacht; Acht und Bann erwarten nun jeden Katharer im Reichsgebiet. Die Städte Italiens nehmen schrittweise dieses Gesetz in ihre Statuten auf[1]. Aber noch während das geschieht, geht der Kaiser weiter. Er erläßt im März 1224 eine Konstitution, die zunächst für die Lombardei gelten soll und in klaren Worten den Feuertod für die Katharer befiehlt[2]. Die Städte zögern mit der Durchführung; als der Podestà von Rimini 1226 tatsächlich Ketzer verbrennen will, erhebt sich ein Aufstand. Erst 1230 wagt es Brescia auf Betreiben seines dominikanischen Bischofs, das neue furchtbare Gesetz seinen Statuten einzuverleiben. Der Kaiser selbst drängt voran: 1231 ordnet die Konstitution von

Melfi die Ketzerverbrennung für Sizilien an; Papst Gregor IX. befiehlt sie im gleichen Jahr für den Kirchenstaat[3]. Im März 1232 wird endlich die Ketzerverbrennung Reichsgesetz; 1238 und 1239 wird sie für Teilgebiete des Reiches noch ausdrücklich bestätigt[4]. 1233 benutzt der Papst die neue Waffe, um die Inquisition einzurichten.

Was trieb den Kaiser zu diesem schonungslosen Vorgehen? Gewiß nicht die Politik allein. Zwar ist er dem Papst mit den Ketzergesetzen zu Willen; allerdings verkündet er öfter, er müsse gegen die Ketzer vorgehen, wenn er in Wahrheit die widerspenstigen lombardischen Städte treffen will; allerdings kann er sich in dem wilden Kampf nach 1239, wenn es gegen den Papst oder den französischen König geht, auch auf die Seite der Ketzerfreunde stellen und den Papst selbst als Katharer brandmarken[5]. Aber seine Strenge gegen die Katharer hat tiefere Gründe: Er haßt die Ketzerei von ganzer Seele, „die schmutzige Verräterei der Patarener und vor allem jener, die sich in Italien gegen Uns erheben und das Heilige Reich schwächen"[6]: Jeder Rebell, und sei es der Papst, der sich gegen die gottgesetzte Majestät des Kaisers empört, ist ein Ketzer, und umgekehrt ist jede Ketzerei ein Staatsverbrechen[7]. Vollends die Katharer, die die weltlichen Fürsten für Mörder und ihn, den Kaiser, für einen Teufel halten, haben mit Friedrichs eigensten Plänen nicht das geringste gemein[8].

Die italienischen *Städte* schließen sich, wie wir sahen, nur zögernd dem Vorgehen des Kaisers an, und zunächst sind es nicht die Städte der kaiserlichen Partei, die die Ketzer verbrennen, sondern die des lombardischen Bundes[9]. Schon die Zeitgenossen haben darum die Ghibellinen als Ketzer bezeichnet, schwerlich zu Recht, denn es gibt in dem vielfältigen Spiel der italienischen Städtekämpfe kaum eine Partei, die nicht einmal zugunsten der Katharer, ein andermal gegen sie einschritt. Das beste Beispiel ist Mailand, nach allen Zeugnissen ein Zufluchtsort der Katharer. Schon 1213 will der Papst gegen diese Ketzerhochburg einen Kreuzzug beginnen; die Stadt wehrt sich gegen die Ketzerverfolgung lange Zeit; endlich entschließt sie sich seit 1228 doch zum Eingreifen und verbrennt 1233 eine große Zahl von Katharern; 1236 will der Kaiser von neuem gegen das ketzerische Mailand einen Kreuzzug führen, das damals mit dem Papste konspiriert[10]. Seit 1233 sträuben sich die Städte der Reihe nach, Florenz, Treviso, Bologna, Genua und mit besonderem Erfolg Venedig, dagegen, die päpstliche Inquisition einzuführen; auch in Südfrankreich, in Narbonne, Toulouse und Albi, kommt es zu Aufständen und handgreiflichen Auseinandersetzungen[11]. Die meisten dieser Städte, auch Mailand, sind keine Freunde der Katharer. Aber sie nehmen es in Kauf, daß die gejagten Ketzer eine Zeitlang bei ihnen Zuflucht finden, denn wichtiger als Glaubenstreue oder Toleranz ist ihnen allen die städtische Freiheit und Unabhängigkeit von Kaiser und Papst; wenn sie es fordert, werden die Katharer bedenkenlos zum Scheiterhaufen geschleppt oder aber zu anderen Zeiten stillschweigend in Schutz genommen[12].

Die Katharer mochten von dem Kampf aller gegen alle in Italien eine Zeitlang profitieren; sie konnten die Parteien gegeneinander ausspielen und etwa dem Papst vorwerfen, er störe die ruhige Unterordnung der Welt unter den Kaiser; sie konnten die Verbindung von Kirche und Städten tadeln; sie konnten den Kaiser des Mordes bezichtigen[13]. Letzthin sind sie dieser Anarchie aber zum Opfer gefallen, denn niemand stand ehrlich auf ihrer Seite. Dennoch konnte die Politik allein die katharische Idee nicht töten; den Gehetzten, Geduldeten, Verjagten hat erst die Kirche den Gnadenstoß versetzt.

Den gefährlichsten Feind haben die Katharer genau erkannt; ihr ganzer Zorn richtet sich gegen den Papst und die *Bettelorden*. Insbesondere sind die Dominikaner, voran Dominikus, Gegenstand ihres glühenden Hasses, und nachdem sie einen Dominikaner-Inquisitor ermordet haben, verdammen sie ihn erst recht[14]. Den Franziskanern gegenüber sind die Katharer etwas milder gesonnen; aber auch dieser und alle anderen Orden sind ihnen ein Greuel[15]. Denn eben diese Orden entziehen dem Katharismus seine besten Kräfte. Die Mönche bekehren Ketzer und rufen überall, vor allem in Mailand und Florenz, die frommen Laien zum Widerstand gegen das schleichende Gift der Häresie auf; sie führen auch den literarischen Kampf gegen die Katharer. Seit 1234 erscheint eine Flut von Traktaten, und die besten sind geschrieben von den wissenschaftlich geschulten Dominikanern, deren Ordensbrüder bald den Gipfel der Hochscholastik erreichen. Dieser neuen Kampfesweise von theoretischer Widerlegung und praktischem Vorbild haben die Katharer nichts entgegenzusetzen als die Nachahmung, und sie besiegelt ihre Niederlage [16].

Der *Papst* hat indessen, gegen den Widerstand der Bischöfe und später der Städte, mit Hilfe der kaiserlichen Gesetze seit 1231 die physische Vernichtung des Katharismus selbst in die Hand genommen und 1233 seinen getreuen Helfern, den Dominikanern und Franziskanern übertragen: Das schreckliche Institut der *Inquisition* beginnt zu arbeiten [17]. Zahllos sind die Widerstände; in Italien dringt die päpstliche Inquisition erst 1254 halbwegs gegen die Abwehr der Städte durch; im Norden wüten Robert le Bougre und Konrad von Marburg so wahllos unter den Massen, daß Fürsten, Städte und Volk sich empören. Überall gibt es Aufstände, auch die Freunde der Katharer wehren sich verzweifelt: zehn Beamte der Inquisition wurden in einer Nacht 1242 in Avignonet ermordet; 1252 fiel Petrus Martyr unter den Streichen katharischer Verschworener; 1235 hatte ein Einwohner von Toulouse sieben Katharer angezeigt – in seinem Bett wurde er erwürgt aufgefunden [18]. Nur der eiserne Wille der Päpste, vor allem Innozenz' IV., der sich immer wieder schützend vor seine Inquisitoren stellte, und der Fanatismus der von ihrer Aufgabe besessenen Mönche haben allmählich die Widerstände gebrochen; langsam hat sich das Verfahren herausgebildet und ist zu einer gnadenlosen Maschinerie entwickelt worden, die die christliche Welt von der Ketzerei, von der Gefahr für die Seelen der Gläubigen befreien sollte [19].

Die Inquisition hat das Christentum in Europa so wenig gerettet wie der Albigenserkrieg; sie hat nur ausgeführt und beschleunigt, was schon entschieden war; sie ist nur die vollziehende Justiz [20]. Es geht vor dem Tribunal nicht um Glaubensstreit, sondern um juristische Tatbestände: Wer nicht das christliche Glaubensbekenntnis bejaht, wird verurteilt; wer weitere Aussagen verweigert, wird gefoltert. Wer der Häresie schuldig ist, wird mit zeitlichem oder lebenslänglichem Gefängnis bestraft; Rückfällige und Hartnäckige enden auf dem Scheiterhaufen [21]. Dieses erbarmungslose System hat mehr die Empörung der Nachwelt als der

Zeitgenossen hervorgerufen. Die Katharer selbst haben stets betont, man müsse durch Predigt, nicht durch Zwang bekehren; sie haben nicht daran gedacht, sich diesem Zwang zu beugen. Meist sind sie ruhig, ja, fröhlich gestorben und haben ihre Anhänger gelehrt: „Es gibt keinen schöneren Tod als durch das Feuer"[22]. Denn selig sind, die um der Gerechtigkeit willen verfolgt werden[23].

Dennoch war es nicht „die Gewalt allein, die über die Idee gesiegt hat, weil die Idee allein der Gewalt nicht unbegrenzt standhalten kann"[24]. Zwei Welten standen einander gegenüber: der Katharismus, eben auf dem Wege zu einer quietistischen Mittelstandsreligion, die sich auch das Diesseits allmählich zunutze machte, auf der einen Seite, und auf der Gegenseite die Verbindung von kaiserlichen Erlassen, italienischer Städtepolitik, katholischer Religiosität, scholastischer Bildung und päpstlicher Inquisition. Es ist letzten Endes das lebendige Abendland, das die stagnierende Lehre der Bogomilen und die reine, aber geruhsame Moral der Katharer niederzwang.

### 10. Das Ende des Katharismus (c. 1250–1400)

Aus dem Blut der Katharer ist keine neue Saat erwachsen. Das schreckliche Ende, das jedem katharischen Amtsträger früher oder später bevorstand, hat die katharische Kirche zwar vor dem Versinken in das Diesseits bewahrt; sie ist dadurch jedoch erst recht eine Gemeinde von Flüchtlingen und Ausgestoßenen geworden, die langsam den Zusammenhang mit der Zeit verliert. Das Abendland erlebt das Aufsteigen der Nationalstaaten über Papst und Kaiser, die Hochblüte der Scholastik und den Beginn der Mystik, die Wandlung zum Spätmittelalter; der Katharismus dagegen zieht sich in die Winkel zurück, um dort allmählich zu verlöschen, soweit es ihm die Inquisition gestattet, sich selbst zu überleben.

Die katharische *Organisation* verfällt, die Ausdehnung des katharischen Glaubens beschränkt sich auf die Kerngebiete. In Südfrankreich ist nach 1244 alles zu Ende; in Scharen fliehen die Katharer „aus Angst vor den Dominikanern" in die Lombardei und das Gewirr ihrer Städte und Vorstädte [1]. Nur einige ,Vollendete', die in Waldhöhlen hausen, harren noch aus; gelegentlich kehrt ein mutiger Diakon aus Italien in seine alte Gemeinde zu einem kurzen Besuch zurück; aber um 1275 haben die letzten katharischen Bischöfe das Land verlassen. Nur vor den Toren von Albi bewohnen noch mehrere Katharer insgeheim ein Häuschen [2].

Am Ende des Jahrhunderts werden in Como einige *Provenzalen* neu in die Sekte aufgenommen, darunter der Schreiber Peter Autier, die ihre Heimat neu erobern wollen. Seit 1295 erwecken sie die Flamme von neuem; Autier, der sich nach Toulouse selbst hineinwagt, gewinnt in 125 Ortschaften, meist auf dem flachen Lande, noch einmal mehr als tausend Freunde für den Katharismus. Die katharischen Gemeinden erstehen neu, nicht mehr von Hierarchen geleitet, sondern von den Ältesten [3]. Aber um 1310 wird die Inquisition Herr über die Bewegung; Autier und seine Verwandten und Freunde werden verbrannt. Während die Scheiterhaufen brennen, flieht ein letztes Häuflein nach Nordspanien, an der Spitze der Schäfer Wilhelm Belibasta, der letzte, nicht der würdigste ,Vollendete'. 1321 wird er von den Spitzeln der Inquisition nach Toulouse gelockt und verbrannt [4]. 1326 steht in Carcassonne Limosus Niger vor dem Inquisitor, der den Katharismus erneuern und zu einer Philosophie umgestalten wollte; vier Jahre später erlischt in Carcassonne der letzte Scheiterhaufen für einen Katharer [5].

In *Norditalien* ist das katharische Gemeindeleben noch lange sehr rege; 1260 sitzen überall in den Städten zwischen Alessandria und Verona die katharischen Diakone; die Bischofsliste ist bis etwa 1280 noch vollständig [6]. Indes sterben südlich des Po allmählich die alten Gemeinden ab; in Apulien, Orvieto, Spoleto und Viterbo, in der Mark Ancona, in Ferrara, Piacenza und Vicenza wird es um 1280 still. 1277 wird Sirmione am Gardasee, stets eine katharische Hochburg, durch die Gefangennahme von 178 dort lebenden ,Vollendeten' vereinsamt [7]. Zäher halten sich die meist nördlich des Po gelegenen Gemeinden in Rimini, Padua, Treviso,

Mantua, Cremona, Bergamo, Como, Pavia und Cuneo; aber zu Beginn des 14. Jahrhunderts verstummen auch sie[8]. Nach 1280 werden die großen Städte die Schlupfwinkel der Katharer; in Mailand, in Genua, in Verona, in Venedig, in Bologna und in Florenz finden die Inquisitoren immer noch ihre Spuren, bis sie um 1320 ausgetilgt sind; in den Dörfern bei Florenz sind 1322 noch Katharer aufgegriffen worden[9].

Seit 1300 fliehen die letzten nach Sizilien; dort, bei dem zweiten Aragonesen-König Friedrich III. (1296–1337), ist für eine Weile *bona terra,* bis sich auch hier die Spuren verlieren[10]. Im anderen Schlupfwinkel Italiens, in der Bergfestung Piemont, halten sich noch einige Katharer; seit etwa 1340 erhalten sie durch Missionsbesuche von und bei den bosnischen Bogomilen neuen Auftrieb und predigen in ihren Zirkeln ein sonderbares Gemisch von allen Arten der Ketzerei. Auch in Siena tauchen diese Ketzer 1383 noch einmal auf; aber 1388 wird alles entdeckt. Am 3. August 1412 werden in Chieri (westlich Turin) feierlich die Gebeine von fünfzehn toten Katharern ausgegraben und dem Feuer übergeben. Damit ist alles zu Ende[11].

Die *soziale* Schichtung der letzten Katharer verrät den Niedergang. In Südfrankreich sind noch einige kleine Landadlige mit den Katharern befreundet, während in Italien bis 1280 Hochadlige, bis zuletzt der niedere, vielleicht der besitzlose Adel treu geblieben ist[12]. Die Studenten bleiben länger als die Magister, die Mönche sind nicht so anhänglich wie die Dorfkapläne; immer noch sind die Ärzte und vor allem die Schreiber und Notare die katharische Führungsschicht[13]. Die reichen Bürger und Landbesitzer sind jedoch selten geworden; Tuchhändler, Holzkaufleute, Geldleiher und kleine Trödler nehmen ihre Stelle ein[14]. Die Masse der Anhänger wird vom Handwerk gestellt; das ganze Tuchgewerbe ist noch vertreten; Metzger, Gastwirte und Gerber, Friseure, Arbeiter und Hirten, Dienstmägde, Wanderartisten und Dirnen sind die letzten Getreuen der katharischen ‚Vollendeten‘[15]. Der Katharismus wird in die sozialen Winkel gedrängt.

Jetzt sind die Katharer wirklich arm; aber ihre *wirtschaftliche* Gesinnung kennt den Armutsgedanken nicht. Zwar stammt aus diesem Kreis das schöne Wort: „Das Geld der Welt ist die Fäulnis

der Seele"[16], aber Autier steckt gern den Kopf in die Truhe, um
das Geld seiner Gemeinde zu besehen; sogar Betrügereien kommen unter Katharern vor[17]. Und zu Beginn des 14. Jahrhunderts verlangt ein Südfranzose, der ‚Vollendeter' werden
möchte, daß ihm der Lebensunterhalt gestellt wird[18]. Wenn die ‹
Vollendeten jetzt Darlehen abgeben und einer der Gläubigen
den Gläubigern nicht zurückzahlen will, sagen sie ihm, seine
Seele sei gefährdet[19]. Die Anhänger halten ihre ‚Vollendeten'
für geizige und schlechte Menschen, aber ihre Lehre sei dennoch die Wahrheit[20]. Was hundertfünfzig Jahre zuvor den Katharismus großgemacht hatte, der Gedanke von der apostolischen Armut, ist längst vergessen.

Die katharische *Lehre,* die jetzt völlig das Herzstück des Katharismus ist, hat sich wenig verändert; man hat sie mit skurrilen
und blumigen Einzelzügen aus dem Volksdenken nur noch ausge-
schmückt, nicht mehr fortentwickelt. Limosus Niger wollte vor
1326 in Südfrankreich den Katharismus zu einer Wissenschaft
und Philosophie erheben, indem er Astrologie und Averroismus
in die katharischen Mythen einfügte; aber es war viel zu spät für
Neuerungen[21]. Die Spaltungen der Parteien halten bis zuletzt an,
obgleich längst die Radikalen und Gemäßigten einander ihre
Sätze borgten; die bosnisch bestimmte Mittelgruppe ist in Italien
gegen Ende die aktivste[22]. Der Ritus hält sich in den alten Bahnen,
nähert sich in manchen Teilen weiter der katholischen Liturgie,
erstarrt jedoch zusehends zum bloßen Murmeln unverständlicher
Formeln; die Predigt der ‚Vollendeten' ist entweder ganz wirr oder
sterbenslangweilig[23]. Die ‚Vollendeten' begeistern ihre Anhänger
durch uralte Bauernwitze anstatt durch lebendiges Vorbild[24]. Sie
verbieten die Ehe mit Nicht-Gläubigen und segnen die Ehe von
Gläubigen ein, als ob ihre Vorgänger die Ehe nie verdammt hätten. Wilhelm Belibasta hat keine Zeit mehr, seiner Gemeinde
Gottesdienste zu halten; er muß arbeiten und für sich, seine Konkubine und sein Kind Geld verdienen[25].

Wer lesen kann, gilt noch um 1300 dem Volk als Katharer; aber
Analphabeten unter den ‚Vollendeten' sind jetzt häufiger als früher, und es gilt als schwere Sünde, einem Vollendeten eine kniff-
lige Frage zu stellen[26]. Von *kulturellem* Leben ist keine Spur mehr

zu finden; ein Ramon Lull oder gar ein Dante Alighieri sind dieser Sphäre völlig fremd[27].

Nach *außen* ist man jedermanns Feind. Man klammert sich an die Illusion, viele Mächtige der Erde seien noch stille Freunde der Katharer; man träumt von einem Dritten Friedrich, der dereinst die *clericos* unterdrücken und durch seinen persönlichen Übertritt die Katharer zu Weltherrschern machen werde[28]. Die Gegenwart sieht anders aus; und wenn auch der einflußreiche Wilhelm von Nogaret aus einer katharischen Familie kommt, die Katharer selbst haben nur Feinde: Papst, König, Inquisitor und Bischof sind die vier Teufel, die die Welt regieren[29]. Und selbst die Juden schickt man nun zuunterst in den stinkenden Schwefel der Hölle[30].

Jetzt sind die Katharer vollends flüchtig und ausgestoßen. Nicht einmal die neuen Ketzereien, die seit 1260 wieder auftauchen, haben noch irgendeinen Bezug zum Katharismus[31]. Isoliert und verachtet, nur noch an ihre Lehre geklammert, leben die letzten Katharer ihr unbedeutendes Dasein zu Ende, das kaum noch an die große Zeit des Katharismus vor hundert Jahren erinnert. Rings um sie ergreifen neue Bewegungen die Denker und die Frommen, das Volk und die Inquisition.

Daß der Mensch auf dieser Erde nur ein „Fremdling und Pilgrim" sei, ist schon im vorchristlichen Jahrtausend immer wieder das Erlebnis der Frommen gewesen. Seit Christi Tod haben die von diesem Dualismus betroffenen Menschen immer wieder, bis hin zu den Bogomilen des 10. Jahrhunderts, im reinen christlichen Leben die Rettung vor der Welt gesucht; das Christentum traf sich mit dem Dualismus zwar nicht in der Lehre, aber in der gelebten Weltenthaltung. Als das christliche Abendland seit dem 10. Jahrhundert die Nachfolge Christi zu verwirklichen suchte und zuerst aus dieser Welt in die Askese flüchtete, dann die Kirche in dieser Welt reformieren wollte, da erschien als Erbe der Bogomilen die katharische Kirche der Weltflucht und versprach für eine Zeitlang die radikale Verwirklichung christlichen Lebens. Ihre Lehre freilich konnte dem Abendland nicht zum zündenden Erlebnis werden und mußte, während sich die religiösen Kräfte

Europas neue Wege suchten, zum Dogma erstarren. So endete der Katharismus im Abendland wirklich als „Fremdling und Pilgrim".

Die Katharer haben den freien Willen geleugnet – ihr Untergang erscheint uns als naturnotwendig; sie haben die Welt verachtet – die Umwelt hat sie vernichtet; sie wollten keine Auferstehung des Fleisches – ohne Nachfolger sind sie vergangen. Ihr Glaube ist ihr Schicksal geworden.

Wie dieser Glaube beschaffen war, der die Geschichte des Katharismus bestimmt hat, müssen wir nun untersuchen.

# III. Der katharische Glaube

Der Katharismus ist kein logisch geschlossenes System, das dank der folgerechten Weiterführung einer sorgsam gehüteten Tradition alle Bereiche religiösen Lebens von der Metaphysik bis zur Organisation in einem strengen Bogen umfaßte. Aber er ist auch keine bunt zusammengewürfelte Gruppe von heterogenen Sekten, die nur der historische Zufall zusammenführte[1]. Der Glaube der Katharer ist vielmehr entstanden aus einer lockeren Kette verwandter Empfindungen, die sich allmählich zu einer Lehre und einer festen Praxis verdichteten, aber nicht in einer ungestörten Entwicklung, sondern von wechselnden historischen Faktoren abgewandelt, ja, umgebogen und zu vielfältigen Ausprägungen aufgespalten. Erst die historische Betrachtung des katharischen Glaubens kann uns das Wesen und die innere Einheit des Katharismus erschließen; denn diese Einheit besteht mehr in gemeinsamen Erlebnissen als in gemeinsamen Gedanken. Nur so erkennen wir hinter der Vielfalt dogmatischer und praktischer Vorschriften den zwiespältigen Bund von Dualismus und Christentum, der den Katharismus vom Beginn bis zum Ende kennzeichnet[2].

Wir wenden uns zunächst der katharischen Dogmatik zu.

## 1. Seele und Welt

Das katharische Grunderlebnis ist der unversöhnliche Gegensatz zwischen der Seele des reinen Menschen und der bösen Welt. Das Problem, das man seit Tertullian für die Kernfrage aller Ketzer hält, die Frage *Unde malum?*, ist für den Dualisten zweitrangig. Er fragt sich zuerst: Woher kommt das Gute, wie kam es in die Welt, in die Gewalt des Bösen[3]? Die Antworten, die von den ersten Bogomilen bis zu den letzten Katharern auf diese beiden Fragen versucht wurden, kreisen um den Sündenfall der Reinen, um die Schöpfung dieser Erde und um die Verbindung von Seele und Welt.

Schon die Bogomilen des 10. Jahrhunderts „halten sich für Himmelsbewohner"[4]. Sie erzählen also als Antwort auf die Frage nach der *Herkunft der* guten, reinen *Seele* einen Mythos. Sein Inhalt ist uns noch nicht greifbar; aber da er allen bogomilischen und katharischen Gruppen gemeinsam ist, muß er von Anfang an so gelautet haben: Satan hat, als er aus dem Himmel gestürzt wurde, andere Engel verführt und mit sich hinabgezogen; diese Engel sind die Menschenseelen[5]. Der reine Mensch stammt also nicht aus der irdischen Vergänglichkeit; sein bestes Teil ist himmlisch und körperlos.

In der byzantinischen Epoche der *Bogomilen* wird der Mythos ausgesponnen; er stützt sich auf die Geheime Offenbarung, die hier auf den Anfang aller Zeiten bezogen wird. Nach Offb 12,7 führte der Teufel im Himmel einen Kampf gegen Michael, sei es nun, daß er als der Böse dorthin aufgestiegen war oder daß er als ursprünglich guter Engel stets dort gewohnt hatte. Satan wird besiegt und reißt (nach Offb 12,4) ein Drittel aller Engel, und auch Sonne, Mond und Sterne, mit sich hinab auf unsere Erde[6].

Die *abendländischen* Ketzer des 11. und beginnenden 12. Jahrhunderts halten sich zwar meist für besonders begnadet, aber nirgends für gefallene Engel; nur bei Eon von Stella taucht ein Bruchstück dieses Mythos wieder auf[7].

Die *Katharer* greifen die bogomilischen Gedanken voll auf; schon 1163 wissen sie in Köln, daß sie „gefallene Geister" sind, und bis zum Ende bleibt dieses Wissen unerschüttert[8]. Aber die Probleme des Abendlandes ergreifen alsbald das Thema; und während wir aus der ersten katharischen Periode der Mission und des gelebten evangelischen Lebens wenig davon hören, wird seit dem Ende des 12. Jahrhunderts das übernommene Dogma nicht mehr als gegebene Tatsache betrachtet. Wie kam Satan zu seiner Handlungsweise? Die Gemäßigten erinnern, wie die Katholiken, an die *superbia* des Untertanen, oder sie meinen, auch Luzifer, der gute Engel, sei von einem bösen Geist verführt worden[9]; die Radikalen, die Satan für einen Gott halten, erklären seinen Aufstieg in den Himmel mit der *concupiscentia* des neidischen Nachbarn [10]. Aber vor allem: Wie sind die reinen Engel sündig geworden? Diese Frage, die auch die katholischen Theologen des 12. Jahrhunderts beschäftigte, wird durch einen weiteren Mythos beantwortet: Nach der Ansicht der Gemäßigten verlockte der verführte Luzifer andere Engel; die Radikalen erzählen, Satan habe 32 Jahre vor dem Himmelstor gewartet, ein weiteres Jahr sich im Himmel verborgen und den Engeln insgeheim von seinen Schätzen berichtet, insbesondere von den Reizen einer Frau. Da die neugierigen Engel nicht wissen, was eine Frau ist, führt Satan heimlich ein schönes Weib in den Himmel ein; die entflammten Engel, von Begehrlichkeit schwer geworden, brechen durch den gläsernen Himmel durch, oder aber sie kämpfen vorher noch an Satans Seite um die Herrschaft im Himmel: bis an die Bäuche der Pferde floß das Blut – der 78. Psalm berichtet davon [11]. Und dann werden ihre Körper niedergestreckt, und ihre Seelen fallen; ein Hundertstel, ein Zehntel, ein Drittel, fast die Hälfte, oder gar alle Engel Gottes fallen; neun Tage und Nächte lang stürzen sie aus dem Himmel „dichter als die Grashalme und Regentropfen", bis endlich Gott voll Zorn bemerkt, was geschah, und schwört, nie solle zum zweitenmal ein Weib in den Himmel kommen [12].

Solche bizarren Bilder mochten die Masse der Katharer begeistern – die bohrenden *Fragen* verstummen nicht: Wie kam der böse Gott der Radikalen in den Himmel, mit Gottes Wissen und Willen oder gegen seinen Willen oder ohne sein Wissen? Ist Gott machtlos oder will er das Böse? Hat er seine Engel betrogen oder sie im Stich gelassen? Und die Engel selbst, wie konnten sie sündigen, wenn zuvor nichts Böses in ihnen war, wenn sie gar keine Wahl zwischen Gut und Böse hatten? Mit einem Satz: Was ist Sünde [13]? Der Mythos wird von diesen Fragen förmlich zernagt; immer brennender wird das Problem, das durch die Verschiebung in die Mythologie nur verschleiert worden war: Wie kam das Gute in diese böse Welt?

Daß *die Welt* des Teufels ist, wissen schon die ersten *Bogomilen*: „Sie sagen, daß durch des Teufels Willen alles besteht, der (sichtbare) Himmel, die Sonne, die Sterne, die Luft, die Erde, der

Mensch ..." Die Welt, wie sie uns vor Augen steht, mit all ihren Mächten, ist für alle Bogomilen und Katharer *naturaliter* teuflisch[14]. Die Katharer haben später genauer angegeben, wie die Dinge geworden sind: Der Teufel schuf alles Sichtbare und Vergängliche, darunter auch den menschlichen Körper; Gott schuf alles Bleibende und Unsichtbare, auch die menschliche Seele[15].

Bei den byzantinischen Bogomilen trennten sich die Ansichten darüber, was das Bleibende sei: Nach der gemäßigten Auffassung ist es die Materie, während der Teufel nur die vergänglichen *formas specificas* schuf[16]; die Radikalen halten auch Materie für vergänglich und trennen Gott ganz von der Schöpfung dieser Welt; Gott schuf sich seine eigene Erde, andere Elemente, einen anderen Himmel, während der Satan alles, was in dieser Welt ist, hervorbringen kann, auch Seelen[17].

Die gemäßigten *Katharer* werden von dieser radikalen Sonderung angesteckt; allmählich wird die katharische Schöpfungslehre auch von der Theologie und Philosophie des Abendlandes gefärbt. Die Gemäßigten glauben, daß zwar ein *principium* alles erschaffen habe, daß aber dann zwei *factores,* ein guter und ein böser, das Sichtbare erzeugt hätten; die Radikalen, insbesondere Johann von Lugio, stellen zwischen die Welt des bösen Gottes und die ferne Schöpfung des guten Gottes eine „höhere Erde", eine Zwischenwelt des Kampfes, in der sich die beiden Mächte messen[18]. Schließlich werden die Treffpunkte von Gut und Böse, Zwischenwelt und *principium,* absolutgesetzt; die Materie, ja, die Welt überhaupt wird als ewig gedacht, und während den beiden Gottheiten ihre Schöpfungsfunktionen entzogen werden, taucht zwischen und hinter ihnen die Natur, die ethisch neutrale Notwendigkeit als letztes Weltprinzip auf[19].

Aber mit der Abwendung von der Natur ist nichts gewonnen: die Menschenseele lebt ja hier und jetzt inmitten der sichtbaren Dinge. Wie kam es zur *Verquickung von Seele und Welt?* Die byzantinischen Bogomilen, von denen wir zuerst Näheres darüber hören, erzählen, Satan habe, nachdem er die Engel aus dem Himmel gelockt habe, ihre Seelen in seine Körper eingesperrt[20]. Aber sind diese Engel nicht schon durch ihren Sündenfall böse geworden? So sagen in der Tat die gemäßigten Katharer; und sie konstruieren einen neuen Sündenfall: Satan hat mit seinen Engeln seine Schöpfung vollendet; da schickt Gott einen guten Engel namens Adam, um diese Schöpfung zu besichtigen; Satan setzt ihn gefangen. Dieser Engel – und alle Katharer sind seine direkten Nachkommen – ist in den Leib gezwungen worden und wird deshalb gerettet werden [21]. Doch der Zwang allein kann das Böse im Menschen nicht erklären. Nach anderen Erzählungen mühte sich Satan dreißig Jahre vergeblich, den Lehmklumpen, die er geformt hatte, Leben einzuhauchen; jedesmal, wenn sie an der Sonne trocknen, läuft das Wasser, d. h. das Blut, wieder heraus. Da listet Satan Gott zwei Engel ab; Gott weiß alles vorher und befiehlt den Engeln, auf ihrer Erdenreise nicht einzuschlafen. Sie sündigen „ein wenig", indem sie doch einschlafen; Satan ergreift die Schlummernden und sperrt sie in seine Lehmkörper ein [22]. Wieder mußte man die Sünde der reinen Engel und die Ohnmacht Gottes annehmen, um die Verschmelzung mit der Welt zu erläutern.

Die Hauptfrage ist noch immer ungelöst, und sie stellt sich mit aller Schärfe, wenn die Leib-Seele-Verbindung, ein altes Problem der abendländischen Philosophie, erklärt werden soll. Da wird nun von den Radikalen jeder Zusammenhang zwischen Leib und Seele geleugnet oder vielmehr transzendiert: Die Engelseele hat ihren Leib im Himmel zurückgelassen; der irdische Leib ist nur ihr Kerker. Das Bindeglied zwischen Leib und Seele, der Geist, sucht, zwischen Himmel und Erde schwebend, seine Seele in den Körpern dieser Welt; wenn er sie gefunden hat, erleuchtet er sie: der Mensch wird Katharer [23]. Nur wenige Katharer glauben, daß der Mensch zwei Seelen, eine gute und eine böse, in seiner Brust trage [23 a]. Auch diese Erklärungen können das Erdenleben nicht voll verständlich machen; mit immer neuen Definitionen sucht man das katharische Dogma von der Engelseele im Sinne der Scholastik geschmeidig zu machen [24]. Am Ende hilft man sich mit dem Kunstgriff, die Seelen als ewige Wesen der Schöpfungsmacht der beiden Gottheiten zu entziehen, alles, was geschieht, als notwendig und unerklärbar zu betrachten oder gar die Seele als unwichtige Materie abzutun, wie es die letzten Katharer versuchen [25].

Im ganzen können wir erkennen, wie das katharische Grundanliegen von den Bogomilen geprägt wurde, wie es in Byzanz ausgestaltet und aufgespalten und im Abendland seit dem Ende des 12. Jahrhunderts durch Fragen über Fragen zersetzt wurde. Seele und Welt bleiben trotzdem dem gläubigen Katharer bis ins 14. Jahrhundert zwei getrennte, feindliche Sphären, auch wenn er notgedrungen eine lose Verbindung zwischen beiden zugeben muß. Am Ende verbannt er lieber beide aus dem ethischen Bereich, als daß er ihre Mittelstellung zwischen Gut und Böse anerkennte. Der dualistische Grundgedanke, der bei den ersten Bogomilen schon die Mitte des Glaubens bildete, hat den christlichen Fragen und Antworten bis zum Ende widerstanden.

## 2. Teufel und Gott

Der leibhaftige Gegenspieler der reinen Seele ist der Schöpfer der Welt, Satan. Er ist zuerst der Feind des Menschen; bald wird er zum Feinde Gottes erhoben, und dann wiederholt sich in der metaphysischen Ebene der Streit zwischen Seele und Welt; der Versuch, die Gegensätze klar zu scheiden, führt zur Proklamation von zwei ewigen, feindlichen Gottheiten, der satanischen und der reinen. Ihre Beziehungen zueinander werden das Hauptproblem der byzantinischen Bogomilen und der Zankapfel zwischen den Katharern seit 1190.

Verfolgen wir zuerst die Entwicklung von *Satans* Bild.

Für die ersten *Bogomilen* ist der Satan Gottes Untertan. Er gilt nach der einen Lösung als abgefallener Engel, der mächtig genug war, um noch nach seinem Treuebruch gegen Gott die Erde zu erschaffen[1]. Aber ist nicht die überirdische Macht nur ein Geschenk des Allmächtigen an seine Getreuen? Darum glaubt die andere Lösung, der Teufel habe seine Schöpfungskraft durch das Recht der Geburt erlangt: er ist Gottes Sohn, wie Christus auch[2]. Noch steht Gott groß und fern über dem Satan; doch neben Christus steht der Teufel schon als Bruder, und schon wagt man die Frage, wer von beiden der mächtigere sei, in der Sprache des

Gleichnisses der ältere. Ist Satan der verlorene jüngere Sohn (nach Lk 15, 11) oder der Hausverwalter (nach Lk 16, 1), der auch über Christus herrschte? Die letztere Meinung setzt sich sogar durch[3].

In Byzanz verfeinert sich die Sekte; ihre Lehre drängt, wie die theologische Geistesrichtung überall, zur letzten Konsequenz. Wenn Satan die Welt erschaffen konnte, ist er Gott; so sagen die Radikalen und machen damit Gottes Untertan zu seinem Widerpart. Die Meinungen fließen nicht mehr ineinander über; der theologische Gedanke führt zur Dualität der Gemeinden. Die Radikalen glauben an zwei gleichberechtigte Gottheiten; die Gemäßigten bilden die alten Ansichten nun schärfer aus[4].

Die *abendländischen* Ketzer wissen vor 1140 nichts von Satans Herrschermacht. Erst die Katharer kennen sie und vertreten noch vor 1180 die bogomilischen Parteimeinungen. Auch im Abendland gilt Satan den Gemäßigten als untreuer, abgefallener Engel Gottes, den Radikalen als selbständiger Gott[5]. Seit dem Beginn des 13. Jahrhunderts bauen beide Richtungen ihre Lehren weiter aus. Die Radikalen stellen sich das gute und das böse Reich als ewige Widersacher vor; und da sie gleichen Rechtes sind, wird auch eine höllische Trinität konstruiert; Satan ist nicht mehr der teuflische Gott selbst, sondern dessen Sohn; wie Christus als Sohn des guten Gottes auf die Erde kam, so stieg Satan, der Sohn des höllischen Gottes, zur gleichen Stunde in das Reich des himmlischen Feindes auf. Auch der Himmel wird nun mit allem Geschaffenen ausgestattet, mit geistlichen Frauen, Waffen und Pferden, die dem guten Gott unterstehen; jede der beiden Gottheiten ist in ihrem Reiche allmächtig[6]. Währenddessen treiben auch die Gemäßigten den Gegensatz zwischen Gut und Böse immer höher hinauf; sie glauben jetzt, wenn Gott der Vater Christi und Satans sei, müßten die ungleichen Brüder zwei verschiedene Mütter haben[7].

An Ausgleichsversuchen zwischen den ‚Konfessionen‘ fehlt es nach 1230 nicht. Die Radikalen nennen den Satan *minor creator* oder suchen beim Sohn des höllischen Gottes etwas Gutes; oder aber sie verschlingen die Fäden von Gut und Böse in der grotesken Erzählung, der Sohn des bösen Gottes sei in den Himmel aufgestiegen und habe des guten Gottes Gattin verführt; Christus sei

die Frucht dieser Verbindung[8]. Die Gemäßigten hinwieder überlegen sich, ob der Satan wirklich nur ein Engel Gottes sei oder ob
er in der *machina mundi,* außerhalb von Gottes Reich, geboren
wurde[9]. Die strenge Scheidung von Gut und Böse zerbröckelt zusehends.

Bald werden die Katharer auch durch die zeitgenössische Philosophie in neue Bahnen gedrängt. In Spanien, wohl unter arabi-
schem Einfluß, aber auch in Italien ersetzen einige Radikale den
bösen Gott durch die Natur und ihre Notwendigkeit; aus dem
haßerfüllten Seelenverderber ist eine kalte physikalische Macht
geworden[10]. Doch auch bei den gemäßigten Katharern des
14. Jahrhunderts löst sich in Italien Satans Bild aus der Spannung
zwischen den Hütern von Gut und Böse heraus: der ‚Drache‘ erscheint ihnen schon als dem guten Gott an Macht und Einfluß
überlegen[11]. Die Verkettung von Gut und Böse, die die Katharer
auf ethischem Gebiet nicht erklären konnten, ist durch die Tran-
szendierung ins Metaphysische nicht glücklicher gedeutet worden.

Während Satan der Gegenspieler der reinen Seele war und
deshalb für den Katharer der zentrale Feind wurde, ist *der gute
Gott* für Bogomilen und Katharer mehr eine lichte, aber ferne
Abstraktion geblieben, und alle Gedanken, die die Ketzer an
diesen Gott gewendet haben, sind blaß und fast teilnahmslos[12].
Die ersten Bogomilen haben sein Wesen und seine Eigenschaf-
ten überhaupt nicht untersucht; Gott war ihnen nur ein Gegen-
gewicht angesichts der bedrohlichen Macht des Satans[13]. In Byzanz, im Treibhaus theologischer Kontroversen, beschäftigten
sich dann auch die *Bogomilen* mit dem Problem der Trinität.
Sie konnten Christus, der dem Satan unterlegen war, nicht als
Gott anerkennen und dachten sich, wohl wenn sie Radikale waren, Gott als alten Mann, Christus als Jüngling, den Heiligen
Geist als Kind; oder sie verdichteten die drei Gestalten zu einer
einzigen göttlichen Person, die nur drei verschiedene Namen
trägt[14]. Jedenfalls dachten sie sich den göttlichen Gegner des
einen Satans als eine Person.

Im *Abendland* tritt uns im 11. Jahrhundert in Orléans eine ari-
stotelische Auffassung Gottes, in Monteforte eine den Bogomilen

verwandte Spekulation entgegen, die nur den Vater als Gott aner-
kennt und die übrigen Teile der Trinität zu Allegorien verflüch-
tigt [15]. Die *Katharer* haben dann wieder die bogomilischen Sätze
aufgegriffen. Radikale und Gemäßigte sind sich zunächst im wesentlichen einig: Christus und der Heilige Geist sind dem Vater
nicht gleich im Wesen und in der Göttlichkeit [16]. Gott ist nur
einer. Über seine Macht und seine Tätigkeit denken Radikale und
Gemäßigte verschieden, je nachdem, welchen Platz sie dem Satan
einräumen.

Erst nach 1230 beginnen die Katharer, sich ernstlich mit der
*Frage* der Dreifaltigkeit zu befassen, getrieben vom inneren
Zwang der Systembildung und vom äußeren Druck der katholischen Polemik. Und nun erkennen sie, die Radikalen wenigstens
halb, die Gemäßigten ausdrücklich, an, daß Christus Gott ist [17].
Auch der Heilige Geist wird stärker berücksichtigt; schließlich
kennt man drei Arten des Heiligen Geistes, die alle mit dem
Schicksal des einzelnen Katharers eng verbunden werden [18]. Je
mehr der gute Gott aus der einsamen Höhe, in der ihn die ersten
Bogomilen sahen, hinabgezogen wird in das System von himmli-
schem und höllischem Reich, desto mehr gewinnt die Trinität an
Gewicht.

Das unausbleibliche Ende ist auch hier die Verdinglichung.
1326 lehrt einer der letzten Katharer in Südfrankreich, die Natur
selbst sei der gute Gott, und die jungfräulichen Elemente Erde,
Wasser und Wind seien die Dreifaltigkeit [19]. So wurden die perso-
nifizierten Vertreter der reinen Seele und der bösen Welt, je mehr
man sie ins Allgemeine hinaufhob, einander ähnlich und endlich
gleich.

Das metaphysische Dogma, das wir betrachteten, ist erst von den
byzantinischen Bogomilen als Übersteigerung des unüberbrück-
baren Gegensatzes von Seele und Welt geformt worden. Immer
mehr sind auf dieser Ebene die feindlichen Mächte zu Gewichten
einer Waagschale geworden, bis endlich das ethisch neutrale
Gleichgewicht, die physikalische Natur, die Oberhand behielt.
Die dualistische Metaphysik ist auch im Abendland ihren eigenen
Weg gegangen und nur hier und da den christlichen Lehren ein

wenig entgegengekommen; doch ist die Richtung zum Ausgleich, die sie genommen hat, im Grunde abendländisch.

## 3. *Das Alte und das Neue Testament*

Wenn der Teufel diese Welt geschaffen hat, dann ist er der Gott der Genesis; dann ist das Alte Testament, die Urkunde der Gesetzesreligion, das Vermächtnis und die Offenbarung des Bösen. Die Predigt Christi verkündet dagegen das Ideal der reinen Seele und die Lehre des guten Gottes. Wieder sind die Übergänge, hier die Bücher der Propheten und die Gestalt Johannes' des Täufers, die wunden Punkte katharischen Denkens.

Schon bei den ersten Bogomilen erkennen wir die Absicht, „das dem Moses gegebene Gesetz zu verachten"; von Moses bis David sind alle *Patriarchen* Diener des Teufels [1]. Die byzantinische Zeit der *Bogomilen* ändert nichts an der Ablehnung der historischen Bücher des Alten Testamentes. Im Abendland wird sie von den Ketzern von Monteforte nicht geteilt, und als im 12. Jahrhundert die rigorosen Massenbewegungen sich gegen den Alten Bund erklären, tun sie es nicht aus Dualismus, sondern um der Verwirklichung evangelischen Lebens gegen das Gesetz willen [2].

Die ersten *Katharer* weisen das Alte Testament in der gleichen Weise wie die Bogomilen zurück; Moses erscheint ihnen als ein böser Zauberer [3]. Erst das 13. Jahrhundert bringt einen tiefen Einbruch christlichen Denkens mit den Lehren des Radikalen Johann von Lugio. Er nimmt zwischen dem Himmel und der teuflischen Erde eine Zwischenwelt des Kampfes an; in dieser Zwischenwelt ist nach Johann das ganze Alte Testament mit allem Opferdienst und allen Patriarchen vom guten Gott inspiriert gewesen. Wir besitzen dieses echte Alte Testament nicht, so sagen Johanns Fortsetzer; Satan, der Gott unserer Welt, hat vom Sinai herab gegen diesen Bund ein Gegengesetz erlassen, die auf uns gekommenen Schriften; aber in die Nachahmung hat Satan zur besonderen Täuschung der Menschen einige Sätze aus dem guten Testament eingeflochten, „wie ein Vogelfänger Lockspeisen auslegt" [4]. Oder vielleicht haben nur die Patriarchen seit Moses das Alte Testament verfälscht, wie einige Gemäßigte meinen[5]. Man kann auch glauben, das vom Satan verfälschte gute Gesetz sei das Neue Testament selbst gewesen, und nur was in diesem bezeugt sei, könne in dem satanischen Alten Testament Geltung beanspruchen.

So kann man alle Stellen der Bibel, die den katharischen Lehren nicht zuwiderlaufen, anerkennen und doch zugleich den jüdischen Gott der starren und grausamen Gesetzlichkeit, des widerspruchsvollen Wankelmutes bezichtigen; trotz aller Annäherung an katholische Auffassungen vom Alten Bunde als der Vorbereitung auf Christi Wirken besteht noch immer und bis zum letzten Ende des Katharismus das tiefste Mißtrauen gegen den Gott der Genesis; dieser Gott ist doch stets der Teufel[6].

Schwieriger sind die Bücher der *Propheten* einzuordnen; denn sie gehören zweifellos der Religion des Bösen an, verkünden aber gleichwohl Christus vorher. Die ersten *Bogomilen* begnügen sich damit, alle Propheten zu schmähen: was sie sagten, war ihre eigene Einbildung, wenn nicht gar die Einflüsterung Satans[7]. Mit der byzantinischen Periode der Bogomilen kommt in diese unversöhnliche Haltung eine mildernde Note; denn die Radikalen, die Theologen unter den Bogomilen, glauben nicht nur an zwei getrennte Gottheiten, sondern sie müssen auch zugeben, daß die Religiosität der Propheten bei näherer Betrachtung mit dem Opferdienst des jüdischen Gesetzes nicht ganz identisch ist, und vor allem, daß die Propheten auf Christus vorausdeuten. So erkennen die Radikalen spätestens seit dem 12. Jahrhundert die Psalmen und die Schriften der sechzehn Propheten als Ausfluß göttlicher Weisheit an[8].

Im *Abendland* hat zu Beginn des Jahrtausends der Bauer Leuthard den Propheten nicht glauben wollen[9]. Doch erst seit dem Auftreten der Katharer werden die bogomilischen Gedanken im Abendland wirklich diskutiert. Die Gemäßigten beharren, teilweise bis zum Ende, auf der gänzlichen Ablehnung aller Teile des Alten Testamentes[10]; die Radikalen suchen wie ihre bogomilischen Freunde die Propheten zu retten; und da sie den katholischen Lehren näherstehen, macht ihre Meinung auch bei den

Gemäßigten Fortschritte: Man sucht wenigstens die ‚Mörder' von Moses bis David auszuschalten [11], oder aber man teilt die Worte der Propheten in drei Gruppen ein: Teils hätten die Propheten aus sich heraus, teils im Geiste des Bösen und teils durch den Geist des guten Gottes gezwungen gesprochen; zu letzterer Gruppe gehören die Weissagungen, die Christus erfüllte [12]. Andere Zwischenlösungen bieten sich an; besonders die Gedanken des Johann von Lugio waren auch hierfür sehr fruchtbar: die Propheten mochten alle gut gewesen sein; aber sie haben in einer anderen, nicht in unserer Welt geweissagt [13]. Hinter der Fülle der verwirrenden und verworrenen Meinungen zeigt sich die tiefe Not der Katharer, die zugleich von der inneren Zwiespältigkeit ihrer Position und von katholischem Druck zu Konzessionen gezwungen werden.

Ganz ähnlich verlief die Entwicklung, der die Einschätzung *Johannes' des Täufers* unterlag. Die ersten *Bogomilen* nennen ihn den Gegenspieler Christi, einen Sendboten Satans; der ‚Wasserträger', wie man ihn später spöttisch heißt, steht mit seiner Wassertaufe noch ganz im Bann des Alten Bundes; die byzantinischen Gemäßigten haben darauf verwiesen, daß er mit Elias, einem der verhaßten Propheten, identisch sei [14]. Bei den *Katharern* herrscht über alle Spaltungen hinweg Einmütigkeit: Johannes ist derselbe Geist wie Elias, seine Eltern waren Teufel, nicht minder der Engel, der ihn verkündete; er selbst ist ein eingefleischter Teufel, ja sogar der Sohn des bösen Gottes – und einige halten ihn für den bösen Gott persönlich [15].

Wieder ist es Johann von Lugio, der die einheitliche Front durchbricht und Johannes den Täufer zu jenen zählt, die in der höheren Welt Gott wohlgefällig waren. Die Gemäßigten folgen hierin, wenn auch zögernd, dem Radikalen: Johannes war wohl doch ein Engel des guten Gottes und ist also anzuerkennen [16]. Die Radikalen, die Glaubensbrüder Johanns von Lugio, verharren länger bei ihrer schroffen Ablehnung, denn ihnen, die alle Materie ablehnen, mußte die Wassertaufe des Johannes weit mehr verhaßt sein als den Gemäßigten, die wenigstens die Materie, wenn auch nicht die Form der Dinge für göttlichen Ursprungs hielten [17]. Die Exegese ist also vom katharischen Dogma beherrscht, aber trotzdem ist der abendländische Einfluß nicht zu übersehen, der zugunsten des Vorläufers Christi sprach.

Das *Neue Testament* selbst ist von allen Bogomilen und Katharern zu allen Zeiten in vollem Umfang anerkannt worden[18]. Den Geist des Neuen Bundes durch lebendige Nachfolge Christi zu erfüllen, ist wirklich ein Grundanliegen für Bogomilen und Katharer gewesen und bis zum Ende geblieben. Das Hauptanliegen war die Beobachtung des Neuen Testamentes aber nur zeitenweise, für die ersten Bogomilen des 10. Jahrhunderts und dann wieder für die ersten Katharer zwischen 1140 und 1170, zu der Zeit, als sie die Erbschaft der evangelischen Massenbewegungen des frühen 12. Jahrhunderts noch ungeschmälert fortzuführen suchten[19].

Nichts zeigt deutlicher die Abwendung von diesem einfachen, christlichen Ideal als die Tatsache, daß die byzantinischen Bogomilen und die Katharer seit 1190 sich mit den Büchern des Neuen Testamentes nicht mehr begnügten. Sie konnten die dualistische Lehre nicht genügend stützen. So griff man zu *Apokryphen*; die radikalen Bogomilen kannten schon die pseudoprophetische Schrift ‚Visio Isaiae‘, die die Lehren vom Jenseits genauer schilderte als die kanonischen Bücher; die gemäßigten Bogomilen benutzten vor allem eine neutestamentliche Apokryphe, die ‚Interrogatio Johannis‘, die vom Sturz Satans und vom Fall der Engelseelen ausführlich berichtete. Die katharischen Glaubensbrüder haben diese Schriften nach 1190 verwertet, insbesondere von der ‚Interrogatio Johannis‘ haben bald auch die Radikalen manches übernommen[20]. Diese *scripta secreta* bildeten bei den Katharern freilich keine allgemeine Autorität, wurden aber meist stillschweigend und gelegentlich auch ausdrücklich benutzt, um katharische Lehren glaubwürdiger zu machen[21]. Seit etwa 1230 haben vor allem die Gemäßigten, Desiderius an ihrer Spitze, versucht, die Apokryphen als wertlos abzutun und sich statt dessen auf die kanonischen, auch dem Abendland vertrauten Heiligen Schriften zu beschränken[22]. Doch haben die radikalen Katharer bis ins 14. Jahrhundert hinein, insbesondere in Südfrankreich, solche apokryphen Schriften herangezogen. Ganz am Ende der katharischen Bewegung vernehmen wir dann allerdings andere Töne; da leugnet man die Autorität der Bibel überhaupt [23].

Aufs Ganze gesehen ist jedoch die bogomilische Haltung gegenüber der Bibel in all ihren Wandlungen von den Katharern treu übernommen worden; daneben haben im Abendland im 12. Jahrhundert die evangelischen Bestrebungen der Zeit, im 13. Jahrhundert die katholischen Glaubenslehren verändernd eingewirkt. Die dualistischen Ansichten sind in diesem Punkt vom christlichen Denken abgebogen worden.

## 4. Der Engel Christus

Nirgends mußten Dualismus und Christentum weiter voneinander abweichen als in der Bewertung Jesu Christi. Er ist für die Katharer nicht der Sohn Gottes und Menschensohn, der Angelpunkt der Heilsgeschichte, er ist nur ein Engel; und seine Aufgabe zwischen dem Sündenfall der Engel und ihrer Rückkehr in den Himmel ist nicht bedeutender als sein Wesen, er ist nur Prediger, nicht Erlöser.

Das *Wesen* Christi, dessen Wandlungen in der katharischen Auffassung wir zuerst verfolgen, ist den ersten *Bogomilen* kein Problem; Christus ist kein Gott, Maria nur ein sündiges Weib, nicht die Gottesmutter. Ob dies bedeutet, daß Christus und Maria nur Menschen sind, oder aber, daß Christus ein himmlisches Wesen ist, das bleibt offen [1]. In Byzanz wird, vielleicht unter dem Druck der orthodoxen Theologie, die Christologie geschaffen. Die Radikalen erklären, daß Christus ein Engel sei, der im Gegensatz zu den gefallenen Engeln nicht mit der Sünde, das heißt mit dem Körper, in Berührung kam. Maria ist also nicht seine leibliche Mutter; sie ist ebenfalls ein Engel, durch dessen Ohr Christus einging in diese Welt, begabt mit einem Scheinleib ohne irdische Materie, menschlichen Schwächen fremd [2]. Die Gemäßigten nehmen diese Vorstellung auf; da aber nach ihrem Glauben Gott der Schöpfer der Materie ist, waren sie der Fleischwerdung Christi nicht ganz abgeneigt: Der Engel Christus ist nach ihrer Ansicht in Maria Mensch geworden, hat freilich den Leib bei seiner Himmelfahrt beiseite gelegt[3]. Nach den metaphysischen Glaubenssätzen der bogomilischen ‚Konfessionen‘ richtet sich ihr Christusbild.

Im *Abendland* haben 1022 die Ketzer von Orléans, ähnlich wie die Bogomilen, Christi Göttlichkeit und seine Menschlichkeit geleugnet, während in Monteforte kurz danach Christus als Menschenseele betrachtet wird[4]. Und doch sind die Gründe dieser Vorstellungen nicht rein bogomilisch[5].

Bei den Katharern sind die bogomilischen Gedanken wieder voll aufgegriffen worden. Die Gemäßigten meinen, Christus habe auf Erden Fleisch angenommen und diesen irdischen Leib bei seiner Himmelfahrt zurückgelassen. Die Radikalen sagen, Christus habe nur ein *corpus phantasticum* besessen, „wie ein Zauberer ein Ding erscheinen läßt, das gar nicht wirklich vorhanden ist"; und auch Maria sei ein Engel; bisweilen, da man sich nur männliche Engel denken kann, nennt man diesen Engel *Marinus*. Auch er hat, wie Christus, seinen Leib oder das, was dafür scheint, aus dem Himmel mitgebracht und wieder dorthin zurückgeführt[6].

Auch hier verändern die *Fragen* des Abendlandes schnell das einheitliche Bild zu einem Gewirr der Meinungen. Vielleicht, so sagen einige Radikale, war Christus nur ein Mensch, von irdischen Eltern geboren, an dem nichts Göttliches war; auch andere denken sich Christus gerne nur in einer, in seiner Engels-Natur[7]. Aber das katholische Beispiel reizt zur Nachahmung. Christus, der *angelus incarnatus*, besaß vielleicht doch zugleich Irdisches und Überirdisches, eine himmlische Seele und einen sterblichen Körper, oder gar zwei Geister, einen guten und einen bösen – denn warum kam er auf die Erde, wenn er nicht auch gesündigt hat? Er hat gesündigt wie alle anderen Engel, sagen andere, zumindest konnte er sündigen[8]. Vielleicht mußte man auch zwei Christi annehmen: der irdische Christus, der in Jerusalem am Kreuze starb, war wohl böse, und jene Maria Magdalena, die Ehebrecherin, die er in Schutz nahm, war in Wahrheit seine eigene Konkubine; der wahre Christus, der nicht aß und trank, ist in einer anderen, unsichtbaren Welt geboren und gekreuzigt worden und auf unserer Erde nur *spiritualiter*, etwa im Körper des Paulus, erschienen[9]. Die Verquickung des Irdischen und des Überirdischen, die im katharischen Denken zugleich eine Verschmelzung von Böse und Gut bedeutete, ist um 1230 endlich in einem christlicheren Sinne auch für Christus vollzogen worden; eben als die Gemäßigten begannen, ihn als wahren Gott anzusehen, haben sie auch seine wahre Menschennatur begriffen: Desiderius hat damals gepredigt, Christus sei Gott und Mensch, mit Gottvater wesenseins und doch mit einem Leib aus der Masse Adams versehen. Nur daran, daß dieser Leib bei Christi Himmelfahrt zurückgeblieben sei, verriet die neue Lehre noch ihr katharisches Gepräge[10]. Auch die Radikalen sprechen jetzt von Christi Auferstehung und neigen sich auch der katholischen Auffassung Mariens zu, wenn sie meinen, Maria sei zwar ein irdisches Weib gewesen, aber ohne Begattung geboren[11]. So hat schließlich die Frage nach dem Wesen Christi, die den ersten Bogomilen noch unwichtig war, noch vor 1250 mit einer christlichen Antwort geendet; der Dualismus hat hier nahezu kampflos kapituliert.

Anders in der zweiten Frage um Christus: Was war seine *Aufgabe* auf Erden? Die ersten *Bogomilen* haben davon noch keine deutliche Vorstellung; nur eines ist ihnen schon klar: Christi Kreuzestod war sinnlos, eine Niederlage vor Satan, ein Ärgernis[12]. In Byzanz, wo Christus neben die gefallenen Engel gestellt wurde, sieht man auch seine Aufgabe nur darin, seinen gefallenen Brüdern den Weg zur Rückkehr zu öffnen: er belehrt sie über ihren himmlischen Ursprung, den sie in der Gefangenschaft Satans vergessen hatten; er begründet die Gemeinschaft der Heiligen, an der teilzuhaben der einzige Weg der Rückkehr zum Himmel ist[13].

Erst die *Katharer* führen diese Gedanken weiter aus. Auch sie sind davon überzeugt, daß Christus zur Rettung der gefallenen Engel auf die Erde gesandt ist, und zwar ausschließlich zu ihnen; nur die verlorenen Schafe des Hauses Israel, die Engel des Himmels also, soll Christus heimholen. Er tut das durch die Predigt[14]. Die Gemäßigten hielten allerdings auch die Wunder, die Christus auf Erden wirkte, für wirklich; doch die Radikalen sahen in diesen Zauberkunststückchen mit der Materie nur verächtliches Blendwerk. Alle Wunder, die Christus tat, sind im Grunde geistlich, Wunder der Erweckung[15].

Aber warum ist Christus auf die Erde geschickt worden? Er ist auch ein Engel, er hat nach einigen Meinungen auch gesündigt; er muß auf Erden für seine eigene Sünde Buße tun und außerdem seine gefallenen Brüder retten[16]. Der schreckliche Tod am Kreuz war ihm vorherbestimmt, doch dieses Opfer hat für die Erlösung nichts genutzt. Das Kreuzesopfer wird zu einem mythologischen Ereignis entwertet: Während Christus so auf Erden starb, endete Satan im Himmel auf die gleiche Weise. Andere dehnten die Zwischenwelt-Theorie des Johann von Lugio weiter aus und hielten dafür, daß Christus in jedem der sieben Himmel einmal am Kreuze habe sterben müssen[17]. Die Radikalen wollten die Kreuzigung auf Erden nicht ernst nehmen: Christus konnte am Kreuze gar nicht leiden und nicht sterben, da er keinen irdischen Leib besaß[18]. Und die Gemäßigten, die Christus einen wirklichen Menschenleib zubilligten, konnten es nicht glauben, daß Gott am Kreuze hängt, und vermuteten, an Christi Statt sei ein Räuber oder ein Teufel gekreuzigt worden[19]. Desiderius bejaht zwar die wahrhafte Passion des Gottessohnes[20], aber damit ist er nicht durchgedrungen; für die spätesten Katharer wie für die ersten Bogomilen bleibt die Passion eine Illusion[21]. Christus ist ihnen nur ein ‚Prophet‘, ein Erwecker und Lehrer, kein Erlöser; denn er ist nur ein Engel, *non maior omnibus*; jede gefallene Seele ist seinesgleichen[22].

Hier also hat das dualistische Denken über die Christologie des Abendlandes gesiegt. Der Grund dafür liegt auf der Hand: Das Wesen Christi ging den einzelnen Katharer wenig an; ob er Gott, Engel oder Mensch war, blieb den Bogomilen wie ihren Erben im Grunde gleichgültig, und so mochte sich die christliche Anschauung dort durchsetzen. Aber Christi Aufgabe betraf die Engelseelen, also jeden Katharer unmittelbar, und hier war das Bollwerk des Dualismus; Christi stellvertretender Sieg über den Tod der Sünde durch den Tod am Kreuz ist im katharischen Glauben jedem reinen Menschen möglich.

## 5. Erlösung und Ende

Der Katharer lebt auf Erden, um Buße zu tun für seine Sünde, für den Abfall von Gott, den er vor Beginn der Zeit als Engel vollzogen hat. Wenn dieses Menschenleben vorüber ist, wird der Katharer endlich wieder in seine himmlische Heimat zurückkehren und das irdische Jammertal für immer hinter sich lassen. War der Engelfall der Ausgangspunkt des katharischen Denkens, so ist die Rückkehr zum Himmel und die Befreiung von der Welt der Zielpunkt aller Wünsche. Um die Vollendung der irdischen Buße und um die Heimkehr ins Jenseits kreisen die meisten und die leidenschaftlichsten Gedanken der katharischen Theologen.

Von den ersten Bogomilen hören wir nichts darüber, wie sie sich die *Buße auf Erden* vorstellten, wie sie ihre eigenen Seelen mit den vor aller Zeit gefallenen Engeln verknüpften. Nur daß sie sich als diese Engel betrachteten, können wir annehmen [1]. In Byzanz wird die *bogomilische* und katharische Lehre auch hierin geprägt. Wieder trennen sich die beiden Gemeinden in ihren Ansichten. Die ältere, gemäßigte Richtung nimmt an, daß wir alle von jenem Engel Adam abstammen, der in der Zeit der Schöpfung dem Satan in die Hände fiel; dem Leib und der Seele nach ist unsere Substanz von ihm ererbt; „wie eine Kerze an der anderen angezündet wird", so wird der Geist vom Geist, der Leib vom Leib geboren [2]. Die Radikalen können dieser Übertragung von Leib und Seele nicht zustimmen: der Leib, die böse Materie, kann nicht in gleicher Art wie die himmlische Seele auf uns gekommen sein. Vielmehr muß der einzelne, ohne alle Zwischenglieder der Zeugung, aufs engste mit der Seele der gefallenen Engel verwandt sein, und da nach radikaler Meinung damals viele, viele Engel gefallen sind, heißt die radikale Lehre wohl schon in Byzanz: Meine Seele ist die Seele eines gefallenen Engels, die seither schon durch viele Körper wie durch wechselnde Käfige hindurchgewandert ist [3]. Einmütig glauben alle Parteien, daß durch den Eintritt in die Sekte die Buße vollendet und das Erdendasein der Engelseele beendet werden kann [4].

Die *abendländischen* Ketzer des 11. und 12. Jahrhunderts zeigen keine Gedanken dieser Art. Wieder sind es erst die Katharer, die die bogomilischen Sätze aufnehmen und weiterführen. Die Gemäßigten denken sich die Zeugung des Geistes vom Geiste und des Leibes vom Leibe bis zum Ende der Welt fortgesetzt; nur die ‚Vollendeten' brauchen nicht mehr weiterzuwandern; ihre Seelen erwarten – und das ist eine abendländische Vorstellung – in einem Vorparadies den Jüngsten Tag, der über Gute und Böse entscheiden wird [5]. Nach radikaler Meinung fliegt die befreite Seele des ‚Vollendeten' sofort in den Himmel; nur der nicht Vollendete muß wandern, bis er Buße getan hat, also bis er ein katharischer ‚Vollendeter' geworden ist [6].

Alsbald werden diese Grundgedanken von phantastischen Bildern umrankt; besonders die Radikalen schmücken ihre Lehre aus. Der sonst den Katharern fehlende Lohn- und Strafgedanke, der in der christlichen Volkslogik eine große Rolle spielt, bemächtigt sich des Glaubens von der Seelenwanderung. In welchen Leib die Seele in ihrem nächsten Dasein eintreten wird, das hängt von ihrem jetzigen Wohlverhalten ab; der Gute wird das nächste Mal ein König oder Fürst sein, der Böse wird zum Pferd, zum Rind, zum Esel oder gar zur Schlange werden [7]. Ein Armer erfährt voll Freude, daß er im letzten Leben ein mächtiger König war; ein ‚Vollendeter' berichtet seinen Gläubigen von seinem früheren Dasein als Pferd – sogar das Hufeisen, das er damals an einer bestimmten Stelle verlor, finden die hocherfreuten Gläubigen verrostet wieder [8].

Aber, so *fragen* andere, kann denn die Seele auch durch Tiere wandern? Ist sie nicht an das warme Blut gebunden [9]? Immer genauer wissen die Katharer darüber Bescheid; jede halbwegs passende Bibelstelle wird dazu herangezogen. Vor allem: Wie lange muß die Engelseele wohl noch wandern? Manche meinen, wenn sie in einem Körper nicht Buße tue, werde sie gewiß im nächsten das Ziel erreichen, zumal wenn man in diesem Leben schon ein gläubiger Freund der katharischen ‚Vollendeten' ist [10]. Andere dehnen die Frist länger: durch sieben oder neun, durch acht oder sechzehn, durch zweiunddreißig, ja durch mehr als hundert Körper ist manche Seele schon gewandert [11]. Warum fliegen die geplagten Seelen immer wieder in neue Körper? Luftteufel erwarten sie, sobald sie aus einem Toten herausschlüpfen, und quälen sie so, daß sie eiligst im nächsten freiwerdenden Leib Deckung suchen; und wenn eine Seele dabei in starkem Regen von Valencia bis Foix laufen müßte, keine drei Tropfen träfen sie[12]! Solche Lufteufel sind nach anderen auch die Peiniger einer besonderen Klasse von gefallenen Engeln, die nicht in Körper eingeschlossen, sondern in der Luft gefoltert werden[13].

Doch werden denn wirklich alle gefallenen Engel auch gerettet werden? Die Radikalen bejahen diese Frage durchweg; die Gemäßigten haben Bedenken und neigen dazu, die Zahl der Anwärter auf den Himmel klein zu halten[14]. Sie nähern sich dabei bisweilen katholischen Anschauungen; aber dieser ganze Bereich der Seelenwanderung ist dem christlichen Denken so fremd, daß die wuchernde Phantasie der Katharer bis zum Ende kaum gestört wird und sich nur mit einigen Verschnörkelungen aus dem Volksdenken bereichert.

Nicht sehr viel anders steht es mit dem zweiten großen Gedankenkomplex, der eigentlichen Eschatologie. Die ersten Bogomilen haben wohl über ihre *Rückkehr zum Himmel* nachgedacht; aber bestimmte Ideen sind uns nicht überliefert[15]. In *Byzanz* ändert sich dieses Bild ein wenig. Die Gemäßigten, die eine Kette der Geburten bis zum Jüngsten Tag annehmen, glauben, daß dann ein Jüngstes Gericht stattfinden werde, das über alle Seelen entscheide; danach werde die Erde verbrannt[16]. Die Radikalen brauchen kein Ende; mit dem Tode des in die Sekte Eingetretenen ist alles entschieden; was mit der bösen Welt und ihren sonstigen, teuflischen Bewohnern geschieht, ist ihnen gleichgültig[17]. Eine Auferstehung des Fleisches ist für beide Auffassungen undenkbar[18].

Im *Abendland* haben die Ketzer von Orléans und Monteforte im 11. Jahrhundert geglaubt, sie würden gleich nach ihrem Tode in die Fülle der himmlischen Glorie eingehen. Die Massenbewegungen des 12. Jahrhunderts haben dann in dem Glauben, jeder Mensch müsse seine eigene Schuld ganz bezahlen, die Vorstellung eines Fegefeuers abgelehnt; sofort nach dem Tode werde der endgültige Spruch über den Menschen gefällt[19].

Die *Katharer* haben hier ein doppeltes Erbe zu übernehmen; sie schließen sich zunächst den abendländischen Massenbewegungen insofern an, als sie das Fegefeuer leugnen und an einen sofortigen Gerichtsspruch nach dem Tode glauben[20]. Aber bald gewinnen wieder die bogomilischen Lehren die Oberhand. Die Auferstehung des Fleisches ist allen Katharern stets als widersinnig erschienen. „Der Leib", sagt ein Katharer, der einen Stock zerbricht, „steht sowenig wieder auf wie dieser Stock"[21]. Der Gedanke vom Fegefeuer dringt vom katholischen Volksdenken her bei den Katharern des 14. Jahrhunderts ein; der ,Vollendete' wird nach seinem Tode ganz schnell durch dieses Feuer hindurchfliegen; es ist neunmal so heiß wie irdisches Feuer[22]. Von achtzehn Engeln wird der ,Vollendete' bei seinem Triumphzug zum Himmel geleitet werden; in jedem der sieben Himmel wird er einen Tag verweilen[23]. Der katharische Himmel kennt grüne Weiden und Wiesen, Singvögel und weder Durst und Hunger noch Hitze und Kälte; *temperies magna* herrscht in ihm. Es ist ein Himmel der Südländer; am Ende ist es auch ein Himmel der Bauern: Ochsen und Rinder pflügen dort oben[24].

Dort werden die ,Vollendeten' die Kronen und Kleider wieder anlegen, die sie bei ihrem Fall zurückließen; sie werden ihre Throne wieder besteigen, und alles wird sein, wie es vor dem Beginn der Geschichte war[25]. Was aus unserer Erde werden wird, kümmert die Katharer wenig. Meist gilt sie ihnen als die künftige Hölle, „das Paradies der Dummen"[26]. Die Gemäßigten glauben noch an ein Ende mit Schrecken: nach dem Jüngsten Gericht wandern die Bösen zur Hölle, die Erde wird verbrannt; oder aber die Erde selber wird zur Feuerhölle ausgebaut werden; vielleicht zerfällt sie auch wieder in das göttliche Chaos ihrer Elemente[27]. Die Radikalen meinen dagegen, nachdem die Zahl der Heimkehrenden erfüllt sei, werde sich auf der Welt nichts mehr ändern; die Bösen werden in einem ewigen, sinnlosen Kreislauf durch immer neue Körper wandern; das wird die Hölle sein. Vielleicht werden später, „auch einmal", von ihnen die meisten noch in den Himmel zugelassen; nur Judas, die Juden und die Bösesten unter den Bösen werden für immer in der Hölle wohnen[28].

130

Im ganzen ist also auch der Gedankenkreis um die letzten Geschicke der Welt kaum weniger einheitlich vom Bogomilismus geformt als der um die Buße der Engelseele. Beide Probleme haben freilich erst die letzten Katharer, in der Zeit nach 1250, voll erfaßt, in dem gleichen Maße, wie sich die katharische Sekte aus den Anliegen dieser Welt in eine spiritualistische und zugleich volkstümliche Geistigkeit zurückzog. So hat denn auch die Volksphantasie mehr als die katholische Theologie auf die Gedanken um Erlösung und Ende eingewirkt, wenn auch nur ausschmückend, nicht umstürzend.

Wir können nun zusammenfassend die historische Struktur der katharischen Lehre ungefähr überschauen. Die Grundlage des katharischen Glaubens ist überall bogomilisch; der Kerngedanke, der Gegensatz von Seele und Welt, ist von den ersten Bogomilen bis zu den letzten Katharern zäh festgehalten worden. Seine Übersteigerung ins Metaphysische, die katharische Gotteslehre, ist von den byzantinischen Bogomilen begonnen und von den Katharern durchgehalten worden, allerdings schon mit einigen Zugeständnissen an das abendländische Denken. Auch die von den byzantinischen Bogomilen geschaffene Bibellehre ist, noch stärker als die Gotteslehre, durch die abendländischen religiösen Mächte abgewandelt worden. Die Christologie der Katharer, auch sie ein bogomilisches Erbe, ist zum Teil schon vor 1250 im christlichen Sinne umgebogen worden. Dagegen hat sich die erst spät bei den Bogomilen ausgebildete Eschatologie, die auch bei den Katharern erst nach 1250 ihre Blütezeit erreicht, vom katholischen Denken freigehalten und ist nur dem abendländischen Volksdenken in manchem verpflichtet.

Aufs Ganze gesehen hat sich die katharische Lehre also gemäß ihren historischen Schicksalen gewandelt und aus ihrer jeweiligen Umwelt Anregungen in sich aufgenommen. Aber ihre Entwicklung verlief dennoch recht organisch; die Verlagerung der Schwerpunkte ist in nahezu logischer Abfolge vor sich gegangen, und der bogomilische Kern hat sich auch gegenüber den Fragen des abendländischen Denkens trotz aller Einbußen unzerstört erhalten.

Sehr viel anders als der katharischen Dogmatik ist es der praktischen Theologie der Sekte ergangen, die wir nun zu betrachten haben.

## 6. Die Moral

Die religiöse Gesinnung der Katharer und ihre Verwirklichung in der Welt ist in allem Wesentlichen vom bogomilischen Dogma geprägt und darin immer dieselbe geblieben. Die abendländischen Kräfte haben jedoch diese einheitliche Ethik sehr bald abgewandelt; vor allem die Massenbewegungen des 12. Jahrhunderts und die katholische Kirche, die den Katharern vorangingen und Vorbild waren, haben in die katharische Praxis Widersprüche hineingetragen, deren die Katharer nicht mehr Herr geworden sind. Wir werden also im folgenden erneut dem Widerspiel von Bogomilen und Abendland begegnen und diesmal den zweiten dieser Faktoren deutlicher beobachten können als in der Entwicklung des Lehrbestandes.

Sehr handgreiflich sind die beiden Kräfte auf dem Gebiet der katharischen Moral aufeinandergestoßen[1].

Die bogomilische *Sittenlehre* und die ihr ganz ähnliche katharische Moraltheorie kennen den Begriff des moralisch Bösen, der *Sünde*, eigentlich nicht. Es kann für den ‚Vollendeten‘, der seine Seele als die gefallene Engelseele erkannt hat, nur eine einzige Sünde geben, den Abfall der Engel von Gott. Die Gemäßigten gestehen zu, daß dieser Abfall ein Akt des freien Willens war, die Radikalen leugnen selbst dies. Alles spätere Tun und Lassen ist jedoch nach einhelliger Meinung aller nur die notwendige Folge jener ‚Erbsünde‘[2]. Wenn man sich daneben überhaupt mit dem Begriff einer aktuellen Sünde einläßt, nennt man sie „eine selbständige Substanz oder einen Geist, der den Menschen das böse Tun eingibt"[3]; sie ist also nicht etwas subjektiv vom menschlichen Willen Bewirktes, sondern der Satan selbst, eine feststehende Macht der Kosmologie; Sünde ist die Unterwerfung unter die Welt; das „Prinzip der Weltenthaltung" ist das einzige Moralgebot[4].

Wer sich der Welt nicht unterwirft, zeigt damit, daß er nicht aus ihr und nicht aus dem Satan ist. Durch die Sündlosigkeit erweist sich der Mensch als Engel; wer sündigt, ist eben dadurch schon gerichtet. Es gibt also keine läßliche Sünde; jede Sünde ist Todsünde[5]. Ebenso trennen sich die Menschen in zwei Gruppen ohne jeglichen Übergang; man ist entweder ein Engel oder ein Teufel. Beide Gruppen kennen keine Gradunterschiede; jeder Gute hat die Belohnung Christi und des Apostelfürsten, jeder Böse die Strafe des Judas zu erwarten[6].

Der freie *Wille* ist hier fehl am Platze: mit dem besten Willen tut der Böse das Böse[7]. Reue ist sinnlos; Gnade ist dasselbe wie Prädestination[8]. Das sichtbare Tun des einzelnen zeigt an, ob er auserwählt ist; darum glaubt man an die Werke; wer das Gute nicht tut, hat es nicht in sich[9].

Diese im wesentlichen wohl in der byzantinischen Epoche der Bogomilen abgeschlossene Sittenlehre ist ganz auf das bogomilische Dogma, auf den Gegensatz von Seele und Welt, von Teufel und Gott, abgestimmt, und Radikale wie Gemäßigte sind sich in den Hauptpunkten darüber einig. Aber im Abendland lockert sich das Gefüge zusehends auf. Die bogomilischen Sätze werden bis zum Ende weiter geglaubt, doch unter diese Schicht schiebt sich, selbst in der Theorie, das *Christliche*. Bald hören wir davon, daß die Werke nicht den Gnadenstand anzeigen, vielmehr ganz eitel sind: die katharische Ablehnung der Welt hat sich also mit der Innerlichkeit der evangelischen Massenbewegungen verbunden[10]. Später folgt man der katholischen Formel *fide et opere* nach[11]. Noch im 12. Jahrhundert erkennt man an, daß zwischen Guten und Bösen doch Übergänge möglich sind; später glaubt man, daß jeder nicht nach seiner Prädestination, sondern nach seinem persönlichen Verdienst belohnt werde[12]. Endlich gibt man zu, daß die Seele des gefallenen Engels auch in diesem gegenwärtigen Leben sündigen kann, daß sie diese Sünden bereuen und für sie Buße tun soll[13]. Freilich sind diese Zugeständnisse in der Theorie nur widerwillig gemacht worden, und die meisten Katharer sind bei den alten schroffen Sätzen geblieben, die das religiöse Verhalten bis an die Grenze der Selbstvergottung des Menschen objektivierten.

Was die Sittenlehre nur widerstrebend in sich aufnahm, war aber in der *praktischen Sittlichkeit* längst schon unumgängliche Notwendigkeit geworden. Die bogomilische Gemeinde war wohl noch in Byzanz eine erlesene Elite von Sündlosen; ihre katharischen Nachfahren haben im Abendland auch das Erbe der Massenbewegungen übernommen und waren schon dadurch gezwungen, auf die Bedürfnisse der Masse einzugehen. Das Problem konnte durch eine strenge Teilung zwischen Auserwählten und Anhängern gelöst werden, ohne daß die Verkirchlichung der Sekte die notwendige Folge war. Aber gerade die *Verkirchlichung* ist seit der Mission des Niketas von 1167 der Hauptzug der katharischen Entwicklung. Sobald die diesseitige Kirche über die spirituelle Gemeinschaft der Heiligen siegte, war das Prinzip der Weltenthaltung und Sündlosigkeit gefährdet; dann mußten an seinen Platz der rechte Glaube, das Amt und das Sakrament treten [14].

Diese Wendung erfolgte zwischen 1167 und 1190, nach dem Zeitpunkt, an dem eine bogomilische Parteimeinung noch für falsch galt, weil ihr Bischof kein reines Leben führte, und vor dem Augenblick, an dem die gemäßigten Katharer Italiens als ihren Bischof den Glaubensbruder Garattus erwählten, obwohl er zuvor die schlimmste Unterwerfung unter die Welt Satans begangen hatte [15]. An die Stelle der absoluten Sündlosigkeit tritt nun das reinigende *Sakrament;* der Eintritt in die Sekte darf von nun an wiederholt werden; man kann jetzt mehrmals vom Teufel zum heiligen Engel werden und umgekehrt. Der ‚Vollendete‘ vermag also doch zu sündigen; man muß Gebote für ihn aufstellen und ein eigenes Bußsakrament mit genau abgestuften Sühneleistungen einführen [16].

Dennoch erhält sich daneben die bogomilische Tradition weiter. Alle Amtshandlungen eines katharischen Würdenträgers sind ungültig, sobald er sündigt; denn seine Sünde erweist, daß er kein Engel war. Also fallen auch katharische Märtyrer aus dem Himmel, sobald der ‚Vollendete‘ sündigt, der sie in die Sekte aufgenommen hatte [17]. Der ‚Vollendete‘ freilich läßt sich noch einmal aufnehmen und ist nun wieder der makellose Engel. Dieses absurde Ineinander von bedingungsloser Reinheit und sakramentaler Sündenvergebung hat nur deshalb nicht zu völliger Auflösung aller Ordnungen geführt, weil die überwiegende Mehrheit der ‚Vollendeten‘ bis ins 14. Jahrhundert hinein mit verschwindenden Ausnahmen ein vorbildliches Leben geführt hat und nicht von der strengen Sittlichkeit der ersten Bogomilen abgewichen ist[18]. Die abendländische Forderung nach einem vorbildlichen Leben hat den Übergang von der Gemeinde der Heiligen zur Amtskirche ohne schwere Folgen bleiben lassen. Der einzige grundsätzliche Versuch, die erstere ganz durch die letztere zu verdrängen, ist von allen Katharern zurückgewiesen worden[19].

Nicht so leicht konnte der Übergang zur Massenkirche gelingen, wenn man nicht nur die ‚Vollendeten‘, sondern auch die ‚*Gläubigen*‘ in sie hineinziehen wollte. Diese *Credentes* sollten eigentlich den Nachwuchs stellen und selbst so bald wie möglich ‚Vollendete‘ werden; noch bei den byzantinischen Bogomilen mochte das weithin der Fall gewesen sein. Im Abendland ist aber die Schar der Mitläufer unübersehbar gewachsen. Die ‚Gläubigen‘ wollten jetzt nicht mehr wie früher – und wie in der Theorie immer noch – durch ein reines Leben während einer langen Probezeit erweisen, daß auch sie Engel waren und zu Recht in die Reihen der ‚Vollendeten‘ aufgenommen werden konnten. Denn sobald die Aufnahme in die Sekte nicht mehr die letzte Bestätigung für die lange geübte Sündlosigkeit brachte, sondern zum Sakrament wurde und die Sündlosigkeit erst bewirkte, war es unnötig geworden, als ‚Gläubiger‘ den Lebenswandel eines Engels zu führen; und es war nur allzu bequem für den Anwärter, so zu leben, daß es ihn nicht reuen würde, dereinst mit der sakramentalen Sündloserklärung das Leben abzuschließen. Die ‚Gläubigen‘ waren nun freilich nicht alle öffentliche Sünder; aber die neue Verbindung von Sakrament und persönlicher Heiligkeit reizte zweifellos zu Ausschweifungen an[20].

Die ‚Vollendeten‘ haben diese Entwicklung nicht gefördert, aber auch nicht aufgehalten. Vielmehr haben sie sich in die Rolle der mahnenden Seelsorger schlecht und recht hineingefunden, ohne darüber zu vergessen, daß alle ihre Anhänger im Grunde noch *in gubernatione diaboli* standen, also noch nicht zur Kirche der Reinen gehörten[21].

Die konsequente Reinheit der ‚Vollendeten' mag den Katharismus ebenso verlockend und zugkräftig gemacht haben wie die unbegrenzte Freiheit der Gläubigen; trotzdem ist auf dem Gebiet der Sittlichkeit die Vereinigung von Theorie und Praxis, die organische Verbindung zwischen dem hohen Vorbild der wenigen und der schuldbewußten Schwäche der vielen nicht gelungen. Aus der bogomilischen Elite der Heiligen ist durch Nachwirkung der Massenbewegungen und in Nachahmung der katholischen Kirche zwar eine Massensekte geworden, aber keine Kirche für alle.

### 7. Gebote und Gebräuche

Aus der katharischen Sittenlehre und Sittlichkeit ergeben sich die einzelnen praktischen Gebote und Gebräuche fast zwangsläufig. Sie sind jedoch, vielleicht noch stärker als jene, in sich widerspruchsvoll und zeigen uns die Überlagerung von mehreren Schichten, der bogomilischen Weltentsagung, der religiösen Innerlichkeit der Massenbewegungen und der Verkirchlichung, die in diesem Fall mit der Verweltlichung einhergeht.

Die *bogomilische Weltenthaltung*, die auch hier das Fundament für alle späteren Überbauten ist, kennt nur eine Sünde, die Unterwerfung unter die Welt, und das heißt unter das Fleisch. Geschlechtsverkehr und Fleischgenuß bedeuten die Ergebung in die Welt; Zölibat und Fasten sind also die ersten Forderungen, die an den Katharer gestellt werden.

Der *Geschlechtsverkehr* – auch der eheliche – galt schon den ersten Bogomilen als ein Teufelsgebot; wenn daraus Kinder entsprangen, wurden damit dem Satan nur neue Untertanen geboren; im Leib der schwangeren Frau wohnte der Teufel selbst [1]. Nicht mönchische, fromme Askese, sondern grundsätzliche Verachtung der Welt gebietet das Zölibat. Es ist auch den Ketzern des 11. Jahrhunderts im Abendland vertraut, aber hier nicht mit der Verdammung der Ehe verbunden, sondern von dem christlichen Ideal der Jungfräulichkeit bestimmt [2]. Die abendländischen Reformbewegungen des frühen 12. Jahrhunderts lehnen zumeist die

Ehe nicht ab, ja, sie fordern sogar auch von den Geistlichen die Heirat; sie soll jedoch – und das glauben für kurze Zeit auch die ersten Katharer – nur zwischen Unberührten und nur zur Zeugung von Nachkommen gestattet sein[3].

Die Katharer kehren indes sogleich wieder zu den bogomilischen Lehren zurück und widersagen jeglichem Geschlechtsverkehr radikal. Dabei machen sie keinen Unterschied, jede sexuelle Betätigung ist Sünde; jede Ehe ist Hurerei, *jurata fornicatio,* und noch schlimmer als diese, weil sie in der Öffentlichkeit geschieht[4]. Damit werden Ehe, Blutschande und jegliche Art der Perversion auf dieselbe Stufe gestellt. Die Fortpflanzung ist kein geringeres Verbrechen als die Wollust; schwangere Frauen sind von den Katharern auch in Todesnot nicht in die Sekte zugelassen worden[5]. Ja, das Weib an sich, das schon den Bogomilen als dem Manne unterlegen galt, wird als das schlechthin Böse ängstlich gemieden; jede Berührung, und sei es bei der feierlichen Handauflegung im katharischen Gottesdienst, ist sündhaft und muß schwer gesühnt werden[6].

Reaktionen auf diese unbedingte Ablehnung blieben nicht aus. So mußten vor allem die ‚Gläubigen‘ aus der Verwerfung jeder Art von Sexualität für sich das Privileg entnehmen, solange sie noch nicht den strengen Gesetzen der katharischen Moral unterstanden, sei jede Perversion gleich böse, für sie also gleich erlaubt[7]. Der Versuch des katharischen Bischofs Philipp, die Ansicht, unterhalb des Nabels gebe es keine Sünde, auch in die Ethik der Vollendeten einzuführen, mußte scheitern; aber in der Gläubigenethik war dieser Satz nur allzu verführerisch[8]. Die Verachtung der Ehe und auch der Kinder ist in späterer Zeit abgemildert worden, um so mehr, je deutlicher sich eine feste katharische Organisation herausbildete[9]. Vollends der radikale Frauenhaß war von Anfang an undurchführbar, da die Frauen stets die treuesten und die tapfersten Anhänger der ‚Vollendeten‘ waren und blieben. So erklärte man denn auch, den Unterschied von Mann und Frau habe Satan geschaffen, er dürfe also in der Kirche der Reinen nicht gelten. Wir kennen viele weibliche ‚Vollendete‘, die wenigstens in der Theorie ihren männlichen Genossen gleichgestellt waren[10]. So hat nicht nur die Bequemlichkeit der Masse, sondern auch die praktische

Verkirchlichung des Katharismus die bogomilischen Lehrsätze abgeschwächt, jedoch ohne sie überwinden zu können.

Das zweite Gebot der Weltenthaltung verlangt schon von den frühesten Bogomilen die Abstinenz von allen *Speisen,* die durch Zeugung entstanden sind, insbesondere vom Fleisch; doch ist auch der berauschende Wein verpönt[11]. Anscheinend in der byzantinischen Periode haben die Bogomilen dann von der orthodoxen Kirche das Laktizinienverbot der Fastenzeit übernommen und Käse, Milch und Eier vom Genuß ausgeschlossen[12]. Das Fleischverbot ist auch den Ketzern des 11. Jahrhunderts wohlbekannt und ein Bestandteil ihrer Askese; im 12. Jahrhundert hat es der ketzerische Reformer Heinrich als überflüssige Äußerlichkeit beseitigt[13].

Die Katharer haben die bogomilischen Verbote wieder eingehalten, nicht nur aus asketischen, sondern vornehmlich aus dogmatischen Gründen, nachdem sie in den ersten Anfängen den Anregungen der Massenbewegungen nachgegeben und auch das bogomilische Weinverbot nicht mehr aufgenommen hatten[14]. Die Praxis wird nun durch das Dogma gestützt; das Fleisch, das bei dem mythischen Kampf der abgefallenen Engel entstanden ist und in dem vielleicht unerlöste Menschenseelen ein tierisches Dasein abbüßen, darf nicht genossen werden[15]; Käse, Eier und Milch sind ebenso verwerflich, nicht dagegen Fische, die nach katharischer Auslegung nicht aus der Zeugung, sondern aus dem Wasser hervorgehen[16]. Fische und Wein werden indes ebenfalls gemieden an den besonderen Fasttagen, die Bogomilen und Katharer in Anlehnung an christliche Fastensitten am Montag, Mittwoch und Freitag jeder Woche abhalten; hier nähren sie sich zur Abtötung des Fleisches nur von Wasser und Brot[17].

Doch auch diese Einschränkungen sind den Ketzern noch nicht genug, und sie haben von der katholischen Umwelt alte Gebräuche entlehnt, die die großen Kirchenfeste des Jahres mit Fasten einleiten[18]: Die Katharer pflegen drei jährliche Fastenzeiten, vor Weihnachten, vor Ostern und nach Pfingsten; in der ersten und letzten Woche dieser je etwa sechswöchigen Zeiten genießen sie nur Wasser und Brot, in den übrigen Wochen tun sie es dreimal wöchentlich[19].

Wir erkennen, wie mitten in den Kerngeboten der bogomilischen Ethik sich abendländisches Gut festsetzt, das eine Mal ab-
schwächend, das andere Mal verstärkend. Nun gibt es aber
daneben noch einige Gebote, die den Bogomilen zum Teil ganz
unbekannt waren, zum anderen Teil nicht als wichtig erschienen,
die jedoch bei den Katharern strenge Verpflichtungen geworden
sind. Sie sind dem Katharismus von den *ketzerischen Reformbe-*
*wegungen* des frühen 12. Jahrhunderts mitgegeben worden: die
Verbote des Schwörens und des Tötens.

Der *Eid* ist bei den Bogomilen zu Beginn noch gebräuchlich gewesen und erst später verboten worden. Im Abendland hat man
jedoch vermutlich schon früh unter Berufung auf Mt 5,34 und
Jak 5,12 die Eidesleistung als bedenklich erklärt[20]. Die Katharer
haben sich diese Ansicht zu eigen gemacht und stets beibehalten[21]. Ja, sie haben das Eidverbot sogar mit ihrer Lehre verbunden:
Es war Satan, der Gott des Alten Testamentes, der den Eid erfunden hat; der Eid an sich ist also böse, gleichgültig, ob der Inhalt des
Schwures der Wahrheit entspricht oder nicht[22].

Die Kehrseite dieser Einstellung ist dieselbe wie in der Frage des
sexuellen Verhaltens. Die Gläubigen sind an sich böse, dürfen
also schwören; aber sie entnehmen den katharischen Predigten,
daß es auf die Wahrheit des Schwures nicht ankommt[23]. Auf die
Dauer konnte die Untergrabung des Gemeinschaftslebens durch
Eidverweigerung oder Meineid nicht aufrechterhalten werden; sobald sich die katharische Kirche konstituiert, fordert sie ihren Anhängern und auch ihren ,Vollendeten' bindende Versprechen ab,
die sich nur dem Namen nach von Eiden unterscheiden[24].

Das zweite Verbot dieser Art, die Absolutsetzung des fünften
Gebotes „Du sollst nicht *töten*", ist den Bogomilen in dieser
Schärfe unbekannt. Die Vorschrift ist zuerst um 1043 in Châlons
aufgetaucht und seither ein Anliegen der meisten Reformbewegungen außerhalb der katholischen Kirche geblieben[25]. Von ihnen haben sie die Katharer entlehnt. Sie verbinden das Verbot
alsbald wieder mit ihrem Dogma und biegen es dadurch um: Man
darf, so sagen die radikalen Katharer, diejenigen Tiere nicht töten,
durch die etwa gefallene Engel wandern könnten, also Vierfüßler
und Vögel. Dagegen darf man Sechsfüßler, Fische und Flöhe ohne

weiteres beseitigen; sie sind Satanstiere. Erst recht nicht respek-
tiert man Schlangen, Mäuse, Kröten, Frösche und Eidechsen, die
unheimlichen Trabanten des Bösen[26]. Nicht die Heiligkeit des Lebens, sondern das katharische Dogma bestimmt und begrenzt die
Durchführung dieses Gebotes.

Menschen zu töten, ist natürlich erst recht verboten; selbst jede
Notwehr, die den Angreifer verletzt, ist dem Katharer untersagt[27].
Doch ist diese Vorschrift zugleich eine Waffe gegen die Obrigkeit.
Der Vollzug der Todesstrafe an Verbrechern, gar an Ketzern, ist in
katharischen Augen der reine Mord; der Gebrauch des Schwertes
zu Krieg und Kreuzzug ist Sünde[28]. Die Strafvollstreckung und
die Züchtigung der Frevler ist, so sagen die Katharer, Sache Gottes, nicht des Papstes oder Kaisers[29]. Auch dieses Gebot ist später
nicht immer durchführbar gewesen; im Albigenserkrieg haben
nicht die ‚Vollendeten‘ selbst, wohl aber die Gläubigen selbstver-
ständlich die Waffen ergriffen; und als der stille Kampf auf Leben
und Tod gegen die Inquisition begann, haben die Gläubigen mit
Wissen und Willen der ‚Vollendeten‘ Inquisitoren und Denun-
zianten umgebracht[30].

Die beiden von der europäischen religiösen Bewegung inspirier-
ten Gebote sind also zwar von den Katharern übernommen, aber
nach den Erfordernissen des katharischen Dogmas und der katharischen Kirche umgebogen worden. Nahezu ausschließlich von
*diesseitigen Bedürfnissen* sind zwei weitere katharische Gewohn-
heiten geprägt worden, die im geraden Gegensatz zur katholischen wie zur ketzerischen Reformethik stehen, die katharische
Einstellung zur Arbeit und zum Zins.

Die *Handarbeit* ist von den Bogomilen nach dem Muster der
kontemplativen Messalianer verachtet worden, da sie nur den
weltlichen Herren, nicht der Seele nützt. Anders in Europa, wo
von den Ketzern schon 1025 das Lob der Arbeit gesungen und
auch im 12. Jahrhundert immer wieder der katholischen Geistlichkeit vorgehalten wird, daß sie vom Schweiße anderer lebe[31].
Die ersten Katharer schlossen sich dieser Hochschätzung der
Handarbeit an und verdienten sich ihren Lebensunterhalt durch
eigene Anstrengung[32]. Zu einer Verwerfung der Arbeit wie bei
den Bogomilen ist es darum bei den Katharern nie gekommen;

aber die Verkirchlichung machte es bald nötig, daß die ‚Vollendeten‘ sich von den Spenden ihrer Gläubigen ernährten oder, wenn
sie überhaupt einen Beruf ausübten, Kaufleute wurden[33]. Erst die
wirtschaftliche Notlage zwang die letzten Vollendeten wieder zur
Handarbeit; aber jedermann weiß, daß sie meist *non multum
tun*[34]. Hier haben also gegen bogomilische und abendländische
Forderungen die diesseitigen Verhältnisse die Katharer geleitet.

Ebenso verhalten sich die Katharer zur Frage des Wuchers und
*Zinses*, die mit der Einschätzung der Handarbeit eng verknüpft
ist. Die katholische Kirche und die abendländischen Reformbewegungen sind sich darüber einig, daß niemand von seinem Gelde leben darf; seit 1139 verbieten immer neue Konzilsbeschlüsse das
Zinsnehmen, freilich ohne Erfolg; denn der beginnende Frühkapitalismus läßt sich durch religiöse Bedenken nicht entmutigen[35].
Die Katharer haben nun im Gegensatz dazu ihren Gläubigen das
Zinsnehmen erlaubt und es wahrscheinlich selbst geübt. Sie denken gelegentlich, vor allem in ihrer Spätzeit, daran, daß ja auch
der Zins vom bösen Gott des Alten Bundes erfunden wurde und
das Neue Testament ihn ausdrücklich verbietet; die letzten Katharer wissen sogar, daß der Zins von Pilatus entdeckt worden sei, der
nur 29 Silberlinge besaß und sich den fehlenden Judaslohn gegen
zwei Silberlinge borgte[36]. Doch in der Praxis treiben die ‚Vollendeten‘ in der Blütezeit ihrer Kirche einen schwunghaften Geld-
handel[37].

An sich ist es für die katharischen wie für alle katholischen und
ketzerischen Moralbegriffe sündhaft, unrecht erworbenes Gut
nicht zurückzugeben. Trotzdem wird dieses Gebot nicht eingehalten. Vor der Aufnahme in die Sekte braucht der Novize frühere
Diebstähle nicht wiedergutzumachen. Später verlangt man dann
allerdings von den ‚Gläubigen‘ strenge Loyalität, doch nur gegenüber den Glaubensgenossen, aus kirchlichen, nicht aus moralischen Gründen[38]. Wieder hat das Diesseits über alle religiösen
Forderungen den Sieg davongetragen.

Im ganzen schwankt also das katharische Verhalten im Leben zwischen mehreren Sehweisen hin und her: das älteste, das bogomilische Element überwiegt in den Grundgeboten der Weltenthaltung

bis zuletzt; die abendländische Armutsbewegung hat danach die katharische Einstellung zu Eid und Strafe für dauernd geprägt, während die Haltung der Katharer zu Arbeit und Zins, je länger je mehr, nur dem Nutzen ihrer Kirche und der Bequemlichkeit ihrer Gläubigen folgt. Eine organische Vereinigung solcher gegensätzlichen Verhaltensweisen ist den Katharern nicht geglückt.

## 8. Der Kult

Der katharische Kult ist nicht aus einem Guß. Zwar sind seine Grundgedanken bogomilisch: die Abkehr des Reinen von der Welt soll sich im dauernden Gebet und durch die Aufnahme in die Kirche der Sündlosen sinnfällig äußern. Dennoch haben sich vielerlei abendländische Riten um diesen bogomilischen Kern gelegt; neben der gemeinchristlichen Gebetstradition und der Aufnahmezeremonie, die manche katholischen Gebräuche auswertet, ist bald ein selbständiger und wahrscheinlich abendländischer Kultgedanke erwachsen, der zur Ausgestaltung des Gottesdienstes führte. So haben wir auch in der Entfaltung des katharischen Ritus die Kräfte des Bogomilismus und des Abendlandes nebeneinander zu verfolgen [1].

Das *Gebet*, dessen Entwicklung wir zuerst betrachten, wurde schon bei den ersten *Bogomilen* als ein wichtiger Teil des einfachen christlichen Lebens eifrig gepflegt. Man betete, ähnlich wie die christlichen Mönche und Priester, bei Tag und bei Nacht, anfangs wohl je viermal des Tags und des Nachts; und man lehnte sich, wie es scheint, dabei an die kirchliche Tradition der Stundengebete an. Das Hauptgebet war schon hier das Vaterunser, das ohne den Zusatz zu Mt 6, 13 gesprochen wurde [2]. In der byzantinischen Periode hat sich die bogomilische Gebetspraxis verschärft; jetzt betet man siebenmal des Tags und fünfmal des Nachts, also alle zwei Stunden. Damals hat man wohl alle anderen Gebete neben dem Vaterunser verpönt und das Gebet des Herrn mit der Weihe des Exklusiven umgeben: nur die ‚Vollendeten‘ durften es sprechen, denn nur für sie ist Gott der Vater. So mußte sich hier die Übergabe des Vaterunser im Anschluß an frühchristliche Riten zu einem eigenen rituellen Akt ausbilden; dem künftigen ‚Vollendeten' wurde das Vaterunser feierlich vorgesprochen und er durfte von da an Gott als seinen Vater, den Vater der Reinen, bitten. Schließlich ist wohl hier aus der in Konstantinopel verbreiteten Bibelrezension der Zusatz zu Mt 6, 13, die sogenannte Doxologie, auch bei den Bogomilen durchgedrungen[3].

Die *abendländischen* Ketzer des 11. und 12. Jahrhunderts schätzen die Macht des Gebetes sehr hoch, aber sie beten nicht nur das Vaterunser und wissen nichts von den bogomilischen Sonderbestimmungen[4]. Die ersten Katharer indes haben die ganze bogomilische Tradition in sich aufgenommen und führen sie weiter. Noch strenger wird der Gebetsrhythmus; jetzt betet man siebenmal am Tage und siebenmal bei Nacht. In diesen Gebetsstunden wird das Vaterunser nicht nur einmal, sondern wie bei den frommen Christen der Zeit in ganzen Ketten gebetet und eine eigene Gebetseinheit erfunden, die sog. *Dobla* oder *Dupla*, die wahrscheinlich sechzehn Vaterunser umfaßt, so daß der ‚Vollendete' täglich wohl an die 250 Vaterunser zu beten hatte[5]. Die Form des Vaterunser weicht von der im Abendland damals üblichen ab; in der vierten Bitte redet man nicht von dem *panis quotidianus* (Lk 11,3), weil Gott kein irdisches, eßbares Brot gibt, sondern *panem supersubstantialem* (Mt 6,11), das geistliche Brot seiner Lehre. Als Abschluß des Gebetes ist die Doxologie seit den ersten Katharern üblich geworden und auch von den letzten Katharern noch gebetet worden, obwohl sie selbst nicht mehr darüber wissen als die Katholiken, nämlich daß dieser Zusatz *in libris graecis* steht[6].

Nur die ‚*Vollendeten*' dürfen das Vaterunser beten, denn es ist der Lobgesang der Engel im Himmel gewesen; bei ihrem Fall haben sie es vergessen, bis Christus kam und es sie wieder lehrte. Darum wird nun auch die ‚Übergabe des Vaterunser', die *traditio orationis dominicae,* zum ersten Akt der feierlichen Aufnahmezeremonie ausgestaltet. Dem Novizen wird nach Händewaschung aller Anwesenden vor der Gemeinde in einer längeren Predigt das Vaterunser ausgelegt, darauf wird ihm unter Anrufung des Heiligen Geistes das Evangelienbuch auf den Kopf gelegt und das

143

Vaterunser langsam vorgesprochen; der Neuling hat es nachzube-
ten. Späterhin ist dieser Ritus noch umkleidet worden; nach der
Predigt wird eine Befragung des Novizen eingeschaltet, ob er willens sei, das Vaterunser zu empfangen; auch eine kurze Bitte, dem
Novizen seine Sünden zu vergeben, geht der Übergabe voraus.
Beide Akte sind gewiß aus der eigentlichen Aufnahmezeremonie
übernommen worden, um die Übergabe zu einer Art Vor-*Consola-
lamentum* auszuweiten [7]. Denn wer das Vaterunser beten darf, ist
nur bedingt gereinigt und noch kein ‚Vollendeter‘, doch immerhin schon in die Schar der Auserwählten aufgenommen [8].

Die *Gläubigen* der Katharer wollen indes auch beten. Die katholischen Gebete werden abgelehnt mit der Bemerkung: „Der
Hammel blökt, weil er nicht reden kann“, und es sind die Kapläne, diese *canes belantes,* die das *Ave Maria* erfunden haben. Da
die Katharer sich auch um das Glaubensbekenntnis wenig sche-
ren, bleiben für die Gläubigen nur einige allgemeine Formeln, in
denen sie den Wunsch ausdrücken, selbst einmal ‚Vollendete‘ zu
werden, etwa: „Herr, wie Du die drei Könige geleitet hast, so leite
auch mich!“ Aber im Grunde dürfen die Gläubigen, die ja in Satans Banne stehen, noch nicht beten [9].

Trotzdem zeigt die Gebetspraxis der Katharer, so sehr sie von
den Bogomilen geprägt wurde, noch immer die gemeinchristlichen Züge; vor allem die Mönchstradition in Ost und West hat
sie befruchtet. Vielfältiger und verworrener ist die Entwicklung
der eigentlichen Aufnahmezeremonie, die man nach dem Fach-
ausdruck der provenzalischen Katharer *Consolamentum* nennt [10].

Diese Zeremonie gibt dem Neuling die doppelte Gewißheit,
daß er einer der gefallenen Engel ist und daß er dereinst in seine
himmlische Heimat zurückkehren wird. Die *Vorgeschichte* dieses
wichtigsten katharischen Ritus wird wohl nie ganz aufgeklärt
werden können. Die ersten Bogomilen mögen eine ganz einfache
Aufnahmezeremonie gekannt haben, bei der dem Neuling der
Heilige Geist, der Geist des Engels, vermittelt wurde; dies konnte
gar nicht anders als durch den apostolischen Akt der Handauflegung geschehen, die man zugleich als Taufe, ‚Geisttaufe‘ ansprechen durfte [11]. In Byzanz, wo sich die Trennung zwischen
‚Vollendeten‘ und Gläubigen ausbildete, hat man auch die Zere-

monie geteilt; die Übergabe des Vaterunser spaltete sich hierbei ab; eine Probezeit wurde wohl der Aufnahme vorangeschickt; die ganze Gemeinde der ‚Vollendeten‘ legte nun dem Novizen die Hände auf und umgab diesen letzten und höchsten Grad der Weihe mit feierlichen Vorbereitungen[12].

Die abendländischen Ketzer des 11. Jahrhunderts kennen in Orléans vor 1022 schon die Handauflegung als Übermittlung des Heiligen Geistes, jedoch nicht in eine feste Form gekleidet[13]. Wieder sind die Katharer die direkten Erben der Bogomilen. Die feierliche Handlung wird eingeleitet durch eine lange Probezeit, die meist ein Jahr des Fastens beträgt und provenzalisch *endura* oder lateinisch *abstinentia* genannt wird; der Novize soll dabei später wenigstens achtzehn Jahre alt sein. Dann wird an ihm die Übergabe des Vaterunser vollzogen[14]. Nach weiterer Prüfungszeit oder gleich anschließend wird der so Vorgeweihte erneut der Gemeinde vorgestellt, die als Ganzes die Aufnahme vollziehen muß und daher nicht allein durch einen Würdenträger vertreten sein darf. Zu Beginn findet eine ausführliche Ermahnung in Form einer Predigt statt; danach folgt die schon den Bogomilen bekannte Verpflichtung, die dem Taufgelübde der katholischen Kirche sehr ähnlich ist, und eine der katholischen *abrenuntiatio* verwandte Abschwörungsformel. Dann wird dem stehenden und später nur mit Hemd und Hose bekleideten Neuling der Anfang des Johannesevangeliums vorgelesen und das Evangelienbuch aufs Haupt gelegt. Danach hält die versammelte Gemeinde der ‚Vollendeten‘ Mann für Mann, nach ihrem Rang gestuft, die rechte Hand dem neuen Bruder über den Kopf, der dadurch ein ‚Vollendeter‘ wird; ist eine Frau aufzunehmen, so verhindert ein über sie ausgebreitetes Tuch die direkte Berührung beider Geschlechter[15]. Schließlich folgt die auch den Bogomilen schon vertraute ‚Einkleidung‘ mit einem schwarzen, mönchsähnlichen Gewand. Nun ist der neue ‚Vollendete‘, wie seine Brüder ihm verkünden, durch die ‚Geisttaufe‘ ein Glied der Kirche geworden und „in der Welt wie das Schaf inmitten von Wölfen"[16].

Diese Zeremonie ist von den Katharern nicht verändert und nur unwesentlich *ausgebaut* worden. Die Handlung wird von Vaterunsern, meist sieben an der Zahl, umrahmt; der Novize wird

vor der Verpflichtung nach seinem Wunsch und Begehren gefragt; und schließlich wird vor der Handauflegung noch eine Sündenvergebung eingefügt, nachdem sich das katharische Bußwesen
verselbständigt hatte[17]. Das letztere gilt um so mehr, wenn nicht
ein Neuling, sondern ein sündig gewordener ‚Vollendeter‘ wieder
aufgenommen werden soll, wie es seit dem Ende des 12. Jahrhunderts möglich gemacht wird; der Ritus unterscheidet sich, soviel
wir wissen, nicht von einem Erst-*Consolamentum*[18]. Es gehört
ebenfalls zu den Anzeichen der Verkirchlichung, daß später die
Gemeinde, nicht anders als bei der katholischen Firmung, ihren
Bischof als Vertreter delegiert und der einfache ‚Vollendete‘ ohne
Kirchenamt nur noch in Notfällen das *Consolamentum* spenden
darf[19].

Eine weitere Verkirchlichung bedeutet die Konsolierung von
*Kranken*. Schon daß die Mehrzahl der Aufzunehmenden auf dem
Sterbebett liegt, ist eine Späterscheinung; der wohl in Südfrankreich ausgebildete Ritus ist es nicht minder. Die vereinfachten
Formen des Kranken-*Consolamentum* erinnern an die christliche
Krankentaufe und die Letzte Ölung. Hier werden alle Zeremonien
zusammengedrängt, die Übergabe des Vaterunser wird mit dem
eigentlichen *Consolamentum* vermengt und gilt dann oft sogar
als der wichtigste Bestandteil der Zeremonie. Am Krankenbett
kann nicht mehr die Gemeinde, nur noch der Priester die Kirche
der Reinen vertreten[20]. Jetzt werden auch, was den Bogomilen
noch ein Greuel gewesen wäre, Kinder konsoliert, und die Mutter
beantwortet die Fragen des Priesters ganz so, als ob sich die ersten
Katharer nie gegen die Stellvertretung im Glauben zur Wehr gesetzt hätten[21].

Aber nun, da das Sakrament an die Stelle der mühsam erhun-
gerten Zulassung zur Sekte trat, mußte die Heiligkeit auf anderem
Wege gesichert werden; so kam es zu jener letzten und furchtba-
ren Ausweitung des Konsolationsritus, die die Katharer *Endura* zu
nennen pflegten. Dieses Wort hatte zuerst die vorbereitende Fastenzeit des Neulings bezeichnet. Ein Sterbenskranker oder ein
Kind konnte diese Prüfungszeit nicht ableisten, und so mußte in
der Spätzeit des Katharismus die Treue und Heiligkeit dieser Konsolierten dadurch für immer festgelegt werden, daß die Kranken

und die Kinder keine Nahrung mehr zu sich nahmen und verhungerten. So wurde die Seele gerettet und verhindert, daß ein Wiedergenesender, der die strengen asketischen Vorschriften für ‚Vollendete‘ nicht einhalten mochte, sich durch Abfall sein Heil verscherzte. Dieses qualvolle Lebensende, das manchmal sieben, ja, selbst zwölf Wochen lang währte, ist jedoch eine Ausnahme geblieben und von den ‚Vollendeten‘ selbst nicht praktiziert worden [22].

So ist der bogomilische Gedanke bis zuletzt und trotz aller Verzerrungen in der katharischen Initiation ziemlich treu bewahrt geblieben. Ganz anders verhält es sich mit dem katharischen *Gottesdienst,* der auch die Nicht-Vollendeten umfaßt. Er ist in seinen wesentlichen Teilen, Ehrenbezeigung, Beichte und Brotbrechung, wohl abendländischer Herkunft.

Die Katharer *versammelten* sich stets an ganz beliebigen Orten, die meist versteckt gelegen waren, in Schuppen, Kellern, Gelassen, in Wäldern und Waldhütten, oft in den Häusern der Gläubigen und bisweilen an den Orten größter Sicherheit, in katholischen Kirchen [23]. Die Tageszeit wechselt, oft trifft man sich bei der Nacht. Feste Feiertage gibt es nicht, doch vereinigen sich die Katharer meist einmal im Monat, später auch jeden Sonntag zum Gottesdienst [24]. Die Gläubigen begrüßen dabei und auch sonst die ‚Vollendeten‘, sobald sie ihrer ansichtig werden, mit dem sog. *Melioramentum,* der *Ehrenbezeigung,* für die wir keinen bogomilischen Vorläufer kennen. Sie gilt den Trägern des Heiligen Geistes und drückt zugleich den Wunsch der Gläubigen aus, selbst bald zu den Auserwählten zu gehören. Dieser katharische Gruß, der auch im Alltagsleben ein Erkennungszeichen unter Katharern ist, besteht in einem dreimaligen *Benedicite, parcite nobis;* dabei verbeugen sich die Gläubigen tief oder beugen das Knie und fügen beim drittenmal lateinisch oder in der Landessprache hinzu: „Bittet Gott für mich Sünder, daß er mich zum guten Christen mache und zu einem guten Ende führe!“ oder ähnlich. Der ‚Vollendete‘ erwidert jeweils: „Gott segne Euch!“ und beim dritten Male: „Gott sei gebeten, daß er Euch zum guten Christen mache [25]!“ Mit dieser Ehrenbezeigung ist ein anderer Brauch eng verwandt, den unsere Quellen *convenentia* oder *covenesa* nennen, jener Pakt, den der

Gläubige mit den ‚Vollendeten‘ abschließt, ihn am Ende seines Lebens auch dann in die Sekte aufzunehmen, wenn er nicht mehr in der Lage sein sollte, diesen Wunsch noch einmal zu äußern[26]. Die ‚Vollendeten‘ begrüßen sich untereinander durch Umarmungen und mit dem Friedenskuß, der am Ende des Gottesdienstes wiederholt und dann auch den Gläubigen weitergereicht wird[27].

Bei dem monatlichen Gottesdienst, *servitium* genannt, findet meist die *Beichte* statt, die ebenfalls *servitium* oder *apparellamentum* heißt. Schon die Bogomilen kannten eine allgemeine Sündenklage; die Katharer tragen sie ihrem Diakon vor, der sich vor der Gemeinde mit einer ähnlichen Formel anklagt. Diese Sündenklage enthält nur geringe Verfehlungen, da die ‚Vollendeten‘ ja sündlos sind; und wohl nur für sie gilt diese Beichte. Im überlieferten Wortlaut ist sie mit den Sündenklagen des christlichen Mittelalters auf das engste verwandt[28]. Eine Buße wird anfangs wohl nicht aufgegeben, später besteht sie in zusätzlichen Fasten, Gebeten oder Kniebeugen, offenbar unter dem Einfluß einer anderen, dann notwendig gewordenen Einrichtung, der Einzelbeichte für schwere Sünden. Diese muß der Wiederkonsolierung vorausgehen und sieht für bestimmte Klassen von Sünden eine genau abgestufte Reihe von Bußleistungen bis zum Verlust katharischer Kirchenämter vor[29]. Auch diese Beichte gilt nur für die ‚Vollendeten‘.

Die Gläubigen kommen indes auch zu den Gottesdiensten; sie hören das Evangelium und die Predigt eines ‚Vollendeten‘ an, die sich meist eng an den Bibeltext anschließt[30]. Vor allem aber sind die Gläubigen mitbeteiligt an dem Kernstück des katharischen Gottesdienstes, der sogenannten *Brotbrechung*. Die Vorgeschichte dieser Zeremonie ist im einzelnen dunkel; jedenfalls scheint sie auf die in der östlichen und westlichen Kirche vertraute Sitte der Eulogie zurückzugehen[31]. Anfangs sprachen die Katharer wohl nur ein Vaterunser als Tischgebet über ihre Mahlzeiten; aber bald hat sich damit die Segnung eines Brotes verknüpft, das an alle bei der Mahlzeit Anwesenden ausgeteilt wurde, ohne daß man es jemals als den Leib Christi betrachtet hätte. Der älteste der anwesenden Katharer hält, während alle stehend ein oder zwei Vaterunser beten, in weißes Tuch eingehüllt ein ganzes Brot; später spricht er darüber den letzten Vers des Neuen Testaments. Dann zerbricht oder zerschneidet er das Brot und verteilt es an alle, auch an die Gläubigen[32]. Dieser Brauch wird ‚täglich‘ ausgeübt vor den Mahlzeiten, die auch sonst den Habitus von gottesdienstlichen Handlungen annehmen; aber er ist auch im eigentlichen Gottesdienst üblich gewesen[33].

Wiederum erkennen wir, auch im katharischen Kult, die tiefen abendländischen Eindrücke auf dem bogomilischen Grundstoff. Das gemeinchristliche Gebet, das bogomilische *Consolamentum* mit seinen später angefügten, zum Teil katholischen Nebenriten und die wohl abendländische Gottesdienstgestaltung bilden kein geschlossenes Ritual; sie sind mehr durch historische Schicksale als durch konsequente Durchführung der Grundgedanken des Katharismus zusammengefügt worden.

## 9. Die Hierarchie

Die Ausbildung einer Amtsträgerschicht ist, wie das große Beispiel der christlichen Kirche zeigt, das Ende der Religionsbildung. Daß die Katharer fast ihre ganze hierarchische Ordnung von den Bogomilen ererbt und nur in einzelnen Stücken nach abendländischen Mustern ergänzt haben, zeigt, wie sehr sie Epigonen sind.

Die *Bogomilen* haben zu Beginn keine nachweisbare Hierarchie und überhaupt keine Gliederung. Sie sind in dem Wettstreit um ein christliches Leben alle untereinander gleich; und wenn sie auch von manchen Gönnern in Privathäusern bewirtet wurden, so zählten diese Förderer doch kaum zu der geschlossenen Gemeinde der Reinen[1]. In der byzantinischen Periode haben sich die Bogomilen zu einer Kirche ausgebildet, die in Eingeweihte und Anhänger, ‚Vollendete‘ und Gläubige geschieden war. Als sich, wohl nicht lange vor 1140, diese bogomilische Kirche in mehreren Missionsgebieten auszudehnen begann, wurde auch das Bischofsamt notwendig, um den getrennten Territorien eine einheitliche Spitze zu sichern[2].

Die *Katharer* haben zunächst dieses bogomilische Erbe nur angenommen, nicht ausgestaltet. Sobald sie im Abendland auftraten, gliederten sie ihre Gemeinden in Gläubige, ‚Vollendete‘ und Bischöfe. Wie diese drei Glieder zueinander und im Rahmen des Ganzen sich verhielten, ist jetzt zu untersuchen.

Die *Gläubigen, Credentes,* waren schon bei den Bogomilen nicht mehr durchweg fromme Anwärter auf den endgültigen Eintritt in die Sekte; aber sie folgten dort noch den christlichen Lebensregeln der Bescheidenheit, Demut und Wahrheitsliebe[3]. Im Abendland finden wir neben den Gläubigen, die vertraute Schüler und Jünger der ‚Vollendeten‘ sind und sich in Askese und Gebet auf ihren hohen Beruf vorbereiten, die Menge derer, die zwar den religiösen Ernst der ‚Vollendeten‘ bewundern, aber keinen Eifer zeigen, ihn nachzuahmen. So treffen sich hier die schroffsten Gegensätze, die Neugierigen und die Ehrlichen, die Fanatiker und die Lauen. Viele von ihnen besuchen auch noch die katholischen Kirchen, sie heiraten und haben oft zahlreiche Kinder; sie verzichten nicht auf Liebschaften und Geschäftserfolg; kurz, sie sind wie alle Durchschnittsmenschen[4].

Die ‚Vollendeten‘ betrachten diese breite Schicht außerhalb ihres *Ordo* als Kinder des Satans, die sich noch nicht aus dem Joch der Welt befreit haben. Sie sollen einst alle einmal ‚Vollendete‘ werden, und sie müssen durch *Convenentia* und *Melioramentum* immer wieder ihren Willen dazu kundtun. Aber vom katharischen Dogma erfahren sie wenig. Sie hören die Predigten der ‚Vollendeten‘ an, und darin besteht schon ihre Beteiligung am Glaubensleben[5]. Am Kult nehmen sie passiven Anteil; sie wohnen der Beichte der ‚Vollendeten‘ mit bei, erzeigen ihnen ihre Ehrenerweisungen und sind bei den Mahlzeiten und der Brotbrechung der ‚Vollendeten‘ zugelassen; bisweilen trifft man sie als andächtige Zuschauer bei einem *Consolamentum*[6]. Im übrigen haben sie nur für Verpflegung, Unterkunft und Kleidung der ‚Vollendeten‘ zu sorgen, Botengänge zu verrichten und auf jede Weise die Katharer zu beschützen. Sie müssen sogar einen Eid leisten, die Katharer nicht zu verraten[7]. Aber keiner wird zum Bleiben gedrängt; die Gläubigen können eines Tages wegbleiben; niemand wird sie zwingen[8].

Die ehrlichen Anhänger haben diesen unsicheren Status außerhalb des Gemeindelebens je länger, je erfolgreicher zu durchbrechen gesucht und schließlich etwa das gleiche Verhältnis zu ihren ‚Vollendeten' gewonnen, das in der katholischen Kirche zwischen Priestern und Laien herrscht: Nach 1300 segnet der katharische ‚Vollendete' die Ehe seiner *Credentes* und verbietet ihnen Mischehen mit Katholiken; dafür erzählt er ihnen von den katharischen Lehren und versichert ihnen, sie würden, wenn nicht in diesem Leben, dann gewiß in ihrer nächsten Verkörperung ‚Vollendete' werden und in den Himmel kommen[9]. Doch diese Anteilnahme der Gläubigen am katharischen Leben ist eine Späterscheinung. Sie sind „mehr Nachbarn als Mitglieder der katharischen Kirche"[10].

Ihre Zahl ist jedoch weit größer als ihre Bedeutung. Wir können nur schätzen, daß die Anzahl der katharischen Gläubigen an der Wende zum 13. Jahrhundert mehrere Hunderttausende betrug und auch um 1250 nicht viel kleiner war. Genauere Angaben werden durch das Schweigen unserer Quellen und durch den unklaren Status eines katharischen Gläubigen erschwert[11]. Nur von der letzten katharischen Welle, die zu Beginn des 14. Jahrhunderts Südfrankreich erfaßte, wissen wir, daß etwa fünfzehn ‚Vollendete' noch einmal an die tausend Anhänger mitrissen[12]. Die vielen Stillen im Lande, die sich zu keiner klaren Entscheidung erheben konnten, sind jedoch zu allen Zeiten ohne viel Belang gewesen; nicht die Mitläufer bildeten die katharische Kirche, sondern die ‚*Vollendeten*'.

Diese Auserlesenen, *electi*, sind durch das *Consolamentum* Glieder der Kirche geworden und nennen sich *christiani, consolati* oder auch *induti* oder *vestiti*, Eingekleidete. Sie sind zusammengebunden durch eine gemeinsame Lebensweise und noch mehr durch den gemeinsamen Glauben, daß sie die gefallenen und bald heimkehrenden Engel seien; darum heißen sie schon auf Erden ‚Vollendete', *perfecti*[13]. Ihre Gesamtheit ist ein geschlossener *ordo* und bildet die katharische Kirche; ihre Vollversammlung tritt immer wieder an den entscheidenden Wendepunkten der katharischen Geschichte in Erscheinung: 1167 in St. Félix de Caraman, als der Katharismus radikaldualistisch wurde; wenig später in Mosio bei Cremona, kurz bevor die Einheit des italienischen Katharismus zerbrach, und später noch mehrfach, um diese Einheit wiederherzustellen [14]. Auch in den einzelnen Gemeinden ist die Versammlung der ‚Vollendeten‘ die oberste Autorität: Sie legt dem neuen Bruder die Hände auf und macht damit den Gläubigen zum *perfectus;* sie wählt aus ihrer Mitte den Bischof, den *primus inter pares* [15]. Je mehr sich die Sekte verkirchlichte, desto mehr sind aus den ‚Vollendeten‘ die Priester geworden, die alle Funktionen des Weltklerus übernahmen und alle Kirchenämter besetzten.

Die ‚Vollendeten‘ kennen den katharischen Glauben und leben das katharische Leben. Ihr Dasein ist beschwerlich; bleich und mager vom Fasten, oft im Barte, anfangs wohl auch barfuß, bekleidet mit einem mönchsähnlichen Rock oder später mit Kapuze und Überwurf oder einem breiten Filzhut, gelegentlich mit einem Wanderstab ausgerüstet, so ziehen sie ohne viel Gepäck durch die Dörfer und in die Städte, hier vielleicht in katharischen Rasthäusern, dort meist bei freundlichen Gläubigen aufgenommen [16]. Die Gläubigen stiften ihnen Kleidung und Unterhalt, denn die ‚Vollendeten‘ sind persönlich ganz mittellos. Auch die Ernährung wird meist von den Gläubigen bestritten und folgt den katharischen Speisegesetzen; Brot, Fisch, Gemüse und Früchte sind ihre Hauptnahrung, nichts darf mit Fett zubereitet werden, und um jede Verunreinigung zu verhindern, tragen die ‚Vollendeten‘ ihre eigenen Teller, „neunmal gespült“, und ihre Hand- und Tischtücher durch die Welt [17]. Andere Katharer, vor allem die Frauen, lebten wohl in einer einsamen Klause oder wohnten zu mehreren in klosterähnlichen Gruppen zusammen; wieder andere saßen als Diakone in den Städten; unter diesen Seßhaften wird man auch die *sapientes,* die Theologen der Sekte, zu suchen haben [18]. Alle, die Wanderprediger und die Seßhaften, sind einander in herzlicher Gemeinschaft verbunden, denn über ihnen, die „mit traurigem Gesicht und tränenreicher Stimme“ durch die böse Welt gehen, liegt die stille Freude der Auserwählten, die das Irdische überwunden haben [19].

Die Zahl dieser rigorosen Asketen wird zu keiner Zeit zehntausend erreicht haben. Auf einem südfranzösischen Ketzerkonzil

1206, vor dem Albigenserkrieg, treffen sich sechshundert; genauere Zahlen erfahren wir 1250 von dem ehemaligen katharischen Würdenträger Rainer Sacconi auf Grund einer mehrfach von den Katharern durchgeführten Zählung: in Italien leben etwa 2500, in Frankreich noch um 200; selbst wenn man die ,Vollendeten' der bogomilischen Gemeinden mitrechnet, gibt es *in toto mundo* damals keine viertausend *perfecti*[20]. Nach 1300 begegnen uns in Südfrankreich nur noch fünfzehn von ihnen. Dennoch sind diese wenigen Menschen, die alles Diesseitige von sich geworfen haben, eine furchtbare Macht gewesen: Denn in ihrem gelebten Leben begegnen sich bogomilisches Dogma, Kirchenreform und abendländische religiöse Bewegung in imponierender Einheit[21].

Die Gemeinde der ,Vollendeten' wählt aus ihrer Mitte ihren Vertreter, den *Bischof*. Zunächst geschieht die Wahl unmittelbar; die Gemeinde kann sich als ihr Oberhaupt aussuchen, *quemcumque vellet;* und wenn der Gewählte seine Aufgabe nicht erfüllt, verweist ihn die Gemeinde von seinem Amt[22]. Bald jedoch schiebt sich eine abgestufte Hierarchie zwischen Bischof und Gemeinde; letztere wählt nur noch den untersten Grad der Ämterreihe, während alle übrigen Amtsträger durch ihre Genossen geweiht und befördert werden. Durch die Selbstergänzung der Hierarchie verliert die Gemeinde an Einfluß, ein Vorgang, der auch die Geschichte des katholischen Episkopats bestimmt hat. Immer höher wird der Bischofsrang eingeschätzt, so hoch, daß der Bischof im 13. Jahrhundert nur noch von seinesgleichen, nicht mehr von einem niedrigeren Katharer geweiht werden darf[23].

Trotzdem ist der Aufgabenbereich des katharischen Bischofs begrenzt; er ist kein Kirchenfürst. So begehrt das bischöfliche *dominium* unter den Katharern stets war, der Bischof ist doch immer nur der Erste unter Gleichen. Es gibt keine Reservate, die allein ihm vorbehalten sind; nur daß er zuerst das *Consolamentum* spenden, das Brot brechen und die Beichte entgegennehmen kann, zeichnet ihn aus. Nicht einmal von einer besonderen Amtstracht des Bischofs wissen wir. Sein wichtigstes Amt ist, die Gemeinden seines Bereiches zu besuchen, und so wandern die katharischen Bischöfe, vor allem in Italien, ständig hin und her[24].

153

Die katharische Bistumsorganisation ist in Italien durch Spaltung, in Südfrankreich durch Setzung des Niketas zustande gekommen; aus den ursprünglichen Landesbischöfen sind in Frankreich Stadtbischöfe, in Italien Wanderbischöfe geworden. Untereinander verkehrten sie meist kollegial; freilich kam es in Italien auch zu scharfen Auseinandersetzungen um dogmatische Fragen. Im Grunde sind die Gemeinden autonom geblieben; zu einer gemeinsamen Spitze über dem Dutzend katharischer Bischöfe ist es nie gekommen[25].

Trotzdem wurde der Versuch unternommen. Den Bogomilen ebenso wie der orthodoxen Kirche ist ein *Papst* als unmöglich erschienen; auch jener Niketas, der 1167 mit dem Titel *Papas* nach Europa kam, war nur ein Bischof, auch wenn manche abendländischen Katharer nicht wissen mochten, daß der stolze Titel nur ‚Priester‘ bedeutet[26]. Die Landesbischöfe besaßen vielleicht einige Vorrechte; der Bischof von Albi, der auf dem ältesten südfranzösischen Bischofsstuhl der Katharer saß, übte wohl die Machtstellung aus, die Garattus, der Nachfolger des ersten italienischen Landesbischofs Markus, noch nach der Spaltung vergeblich zu erlangen suchte[27]. In Südfrankreich rangen im 13. Jahrhundert die Bischöfe um die Vormacht; aber eine Metropolitanstellung hat keiner, auch nicht der mächtige Guilabert von Castres, Bischof von Toulouse, erreicht. Wir hören, wie sich auch anderwärts einzelne den Titel ‚Papst‘ zulegen und wie alle Katharer sich bemühen, dem katholischen Völkerhirten einen Ranggleichen entgegenzustellen[28]. Der Versuch eines katharischen Papsttums ist also gewagt worden; aber der hohe Name konnte bei den Katharern bestenfalls ein Ehrentitel sein; und wo, wie hier, das bogomilische Vorbild unwirksam blieb, konnten die Katharer um so weniger eine neue Tradition bilden, als ein irdischer Hirte über den ‚Vollendeten‘, den Engeln des Himmels, im Grunde undenkbar war.

So ist es also bei der bogomilischen Dreiteilung geblieben. Aber die Bogomilen selbst haben im Zuge der Verkirchlichung zwischen Gemeinde und Bischof einige weitere Ämter eingeführt; sie sind von den Katharern in ihre eigene Organisation eingefügt worden, und erst, als diese erlahmte, haben sie eine nichtbogomilische Rangstufe an die Stelle der *filii* und der Diakone gesetzt, den *ancianus*. Von diesen drei Ämtern muß nun berichtet werden.

Um 1190 haben die Katharer den Bogomilen bereits die Stufe der bischöflichen Stellvertreter nachgebildet. Sie nennen diese Würdenträger *filius maior* und *filius minor*[29]. Die Aufgabe dieser Hierarchen ist es, den Bischof bei Abwesenheit in seinen Obliegenheiten zu vertreten und nach seinem Tode Bischof zu werden. In Italien, wo die Bistümer in allen Gegenden ihre Gemeinden haben, sitzen sie nicht am Orte des Bischofs, sondern meist im wichtigsten ,Diaspora'-Gebiet; sie visitieren dort die Gemeinden und wachen insbesondere über die Reinheit der Lehre; so sind Johann von Lugio und Desiderius, die beiden dogmatischen Lehrer und Neuerer, um 1230 *filii maiores* gewesen. In Frankreich, wo alle Organisation stärker zentralisiert ist, steht der *filius maior* dem Bischof als eine Art Generalvikar zur Seite. Erst als um 1275 die Bischofshierarchie in der Verfolgung zerfällt, verlieren sich die Spuren dieser Einrichtung[30].

Die eigentliche Pfarr-Seelsorge ist wohl schon bei den Bogomilen einer anderen Rangstufe vorbehalten worden, den *Diakonen*. Der Diakon, dessen Amt den Katharern im Abendland schon vor 1167 bekannt ist, hat seinen Sitz meist an größeren Orten; unter seiner Obhut stehen die katharischen Rasthäuser, *hospicia*, die bisweilen fast katharische Klöster sind; er nimmt die Beichte der ,Vollendeten' entgegen und leitet wohl meist den Gottesdienst. Wo Frauen sich zusammenfinden, da hat auch die eine oder andere Diakonisse die Oberaufsicht über solche Konvente[31]. Die Diakone mit festem Amtssitz halten sich in Frankreich bis lange nach den Albigenserkriegen, in Italien bis nach 1270; noch 1308 gibt es im katharischen Rückzugsgebiet Sizilien einen Oberdiakon. Doch ist dieses Amt an eine klare Gemeindegliederung gebunden und verfällt mit ihr[32].

Sobald die rationale Hierarchie zurücktritt, kommt die natürlichste Rangfolge wieder zu Recht: In Frankreich ist nach den Albigenserkriegen der älteste ,Vollendete' Gemeindevorstand: der *ancianus*. Er ist von selbst der Sprecher der Gemeinde, auch wo die Hierarchie noch intakt ist; aber mehr und mehr gewinnt seine Stellung an Gewicht, und in Südfrankreich nennen sich die führenden ‚Vollendeten' nach 1300 nicht mehr Bischof, sondern *ancianus*[33]. So scheint es, als sei am Ende wie am Anfang des Katharismus die Gemeinde der ‚Vollendeten' die Quelle und der Hort aller Autorität. Der Persönlichkeit und der Führung ist der katharische Glaube im Grunde fremd. Wenn dennoch eine hierarchische Stufenleiter aufgebaut wurde, so geschah es nicht wegen der Überfülle der Aufgaben, sondern auf Grund der Verkirchlichung und der Konkurrenz mit der Großkirche, deren *ordines* den Ketzern nicht fehlen durften, wenn sie den Anspruch erhoben, die wahre Kirche zu sein[34].

So stellen wir fest, daß die katharische Hierarchie fast durchweg bogomilisches Erbe und im übrigen ein Gegenbild zur katholischen Kirche ist. Zum unveräußerlichen Kern katharischen Wesens gehört nur die Gestalt des katharischen ‚Vollendeten', der ein Engel, also gewissermaßen ein Papst für sich ist.


## 10. Kirche und Gegenkirche

Das positive katharische Glaubensgut, wie wir es dargestellt haben, schließt sich nur dann zu einer Einheit zusammen, wenn wir seine negative Seite, die Feindschaft zur katholischen Kirche, miteinbeziehen. Denn im Gegensatz zu ihr begreifen sich die Katharer erst als eine umfassende, allgemeine und apostolische Kirche. Und erst im Kontrast zu den einzelnen Institutionen der katholischen Gegenkirche wird den Katharern ihre eigene Position ganz deutlich.

Wir stellen zuerst *allgemein* die katharische und die katholische Kirche einander so gegenüber, wie die Katharer es taten.

Die *Gemeinschaft der* gefallenen *Engel* hat sich schon bei den ersten Bogomilen eine Gemeinde genannt und den Anspruch vertreten, die wahre Kirche zu sein, während die griechisch-orthodoxe Kirche ihr als eine Schar blinder Pharisäer und religiös gleichgültiger Sünder erschien[1]. In Byzanz ist die Einheit dieser Gemeinde durch innere Spaltungen schwer belastet worden; aber seit dem 12. Jahrhundert denkt man sich die gespaltenen Gemeinden als Diözesen, und in der Tat umgreift fast jede von ihnen eine geographische Einheit, die mazedonische, die thrakische, die byzantinische, die kleinasiatische und die dalmatinische Landschaft[2]. Sie leben in Eintracht miteinander, „und keine tut etwas gegen die andere, und so haben sie untereinander Frieden" wie die sieben Gemeinden der christlichen Urkirche[3].

In diese Gemeinschaft werden nun die Katharer durch Begründung abendländischer Bistümer mitaufgenommen; die Versammlung aller abendländischen Katharerbischöfe unter dem Vorsitz des Bogomilenbischofs von Byzanz war 1167 die machtvollste, aber auch die letzte Geste der einen ‚Kirche Gottes'. Denn rasch werden aus den drei Landesbistümern in Nord- und Südfrankreich und Italien ein Dutzend Bistümer, die durch Lehrdifferenzen getrennt sind und sich darum streiten, wo die wahre Kirche Gottes ihren Sitz habe[4]. So klammert sich der Zusammenhalt der katharischen Gemeinden mehr an die bogomilischen Brüder als an gegenseitiges Verständnis; bei den Bogomilen suchen die Katharer ihre Urkirche, die dort im Osten von Christus an über die Apostel bis zum heutigen Tage ununterbrochen lebendig geblieben sei[5]. Zu einer eigenen abendländischen Ordnung sind die Katharer nicht mehr gelangt.

Trotzdem betrachten sie sich als die eine wahre Kirche, denn die einzige Nebenbuhlerin ist die *katholische Kirche* – und sie ist das Gegenbild schlechthin, die große Hure der Apokalypse. In der Kirche Gottes sind keine Sünder und nur Priester mit reinen Händen, die auch andere reinigen können; die katholischen Priester aber sind Sünder und ihre Kirche – „O römische Kirche, alle Hände sind dir befleckt vom Blute der Märtyrer!"[6]. Die wahre Kirche muß arm und verfolgt sein; und die Katholischen tragen goldene Ringe, mit Edelsteinen besetzt; sie regieren alles Volk und fluchen den Frommen[7]. Das ist die Satanssynagoge, die Kirche der Übelwollenden, die *maligna;* und nur die katharische Kirche der Armen, die *benigna,* kann den Menschen retten[8].

Auch die Vergangenheit wird wie bei jedem christlichen Kampf herangezogen. Die katholische Kirche ist „Tradition von Menschen" und vollends seit der Konstantinischen Schenkung ganz entartet; das haben die Katharer von anderen abendländischen

Ketzern gehört[9]. Sie selbst dringen weiter vor: Schon Petrus hatte die Gewalt zu binden und zu lösen nicht für sich, sondern für alle Apostel erhalten, und der Papst hat diese Gewalt nicht mehr; „schrittweise" ist sie von den Aposteln zu den Katharern übergegangen. Die Kirchenväter stehen schon ganz in der falschen Richtung und werden allesamt abgelehnt; sie sind wie die Vogelfänger, die Tierstimmen nachahmen[10].

So dienen in der allgemeinen Einstellung der Katharer zur katholischen Kirche vielfach abendländische Argumente bogomilischen Beweggründen. Dasselbe Doppelantlitz zeigt uns die Haltung des Katharismus zu den Einrichtungen der katholischen Kirche im *einzelnen,* zu den Sakramenten und Sakramentalien.

Die *Sakramente* der katholischen Kirche sind der erste Stein des katharischen Anstoßes. Die Katharer sagen, wie so viele andere Sekten, die katholischen Priester seien nicht würdig, diese Sakramente zu spenden[11]; aber darüber hinaus hat der Katharismus alle katholischen Sakramente nicht nur als unnütz, sondern als böse und schändlich dargestellt, und zwar weil sie den katharischen sakramentalen Handlungen zuwider sind.

Die Taufe wird nicht nur abgelehnt, weil die Priester sündig sind und *aqua corrupta* nichts bewirken kann, sondern auch und vor allem, weil nach bogomilischer Lehre alle Kinder hoffnungslos verdammt sind und wie Räuber und Mörder im Jenseits bestraft werden: sie sind des Satans[12]. Nur das *Consolamentum* kann den Menschen retten. Sobald es zum Sakrament geworden ist, wird es auch Kindern gespendet. Nicht das Anliegen der Reformbewegung, sondern das bogomilische Dogma und die katharische Kirchlichkeit, so sehr sie hier einander widersprechen, haben die Haltung zur Taufe bestimmt[13].

Die Eucharistie wird mit den üblichen abendländischen Argumenten verworfen, aber vor allem deshalb, weil die Materie in den Augen der Bogomilen böse ist[14]. Die Katharer wollen in ihrer Brotbrechung anfangs nicht den Leib Christi konsekrieren, weil sie mit den abendländischen Reformketzern die Eucharistie für eine bloße Gedächtnisfeier halten und weil ihnen wie den Bogomilen das Opfer des Menschensohnes als sinnlos erscheint; später, als sie selbst Sakramente brauchen, wird die Brotbrechung zum Eucharistie-Ersatz. Wieder haben Dogma und Kirchlichkeit sich nur fremder Argumente bedient, ohne ihnen ernstlich zu folgen[15].

Die Ehe ist mit abendländischen Argumenten kaum generell abzulehnen; trotzdem haben es die Katharer versucht. Doch wieder ist der letzte Grund der Ablehnung nicht Innerlichkeit, sondern ein Dogma: Der Körper ist böse[16]. Wieder hat die katharische Wendung zur Kirchlichkeit auch eine Anerkennung der Ehe erfordert, ohne daß darum der Protest gegen die katholische Eheschließung ganz verstummt wäre[17].

Die übrigen Sakramente haben schon früh katharische Parallelriten; das Bußsakrament ist in der katharischen Beichte wiederholt und wird eben deshalb schroff abgelehnt[18]; die Firmung will nichts anderes als das *Consolamentum* und ist darum zu gar nichts nütze[19]; von der Letzten Ölung, die mit dem Kranken-*Consolamentum* nahe verwandt ist, gilt dasselbe[20]; endlich haben die Katharer ihre eigene Priesterweihe und messen darum der katholischen Ordination keinerlei Wert bei[21].

Überall zeigt sich uns dasselbe Bild: die katholischen Sakramente werden zunächst aus dogmatischen Ursachen verworfen, dann aber aus kirchlichen Gründen nachgeahmt und nicht minder verurteilt. Ganz dasselbe Verhältnis von Katholisch und Katharisch weisen die katharischen Äußerungen über die katholischen Sakramentalien und *Institutionen* auf.

Der Kult um das Meßopfer, mit allen Feierlichkeiten vom Kirchengesang bis zum Weihrauch, ist den Katharern verächtlich; ihre Argumente sind wieder die der abendländischen Reformbewegung, die Frömmigkeit an Stelle von Gepränge fordert. Die Kirchengebäude selbst mit ihren Glocken und Bildern werden als tote Steinhaufen betrachtet[22]. Und doch sind die Katharer zu einem eigenen Kult gezwungen worden, auf den ihre ablehnenden Argumente in gleicher Weise anwendbar waren; ihre Feindschaft gegen die katholischen Bräuche hat trotzdem nicht nachgelassen[23].

Das Kreuzeszeichen ist den Bogomilen und Katharern besonders verhaßt; angeblich, wie vielen anderen Ketzern, weil es ein äußeres Zeichen ohne inneren Wert sei, in Wahrheit, weil es nach katharischem Glauben den Sieg Satans über Christus dokumentiert[24].

Die katholischen Festtage gelten den Katharern als ungerechtfertigte Verdinglichung der Frömmigkeit, als Heiligsprechung von Tagen[25]. Trotzdem haben sich die Katharer stillschweigend in das katholische Kirchenjahr eingefügt und ihre Fastenzeiten den katholischen Gebräuchen nachgestaltet[26]. Die Verehrung der Heiligen galt den Katharern als müßige Anbetung toter Knochen. Dennoch haben sie die sterblichen Überreste ihrer verbrannten ,Vollendeten' mit Ehrfurcht gehütet und das Andenken dieser Märtyrer immer hochgehalten[27]. Für Tote zu beten oder ihre Körper feierlich zur letzten Ruhe zu betten, war den Katharern ein Ärgernis; mit dem Tode ist alles entschieden, der Körper wird nie wieder aufstehen. Aber nichtsdestoweniger beten die Katharer für ihre eigenen Toten, und wenn sie sie auch ohne Zeremonien beerdigen, so haben sie doch ihre eigenen Friedhöfe und tragen die Leichen ihrer ,Vollendeten' andächtig zu Grabe[28].

Überblicken wir die Gesamteinstellung der Katharer zur katholischen Kirche, so treffen wir überall auf bewußte Ablehnung und unbewußte Nachahmung. Alle Argumente, die die abendländische Spiritualität gegen die römische Kirche erheben konnte, sind im Munde der Katharer; fast alle Einrichtungen dieser geschmähten Kirche haben eine Parallele im katharischen Kult. Der katharische Kirchenbegriff ist katholisch; nur darum mußte ihm die katholische Kirche als die teuflische Gegenkirche erscheinen[29].

Die praktische Theologie der katharischen Sekte ist also in allen ihren Teilen, von der Moraltheorie bis zum Kirchenbegriff, uneinheitlich; sie ist gespeist von bogomilischen Grundgedanken, aber geprägt von den Anregungen der abendländischen Massenbewegungen und insbesondere von dem mächtigen Beispiel der katholischen Kirche, in deren Richtung die katharische Geschichte einlenkt. Alles, was fromme Askese und stolze Weltverachtung gleichzeitig fordern können, hat sich bei den Katharern eingefunden; aber nur im Leben der ,Vollendeten' hat es einen Einklang ergeben; in der Moral, in den Gebräuchen, im Ritus, in der Hierarchie und im Kirchenbegriff haben sich sonst immer neu und stets zwiespältig die Motive vermischt, ohne sich zu vereinigen. Es fehlt der katharischen Praxis der Kern, auf den sich alles bezieht, an den sich alles anlagert; es fehlt ihr infolgedessen an einer eigentlichen Geschichte; sie zerfällt in Komponenten, anstatt sich in Phasen zu gliedern.

Erinnern wir uns jetzt an das katharische Dogma und an seine Geschichte, die vom bogomilischen Ursprung an organisch gewachsen ist und trotz aller abendländischen Einbrüche unversehrt das Erbe Bogomils weitertrug, und stellen wir ihm die katharische Praxis in ihrer widerspruchsvollen Art gegenüber, dann erkennen wir im katharischen Glaubensleben den Zwiespalt wieder, der die Geschichte der Katharer erfüllte; denn eben die unverfälschte katharische Lehre ist es, die dem Abendland fremd geblieben ist, und gerade die von europäischen Gedanken durchlöcherte katharische Praxis hat dem Katharismus seine Erfolge im Abendland ermöglicht. Es sind also die schwachen Stellen des Katharismus, die ihn so lange am Leben erhielten, und es ist seine stärkste Position, der er seine Vernichtung verdankt. So hat sich also in der Tat innerhalb des katharischen Glaubens die Geschichte der Katharer entschieden: weil die dualistische Lehre über das christliche Leben im Katharismus die Oberhand behielt, darum mußte das christliche Abendland die dualistische Ketzerei niederschlagen.

Diese beiden Glaubensmächte, Dualismus und Christentum, haben wir nun abschließend in ihren historischen Verkörperungen Katharismus und Mittelalter noch einmal miteinander zu vergleichen.

# IV. Katharismus und Mittelalter

Die Katharer haben uns in Glauben, Geschichte und Literatur immer von neuem ihr zwiespältiges Wesen zwischen Dualismus und Christentum gezeigt. Aber wie stehen sie in ihrer Zeit, sind sie wirklich „wie ein Strom, der sich ohne Berührung mit der Entwicklung des Mittelalters erhalten" hat?[1] Oder ist ihre Wirkung von der gleichen zwiespältigen Art wie ihr Wesen? Um diese letzte Frage zu beantworten, müssen wir von der Betrachtung des Einzelnen zurücktreten und, sei es auch nur in Andeutungen, ein Bild des Ganzen entwerfen.

## 1. Religion und Kultur

Die katharische Kirche ist eine Gemeinde von Vollkommenen, die sich als gefallene Engel begreifen, die durch dieses Wissen gerechtfertigt sind, die, ohne eigenen freien Willen, jenseits der Genesis ihre Heimat haben; nach dem Sinn unserer Welt zu fragen oder ihn zur schönen Form zu gestalten, muß ihnen als sinnlos erscheinen. Die abendländische Form des Christentums dagegen ist eine Gemeinde suchender Menschen, die, sei es in der katholischen Gemeinschaft, sei es in außerkirchlichen Sekten, ihre künftige Erlösung in Demut immer wieder zwischen Sünde und Sühne verdienen müssen, denen diese Welt und ihre Bewältigung als eine Aufgabe gestellt ist, die im Willen, in der Bewährung, in der Gnade gerechtfertigt werden.

Nur in einem Punkte vereinen sich diese fremden Mächte: im reinen Leben treffen sich die Sehnsucht des Sünders und die Weltverachtung des Engels. Hier wirken die Katharer auf das Abendland ein.

Insbesondere haben sie die abendländischen *Sekten* befruchtet, den ständigen „Aufruhr des Gewissens"[2]. Diese abendländischen Heterodoxen sind von Cluny, von Gregor VII., von Norbert und Bernhard nicht zu trennen, bis die Katharer kommen. Als sie um 1140, beim Versagen der älteren Ketzereien, alle Gedanken der Welt- und Kirchenreform zu verwirklichen scheinen und in ihrer Sündlosigkeit und Wissenssicherheit alles abendländische Bemühen scheinbar überstrahlen, haben sie alle ihre Nachfolger tief beeinflußt. Diese kehren schon bald nach 1170 wieder in vertrautere Bahnen zurück; aber geblieben ist ihnen viel vom katharischen Ritus und Habitus, vor allem von dem katharischen „Pathos der Absage"[3], von der bedingungslosen Feindschaft gegen die katholische Kirche, von der Neigung zu kirchenfeindlicher Kirchenbildung[4].

Das erleuchtete Wissen der Katharer wirkt seit der Wende zum 13. Jahrhundert auch auf die *katholische Kirche*. Mit der werdenden Scholastik sind die Katharer eng verbunden; in ihrer Abwehr ist das katholische Dogma erstarkt[5]. Auch in der lebendigen Bewährung des Glaubens hat die katholische Kirche mancherlei von den Katharern gelernt[6]. Doch bald hat die Kirche ihre Gegner mit erneuerten Kräften geschlagen; Glaubenstiefe und Lebensernst verbündeten sich in den Bettelorden gegen die Katharer, die diesen Bund angeregt hatten. Das erschreckende Erlebnis einer machtvollen Häresie im christlichen Land hat den Katholizismus zu einer schöpferischen Reaktion geführt.

Der *Glaube des Volkes* hat sich zunächst der strengen Lebensführung der Katharer geöffnet, aber nach 1250 auch mit der katharischen Dogmatik einen zeitweiligen Bund geschlossen. Der ‚Aberglaube', der Glaube an Sterne und unbeugsames Schicksal nicht minder als der an Teufel und Dämonen, hat vom katharischen Dualismus manche Anregung empfangen[7]. Die religiöse Indifferenz des 14. Jahrhunderts, insbesondere in Italien, ist durch katharische Nachwirkungen bestärkt worden[8].

So ist das mittelalterliche Glaubensleben durch die Katharer vielfach befruchtet worden; sie haben manches, was in den Sekten, in der Kirche und im Volke latent gespeichert war, aufgerührt und zur Wirkung gebracht. Dennoch sind sie stets Fremde geblieben und haben das Abendland nur auf sein Eigenes hingewiesen. Schärfer tritt dies in der katharischen Wirkung auf die abendländische Kultur hervor. Hier sind die Katharer fast ganz die Nehmenden.

Die *Bildung* ist dem Katharismus ein sinnloser Luxus; wahrer Humanismus ist ihm fremd[9]. Dennoch sind die Katharer rasch durch den Zulauf der Gebildeten und bald auch durch die gelehrte katholische Polemik zur Bildung gezwungen worden; sie lesen Latein und zitieren Aristoteles; sie schicken ihre Adepten auf die Universitäten. Was sie gelernt haben, geben sie weiter; für die anwachsende Volksbildung haben sie wohl mancherlei getan[10]. Doch ist ihre Rolle unschöpferisch; sie bleibt eine Nebenrolle.

*Philosophen* sind die Katharer nicht; ihre Mythologie befängt ihr Denken[11]. Doch sie geben vor, nur das zu glauben, was sie verstehen, nicht aber die Sprüche der Bibel. So erzwingen sie von ihren Gegnern die neue philosophische Methode. Sie selbst sind nur ein kurzes Stück den Weg zur Hochscholastik mitgegangen, der weit über ihre Kräfte ging. Aber ihre neue, unerhörte Lehre von zwei Welten hat den naiven Glauben erschüttert und die Forscher aufgerufen, die Einheit von Natur und Übernatur rational zu erweisen[12].

Die *Kunst,* in ihrer sakralen wie in ihrer profanen Gestalt, ist den Katharern gleichgültig. Und doch hat ihre jenseitige Spiritualität in der Dichtung der Trobadors nachgeklungen, und der neue Realismus der bildenden Kunst ist in ihrem Beisein entstanden[13]. Sie haben selbst manchmal von dem Vorbild abendländischer Kunst gezehrt, auch wenn sie selbst mit leeren Händen in die Formenfülle kamen.

Das mittelalterliche Geistesleben ist also hier und da von den Katharern in einer neuen Richtung etwas beschleunigt worden; in allem Wesentlichen freilich sind die Katharer nur Schuldner geblieben[14]. Die mittelalterliche Kultur verdankt, nicht anders als die Religion, den Katharern eine Belebung im ganzen, manche Anregung im einzelnen, aber keinen schöpferischen Gedanken.

## 2. Staat und Gesellschaft

Christ und Katharer verhalten sich ganz verschieden zur Welt. Wer sie als Aufgabe sieht, muß diese Aufgabe in einer Gemeinschaft zu lösen suchen; wer die Welt verdammt, dem muß auch das staatliche Leben als teuflisch und alle gesellschaftliche Ordnung als unnütz erscheinen[1]. Aber der Katharer lebt in der Welt und ist ihr nicht so gleichgültig wie sie ihm. Durch ihr bloßes Vorhandensein wirken die Katharer in sie hinein.

Das *Reich und die Nationen* sind den Katharern feind. Je höher der universale Anspruch einer politischen Macht gesteckt war, desto erbarmungsloser mußte sie gegen *haeretici*, Sonderlinge, vorgehen. Die deutschen Kaiser, die französischen und englischen Könige haben gegen die Katharer nirgends Gnade geübt[2]. Denn sie zerstörten zwar nicht den Staat an sich, aber jeden universalen Staat, nicht durch aktive Revolutionen, sondern durch prinzipielle Weltverachtung[3].

*Fürstentum und Adel* haben in ihrer Lebensauffassung nichts mit den Katharern gemein. Doch dort, wo sie ihre Selbständigkeit gegen Mächtigere verteidigen, bietet sich der Katharismus, die Religion der Opposition, von selbst als Bundesgenosse an: im zweiten Bulgarenreich, in Bosnien, in der Grafschaft Toulouse haben die Fürsten, in den provenzalischen Raubritterburgen und den italienischen Stadttürmen haben die Adligen immer wieder die Katharer als Werkzeug benutzt[4]. Diese haben dadurch zur Territorialbildung wie zum adligen Sondergeist des 13. Jahrhunderts einiges beigesteuert, auch wenn sie immer wieder verraten wurden und nichts hielten von „denen, die das Schwert am Gürtel tragen"[5].

Auf die *Stadt,* den Sitz der Frommen und der Freien, hat der Katharismus großen Eindruck gemacht. Die religiöse Ketzerei schien die politische zu stützen, und in der Tat hat der katharische Widerspruchsgeist im Kampf gegen geistliche Stadtherren eine wertvolle Stütze abgegeben[6]. Aber für die positiven Ziele der Städtebewegung konnte die Lehre der bogomilischen Engelsgemeinde kein Vorbild sein, und so haben auch die Städte, vielleicht

165

nicht ganz so leichten Herzens wie die Könige und die Ritter, den Katharismus verjagt und vernichten helfen[7].

Das politische Leben des Mittelalters hat die Katharer in seinen Sog einbegriffen; am Verfall der Universalmächte, am Aufblühen territorialer Sonderung und städtischer Freiheit sind die Katharer wirkend und doch nicht handelnd beteiligt. Um ein geringes aktiver haben sie auf das *gesellschaftliche* Leben ihrer Umwelt gewirkt.

Eine *soziale* Revolution lag ihnen fern. Ihr *ordo* war nur ein Notbehelf ohne gemeinschaftsbildende Kraft und ohne geprägte Grenzen. Aber eben dies hat die Masse aller Stände zu ihnen gelockt; wo der Totengräber Bischof werden konnte und der ehemalige Prälat unter Webern saß, da waren die Grenzen der Ständehierarchie gesprengt. Diese Kraft ist dem Katharismus nicht von innen zugewachsen; im 13. Jahrhundert verlor sie sich, als er eine Mittelstandskirche wurde und später den abergläubischen Knechten verfiel[8]. Dennoch hat das Beispiel fortgewirkt und bei der Unterhöhlung der mittelalterlichen Ständeordnung mitgeholfen.

*Wirtschaftlich* waren die Katharer, als sie kamen, indifferent. Aber sie zogen auf sich die latenten Tendenzen der Zeit; sie waren arm, als es die religiöse Bewegung des 12. Jahrhunderts erforderte, und sie wurden reich, als sich das Bürgertum ihrer annahm[9]. Und wie sie selbst mit der Raffgier moderner Bürger ihren Kirchenzehnten eintrieben, so haben sie ihren Anhängern Wucher und Zins erlaubt und mit dieser Mißachtung des katholischen Zinsverbotes den Städten und der Entwicklung des Finanzkapitalismus einen wesentlichen Dienst erwiesen[10]. Die Zersetzung der mittelalterlichen Wirtschaftsethik ist mit ihrer Hilfe gefördert worden; am Aufbau einer neuen Wirtschaftsordnung sind sie jedoch kaum beteiligt gewesen.

Die *Einzelpersönlichkeit* und ihre Wertschätzung sagt den Katharern wenig zu; sie sind keine religiösen Demokraten gewesen, und Toleranz war ihnen nur eine Waffe wie allen Minderheiten[11]. Und doch sind die Einzelnen zu den Katharern gekommen, die Menschen, denen Freiheit mehr war als Ordnung; vor allem sind die Frauen zu ihnen geströmt, die das persönliche Frommsein ersehnten. So haben sie, obwohl sie die Freiheit leugneten und die Frau für teuflisch hielten, manches getan, um die Freiheit des Einzelnen als neue Grundlage seiner Existenz zu setzen [12].

Das gesellschaftliche Leben des Mittelalters hat, wie wir sehen, die Katharer miterfaßt, so sehr, daß sie bisweilen sogar ihre eigenen Prinzipien verleugnen. Denn hier wie im politischen Dasein stehen sich Katharismus und Mittelalter im Grunde als fremde Größen gegenüber, und überall sind die Katharer durch ihre Umwelt benutzt und zum Nachgeben gezwungen worden.

Wenn wir das ganze, eben skizzierte Bild überblicken, finden wir es in allen Teilen gleichartig. Der Strom des abendländischen Lebens fließt in seiner ganzen Breite durch die katharische Kirche hindurch; hier wird er beengt und fließt nur rascher, dort zieht er ein Stück des katharischen Gebäudes mit sich fort; nirgends wird er aufgehalten oder umgelenkt. Die Wirkung des Katharismus auf das Abendland ist vorwiegend passiv; er bildet bestenfalls ein ‚Ferment der Komposition‘ für Europa. Die Wirkung des Katharismus nach außen hat mit seinem inneren Wesen wenig gemein; das Wesentliche, der Dualismus, blieb wirkungslos.


## 3. *Dualismus und Christentum (Zusammenfassung)*

Wir haben die Erscheinung ‚Katharismus‘ nach ihrem inneren Gehalt, in Geschichte und Glauben, und nach ihrem äußeren Geschick, in der Welt des Mittelalters und der Geistesgeschichte der Neuzeit, untersucht. Das Ergebnis stellt uns den Katharismus als ein Ganzes vor Augen.


Der katharische *Glaube* hat sich in seinem dogmatischen, dualistischen Gehalt kaum über die bogomilische Grundlage hinaus fortentwickelt; trotz mancher abendländischen Einbrüche ist Bogomils Erbe, Nachklang einer langen gnostischen Tradition, unversehrt bewahrt geblieben, doch dem Abendland nicht nahegekommen. Die ethisch-religiöse Lebensführung, in der Christentum und Dualismus sich begegneten, ist das Bindeglied zwischen Bogomilismus und abendländischer religiöser Bewegung geworden, dafür aber auch späterhin stark mit christlichen Einflüssen durchsetzt worden, die das bogomilische Element erheblich beschränkten. Zwischen der gnostischen Dogmatik der Katharer und ihrer christlichen Ethik bestand ein paradoxer Bund.

Die katharische *Geschichte* begann mit der Betonung der evangelischen Lebensführung, die den Katharern einen Platz im Abendland sicherte. Sie schritt fort zur Ausbildung einer dogmatischen Kirche, die die Kräfte des abendländischen Christentums innerhalb und außerhalb der mittelalterlichen Kirche zum Widerspruch aufrief. Sie endete in der Nachahmung der katholischen Kirche und in der Vernichtung durch diese Kirche. Der historische Weg des Katharismus führte von der christlichen Geistigkeit über die bogomilische Kirchlichkeit zu einem Gemisch von gnostischem Inhalt und christlicher Form.

Die *Wirkung* der Katharer auf die *mittelalter*liche Welt ist gering. Das christliche Abendland hat sich ihrer bedient, um das Zeitalter der Frömmigkeit gegen sie auf den Gipfel zu treiben und um danach das Zeitalter der Freiheit ohne sie einzuleiten. In dieser aufblühenden christlichen Hochkultur ist die fertige, aber dürftige Welt gnostischer Tradition zersprengt worden.

In der *Neuzeit* endlich haben die Erben des christlichen Mittelalters dem Katharismus ein gespenstisches Nachleben bereitet; die Hüter der dogmatischen Tradition haben sie noch einmal verdammt; die Freunde des lebendigen Treibens nahmen sie in Schutz. Auch ihr Nachleben trägt noch den Fluch der Zwiespältigkeit.

Wir stellen zum Schluß die Kernfrage: Sind die Katharer Christen oder Gnostiker, Ketzer oder Heiden[1]? Die Antwort kann nur heißen: Sie sind keines von beidem, weil sie aus beiden Wurzeln erwuchsen und beides zugleich sein wollten. Nicht Westen oder Osten, nicht Leben oder Lehre, nicht *Dualismus oder Christentum*, sondern der gescheiterte Versuch, das Verwandte, aber Unvereinbare zu vereinen, das ist der Katharismus.

Wir haben keine Ursache, dieses Scheitern eine Tragödie zu nennen; denn die Katharer selbst ersehnten sich dieses völlige Scheitern an der Welt; das, was sich uns als notwendiger Ablauf enthüllte, war ihr freiwillig gewähltes Ziel. Hinter Freiheit und Notwendigkeit, Fortdauer und Untergang nach Wahrheit und Irrtum und nach dem letzten Grunde zu suchen, ist nicht Sache des Historikers. Doch alles, was wir tun können – und es ist noch viel zu tun –, um diesen Menschen und ihrem Ideal eine späte Achtung zu zollen, ist ein Weg, den sie mißbilligten, der endlose Weg zum Ziel Heraklits, „die Einsicht zu verstehen, die alles hindurchlenkt durch alles"[2].

# Anmerkungen

## I. Die Katharer im Spiegel von Quellen und Forschungen

### 1. Die Chronisten des 11. Jahrhunderts

[1] Dazu sind bisher nur wenige Ansätze vorhanden. Die Quellen sind in den allgemeinen Werken nur kurz und am Rande zusammengestellt worden (unzureichend bei *K. Werner,* Geschichte der apologetischen und polemischen Literatur der christlichen Theologie, Bd. 3, Schaffhausen 1874, S. 467 ff.; noch lückenhafter bei *M. Manitius,* Geschichte der lateinischen Literatur des Mittelalters, Bd. 3, München 1931, S. 140 802; am besten bei *Molinier,* Sources 3, 54 ff.; kurz auch bei *Ghellinck,* Essor 1,168 ff.), während die Spezialschriften (schlecht *Guiraud,* Inquisition 1, XI ff.; gut *Dondaine,* Sources 469 ff.) die Quellen nicht in den Rahmen der allgemeinen Literaturgeschichte stellen. – Noch schlechter steht es um die Darstellung der Forschungsgeschichte: *Walch* (1, 49 ff.), der Polyhistor des 18. Jahrhunderts, hat als erster die gesamte Literatur überblickt, ohne sie jedoch auszuwerten; *Schmidt,* der Kritiker des 19. Jahrhunderts, gab nur eine Geschichte von Einzelproblemen (*Schmidt* 2, 252 ff.); das 20. Jahrhundert teilt sich in der Nachfolge der beiden Vorläufer: Neben der Geschichte einer Einzelfrage (*Söderberg,* Cathares 1 ff.) steht ein Überblick über die Überblicke (*Morghen,* Medioevo 212 ff.) und eine mehr aufzählende als wertende Bücherliste (*Guiraud,* Inquisition 1, XLIII ff.). (Die genauen Titel aller abgekürzt zitierten Werke, auch der Quellen und ihrer Ausgaben, siehe im Literaturverzeichnis.)

[2] *Grundmann,* Typus 91.

[3] Rad. Glab. III c. 8, S. 76 ff. Zur Datierung des Buches III seiner ‚Historiae' vgl. H. *Kuypers,* Studien über Rudolf den Kahlen (Rodulfus Glaber), Diss. phil. Münster 1891, S. 18; über seine eschatologischen Ansichten vgl. *K. Grund,* Die Anschauungen des Rodulfus Glaber in seinen Historien. Diss. phil. Greifswald 1910, bes. S. 14. Zuletzt über R.: *P. Rousset,* Raoul Glaber, interprète de la pensée commune au XIᵉ siècle, in: Revue d'histoire de l'église de France 36 (1950) S. 5–24.

[4] Die Ketzerei ist *cruda nimium atque insolens* (Rad. Glab. III c. 8, S. 74), *nova et inaudita* (Chron. Turon. a. 1029, *Bouquet* 10, 284; Vita S. Theodor. ep. Aurel. *Bouquet* 10, 368; noch Caes. Heist. V c. 18, *Strange,* 1, 296 usw.).

[5] Über die Theologie des 11. Jahrhunderts vgl. *Ghellinck,* Mouvement 44 ff. Daß die Chronisten in theologischen Fragen zuverlässiger seien als die späteren theoretischen Polemiker, ist allerdings eine unzulässige Verallgemeine-

rung von *Morghen*, Medioevo 231. Denn die abgerissenen Lehrsätze, die die Chronisten überliefern, erlauben uns keine Rekonstruktion der Ketzerlehren (so auch *Ilarino*, Eresie 44).

[6] Zuerst Adem. Caban. III c. 49, S. 173; III c. 59, S. 184 f.; später etwa Guib. Novig. III c. 17, S. 212 f.; Rad. Cogg. a. 1200, S. 125; Caes. Heist. V c. 24, *Stange* 1, 308; Alan. Ins. 366; Georg. Disp. 1737; Guill. Alv. 1, 83; vor allem die Bulle von 1233 gegen die Stedinger (*Ripoll* 1, 53, deutsch bei *W.-E. Peukkert*, Die große Wende, Hamburg 1948, S. 123); im 14.Jahrhundert etwa Alvaro Pelayo (*Scholz* 2, 514). Die Tradition, die wohl zuerst den römischen Juden, dann den ersten Christen angehängt wurde (vgl. Tertullian apol. 7 f.), ist noch nirgends im Zusammenhang untersucht worden, obgleich sie bis zum Taxil-Vaughan-Skandal von 1894 lebendig blieb. Jedenfalls darf man sie nicht wörtlich glauben, wie es bei *Fliche-Martin* 7, 461 geschieht.

[7] Daher die Bezeichnung der Ketzer als *Manichaei* (zuerst Adem. Caban. III c. 49, S. 173.

[8] Diese Ansicht von *Döllinger* 1, 73 ist ebensowenig haltbar wie die von *Herse* 139, die Chronisten hätten die Lehren verschwiegen, um ihre Leser vor Anfechtungen zu schützen. Die Leser waren geistlichen Standes wie die Chronisten.

[9] Über die Ketzer von Monteforte s. o. S. 67 f.

## 2. Die Briefschreiber (c. 1140–1160)

[1] Die Gleichzeitigkeit von Sektenbildung und polemischen Traktaten bemerkt *Landgraf* 1, 14.

[2] Über P. zuletzt *J. Leclercq*, O. S. B., Pierre le Vénérable (Figures monastiques), S. Wandrille 1946. Dort ist S. 357–367 unser Traktat gut analysiert. Seine Datierung ist umstritten; ausgeschlossen ist 1126/7 (wie *Füeßlin* 1, 199 f., *Gieseler* 2, 2, 535; *Hahn* 410; *Runciman* 118 annehmen); unwahrscheinlich ist 1132 (so *D. Goldhorn*, Abälards dogmatische Hauptwerke, in: Zeitschrift für die historische Theologie 36 (1866) S. 161–229, bes. S. 175–182); zu weit ist die Spanne 1131–54 (so *Guiraud*, Inquisition 1, XVIII); es kommt nach Epp. IV c. 17, MPL 189, 344 nur die Zeit zwischen 1138/9 und 1142 in Frage; so *Döllinger* 1, 82; *Vacandard*, Origenes 70; *Theloe* 62; ähnlich *Alphandéry*, Morale 107, und, leider mit von *Goldhorn* angeregten verfehlten Folgerungen, *J. Kramp*, S. J., Chronologisches zu Peters des Ehrwürdigen ‚Epistola adversus Petrobrusianos', in: Miscellanea Franz Ehrle, Bd. 1, Rom 1924, S. 71–79, bes. S. 75. Denn der Traktat richtet sich ausschließlich gegen Peter von Bruis, nicht auch gegen dessen Anhänger und Fortsetzzer Heinrich (richtig *Walter* 139; falsch *Goldhorn*, a.a.O. 175 ff.; *Kramp*, a.a.O. 74).

[3] Über die Theologie des frühen 12. Jahrhunderts vgl. *Ghellinck*, Mouvement 82 ff. Über die polemische Technik des Investiturstreites vgl. *C. Mirbt*, Die Publizistik im Zeitalter Gregors VII., Leipzig 1894, S. 611–618; wenig brauchbar ist hierfür *A. Reinke*, Die Schuldialektik im Investiturstreit (Forschungen zur Kirchen- und Geistesgeschichte, Bd. 11), Stuttgart 1937. – Nur eine briefartige

zusammenfassende *Praefatio* hebt sich bei diesen ersten Traktaten gegen die Ketzer heraus.

[4] Über E. am ausführlichsten *Th. Paas*, Entstehung und Geschichte des Klosters Steinfeld als Propstei, 1. Teil, in: Annalen des Historischen Vereins für den Niederrhein 93 (1912) S. 1–54. Mit Erwin von Steinbach (so *Coulton*, Inquisition 51) hat er natürlich nichts zu tun. – Die Datierung schwankt in der Forschung zwischen 1142 (*Schnürer* 428), 1143 (*Esnault* 44), 1146 (*Gieseler* 2, 1, 405; *Douais*, Albigeois 198; *Molinier*, Sources 3, 63; *Paas*, a.a.O. 52) und 1149 (*Guiraud*, Inquisition 1, XXXII). Die *nuper* entdeckten Ketzer (Everw. Steinf. 677) sind sicher die von Köln 1143; ferner ist der Brief vor Bernhards Sermo geschrieben (s. u. I, 2 A. 9).

[5] Über die Disputationen Everwins, eines gebürtigen Franzosen, mit den Ketzern vgl. Everw. Steinf. 678 und *Paas*, a.a.O. 52.

[6] Der Brief ist durch die Regierungszeit des Papstes datiert (falsch angegeben bei *Guiraud*, Inquisition 1, XXXIII). Ob Bischof Adalbero II. von Lüttich das Schreiben veranlaßte (so *Havet* 20; *Vacandard*, Inquisition 45), steht dahin.

[7] Leod. ep. 938.

[8] Die Verknüpfung des Autors mit dem späteren Erzbischof von Torres in Sardinien gleichen Namens (*Schmidt* 1, 40; *Grundmann*, Bewegungen 18) ist möglich, aber nicht erweisbar. – Eine kürzere und sichtlich abgeschriebene Fassung des Briefes bei Ann. Margan. a. 1163, S. 15: an der Stelle, wo Herib. Mon. 1722 noch von *verbis* spricht, steht bei Ann. Margan. a.a.O. *scriptis*. Wenn also die Annalen von Heriberts Brief abgeleitet sind (und das meint auch *Luard*, Einleitung zu Ann. Margan., S. XIV), fällt die Begründung für eine Datierung des Briefes auf das von den Ann. Margan. angegebene Jahr 1163, wie sie *Grundmann*, Bewegungen 18, gibt. Der Brief war offenbar stets undatiert und wurde von dem Annalisten nach eigenem Ermessen chronologisch eingeordnet. Die Forschung schwankt in der Datierung zwischen 1140 (*Gieseler* 2, 2, 541; *Schmidt* 1, 40; *Esnault* 43) und 1145 (*Heer* 472). Ich schließe mich der Datierung der Hist. litt. 12, 446 an. Der Brief ist seinem Inhalt nach zwischen Leod. ep. und Bernh. Serm. anzusetzen.

[9] Über B. vgl. noch immer *E. Vacandard*, Vie de St. Bernard, 4. Aufl., Paris 1920 (deutsche Übersetzung Mainz 1897–98) und *E. Caspar*, in: Meister der Politik, 2. Aufl., Bd. 1, Stuttgart–Berlin 1923, S. 561–599; zuletzt die saubere Studie von *W. Williams*, Saint B. of C., Manchester 1935, sowie die gedankenreiche Zusammenfassung von *P. Rohbeck*, B. v. C., Gestalt und Idee, Warendorf 1949. Datierung und Gegenstand der beiden Äußerungen wurden von *Vacandard*, Origines 51 74, gültig entschieden: Serm. 66, die Antwort an Everwin, richtet sich gegen die nördlichen Ketzer, also die Katharer (aber auch, wie *Neander* 5, 2, 813; *Schmidt* 1, 42; *Reagan* 87 betonen, zugleich gegen den Ketzer Heinrich), und kann auf 1144 angesetzt werden; der Brief 241 wendet sich nach B.s südfranzösischer Reise von 1145 gegen die überlebenden Anhänger Heinrichs allein. Im gleichen Sinn zuvor *Vaissète – Dulaurier* 3, 742; danach *Esnault* 47.

[10] Zu hoch wurde B.s Quellenwert eingeschätzt von *Bossuet* (s. *Rébelliau* 214,

der selbst dasselbe tut) und *Guiraud,* Inquisition 1, XXI; weit bedenklicher ist freilich die Interpretation des Bossuet-Gegners *Basnage* 1, 171 ff. Die Anklage der Heuchelei, die Bernh. Serm. 1092 gegen die Ketzer richtet, ist weder wörtlich wahr noch auch literarisch oder bewußt falsch, wie man meist annimmt. Sie ist, wie alles in diesen Äußerungen Bernhards, der leidenschaftliche Reflex des Hochgebildeten auf das produktive Chaos der Masse, weil der Intellektuelle auch bei anderen dort Gedanken voraussetzt, wo dumpfe Triebe herrschen. (Vgl. *J. Ortega y Gasset,* Der Intellektuelle und der Andere, Stuttgart 1949). – Erwähnt sei hier noch der um 1147/48 geschriebene Traktat des Erzbischofs Hugo von Rouen († 1164) gegen Heinrich. der in Dialogform weniger die Ketzer angreift als die Kirche verteidigt. Daß Hugos Gegner Eon von Stella gewesen sei, ist eine anfechtbare These von *Gieseler* 2, 2, 533; *Schmidt* 1, 48 f. Schon die Widmung an den 1147 nach Südfrankreich, also nicht gegen Eon, entsandten Kardinallegaten Alberich von Ostia, den Begleiter Bernhards von Clairvaux, zeigt, daß Heinrich angesprochen wird (Hug. Roth. 1255 f.). Die Bezeichnung *haeresis ... in Armorico* (ebda) trifft auf die von Le Mans ausgegangene Bewegung Heinrichs ebenso zu wie auf die Ketzerei Eons.

### 3. Die kritischen Polemiker (c. 1160–1230)

[1] Über die Theologie der Zeit vgl. *Ghellinck,* Mouvement 119 ff.

[2] Es trifft also für diese Periode nicht mehr ganz zu, daß die katholischen Schriften mehr apologetisch als polemisch, mehr für die Katholiken als gegen die Ketzer geschrieben seien, wie *Ghellinck,* Essor 1, 170, sagt. Sie sind beides zugleich.

[3] Über E. vgl. *S. Widmann,* Nassauische Chronisten des Mittelalters, Programm, Wiesbaden 1882, S. 4–9 und *Roth* 187–229.

[4] Die Datierung auf die Zeit um 1163 war schon bisher allgemein anerkannt (*Gieseler* 2, 2, 539; *Roth* 204; *Runciman* 122), wenn auch *Theloe* 55 versuchte, Ekbert zu Everwin um 1145 zu stellen; das scheitert schon an der Widmung (Ecb. Schon. 11) für Erzbischof Rainald von Dassel (1159–67), mit dem übrigens *Söderberg,* Cathares 7, den Autor verwechselt. Es ist auch unnötig, mit *Guiraud,* Inquisition 1, 19, Rainalds Regierungszeit für die Zeit der Abfassung offenzuhalten. In einem bisher übersehenen Brief an den Abt Reinhard von Reinhausen (1159–63) schreibt Ekbert nämlich von der *nuper* übersandten Schrift gegen die Katharer (*R. Knipping,* Die Regesten der Erzbischöfe von Köln, Bd. 2, Bonn 1901, S. 124 f., Nr. 760). Sie ist also noch 1163 verfaßt. – Über Ekberts Tätigkeit gegen die Ketzer vgl. *Widmann,* a.a.O. 7 und *Roth* 202 f.

[5] Zu Gliederung und Sprache s. *Ghellinck,* Essor 1, 169 f. – Die Manichäer-These Ecb. Schon. 18 97 mit längeren Augustin-Exzerpten. Zu den ersten Ansätzen in dieser Richtung s. o. I, 1 A. 7.

[6] Ähnlich kritisch *Gieseler* 2, 2, 547; *Hahn* 81; *Schmidt* 2, 314; *Broeckx* 143; *Grundmann,* Bewegungen 26; *Dondaine,* Sources 482 f. Allzu wörtlich wird E.

genommen bei *Füeßlin* 1, 77; *Douais*, Albigeois 249; *Guiraud*, Inquisition 1, XVII; *Heer* 500.

[7] Zur Textgeschichte vgl. *Ilarino*, Bonacursus 294, Speroni 430. – B. war nicht, wie es bei Bonac. Manif. 775 noch steht, Bischof der Katharer, was die Forschung von *Schmidt* 1, 62 ab annahm; *Ilarino*, Bonacursus 292, hat die Stelle als Lesefehler *(episcopum* für *ipsorum)* erkannt. Die Vermutung von *Guiraud*, Inquisition 1, 94, B. sei Dominikaner gewesen, ist aus der Luft gegriffen. Unerfindlich ist mir auch die Quelle für das Todesdatum 1202 des B., das *Douais*, Somme 13, angibt. Wir wissen über ihn nichts.

[8] Aus diesem Grund konnten auch die sog. ‚Geheimlehren‘ der Katharer nicht geheim bleiben. Im gleichen Sinn *Dondaine*, Sources 467; *Morghen*, Medioevo 248. Zu diesen ‚Geheimlehren‘ s. u. III, 9 A. 5.

[9] Im gleichen Sinn *Ghellinck*, Essor 1, 169.

[10] *Turdeanu* 204.

[11] Über sie am besten *Turdeanu* 204–213. – Zu den Katharern kam sie, nach einer Bemerkung bei Int. Joh. 309, durch den späteren Katharerbischof Nazarius, der sie aus Bulgarien mitbrachte; diese Reise fand (nach Rain. Sacc. 76) um 1190 statt. – Schwieriger und noch längst nicht geklärt ist die Entstehungsgeschichte der Int. Joh. Sie ist den Bogomilen seit dem Beginn des 12. Jahrhunderts bekannt, aber viel älter (so *Reitzenstein* 294) und jedenfalls eine Kompilation, zu der die Bogomilen selbst wenig beigetragen haben (so *Puech – Vaillant* 130; *Turdeanu* 213). Ihre Gedanken sind, wie *Söderberg*, Cathares, nachwies, gnostisch. – Umstritten ist die Sprache des Originals: Altbulgarisch ist sie nach *Ivanov* 69 ff.; *Obolensky* 226; *Söderberg*, Cathares 96; für ein griechisches Original plädiert *Reitzenstein* 294 ff. nach dem Vorgang von *Schmidt* 2, 7. *Turdeanu* 212 muß die Frage offenlassen. Fraglich ist auch, wo die lateinische Übersetzung hergestellt wurde, in Kroatien (so *Turdeanu* 212), Italien (worauf Randscholien bei Int. Joh. 310 deuten) oder, was weniger wahrscheinlich ist, in Südfrankreich (so *Roché* 46). Unklar ist endlich die Entstehungsgeschichte der beiden unterschiedlichen Rezensionen der Int. Joh., die uns in insgesamt vier Handschriften vorliegen. Das Problem muß von einem Slawisten, der zugleich die mittellateinische Philologie beherrscht, neu aufgerollt werden.

[12] Über sie *E. Hennecke*, Neutestamentliche Apokryphen, 2. Aufl., Tübingen 1924, S. 303 ff.; *Turdeanu* 213–218. Sie ist in der 2. Hälfte des 2. Jahrhunderts n. Chr. in Griechenland kompiliert worden und in äthiopischer und lateinischer Fassung erhalten; die letztere ist anscheinend auf Grund einer bulgarischen Version übersetzt. Die Bogomilen kennen sie früh, haben aber zum Text nur unwesentliche Varianten beigesteuert. Die Verwendung der Visio bei den Katharern ist von Monet. Crem. 218 bezeugt.

[13] Über die Rolle der Apokryphen im katharischen Glauben s. o. S. 122 f.

[14] Über den ‚Liber antihaeresis‘ und das ihm vorangestellte Glaubensbekenntnis des Waldes vgl. *Dondaine*, Valdéisme. Nach ihm auch die Datierung; die Stelle Lib. antih. 235, wo von der Verteidigung der waldensischen Freiheiten *usque ad mortem* und von zahlreichen Verfolgungen durch die Katholiken die

Rede ist, ließe allerdings auch eine Datierung nach 1184 als möglich erscheinen. – Die Aufzählung der Vorfahren der Katharer bei Lib. antih. 234.

[15] Die Person dieses Ermengaud und damit die Datierung ist unsicher. Meist
nahm man den Abt von S. Gilles (1179–95) als Verfasser an (*Molinier*, Sources
3, 60; *Guiraud*, Inquisition 1, XX; *Dondaine*, Sources 483; *Ghellinck*, Essor 1,
170); aber mehr und mehr tritt Ermengaud, der Genosse des Waldensers Durand von Huesca, in den Vordergrund, der mit diesem 1208 die Bewegung der
‚Katholischen Armen‘ begründete (so zuerst *Franck*, Theologische Studien und
Kritiken 4 [1841] S. 973; dagegen *Gieseler* 2, 2, 557; von neuem dafür *Schmidt*
2, 232; *Broeckx* 215). Der bisher bekannte Text von Ermeng. Tract. war fast
ausschließlich gegen die Katharer gerichtet, was sowohl der erste Herausgeber,
*Gretser* 111, wie *Guiraud*, Inquisition 1, 247, verkannten. Doch hat *Dondaine*,
Sources 483 f., die bisher verlorene Fortsetzung des Traktates gefunden, die
sich an die Waldenser wendet. Die Publikation dieses Teiles steht bevor; sie
wird die Verfasserfrage klären helfen.

[16] Über Ebrard zuletzt *Ghellinck*, Essor 2, 47. Die Identität des Grammatikers
mit unserem Autor ist schon von *Gretser* 111 vermutet worden, steht aber
nicht zweifelsfrei fest. – Ebr. Beth. 1530 kann nicht zwischen Katharern und
Waldensern unterscheiden; Ebr. Beth. 1576 schreibt über die Katharer die Definition Isidors von Sevilla ab; Ebr. Beth. 1571 erklärt den Waldensernamen
falsch usw.

[17] Über A. neuestens *G. Raynaud de Lage*, Alain de Lille, poète du XIIe siècle,
Paris 1951 (mir nicht zugänglich) und *E. R. Curtius*, Europäische Literatur und
lateinisches Mittelalter, Bern 1948, S. 125 ff. – In der älteren Forschung galt
zumeist Alanus von Puy als der Verfasser (noch bei *Molinier*, Sources 3, 60;
dagegen schon *Gieseler* 2, 2, 558). Daß aber der Scholastiker der Verfasser ist
(so *D'Argentré* 1, 83 u. a.), kann nicht bestritten werden, da Alber. Tr. Font.,
Chron a. 1203, MGH, SS. 23, 881, ihn ausdrücklich als Verfasser nennt. – Des
weiteren ist zu scheiden zwischen der ‚Ars catholicae fidei‘, die dem Alanus angehört (Nachweis gegen *Baeumker*, Alanus 6, 163 ff., bei *Grabmann*,
Methode 2, 459 ff.), und der genannten Alanus-Schrift. *Wulf* 1, 228 hat beide
Werke fälschlich ineinsgesetzt. – Die Datierung kann sich nur an das Todes-
jahr des Grafen Wilhelm VIII. von Montpellier († 1202) halten, dem die
Schrift gewidmet ist, und an das Laterankonzil von 1179, dessen Beschlüsse erwähnt werden. Übrigens ist der Text sehr verwahrlost; auch die wenigen Korrekturen von *Baeumker*, Alanus, reichen nicht aus; noch immer muß man
z. B. bei Alan. Ins. 371 so haarsträubende Interpolationen wie ein Zitat aus
dem Konzil von Trient 1563 lesen. Eine Neuausgabe lohnt sich.

[18] Über die Anlage des Werkes vgl. *Grabmann*, Methode 2, 466 ff. *Runciman*
151 nennt den dreißig Jahre vor Errichtung der Inquisition Gestorbenen
fälschlich einen Inquisitor. A. hat auch in seinen übrigen Werken die Vernunftgründe sehr betont (darüber *Geyer* 245 f.; *Ghellinck*, Essor 1, 83) und in
seinem Kreise hat man sich als Ziel gesetzt, *ut qui prophetiae et evangelio ac-
quiescere contemnunt, humanis saltem rationibus inducantur* (MPL 210,
596 f.). In der Ketzerschrift steht sein berühmter Satz, Bibelstellen hätten eine

wächserne Nase (Alan. Ins. 333). Das Zitat des ‚Liber de causis' bei Alan. Ins. 332 334 (zu verbessern nach *Baeumker,* Alanus 6, 419).

[19] Da das Werk eine Analyse, keine Synthese gibt (so *Ghellinck,* Essor 1, 83), werden die Lehren der Ketzer nur als Einzelsätze in den Ablauf der Gedanken eingefügt; wo Meinungsverschiedenheiten unter den Ketzern herrschen, werden die Gruppen nur durch ein *alii … alii* getrennt, was jede Rekonstruktion der Ketzerlehren ausschließt. Bezeichnend für die theoretische Einstellung des Verfassers ist, daß er die Katharer für Manichäer hält (Alan. Ins. 323) und ihnen wieder die Schauermärchen der Chronisten nachredet (Alan. Ins. 366).

[20] *Dondaine,* Lombardie 290, der zu dieser Schrift zu vergleichen ist, datiert vorsichtig „vor 1214". Das der älteren Forschung bekannte Fragment des Werkes (gedruckt bei *Vignier* 268) wurde bereits von *Schmidt* 1, 145 vermutungsweise richtig datiert, während *Döllinger* 1, 113 mit der Datierung auf c. 1160 nicht das Rechte traf.

[21] Aus Haer. Cath. haben Monet. Crem. 248; Burce-Ilar. 313 f. einzelne Stücke verwertet, ein ganzer Abschnitt ist von Brev. summ. 121 ff. übernommen worden. Vgl. dazu *Dondaine,* Lombardie 294 ff.

[22] Die Zuneigung des Verfassers zu den Mailänder Katharern und ihrem Bischof Garattus, den der Verfasser für den einzig rechtmäßigen Bischof in allem Streit der Parteien hält, zeigt sich etwa Haer. Cath. 307 f. Die Invektiven gegen die Ketzer sind nur zu Beginn oder Ende einiger Abschnitte eingeschoben.

[23] Über P. am besten *Guébin – Lyon* 3, 1 ff.; auch *Smedt* 437 ff., wonach die Fehler etwa von *Ghellinck,* Essor 2, 131 (Datierung nach 1215), oder von *Guiraud,* Inquisition 1, 314 (Abt von Vaux-Cernay), zu korrigieren sind.

[24] Es besteht kein Anlaß, mit *Hahn* 26; *Schmidt* 2, 296; *Alphandéry,* Morale 16; *Warner* 51 dem Zisterzienser bei der Darstellung der katharischen Lehren Ungenauigkeiten oder gar böswillige Verleumdungen vorzuwerfen. Seine ausgezeichneten Informationen wurden von *Molinier,* Sources 3, 63 f.; *Guébin – Lyon* 3, X ff., gebührend gewürdigt.

[25] Den besten Überblick über die Verfasserfrage und die ältere Literatur zur Chanson bietet *Molinier,* Sources 3, 64 f.; vgl. im übrigen *Meyer,* Chanson 2, 1 ff.; *Smedt* 452 ff. Nur zu Beginn (etwa *Meyer,* Chanson 1, Vers 10 31 45) werden *cels de Bolgaria,* die Katharer, erwähnt, jene Ketzerei, *cui Domini-Dieus maldia!*

[26] Zu dieser Notitia, die sich nur in einer Abschrift von 1660 erhalten hat, vgl. *Dondaine,* Actes. Die Datierung kann sich nur nach dem Auftreten des seit 1223 erwähnten und 1226 verbrannten Kathararbischofs Peter Izarn richten, der Act. Fel. 327 erwähnt ist; ein weiterer Anhaltspunkt ist das katharische Konzil von 1225 (s. u. A. 27). Das bei Act. Fel. 327 gegebene Datum ist jedenfalls nicht richtig (bei *Besse* 486 [dem ersten Herausgeber]; *Sandius* 391 steht an dieser Stelle „Montag, 14. August 1232", bei *Bouquet* 14, 450 „Montag, 14. Januar 1222", was beides nicht stimmt, wie schon *Vaissète* 3, 537; *Vaissète – Dulaurier* 7, 4 bemerkten). Das ist kein Grund, mit *Lacger,* Albigeois 314 ff.; *Ilarino,* Speroni 433, an der Echtheit des Dokumentes zu zweifeln, die *Dondaine,* Actes, absolut gesichert hat. Aber auch der Versuch von *Dondaine,* Ac-

tes 329, das Datum irgendwie zu retten, kann nicht überzeugen: D. will das am Ende der Notitia (neben der Jahreszahl 1232) stehende Datum „14. August" zu dem eingangs der Notitia erwähnten Jahr 1167 ziehen – ein Verfahren, für das es in südfranzösischen Urkunden keine Parallele gibt (ich durchsuchte danach *Vaissète* – *Dulaurier*, Preuves, und auch *C. Brunel*, Les plus anciennes chartes en langue provençale, Paris 1926).

[27] Die Katharer des Rasèz wußten nicht, ob sie zur Gemeinde Toulouse oder zur Gemeinde Carcassonne gehörten. Nun war 1167 auf dem großen Katharerkonzil von St. Félix de Caraman die Grenze der beiden Gemeinden genau festgelegt worden: das Rasèz gehörte danach zu Carcassonne (Act. Fel. 327: *ab exitu Redensis* sollte der Bereich von Toulouse beginnen). Es lag nahe, daß in dem ausbrechenden Konflikt der Bischof von Carcassonne seinem Vertrauten Peter Polhan den Auftrag gab, die Akten von 1167 abzuschreiben, um sie in Toulouse vorzulegen. Man einigte sich dann 1225 auf dem Konzil von Pieusse auf einen Kompromiß: Rasèz wurde eigenes Bistum; der Bischof, ein Katharer der Gemeinde Carcassonne, wurde vom Bischof von Toulouse geweiht (Act. Inq. Carcass, zitiert *Schmidt* 1, 291).

[28] Rain. Sacc. 76: *volumen magnum decem quaternorum.*

[29] Nur für Johann dürfte wirklich gelten, was *Molinier*, Traité 226, von den meisten der verlorengegangenen katharischen Traktate sagte: „... große Sammelwerke gelehrter Doktoren, oft voller Kühnheit, stets voller Gelehrsamkeit."

[30] Desiderius wird mit seinen Lehren erwähnt von Monet: Crem. 248 347 357; vor allem von Ans. Alex. 310f. Daß Desiderius katharischer Bischof gewesen sei, ist ein Irrtum von *Schmidt* 1, 64f.; *Hefele* – *Leclercq* 5, 2 1273.

[31] Ihn erwähnt Monet. Crem. 61 71 79.

[32] Petrus Gallus hat, nach den wiederholten Erwähnungen seiner Ansichten (Petr. Mart. 306; Albertus Magnus, Summa theolog., II, 5, 23) zu schließen, auch eigene Schriften verfaßt. Doch ist nicht anzunehmen, daß er mit dem *Magister Gallus* (s. u. I, 4 A. 3) identisch ist, wie *Kaeppeli* 311 vermutet.

[33] Burce-Ilar. 308. Das Buch ist wohl radikaldualistisch (so auch *Ilarino*, Burci 16, 280) und Burci sagt selbst, daß er die radikalen Lehren von einem Arzt Andreas erfahren habe (vgl. *Ilarino*, Burci 19, 281). Die Behauptung von *Stefano*, Riformatori 321, es handle sich um ein waldensisches Buch, ist falsch (s. *Ilarino*, Burci 16, 280). – Über Burci s. o. S. 26.

[34] Luc. Tud. 241 erwähnt dieses ‚Perpendiculum scientiarum'; das Buch sei so benannt *propter ornatum philosophicum et etiam propter quasdam sententias sanctarum interpositas scripturarum.* Es bietet also Bibel- und Vernunftgründe nebeneinander.

[35] Vgl. vor allem die Äußerung des Alanus über Bibelzitate, A. 18.

### 4. Die systematischen Scholastiker (c. 1230–1250)

[1] Diese Wende hat schon *Molinier*, Traité 248, erkannt, aber zu spät (auf 1250) angesetzt.

[2] Über sie allgemein *Ghellinck*, Essor 1, 78 170. Gleichzeitig entstehen auch volkssprachliche Werke gegen die Ketzer, von denen uns aber nur wenige überliefert sind (s. u. A. 25 und *Molinier*, Traité 254).

[3] Zu diesen Schriften gehört ein bedeutsamer und umfangreicher, aber unedierter ‚Liber contra Manichaeos‘ (Paris, BN lat. 689, f. 72 r–86 v), den ein mit mehreren Kardinälen befreundeter ungenannter Ordensmann um 1220 in der Gegend von Toulouse verfaßt hat (darüber *Dondaine*, Sources 486 ff.). – Die vielumstrittene und in zehn Handschriften vorliegende sog. Summa des Praepositin wird demnächst ediert werden. Vielleicht wird diese Edition über die schwebenden Fragen Klarheit schaffen. Als Verfasser werden von den Handschriften selbst genannt: Praepositin, ein *G. Bergamensis* und ein *Magister Gallus*. Für Praepositin trat vor allem *Lacombe* 43 ff. ein; *Lacombe* möchte die Abfassung der Schrift in die Zeit um 1210 verlegen. Die Forschung (vgl. *Grabmann*, Methode 2, 552 ff.; *Dondaine*, Sources 482; *Ilarino*, Speroni 28 f. 431; *Kaeppeli* 311; s. o. I, 3 A. 32) ist meist dieser Hypothese nicht gefolgt (angenommen wurde sie von *Geyer* 280; *Wulf* 1, 254; *Ghellinck*, Essor 1, 90; *A. M. Landgraf*, Einführung in die Geschichte der theologischen Literatur der Frühscholastik, Regensburg 1948, S. 112 ff.) und setzt die Summa um 1230 an. – Daß der Vorname des Verfassers Gregor gewesen sei, ist ein Irrtum von *Morghen*, Medioevo 234.

[4] Diese Schrift ‚De altera vita fideique controversiis‘ ist ein Abschnitt aus einer Vita Isidors von Sevilla (so *Schmidt* 2, 314), den L. hier nicht weniger als in seiner Weltchronik (darüber *Thompson* – Holm 1, 430) ausbeutet. Der gegen die Katharer gerichtete Teil wurde bisher auf 1236 (*Gieseler* 2, 2, 612) oder meist auf 1240 angesetzt (*Vacandard*, Inquisition XVII; *Molinier*, Sources 3, 61; *Guiraud*, Cartulaire 340, Inquisition 1, XXVII). Aber er ist im Jahre 1234 geschrieben: Nach Luc. Tud. 244 ist Bischof Roderich von León (†1232) seit zwei Jahren tot, Bischof Arnald (seit 1234) ist nach Luc. Tud. 248 schon in León am Ruder. – Lukas steht der zeitgenössischen Philosophie verständnislos gegenüber und haßt die Philosophie nicht weniger als die Ketzerei (vgl. Luc. Tud. 240 246 ff.). – Lukas ist Bischof von Tuy von 1239–49 (nicht bis 1288, wie *Vacandard*, Inquisition XVII; *Guiraud*, Cartulaire 340, Inquisition 1, XXVII schreiben).

[5] Über Burcis Werk vgl. die grundlegende Arbeit von *Ilarino*, Burci; zu dem nicht erhaltenen katharischen Buch ‚Stella‘ s. o. I, 3 A. 33. Wie glücklich wäre die Forschung, wenn ihr auch nur einer der „numerosi codici“ von häretischen Summen bekannt wäre, die nach *Morghen*, Medioevo 259, noch unediert in verschiedenen Bibliotheken lagern sollen! – Burci wäre ein Ketzer nach *Runciman* 148, ein Ketzer, der dann Katholik wurde, nach *Morghen* (Osservazioni 101 und noch immer Medioevo 217). Gegenüber solchen Flüchtigkeiten steht bei Burce-Ilar. 308 = Burce-Döll. 53 nur zu lesen: *a nobili quodam laico . . . et*

*litterarum inscio* und sonst nichts. – Zur Datierung, die aus dem von anderer Hand verfaßten Prolog hervorgeht, vgl. *Ilarino*, Burci 16, 284. – Über sein Verfahren: *Ilarino*, Burci 19, 300 ff. Bei Thomas von Aquin, Summa contra Gentiles, I c. 2, ist später eine klare Begründung dieses Verfahrens gegeben worden: Gegen die Heiden ist die Heilige Schrift nicht anwendbar, weil sie ihrer Autorität nicht glauben; aber der natürlichen Vernunft müssen sie sich beugen. Dieses Prinzip wird auch gegen die Katharer verwendet, weil sie die Bibel zwar anerkennen, aber anders als die katholische Kirche auslegen.

[6] Er fußt außer auf dem genannten Buch ‚Stella‘ auf einer von Haer. Cath. direkt abhängigen Tradition, auch bei seinen gelegentlichen Versehen, die er mit der späteren, von derselben Tradition abhängigen Brev. summ. teilt. (Vgl. den Nachweis bei *Dondaine*, Lombardie 298 303). – Ganz unrichtig ist die Behauptung von *Morghen*, Medioevo 217, sein Werk sei eine der ältesten Ketzerbekämpfungsschriften.

[7] Zu diesem Werk vgl. *Kaeppeli* 295 ff., zur Datierung *Kaeppeli* 316. Die Zuweisung an Petrus Martyr, von *Kaeppeli* 312 ff. nur vorsichtig angenommen, ist zwar nicht über jeden Zweifel erhaben, aber doch die beste Lösung des Problems, zumal die eine der beiden Handschriften das Werk dem Heiligen zuschreibt und die andere einem Freunde des Heiligen gehört hat.

[8] Zur Gliederung *Kaeppeli* 301; doch handelt das (verlorene) vierte Buch wohl nicht, wie K. meint, von den Bräuchen der Katharer, sondern von denen aller Ketzer: die einzigen uns erhaltenen Hinweise auf das vierte Buch sprechen nicht, wie Petr. Mart. sonst, von *patareni*, also Katharern, sondern von *haeretici*. – Der Verfasser überblickt zwar alle Ketzereien (so *Kaeppeli* 304), schreibt aber die einzelnen Lehren immer nur den *Quidam* oder den *Alii* zu, wie es auch Alanus tat (s. o. I, 3 A. 19).

[9] Petr. Mart. 297: *multas rationes naturales.* – Die Zitate stellt *Kaeppeli* 302 f. zusammen. – Die Ableitung der Katharer von alten Sekten bei Petr. Mart. 324 327.

[10] Die so oft (zuletzt von *Bühler* 35; *Morghen*, Medioevo 231 ff.) angestimmte Klage, die Ketzereien würden durch die theologische Perspektive ihrer Gegner verzerrt wiedergegeben, ist für die Waldenser noch nicht erhoben worden, weil man gegen sie im Mittelalter keine theologischen Summen schreiben konnte. Gegen die Katharer schrieb man diese Summen immer wieder, doch wohl, weil sie den Gegner trafen.

[11] Über W. vgl. *Valois*; *J. Kramp, S. J.*, Des Wilhelm von Auvergne ‚Magisterium divinale‘, in: Gregorianum 1 (1920) S. 538–584; 2 (1921) S. 42–78, 174 bis 187; *Geyer* 363 ff.; *A. Masnovo*, Da Guglielmo d’Auvergne a S. Tommaso d’Aquino, Bd. 1, Mailand 1930. – Zur Datierung *Kramp*, a.a.O. 56 f.; *Grabmann*, Aristoteles 34. – Daß sich der Anfang von ‚De universo‘ gegen die Katharer richtet, glauben auch *Valois* 240; *Kramp*, a.a.O., S. 543 577; *Grabmann*, Theologie 60; *Wulf* 2, 75; auch interessiert ihn besonders eines der wichtigsten katharischen Probleme, die Versöhnung von menschlicher Freiheit und göttlicher Vorsehung; s. *A. Masnovo*, Guglielmo d’Auvergne e la Provvidenza divina, in: Aus der Geisteswelt des Mittelalters (Beitr. z. Gesch.

d. Philos. u. Theol. d. MA., Suppl. Bd. 3, 1. Halbband), Münster 1935, S. 506.

[12] Wilhelm spinnt die Teufelsdiensttradition der Katharer weiter (Guill. Alv. 1, 83). Über das Zurücktreten der Bibelzitate in W.s philosophischen Werken, ganz anders als in seinen leidenschaftlichen Predigten, s. *Valois* 232 f. – Monet. Crem. 422 benutzt W. bei der Polemik gegen die K.; er nennt ihn *lumen scientiae.* Die Vermutung von *Kramp*, a.a.O., S. 43, Moneta habe vor Wilhelm geschrieben, ist also unberechtigt.

[13] Maßgebend für dieses Werk ist die Studie von *Ilarino*, Gregorio. Doch sind die bisherigen Ansichten der Forschung über die Autorschaft des Fraters Torso (s. u. I, 5 A. 5; für ihn tritt ein *H. Haupt*, Waldensia, in: Zeitschrift für Kirchengeschichte 10 [1889] S. 311–329, bes. S. 314) oder des Bischofs Gregor von Fano (dafür *Schmidt* 2, 230 311; *Esposito*, Écrits 148 f.; *Ilarino*, Gregorio 85, Speroni 34 ff.; *Dondaine*, Sources 485) umgestoßen worden durch einen Fund von *Dondaine*, Manuel 177: Nach einer Variante in fünf Handschriften ist der Verfasser Laie. Mehr ist über ihn nicht bekannt; aber daß noch *Morghen*, Medioevo 259, im Jahre 1951 das Werk als anonym bezeichnet, ist höchst befremdlich. – Die Datierung, über die *Guiraud*, Cartulaire 26–340, ganz verkehrt urteilt, nach *Dondaine*, Manuel 179: „kurz vor 1250". Der Vorwurf bei Georg. Disp. 1741 gegen den kriegführenden Papst paßt auf die Jahre seit 1239. – Mit Monet. Crem. hat die Schrift keine Berührung, sie ist weder dessen Vorlage (so *Molinier*, Traité 246) noch von ihm abhängig (so *Schmidt* 2, 230).

[14] Zitate aus Kirchenvätern: Georg. Disp. 1714 1734.

[15] Die Philosophie bleibt außerhalb der Argumentation. – Georg. Disp. 1732 läßt den Katharer zu den Katholiken sagen: *Vos Christiani;* gerade das bestritten die Katharer.

[16] Zu dieser Summa vgl. *Ilarino*, Capelli. – Die Datierung (ungenau bei *Molinier*, Rapport 151; *Guiraud*, Cartulaire 340, Inquisition 1, XXVI; allzu genau [1240] bei *Kaeppeli* 295) nach *Ilarino*, Capelli 70. – Die einzig vollständige, aber buchstäblich aus Versehen zustande gekommene Edition bei *D. Bazzocchi*, L'eresia catara, 2 Bände, Bologna 1919–20, ist in Deutschland nicht vorhanden. Ich benutze die Auszüge bei *Molinier*, Rapport 150 ff.; *Döllinger* 2, 273 ff.

[17] So *Ilarino*, Capelli 78. Die bekannteste (zuletzt bei *Ilarino*, Capelli 76; *Dondaine*, Sources 479, abgedruckte) Stelle seiner Summa spricht von der strengen Enthaltsamkeit der Katharer.

[18] Für dieses monumentale Werk fehlt eine moderne Studie. Zu vergleichen ist *Ricchini* in der Einleitung seiner Ausgabe. – M.s Todesdatum wird irrig angegeben bei *Pouzet* 17; *Guiraud*, Inquisition 1, XXIII. – Zur Datierung: Nach Monet. Crem. 245 wäre das Werk 1244 geschrieben (so auch noch *Esposito*, Écrits 149; *Ilarino*, Gregorio 112); aber die Handschrift Paris, BN lat. 3656, die teilweise Autograph sein könnte, hat an derselben Stelle „1241" (s. *Dondaine*, Lombardie 298, Manuel 179). Ich ziehe letztere Datierung der Zwischenlösung „1241–44" von *Kaeppeli* 295 vor. Irrig ist die Datierung von *Haller* 1, 484

und die Angabe von *Pouzet* 23; *Grabmann*, in: Historische Zeitschrift 165 (1942) S. 197, M. sei früher Katharer gewesen. – Zur Gliederung: *Kaeppeli* 301 und die allzu abfälligen Urteile von *Schmidt* 1, 159; 2, 229.

[19] Monet. Crem. 2: er habe manches *ex ore eorum vel ex scripturis suis* erfahren; vgl. auch I, 3 A. 21.

[20] Philosophen und Apostel: Monet. Crem. 488 (eine Ansicht, die schon das 11. Jahrh. oft vertrat: Ger. Chan. 27; Otloh v. St. Emmeram, Dial. de III quaest., prol. MPL 146, 62). Zu Wilhelm von Auvergne s. o. A. 12; für M.s philosophisches Interesse vgl. besonders Monet. Crem. 477–504 und allgemein *Grabmann*, Aristoteles 48. Monet. Crem. 428 bringt, was bisher niemand bemerkte, ein Zitat des ‚Liber de causis' unter diesem seitdem geläufigen Titel. Damit ist *Bardenhewer* 232 zu korrigieren, der diesen Ruhm dem Alexander von Hales zuschrieb. Ich vermute, daß auch Moneta nicht der erste Zeuge ist, denn die Vorlage des katharischen ‚Liber de duobus principiis' kennt schon die Form *Liber de causa causarum* (Lib. princ. 82), die vielleicht nicht ohne Einfluß auf Monetas Formulierung war. Möglicherweise ist die um 1230 verfaßte Summa des Roland von Cremona sowohl für den ‚Liber de duobus principiis' wie für Moneta die gemeinsame Vorlage: R. zitiert mehrfach den ‚Liber de causis' *(Ehrle* 120–122) und dürfte wohl der erste sein, der es unter diesem Titel tut. Die angeführte Stelle Monet. Crem. 477 ff. ist inzwischen analysiert worden von *W. Kluxen*, Untersuchungen und Texte zur Geschichte des lateinischen Moses Maimonides, Diss. phil. (Maschinenschrift), Köln 1951, S. 32. Es zeigte sich, daß Moneta hier die Schöpfungslehre an Hand des „Dux neutrorum" von Moses Maimonides darstellt und diese Schrift im Abendland als erster verwertet. Vielleicht hat Moneta sie von Roland von Cremona aus Frankreich erhalten, wo die Schriften des Maimonides von antimaimonistischen Rabbinern der Inquisition ausgeliefert wurden und wo nach Mitteilung von Herrn Dr. Kluxen auch die lateinische Übersetzung entstanden sein muß. – Nun müßte die oben nur gestreifte Frage im einzelnen untersucht werden, wie weit die Rezeption der aristotelisch-jüdisch-arabischen Philosophie durch die Erfordernisse der antikatharischen Beweisführung mitbedingt war.

[21] Monet. Crem. 411 führt dabei Pythagoras, die Gnostiker, Sadduzäer, Manichäer, Tatian u. a. an: von jeder dieser Sekten stammt, so meint Moneta, eincr der katharischen Sätze ab. Man sollte diese Methode nicht einfach als „semplicismo storico" abtun wie *Morghen*, Medioevo 234; sie hat ihre ernst zu nehmenden modernen Nachfolger (s. o. S. 49 f.).

[22] Z. B. bei *Molinier*, Muratori 194; *Döllinger* 1, 197, um nur zwei ganz gegensätzlich gerichtete Forscher zu nennen. Auch die Feinde des Katholizismus unter den Forschern haben Moneta nie verdächtigt.

[23] Über den ‚Liber de duobus principiis' ausführlich die Erstausgabe dieses Buches, S. 254 ff.

[24] Lib. princ. 81: *nostram veram fidem per testimonia divinarum scripturarum cum verissimis argumentis proposui declarare.*

[25] Über dieses Gedicht, eine der wenigen volkssprachlichen Schriften gegen die Katharer und die einzige in Reimform: *Meyer*, Izarn, bes. 246. Ungcrecht

ist *Gieseler*, 2, 2, 607, der diesen rauhen Provenzalen als Kronzeugen für die Bekehrungsmethoden der Inquisition überhaupt darstellt. Es gibt auch unter den Inquisitoren die größten Gegensätze (s. u. II, 9 A. 19).

[26] Über R. zusammenfassend *Dondaine*, Liber 57, wo auch das Todesdatum der älteren Forschung (1259) berichtigt ist. – R. war *olim haeresiarcha* (Rain. Sacc. 66). Wenn er (ebda) von seinem siebzehnjährigen Umgang mit Katharern spricht, muß das nicht die Dauer von Rainers Ketzerglauben angeben, wie man stets annimmt; es können sehr wohl die Jahre des Inquisitors mit eingeschlossen sein. Daß R. Bischof der Katharer gewesen ist (*Sandius* 405; *Lami* 2, 491; *Guiraud*, Inquisition 1, 197; *Evenhuis* 59), ist unerweislich (so auch *Dondaine*, Liber 57). Waldenser war er nicht (das glauben *Douais*, Somme 13; *Pouzet* 22). – Ein interessantes Beispiel 'historischer' Überlieferung ist eine Randbemerkung des 16. Jahrhunderts (gedruckt bei *Opitz* 81 105), Rainer habe 1245 bei der Ermordung des Petrus Martyr mitgewirkt. Seit 1245 arbeitet Rainer mit Petrus zusammen und wäre 1252 fast mit ihm ermordet worden.

[27] Das Datum 1250 steht bei Rain. Sacc. 78. Es ist nachgerade erstaunlich, wie die neuere Forschung (z. B. *Runciman* 81; *Welter* 73) sich auf Grund eines bloßen Druckfehlers bei *D'Argentré* 1, 47 über dieses Zeugnis hinwegsetzt. – Rain. Sacc. 76: *longum esset et etiam mihi taedium enarrare*; also nicht nur, weil Moneta diese Arbeit schon getan hat (so *Dondaine*, Liber 58), sondern auch aus dem Haß des Konvertiten gegen seinen früheren Glauben unterläßt R. die ausführliche Darstellung (so auch, allerdings mit allzuviel Skepsis, *Molinier*, Église 6).

[28] Das Zitat aus den Digesten bei Rain. Sacc. 73. Johann von Lugio, der Katharer, dessen Lehre R. hier wiedergibt, hatte zweifellos viele philosophische Autoritäten herangezogen. – Zur Beurteilung R.s vgl. etwa die Einstellung von *Bossuet* (zusammengefaßt bei *Rébelliau* 214); *Hahn* 28, und das besonnene Urteil von *Dondaine*, Liber 57 ff. R.s Kenntnis von den Waldensern wird von *Esposito*, Écrits 158, mit Recht geringer eingeschätzt.

[29] Eine Aufzählung der Handschriften bei *Dondaine*, Manuel 172 f. *Dondaines* eigene Ausgabe (Liber 64 ff.) mußte angesichts dieser Handschriftenfülle vorläufig sein und verdient nicht den von *Esposito*, Rezension 193, vorgebrachten Tadel. Der Wunsch nach einer kritischen Edition, zusammen mit einer Ausgabe des sog. Pseudo-Rainer (s. o. S. 31), bleibt freilich offen.

[30] Rom, Vat. lat. 4255, f. 54 r–72 r; Florenz, Laur. Plut. VIII, dext. Nur kurze Auszüge bei *Döllinger* 2, 326 f. sind gedruckt. Zur Bewertung: *Dondaine*, Sources 484; *Kaeppeli* 301.

[31] Zu ihr vgl. *Douais*, Somme, und vor allem *Dondaine*, Lombardie, 294 ff., wo Datierung, Gliederung und Abhängigkeiten der Brev. summ., insbesondere von Haer. Cath. gründlich geklärt werden. – *Dondaine*, Lombardie 298, glaubt nicht, daß Brev. summ. direkt auch von Monet. Crem. abhängig sei; ein Vergleich von Monet. Crem. 4 mit Brev. summ. 120, eine Stelle, die nicht bei Haer. Cath. steht, macht aber, wenn nicht andere, uns unbekannte gemeinsame Vorlagen für Monet. Crem. und Brev. summ. nachzuweisen sind, eine Benutzung des Monet. Crem. durch die Brev. summ. wahrscheinlich.

## 5. Die Inquisitoren (c. 1250–1520)

[1] Zur Inquisition im allgemeinen s. o. S. 103 f. – Über David vgl. W. *Preger*, in: Allgemeine Deutsche Biographie, Bd. 4, Leipzig 1876, S. 782–784. *Preger* wiederholt hier seine früher (*Preger*, Waldesier 187, David 183 ff.) begründete These, daß die längere Textrezension die ältere ist und den David zum Verfasser hat. Letzteres wird allgemein für wahrscheinlich gehalten (*Müller*, Waldenser 157 ff.; *Guiraud*, Inquisition 1, XXVIII); ob aber nicht die kürzere, französische Fassung die ältere ist (dafür trat zuletzt *Esposito*, Écrits 161 f. ein), ist noch nicht endgültig entschieden (so auch *Dondaine*, Manuel 181). Fest steht nach Dav. Augsb. 213, daß die längere Fassung von einem Franziskaner, die kürzere von einem Dominikaner herrührt, ferner, daß beide Fassungen nach 1256 entstanden (so *Preger*, David 193, während z. B. *Gieseler* 2, 2, 613 noch 1278 annahm; *Dondaine*, Manuel 182, gibt *Pregers* Auffassung nicht ganz zutreffend wieder). – Der Name des französischen Bearbeiters ist unbekannt; er wurde bisher irrig auf Grund eines Lesefehlers mit ‚Yvonetus' angegeben (so *D'Argentré* 1, 95; *Gieseler* 2, 2, 613; *Döllinger* 2, 315; berichtigt von *Esposito*, Écrits 159). Daß David die längere Bearbeitung schrieb, hat *Preger*, David 186–192, durch einen bis heute nicht erschütterten Stilvergleich deutlich gemacht; ich möchte gegen *Dondaines* Zweifel (Manuel 182) daran festhalten. – Daß *Esposito*, Écrits 161 f.; *Dondaine*, Manuel 181, mit Recht dazu neigen, die kürzere Fassung für die ältere zu halten, scheint mir durch ein bisher wenig beachtetes Faktum gestützt zu werden, die enge Verwandtschaft von Dav. Augsb. mit Steph. Borb., die sich am besten aus einer gemeinsamen, und zwar wohl französischen Vorlage erklärt, die mit der kürzeren Fassung eng verwandt, wenn nicht identisch ist (vgl. etwa Dav. Augsb. 215 und Steph. Borb. 213; Dav. 222 und Steph. 283; Dav. 209 und Steph. 308; und ganz evident Dav. 229 ff. und Steph. 312 f.). Eine Untersuchung der 18 vorhandenen Handschriften von ‚De inquisitione' (über sie *Dondaine*, Manuel 182 f.) könnte die Frage wohl entscheiden.

[2] Dav. Augsb. 229 ff. Zur Verwechslung von Katharern und Waldensern s. *Preger*, David 194. – Berthold von Regensburg hat fast alles, was er über die Ketzer in seinen Predigten sagt, aus Dav. Augsb. entnommen (vgl. etwa Berth. Reg. 1, 242 402 403 406 mit Dav. Augsb. 225 216 213 215). Über die Vorlagen Bertholds von Regensburg (neben Dav. Augsb. auch Ecb. Schon. und Alan. Ins.) unterrichtet eingehend *A. E. Schönbach*, Studien zur Geschichte der altdeutschen Predigt, 3. Stück: Das Wirken Bertholds von Regensburg gegen die Ketzer, in: Sitzungsberichte der Kais. Akad. d. Wiss., Philos.-Hist. Kl. 147 (1903), Abh. 5, Wien 1904, bes. S. 86 ff.

[3] Über St. am besten *Lecoy* III ff. Die Datierung nach *Lecoy* XX; *Müller*, Waldenser 167, während etwa *Gieseler* 2, 2, 613 noch 1225 annahm. St. kannte (nach Steph. Borb. 415) die Waldenser spätestens seit 1230 (unrichtig *Müller*, Waldenser 167; *Pouzet* 21; *Dondaine*, Sources 470). Für die Entnahmen aus Augustin vgl. Steph. Borb. 299 301 303 (irrig für St.s Eigentum gehalten von *Schmidt* 2, 108).

[4] Die Trennung des echten Rain. Sacc. von dieser Erweiterung gelang *J. C. Gieseler*, De Rainerii Sachoni Summa de Catharis et Leonistis commentatio critica, Programm, Göttingen 1834, bes. S. 16 ff., wo auch die Herkunft des Bearbeiters aus der Passauer Gegend erkannt ist. Wenig weiterführend darüber *Preger*, Mystik 1, 169. – Die Datierung nach *Preger*, Waldesier 184 f. – Die über 30 Handschriften sammelten *Esposito*, Écrits 155; *Dondaine*, Manuel 173.

[5] Pseud. Rain. 272. – Pseud. Rain. 266 erwähnt eine (verlorene) ‚Summa fratris Tonsonis‘; möglicherweise handelt es sich um Torso, den Genossen des Inquisitors Konrad von Marburg (erwähnt etwa bei Ann. Erphord. Fratr. Praed. a. 1233, in: Monumenta Erphesfurtensia, SS. rer Germ., S. 86). S. o. I, 4 A. 13.

[6] Über A. und sein Werk grundlegend *Dondaine*, Italie 234 ff.; die scharfsinnige Erschließung von Verfasser, Zeit und Ort bei *Dondaine*, Italie 254 ff. Man könnte die Abfassungszeit, wenn man allzusehr präzisieren wollte, auf 1266–67 einengen (s. Ans. Alex. 319; *Dondaine*, Italie 296). – Zur Absicht des Kompilators, Rain. Sacc. zu ergänzen, vgl. *Dondaine*, Italie 238 ff.

[7] Die katharische Frühgeschichte bei Ans. Alex 308 f., hier auch Mani, der in Bulgarien (also bei den Bogomilen) gelehrt habe. – Der katharische Kult bei Ans. Alex. 313 ff. – Ans. Alex. ist der beste Zeuge gegen die Behauptung von *Pincherle* 612, den Inquisitoren habe das historische Problem, die Entstehung des Katharismus, gar nicht am Herzen gelegen. Eine Lösung des Problems im Sinne der modernen Wissenschaft darf man freilich von ihnen nicht erwarten.

[8] Die Datierung nach *Beyssier* 95 f. – *Beyssier* gibt auch die einzige Ausgabe, die heute noch benutzt werden darf; die meist zitierte von *Bouquet* 19, 193 bis 225; 20, 764–776 ist voller Fehler; die kaum benutzte Ausgabe bei MGH. SS. 26 ist mustergültig, aber durch *Beyssier* überholt. – Über die Benutzung Peters von Vaux-Cernay *Beyssier* 99.

[9] Über W.s Objektivität *Beyssier* 107; *Smedt* 447 f. Sie ist nicht aus christlicher Mäßigung (so *Ghellinck*, Essor 2, 132), sondern aus dem zeitlichen Abstand von den Ereignissen erwachsen.

[10] Es ist einem provenzalischen Neuen Testament angehängt (Faksimileausgabe bei *Clédat*). Das NT. ist mit sprachlichen Indizien auf die angegebene Zeit datiert worden von *P. Meyer*, Recherches linguistiques sur l'origine des versions provençales du Nouveau Testament, in: Romania 18 (1889) S. 423–429. *Cunitz* 7 und *Berger* 358 schätzten vorsichtiger „nicht weit vom Ende des 13. Jahrhunderts". Da das Ritual von derselben Schreiberhand stammt wie das NT., dürfte die Datierung auf die Mitte des Jahrhunderts (nach den überholten Arbeiten von *Foerster* und *Chabaneau* bei *Douais*, Toulouse 160; *Guiraud*, Cartulaire 28; *Dondaine*, Liber 34; *Solari* 414. *Clédat* IV spricht sogar von „vor 1250"), auch aus inhaltlichen Gründen, nicht ratsam sein. – Das NT. ist keineswegs katharisch (dafür waren *Gieseler* 2, 2, 561; *Fikker* – *Hermelink* 121; *Ficker*, in RGG 3, 666) und auch nicht waldensisch (dafür *W. Foerster*, Göttingische Gelehrte Anzeigen 1888, S. 763; *C. Chabaneau*, Revue des langues romanes 32, S. 462; *Warner* 68), sondern eine dogmatisch rechtgläubige Interlinearversion der Vulgata (Nachweis bei *Berger* 364 372; richtig auch *Dondaine*, Sources 471). – Daß das Ritual katharisch ist, steht seit

dem ersten Herausgeber *Cunitz* außer Zweifel; doch ist es angesichts von Zeit und Ort der Abschrift verkehrt, mit *Angelov* 19 das Ritual für bogomilisch zu nehmen (richtig *Puech – Vaillant* 130).

[11] Ein Vergleich von. Rit. prov. mit Rit. lat. zeigt, daß Rit. prov. die alten Bräuche der Katharer weniger ausgebaut und vielleicht deshalb treuer bewahrt hat als Rit. lat., aber auch, daß die Predigt von Rit. prov., obwohl sie einen bis zum Vornamen des Anzuredenden fertigen Predigertext bieten will, nur dürre Zitate aneinanderreiht (so auch *Cunitz* 35), während Rit. lat. eine lebendige Predigt enthält. – Dieses Verdorren des katharischen Gemeindelebens, wie es aus Rit. prov. spricht, darf aber nicht dazu führen, mit *Guiraud,* Consolamentum 86, Cartulaire 167, Inquisition 1, 119; *Runciman* 154 163, zu glauben, der katharische Charakter des Rituals sei verwischt worden. Zum Gegenbeweis sei auf die Stelle Joh 1, 9 verwiesen, die das NT. (*Clédat* 155) der Vulgata getreu mit *tot home* wiedergibt; im Rit. prov. 470 jedoch heißt die Stelle *bonem (!) hominem,* was ein Synonym für ‚Katharer‘ ist (vgl. die nicht ganz genaue Wiedergabe der Stelle bei *Angelov* 34). Das erweist zugleich die Unabhängigkeit der von Rit. prov. benutzten Bibelversion von dem davorstehenden NT.

[12] Die besten Sammlungen von Inquisitionsakten bieten *Limborch; Douais,* Documents; *Frédéricq;* eine große Zahl von Aufsätzen bringt laufend neue Funde ans Tageslicht. – Die Bewertung der Akten für die Ketzergeschichte muß davon ausgehen, daß es sich um nichtöffentliche Protokolle handelt, nicht um Propagandaschriften (daher sind Urteile über die Unglaubwürdigkeit der Akten, wie z. B. von *Allix* 160 ff.; *Varga,* Cathares 191, zurückzuweisen); aber die Vernommenen sind meist schlechtunterrichtete Mitläufer der Ketzer (so auch *Vidal,* Doctrine 357 377), die Vernehmenden interessieren sich meist nicht für Nebenlehren oder neue Lehren (so auch *Douais,* Toulouse 151; *Alphandéry,* Gnosticisme 411); und für das „Hineinverhören“ (*Burckhardt* 502) gibt es in den Akten viele Beispiele (s. Act. Inq. Tolos. 1245, *Douais,* Toulouse 154). Im ganzen bringen die Akten also kaum etwas Falsches, aber auch fast nichts Neues.

[13] Über B. G.: *Douais,* Guidonis VI; Hist. litt. 35, 139–232; *Mollat* XV; *Dondaine,* Manuel 115 ff. – Zur Datierung und Gliederung *Mollat* XI ff. und gesondert *G. Mollat,* À propos de la ‚Practica inquisitionis‘ de Bernard Gui, in: Revue historique de droit français et étranger, Serie 4, Bd. 4 (1925) S. 640–643.

[14] G. galt als der erfahrenste Inquisitor seiner Zeit (vgl. *Biscaro,* Lombardia 499); über seine Bedeutung für die Inquisitionsgeschichte *Douais,* Guidonis VIII, Documents 1, 237. – Über seine Quellen zur Ketzergeschichte, besonders Dav. Augsb., und deren kritische Verwertung *Müller,* Waldenser 160; *Mollat,* XVI ff. Für die Katharerdarstellung verwendet er seine Verhöre von 1307–23 (ediert von *Limborch*) und Rain. Sacc.

[15] *Dondaine,* Manuel 117. Über seine Bedeutung als Historiker: *Molinier,* Sources 3, 72; *Thompson – Holm* 1, 270 f. Zwar gelten ihm (Gui Manuel 10) die Katharer als Manichäer, aber er gibt doch die erste allseitig abgerundete Darstellung des Katharismus.

[16] Diese doppelte Eigenschaft verbietet es, wie *Guiraud,* Consolamentum 74;

*Evenhuis* 54 und andere eilige Forscher, die ‚Practica‘ als Hauptquelle für den Katharismus zu benutzen. Noch schiefer ist freilich angesichts dieses Werkes das Urteil von *Toynbee* 4, 633, die Inquisitoren hätten von den Ketzern, die sie bekämpften, wenig Ahnung.

[17] Über ihn kurz *Molinier,* Sources 3, 62. Die genannte Summa (Paris 1528) war mir nicht erreichbar.

[18] Über A. P.: *Scholz* 1, 198 ff.; *Dempf* 463; *M. Esposito,* Les hérésies de Thomas Scotus d'après le ‚Collirium Fidei‘ d'Alvare Pélage, in: Revue d'histoire ecclésiastique 33 (1937) S. 56–69. Die Katharer werden erwähnt in seinem ‚Collirium Fidei‘ V c. 4 (*Scholz* 2, 514).

[19] Über N. E. vor allem *H. Finke,* Drei spanische Publizisten aus den Anfängen des großen Schismas, in: Spanische Forschungen der Görres-Gesellschaft, I 1, Münster 1928, S. 181–187; *Dondaine,* Manuel 124. – Die Teile über die Katharer (Directorium Inquisitorum, Venedig 1607, S. 273 f.) sind fast wörtlich der ‚Practica‘ des Bernard Gui entnommen, ausgenommen die Stelle über Mani und Innozenz. Man kann nur wünschen, daß die Historiker des Katharismus künftig so verfehlte Eymerich-Zitate wie bei *Turberville,* Heresy 23; *Warner* 29 f.; *Maycock* 317 unterlassen.

[20] Über A. vgl. *Wagemann,* in PRE 1, 604 f.; *Geyer* 626. – Über die Katharer: S. Antoninus Florentinus O. P., Summa theologica IV, 11, 7, 6 (Bd. 4, Verona 1740, Sp. 596 f.); die Darstellung der katharischen Lehre ist sichtlich der Ketzertafel der Brev. summ. entnommen; diese Lehre *fuit originaliter haeresis Manichaeorum.* (Sp. 597.)

[21] Die Katharer gelten auch hier als Manichäer (Trithem. Chron. 1, 193). – Im ganzen sagt *Rébelliau* 233 ff. mit Recht, das Spätmittelalter habe sich damit begnügt, die Ketzerei zu hassen, ohne sie zu kennen.

## 6. Katholiken und Protestanten (c. 1520–1740)

[1] Über diesen Kampf allgemein *Freyer* 846 f.; *Randall* 167. – Interessant ist in diesem Zusammenhang die Einstellung der Reformatoren zum Ketzerprozeß: Luthers 33. These verurteilt die Ketzerverbrennung noch; aber sobald sich eine protestantische Kirche bildet, werden Andersdenkende als Ketzer verbrannt. Vgl. dazu *W. Köhler,* Reformation und Ketzerprozeß, Tübingen–Leipzig 1901, bes. S. 23; *N. Paulus,* Protestantismus und Toleranz im 16. Jahrhundert, Freiburg i. Br. 1911, bes. S. 17 ff. – Der Rückgriff auf die Kirchengeschichte setzt, wie *Rébelliau* 346 ff. gut dargelegt hat, die Kirchenbildung beim Protestantismus voraus.

[2] *Bernhard von Luxemburg,* Catalogus haereticorum omnium, Köln 1522, Vorwort. – *Walch* 1, 53 irrt, wenn er die erste Auflage des Werkes auf 1524 datiert.

[3] Über ihn *Schoettler,* in: Allgemeine Deutsche Biographie, Bd. 2, Leipzig 1875, S. 456; *H. Oncken,* Sebastian Franck als Historiker, in: Historisch-politische Aufsätze und Reden, Bd. 1, München–Berlin 1914, S. 273–319, bes. S. 290 f., allerdings etwas zu negativ. Für die weitreichende Wirkung Bern-

hards vgl. auch *Motte* 29 ff. – In Bernhards (alphabetisch geordnetem) ‚Catalogus' steht auf f. 88: „Lutherus ... quasi omnes errores Waldensium renovat". Mit dem Manichäismus ist Luther hier nicht verbunden; Luther selbst lehnte diesen scharf ab (s. *E. Schäfer*, Luther als Kirchenhistoriker, Gütersloh 1897, S. 271).

[4] Zunächst der Spanier Alfons *de Castro* in seiner in Paris 1534 zuerst erschienenen Schrift ‚Adversus omnes haereses' (vgl. *Motte* 29); dann *C. Coussord*, Valdensium ac quorundam aliorum errores, Paris 1548.

[5] Über Franck vgl. *Hegler*, in PRE 6, 142 ff.; *W.-E. Peuckert*, S. F., Ein deutscher Sucher, München 1943; *Nigg*, Ketzer 351 390 f.; vor allem *Oncken* (s. o. A. 3) S. 294 ff. – Ketzer als wahre Christen: *S. Franck*, Chronica, Zeitbuoch und Geschychtsbibel, Straßburg 1531, f. 334 453 ff.; über die Katharer f. 344 f.

[6] Über F. I. vgl. *Kawerau*, in PRE 6, 82–92; *Nigg*, KG 48 ff.; *Thompson – Holm* 1, 529–531; *P. Polman, O. F. M.*, F. I., historien de l'Église, in: Revue d'histoire ecclésiastique 27 (1931) S. 27–73; über den ‚Catalogus' S. 34 ff. – Der ‚Catalogus testium veritatis, qui ante nostram aetatem reclamarunt Papae', Basel 1556, zeigt schon im Titel und in der Vorrede seine Absicht; über die Katharer S. 704 708 711; unchristliche Lehren seien den Ketzern von den Papisten angedichtet worden (S. 640). – Über die damit eintretende Wendung der Kirchengeschichtsschreibung: *Srbik* 1, 73. – Die unter dem Einfluß des F. I. entstandene ‚Ecclesiastica Historia', Centuria XII, Basel 1569, S. 848 852; Centuria XIII, Basel 1574, S. 554, äußert sich über die Katharer nur sehr zögernd.

[6a] Bei *C. Baronius*, Annales ecclesiastici, Bd. 18, Paris 1887, bes. S. 382, heißt es bei der Behandlung der mittelalterlichen Ketzer: „Videant nostri temporis novatores, quibus praecursoribus gloriari possint" und ähnlich.

[7] Über die Erneuerung der katholischen Theologie nach Trient: *Grabmann*, Theologie 154–192; *Srbik* 1, 75; für Frankreich vgl. zur Wende von 1559 *Thompson – Holm* 1, 553 und vor allem *R. Nürnberger*, Die Politisierung des französischen Protestantismus, Tübingen 1948, S. 30 73. – *A. Sorbin*, Histoire de la Ligue Saincte faicte il y a 380 ans ..., Paris 1569, gibt eine Übersetzung von Petr. Sarn. und schreibt im Vorwort (an Heinrich von Valois gerichtet) von den „Hérétiques Albigeois ... non guères dissemblables de ... noz modernes deforméz". Petr. Ven. wird 1573 in Reims teilweise übersetzt und noch einmal ganz von *J. Bruneau*, Paris 1584, mit dem Untertitel „où se voit la vraye succession de doctrine et traditions de l'Église Catholique depuis sa naissance jusques à maintenant ... contre tous les novateurs de ce temps".

[8] So *J. Gay*, L'histoire des schismes et hérésies des Albigeois conforme à celle de présent, par laquelle appert que plusieurs grands princes et seigneurs sont tombéz en extrêmes désolations et ruines pour avoir favorisé aux hérétiques, Paris 1561; oder *J. de Tillet*, Sommaire de la guerre faicte contre les hérétiques albigeois, Paris 1590. (Verfaßt um 1562, der Katharina von Medici gewidmet; eine lateinische Übersetzung von *A. Dressel* erschien in Berlin 1845). Über diese und andere Werke vgl. *Guébin – Lyon* 3, LXXIX. – Ferner sind zu nennen: *G. du Préau* (Patreolus), De vitis, sectis et dogmatibus omnium haereticorum, Köln 1569 (und nicht erst, wie meist angegeben, 1581), der sich auf

Alfons de Castro (s. o. A. 4) stützt und (S. 18 504) die Katharer noch von den Waldensern getrennt hält (über ihn *Hurter* 3, 306); *Th. Beaux-Amis*, Histoire des sectes tirées de l'armée sathanique ..., Paris 1570 (über ihn *Hurter* 3, 269); *C. Frank*, Catalogus haereticorum, das ist warhafftige Erzelung der namhafften Irrlehrer und Ketzer, welche von Anfang der Welt biß auff unsere Zeiten entstanden, Köln 1576 (darüber *Hurter* 3, 201) usw.

[9] Über Mariana: *Zöckler*, in PRE 12, 337 ff.; *F. Litschauer*, Spanische Kulturgeschichte, Bd. 2, Wien–Leipzig 1939, S. 909; *Thompson – Holm* 1, 583. Er hat 1612 in Ingolstadt zuerst Luc. Tud. ediert. – Über Gretscher (Gretserus): *Tschakkert*, in PRE 7, 159. Er edierte 1614 (Trias scriptorum adversus Waldensium sectam, Ingolstadt 1614, wieder abgedruckt bei *Gretser* 108 ff.) die Werke von Pseud. Rain., Ebr. Beth., Ermeng. Tract.

[10] *Gretser* 109 114: Die neuen Ketzer können durch Editionen alter antihäretischer Schriften bekämpft werden, denn die Argumente gegen Waldes sind auch die gegen Luther und Calvin. – Luthers Lehre wird aus den alten Ketzereien auch abgeleitet von *F. Raemundus*, Historia de ortu, progressu et ruina haereseon huius saeculi, Köln 1614, S. 126 ff.

[11] *J. Chassanion*, Histoire des Albigeois, touchant leur doctrine et religion, contre les faux bruits qui ont esté semés d'eux, et les écrits dont on les a à tort diffamés, et de la cruelle et longue guerre qui leur a esté faite, pour ravir les terres et seigneuries d'autrui, sous couleur de vouloir extirper l'hérésie (Genf) 1595, gewidmet der Schwester des Königs, Katharina von Navarra.

[12] Über M. vgl. Encyclopaedia Britannica, 14. Ausg., Bd. 15, S. 811. – Die Katharer werden gegen den Vorwurf des Manichäismus verteidigt bei *Mornay* 732.

[13] *J. P. Perrin*, Histoire des chrestiens, albigeois, contenant les longues guerres et persécutions qu'ils ont souffert à cause de la doctrine de l'Évangile, Genf 1618. Zur Entstehungsgeschichte dieses Buches vgl. *Böhmer*, in PRE 20, 799 f.

[14] Die Identifizierung der Katharer (in der Literatur der Zeit meist ‚Albigenser' genannt) mit den Waldensern findet sich zuerst bei den Protestanten, nämlich bei *M. Flacius Illyricus* (s. o. A. 6) S. 705 ff.; *P. Wesenbeccius*, Oratio de Waldensibus et Albigensibus christianis, Jena 1585, S. 7; *Chassanion* (s. o. A. 11) S. 29; *Mornay* 730 781 867; *Perrin* (s. o. A. 13) S. 1 157; dann auch bei den Katholiken, z. B. *Gretser* 4 und noch *M. A. Rosengo-Lucerna*, Memorie historiche dell'introduttione dell'heresie nelle valli di Lucerna, Marchesato di Saluzzo e altre di Piemonte, Turin 1649, S. 20.

[15] Über die Kontroversen dieser Zeit vgl. *Rébelliau* 8–18. – Über Bodin, der den Staat über die Konfessionen stellt und darum tolerant sein kann, vgl. *E. Benz*, Der Toleranzgedanke in der Religionswissenschaft, in: Deutsche Vierteljahrsschrift für Literaturwissenschaft und Geistesgeschichte 12 (1934) S. 540–571, vor allem S. 544 ff.; *Randall* 182 ff.; *Nürnberger* (s. o. A. 7) S. 132 ff. Für Montaignes Einstellung zum Ketzerproblem vgl. *Montaigne*, Die Essais und das Reisetagebuch, hrsg. P. *Sakmann*, Stuttgart 1948, S. 11: „Es heißt seine Mutmaßungen sehr hoch einschätzen, wenn man ihretwegen einen Menschen lebendig braten läßt".

[16] Vor allem *Th. Petrejus*, Catalogus haereticorum sive de moribus et errori-
bus haeresiarcharum ..., Köln 1628. Hier werden (S. 7 229) die Katharer streng
von den Waldensern getrennt, natürlich in der Nachfolge des Patreolus (s.
A. 8). Über ihn *Walch* 1, 53; *Hurter* 3, 727. – *G. Catel*, Histoire des comtes de
Tolose, Toulouse 1623, S. 231 ff., hält zwar bereits die Katharer für älter als die
Waldenser, meint aber, diese seien nach 1160 mit jenen identisch.
[17] Über Marca vgl. *Thompson – Holm* 2, 28. *P. de Marca*, Histoire de Béarn,
Paris 1640, S. 727, erklärt noch immer, daß die Waldenser ungefähr dasselbe
lehren wie Luther und Calvin; er gibt aber doch eine Geschichte der Katharer,
die bei den Bogomilen „nach 845" beginnt (S. 728); auch hier wird eine Trennung von Waldensern und Katharern angedeutet.
[18] *Besse* 326 345.
[19] Über die neue Verschärfung der Polemik ab 1661 vgl. *Rébelliau* 19 ff.; für
die folgende Zeit allgemein *P. Hazard*, Die Krise des europäischen Geistes
1680–1715, deutsch von *H. Wegener*, Hamburg 1939. – An katholischen
Werken seien nur hervorgehoben: *L. Abely* (Bischof von Rodez), Traité des
hérésies, Paris 1661 (dazu *Hurter* 4, 602 f.); *De la Valette*, Parallèle de l'hérésie des Albigeois et de celle du Calvinisme, Paris 1686 (dazu *Hurter* 4, 520).
– Die protestantischen Forscher fahren fort, nach *Perrins* Vorgang Katharer
und Waldenser bis in die Urkirche zurückzuverfolgen: *P. Gilles*, Histoire ecclésiastique des églises reformées, Genf 1655; *J. J. Beck*, Lutherthumb vor
Luthero ..., Frankfurt/Main 1658, bes. S. 33; *J. Léger*, Histoire générale des
églises évangeliques des vallées de Piémont ou vaudoises, Leiden 1669, bes.
Bd. 1, S. 126 ff. Endlich erklärt 1676 der Sozinianer *Ch. Sandius*, die Katharer seien arianische Christen und Nachkommen der Westgoten (*Sandius*
396–401); freilich erkennt er sie auch in den Bogomilen wieder (*Sandius*
386).
[20] Zur Bossuet-Bibliographie vgl. *V. Carrière*, Bossuet au 20$^e$ siècle, in: Revue
d'histoire de l'église de France 17 (1931) S. 464 ff. Eine ausgezeichnete Monographie über die 'Histoire des variations' bietet *Rébelliau*; zur Entstehungsgeschichte vgl. *Rébelliau* 145 ff., s. auch *Hazard* (s. A. 19) S. 237 ff.
[21] *Bossuet* 15, 17; dazu *Rébelliau* 240 ff. und *R. Struman*, La perpétuité de la
foi dans la controverse Bossuet-Jurieu 1686–1691, in: Revue d'histoire ecclésiastique 37 (1941) S. 145–189, bes. S. 149 ff. über B.s Auffassung.
[22] *Bossuet* 16, 307 ff. 358. Über seine Katharerauffassung gut *Rébelliau* 410
475. Bossuet ist freilich nicht der erste, der diese Trennung durchführt (s. o.
S. 35), aber er hat sie durchgesetzt. (Vgl. dazu *Schmidt* 2, 268; *Dondaine*, Actes
351.)
[23] Darauf verweist *Bossuet* 16, 340. Die katholischen Quellen des Mittelalters
beim Wort zu nehmen, gehört natürlich zu den Tendenzen der katholischen
Polemik; aber Bossuets Leistung wird dadurch nicht verkleinert.
[24] Über Basnage vgl. *Bonet-Maury*, in PRE 2, 441; zur Polemik gegen Bossuet
*Rébelliau* 245 314 f. 380 ff.
[25] *Basnage*, 1, 10.
[26] *Basnage* 1, 100 ff. 196. Basnages Methode der Quellenkritik lautet: Alles

glauben, was zum Vorteil der Ketzer gesagt wurde, nicht alle Verbrechen glauben, die ihnen nachgeredet wurden (*Basnage* 1, 102).

[27] Zu Allix vgl. *Herzog*, in PRE 1, 381; *Rébelliau* 316. Das Zitat bei *Allix* 143; ähnlich, mit erstauntem Kopfschütteln, äußert sich *Basnage* 1, 243 zu Bossuets These.

[28] Die aquitanische These bei *Allix* 246; sie ist der des *Sandius* (s. o. A. 19) nächstverwandt. – Die Ablehnung der Quellen bei *Allix* 171, und zwar, obwohl *Allix* 164 ff. die dann von Limborch edierten Inquisitionsakten bereits kannte.

[28] Über Arnold handelt maßgebend *E. Seeberg*, G. A. Die Wissenschaft und die Mystik seiner Zeit, Meerane i. S. 1923, zur Ketzerhistorie vor allem S. 219 ff.; über seine Vorbilder, Franck und Flacius Illyricus, S. 388 ff.; vgl. auch *Nigg*, KG 76 ff., Ketzer 392 ff.; zuletzt *Hirsch* 2, 260 ff. Zu den französischen Einwirkungen auf A., die *Seeberg* zurückstellt, vgl. etwa *Hazard* (s. o. A. 19) S. 482 f. oder eine Einzelheit bei *Rébelliau* 34.

[30] Über die ‚Waldenser‘ *Arnold* 1, 366, über die Quellen *Arnold* 1, 371.

[31] Aus der Literatur nach Bossuet seien hervorgehoben an katholischen Werken: Der Dominikaner J. *Benoist* (†1705), der seine Ketzergeschichte von 1691 Ludwig XIV. widmet und die Hugenottenvertreibung durch Hinweis auf die manichäischen Vorgänger der Protestanten rechtfertigen will (s. *Benoist* 1, Vorwort; dazu *Schmidt* 2, 305; *Hurter* 4, 924), ohne Bossuets Namen und These überhaupt zu nennen (dazu *Rébelliau* 244); sein Ordensbruder *J. J. Percin*, Monumenta conventus Tolosani O. P. Opusculum de Haeresi Albigensium, Toulouse 1693; eine anonyme ‚Histoire des Hérésies et des Hérétiques‘, Paris 1697, die (S. 379) noch Katharer und Waldenser in eins setzt (dazu *Rébelliau* 244); *C. Calvör*, Fissura Sionis ..., Leipzig 1700, wo S. 361 f. die Katharer für Waldenser erklärt werden; *J. B. Langlois S. J.*, Histoire des croisades contre les Albigeois ..., Rouen–Paris 1703, eine trockene, aber verbesserte Wiederholung von *Benoist* (dazu *Schmidt* 2, 306; *Hurter* 4, 924); weitere Schriften bei *Hurter* 4, 922 1372 1570. – Von protestantischen Verteidigern der Gleichsetzung Katharer – Waldenser seien noch genannt *Ae. Hochmuth*, Manuale der fürnehmsten Sectirer, Ketzer und Ketzereyen, Dresden 1710, S. 271; *J. Abbadie*, La vérité de la religion chrétienne réformée, 2 Bände, Rotterdam 1718 (über A. vgl. *Schmidt*, in PRE 1, 25 f.); *A. G. Rakenius*, Versuch einer Ketzergeschichte in Tabellen, Leipzig–Wolfenbüttel 1751, S. 46 (über R. vgl. *Walch* 1, 51).

[32] Zu Limborch *Molinier*, Inquisition III. Für die Verachtung der Inquisition vgl. etwa die anonymen Mémoires historiques pour servir à l'histoire des inquisitions, Köln 1716, Bd. 1, S. 29, oder die nach 1715 erschienene Persiflage bei *A. R. Lesage*, Histoire de Gil Blas de Santillane VI c. 1 (Paris 1815, Bd. 2, S. 235 ff.).

[33] Der Titel seines Hauptwerkes von 1686.

[34] *Limborch* 30, in der den Akten vorausgeschickten Einleitung. – Der sonst vorzügliche Überblick über die Katharerforschung des 17. Jahrhunderts bei *Rébelliau* 245 ff. hat Limborchs Bedeutung übersehen und nicht bemerkt, daß

Bossuets These schon hier, nicht erst im 19. Jahrhundert, zum Durchbruch kam.

[35] Die strenge Scheidung zwischen Katharern und Waldensern wird von folgenden Werken betont: Katholische Autoren: *D'Argentré* 1, 108; *L. Alticotius, S. J.*, Dissertatio historico-critica de antiquis novisque Manichaeis, Rom 1763, S. 90; *A. Postepski, O. Carm.*, Summa haereticarum cavillationum ..., Venedig 1768, S. 105 117. – Protestantische Autoren: Noch vorsichtig *J. Hildebrand*, Libellus de haeresibus a nativitate Christi ad saeculum XVI, Helmstedt 1710, S. 126; *M. Schagen*, Historie der Christenen, die men gemeenlijk Waldensen noemt, Amsterdam 1732, S. 327 in einem Nebensatz. Andere, kalvinistische Urteile in gleicher Richtung sind gesammelt bei *Rébelliau* 530–533.

[36] Über Mosheim: *Wagemann*, in: Allgemeine Deutsche Biographie, Bd. 22, S. 395 ff.; *Bonwetsch*, in PRE 13, 502 ff.; *K. Heussi*, J. L. v. M., Tübingen 1906; *Nigg*, KG 100 ff.; *Thompson – Holm* 2, 120 ff.; *Srbik* 1, 99; *Hirsch* 2, 354 ff.

[37] Zitat nach *Harnack* 1, 29. – Limborchs Urteil wird anerkannt bei *Mosheim*, Versuch 34, Institutiones 550. – Die Forderung nach Quellenkritik bei *Mosheim*, Versuch 368.

[38] *Mosheim*, Versuch 31.

## 7. Sammler und Kritiker (c. 1730–1850)

[1] Zur historischen Forschung der Zeit: *Thompson – Holm* 2, 6 f.; *Morghen*, Medioevo 212 ff.; *Srbik* 1, 97 f.; zur Charakteristik der Zeit im ganzen: *P. Hazard*, Die Herrschaft der Vernunft, deutsch von *H. Wegener*, Hamburg 1949, wo mehr „der Prozeß gegen Gott" betont wird, und *Freyer* 865 ff., wo mehr die christliche Komponente des Zeitgeistes im Vordergrund steht.

[2] Über Bayle als Historiker *Thompson – Holm* 2, 61. – Die Neigung zum Manichäismus tritt hervor bei *P. Bayle*, Dictionnaire historique et critique, 3. Aufl., Rotterdam 1720, Bd. 3, S. 1898; vgl. dazu die überspannten Thesen von *H. Féraud*, Quelques aspects de la pensée manichéenne à l'époque contemporaine, in: Le génie d'Oc et l'homme méditerranéen, Marseille (1943) S. 343–369, bes. S. 350; und besser *Pètrement*, Platon 3 ff.; *Hirsch* 1, 63 ff. – Bei *Bayle*, a.a.O., S. 1901 wird Bossuet zum Beweis dafür zitiert, daß die Manichäer bis in die Zeit der Katharer fortlebten, und Basnage erscheint sofort daneben als Zeuge dafür, daß die Katharer keine Manichäer sind.

[3] Über Voltaire zuletzt *Srbik* 1, 111 ff. Die Gleichsetzung von Katharern und Waldensern in: *Voltaire*, Essai sur les mœurs, c. 62 (Œuvres complètes, Paris 1853, Bd. 3, S. 227); die gallische These bei *Voltaire*, Histoire du Parlement de Paris, c. 19 (Œuvres complètes, Paris 1853, Bd. 4, S. 692).

[4] Die Katharer gelten als Manichäer unter Berufung auf Bossuet in: Encyclopédie, 2. Aufl., Genf 1777–78, Bd. 2, S. 26: als „sectes d'errans" werden sie bezeichnet in Bd. 6, S. 541; das manichäische Denken nennt Diderot „pitoyable" in Bd. 20, S. 968, wo auch Bayle scharf angegriffen wird.

[5] *S. Maréchal*, Dictionnaire des Athées anciens et modernes, 2. Aufl., Brüssel

1833, wo Zarathustra, die Gnostiker und Manichäer, alle als Spinozisten, auftreten, aber auch Arnold von Brescia und die Trobadors.

[6] Über diese Gelehrten zusammenfassend *Thompson* – *Holm* 2, 15 50 551; *Grabmann*, Theologie 188 ff. – Über die Vermischung von Gelehrsamkeit und Polemik zuletzt *Morghen*, Medioevo 212 ff.

[7] Die Priszillianer-These bei *Vaissète* 1, 148; die italienische These bei *Vaissète* 2, 443.

[8] Die Paulikianerthese bei *Muratori*, Antiq. 5, 82 f., unter Berufung auf Bossuets Forschungen. – Diese These ist kurz hinterher auch von *Mosheim*, Versuch 369, Institutiones 378 f. und dann von *E. Gibbon*, History of the decline and fall of the Roman Empire (deutsche Übersetzung, Wien 1791, Bd. 11, S. 116) aufgenommen worden.

[9] So ausdrücklich *Ricchini* III; kritisch dazu *Schmidt* 2, 311. – Ricchini war übrigens Sekretär der Indexkongregation. Er hat (*Ricchini* XV) schon vor *Lami* (siehe unten A. 11) die These von der französischen Herkunft der Ketzer des 11. Jahrhunderts vertreten.

[10] *Farlati* 44 f., wo allerdings der Anfang des ‚Bongimili‘, wie damals üblich, erst ins 12. Jahrhundert gesetzt und Waldes zu den Bogomilen gerechnet wird. F. ist aber nicht, wie *Schmidt* 2, 263 meinte, der erste Vertreter der Bogomilen-These; s. o. I, 6 A. 17.

[11] Die These von der nordfranzösischen Herkunft der italienischen Katharer bei *Lami* 2, 491; übrigens hält er sie für „bulgarische Manichäer" (*Lami* 2, 479).

[12] Über Schroeckh vgl. *Nigg*, KG 135 ff. – Die These von den nicht-manichäischen Mystikern stützt sich auf Basnage bei *Schroeckh* 23, 332.

[13] Über Katharer und Protestanten *Füeßlin* 3, 432–436; die Katharer als Manichäer *Füeßlin* 1, 27 (hier nebenbei auch Priszillianer und westgotische Arianer als Vorfahren); Zweifel am Dualismus der Manichäer und Katharer bei *Füeßlin* 2, 184. – F. hatte sich schon zuvor (Dissertatio de fanaticis saec. XI in Italia detectis, Bern 1761) näher mit Ketzern befaßt. – Die Gleichsetzung zwischen Katharern und Waldensern ist in volkstümlichen Werken weiter im Schwang: (*J. G. Hering*), Kurzgefaßtes Kirchen- und Ketzerlexikon, 5. Aufl., Stendal 1789, Abt. 1, S. 174, ist ein Beispiel dafür.

[14] Über Walch vgl. *Kawerau*, in PRE 20, 794 ff. – Im elften Bande, der aus dem Nachlaß erschien, meint der Herausgeber, *Ludwig Thimotheus Spittler* († 1810), daß bei der Lektüre jedermann den Überblick über den Stoff verlieren müsse (*Walch* 11, 5).

[15] *Walch* 1, 2.

[16] Andere katholische Werke sind: *F. Pluquet*, Mémoires pour servir à l'histoire des égarements de l'esprit humain … ou dictionnaire des hérésies, 2 Bände, Paris 1762; hier wird Bd. 1, S. 56 402, Bossuets Manichäer-These vertreten (vgl. sonst *Hurter* 5, 452 176 1330); *F. M. Daller, O. Praem.*, Enchiridion humanae malitiae seu haeresum et haeresiarcharum, 3 Bände, Prag 1762–64 (dazu *Hurter* 5, 176); *N. S. Guillon*, Parallèle des revolutions sous le rapport des hérésies qui ont désolé l'Église, Paris 1791 (dazu *Hurter* 5, 1254); *H. Grégoire*,

Histoire des sectes religieuses, 2 Bände, Paris 1814 (dazu *Hurter* 5, 1050);
*F. Grossi*, Catalogo degli eretici e dell'eresie, Padua 1817 (dazu *Hurter* 5, 1007).
[17] Allgemein betont die christliche Seite der Aufklärung *Freyer* 867; das Nebeneinander von rationalen und religiösen Antrieben führt *Srbik* 1, 105 f. aus.
[18] Die Katharer als Mystiker bei *Schmid* 32, als Verwandte der Waldenser
*Schmid* 55, das Zitat bei *Schmid* 6. (Die Seiten 416–433 sind durch eine Bogenversetzung falsch paginiert.) – Auch *G. W. F. Hegel*, Vorlesungen über die Philosophie der Geschichte, hsg. *F. Brunstäd*, Leipzig 1907, S. 495 ff., meint
dasselbe wie *Schmid*, wenn er die Katharer als unvernünftige und unklare
Schwärmer bezeichnet.
[19] *Q. de Parctelaine*, Histoire de la guerre contre les Albigeois, Paris 1833; Katharer und Waldenser S. 11, das Zitat S. 2. – Dazu kritisch: *Schmidt* 2, 306 f.
[20] *Jas* 106, 115.
[21] *Faber* 110: Der katharische Dualismus sei nur die Meinung eines „ungeschickten Albigensers", der seine Jenseitshoffnung nicht richtig ausdrücken
konnte. Die Waldenser gehen nach *Faber* auf die Urkirche zurück. – Das Zitat
nach *Schmidt* 2, 269. Über Fabers Vorgänger s. o. S. 35.
[22] Die Gleichsetzung von Waldensern und Katharern und die Herleitung beider von der frühchristlichen Kirche findet sich u. a. bei *M. Bresse*, Histoire des
Vaudois, Paris 1796, S. 47 ff.; *W. Jones*, The History of the Waldenses, connected with a sketch of the Christian Church from the birth of Christ to the
eighteenth century, Neuaufl., London 1816, Bd. 1, S. Vff.; Bd. 2, S. 5 f.; *Ch. H.
Bracebridge*, Authentic details of the Valdenses, London 1827, S. 6 ff.; *A. Monastier*, Histoire de l'Église Vaudoise, Genf 1847, Bd. 1, S. 73.
[23] So *C. Fauriel*, Histoire de la croisade … (Ausgabe von Petr. Sarn.), Paris
1837; *J. J. Barrau – B. Darragon*, Histoire des croisades contre les Albigeois, 2
Bände, Paris 1840. – Zur Kritik vgl. *Schmidt* 2, 307; eine Geschichte der Geschichtsschreibung des Albigenserkreuzzuges gibt jetzt *Belperron* III ff. – Als liberale Individualisten treten die Ketzer auf bei *F. Guizot*, Histoire générale de
la civilisation en Europe, Brüssel 1838, S. 137 271.
[24] So *Parctelaine* (s. o. A. 19) S. 11; *A. Blair*, History of the Waldenses, Edinburgh 1833, Bd. 1, S. 235; *Barrau – Darragon* (s. o. A. 23) Bd. 1, S. IV; *A. Bert*, I
Valdesi ossiano i cristiani-cattolici secondo la chiesa primitiva, Turin 1849,
S. 85 („quel miscuglio di falso e di vero, di teosofismo e di cristianesimo").
[25] *Flathe* 1, 217. – Das wird trotz einiger Unverbesserlicher (*J. B. Marsden*, History of Christian Churches and Sects, London 1856, Bd. 1, S. 11 14, wo die
Katharer als „premature Protestants" gelten) die herrschende Meinung; s. u.
A. 27 und *C. Ullmann*, Reformatoren vor der Reformation …, 2. Aufl. Gotha
1866, Bd. 1, S. 9 f.
[26] *Flathe* 1, 276, 389. – Seine Darstellung ist allerdings unhistorisch und unkritisch.
[27] *S. R. Maitland* (Großvater des Rechtshistorikers), Facts and documents illustrative of the history, doctrine and rites of the ancient Albigenses and Waldenses, London 1832 (mir nicht zugänglich). – Daß die Waldenser von den
Katharern zu trennen sind, erst im 12. Jahrhundert entstanden und zwischen

den antikirchlichen Bewegungen des 12. und den Bettelorden des 13. Jahrhunderts genau die Mitte einnehmen, wurde erwiesen durch *A. W. Dieckhoff*, Die Waldenser im Mittelalter, Göttingen 1851, bes. S. 212; *J. J. Herzog*, Die romanischen Waldenser, Halle 1853, bes. S. 227. – Einige Unbelehrbare haben noch später die Waldenser mit Karl dem Großen verbunden, so *Ph. Heber*, Waldo, Kaiser Karls des Großen geistlicher Rath, und die älteren Waldenser, Basel 1858, und das abstruse Buch des Anthroposophen *W. J. Stein*, Weltgeschichte im Lichte des heiligen Gral, Bd. 1, Stuttgart 1928, S. 78.

[28] Über Döllingers Buch ausführlicher oben S. 46.

[29] Wenn auch *Schmidt* 1, III; 2, 254 das Werk etwas zu negativ beurteilt, läßt sich doch die Behauptung von *Morghen*, Medioevo 215, nicht halten, Hahn habe das innere Verständnis der Ketzerei sehr gefördert und sei über Schmidt zu stellen.

[30] Über Neander vgl. *Uhlhorn*, in PRE 13, 679 ff.; *Nigg*, KG 157 ff.; *Thompson – Holm* 2, 560 f.; *Srbik* 1, 196; *H. Hermelink*, Das Christentum in der Menschheitsgeschichte von der Französischen Revolution bis zur Gegenwart, Bd. 1, Tübingen–Stuttgart 1951, S. 411 ff. – Die Bogomilen-These bei *Neander* 4, 457. Übrigens behandelt er sie noch als Mystiker (*Neander* 4, 469), schätzt aber die Waldenser sehr viel höher ein (*Neander* 5, 2, 798).

[31] Über Gieseler vgl. *Bonwetsch*, in PRE 6, 663 f.; *Wagemann*, in: Allgemeine Deutsche Biographie Bd. 9, S. 163 ff.; *Thompson – Holm* 2, 559 f. Über Gieselers Verdienste vgl. o. I, 5 A. 4. Sehr zu Unrecht hat *Morghen*, Medioevo 215, seine kritische Leistung inadäquat genannt. Etwa die Vermutung bei *Gieseler* 2, 2, 620, daß die innerkatharischen Spaltungen auf Missionen der Dualisten der Balkanhalbinsel zurückzuführen seien, wird durch die neuesten – Morghen unbekannt gebliebenen – Funde als richtig erwiesen.

[32] Über Schmidt am besten: Wörterbuch der Straßburger Mundart, aus dem Nachlasse von Charles Schmidt, Straßburg 1896, S. III–XVI mit vollständiger Bibliographie; vgl. auch *Lobstein*, in PRE 17, 657 ff.

[33] Die Trennung von dogmatischer Lehre und religiösem Leben (allgemein über diesen protestantischen Zug: *Grabmann*, Methode 1, 56) ist ausgesprochen bei *Schmidt* 1, IX; 2, 166. *Schmidt* 2, 270 sagt ehrlich: „So glücklich wir gewesen wären, die Katharer im Einklang mit unserem Glauben zu finden und sie gegen die Anklagen ihrer Gegner zu verteidigen, wir mußten uns vor allem der historischen Wahrheit unterwerfen."

[34] Die systematische, konstante Glaubenslehre der Katharer herauszuarbeiten, ist das Anliegen von *Schmidt* 1, IX; 2, 263.

[35] *Schmidt* 1, 7; 2, 263 271 hält die Bogomilen für Abkömmlinge der Katharer, nicht umgekehrt, und vermutet, daß der Katharismus im 10. Jahrhundert in griechisch-slawischen Mönchsklöstern auf dem Balkan entstand.

[36] Im gleichen Sinn *Holmes* 10; *Söderberg*, Cathares 11 f.

## 8. Liberale und Konservative (c. 1840–1920)

[1] *N. Lenau*, Die Albigenser, Vers 1192.

[2] *Lenau*, a.a.O., Vers 1199 3417.

[3] So faßt auch *Engel-Jánosi* 387 das Epos auf. – Das Thema lag in der Luft. Der Dualismus war schon 1821 Gegenstand der Dichtung ‚Kain' von *Lord Byron*; *Immermann* hat 1831 in seinem ‚Merlin', der nach der Lektüre von *Neanders* Kirchengeschichte entstand, die Verbindung von Artusrunde, Gral und Dualismus dargestellt; *Geibel* hat 1847 ein Drama ‚Die Albigenser' angefangen, aber dann aufgegeben. Auch *Melvilles* ‚Moby Dick', 1851 zuerst erschienen, gehört in diese Reihe. Eine motivgeschichtliche Studie zum Zusammenhang all dieser Werke steht noch aus.

[4] Über Cantù vgl. *B. Croce*, Storia della storiografia italiana nel secolo XIX, Bari 1921, Bd. 1, S. 204–214; *Thompson – Holm* 2, 612. – Für seine Mischung aus Intoleranz und Milde vgl. *Cantù* 13 116. – Die Darstellung ist von *Lami* abhängig und unkritisch, sie schleppt viele alte Fehler weiter.

[5] So besonders in der französischen Kurzfassung (*C. Cantù*, Les hérétiques italiens aux XIII$^e$ et XIV$^e$ siècles, in: Revue des questions historiques 1 [1866] S. 469–524; als Vertreter der „Lehre von der Gütergemeinschaft" gelten die Katharer S. 524).

[6] *I. v. Döllinger*, Kirche und Kirchen, Papstthum und Kirchenstaat, München 1861, S. 51. – Eine gleichlautende italienische Stimme von 1862 bei *Tonini* 3, 322.

[7] Die Westgoten-These bei *N. Peyrat*, Les réformateurs de la France et de l'Italie au douzième siècle, Paris 1860, S. 22; hier auf S. 316: „Italien, Italien! Diese Ketzer sind Deine großen Bürger! Diese Verdammten sind die Märtyrer Deiner Freiheit!" Vgl. sonst *Peyrat* (1870) 1, 1 7; 3, 456. Über die Herkunft der Westgotenthese s. o. I, 6 A. 19. – Kritisch zu Peyrat: *Belperron* VI f.

[8] Über Réville vgl. *J. Marty*, A. R., Cahors 1912; *Chantepie* 1, 16.

[9] *Réville* 76; *Dulaurier* 19, beide unter dem Eindruck der Niederlage von 1871.

[10] *Réville* 45; *Dulaurier* 207.

[11] So vor allem *Réville* 76.

[12] *Ilarino*, Bonacursus 328; *Dondaine*, Manuel 121 f., haben ihm schwere Versehen bei der Auswertung der Quellen nachgewiesen; trotzdem sind seine Arbeiten verdienstvoll.

[13] *Molinier*, Église 285.

[14] *Molinier*, Endura 282.

[15] *Molinier*, Église 266 ff.

[16] *Molinier*, Inquisition XV, Église 290 f.

[17] Über Lea vgl. *P. M. Baumgarten*, Die Werke von H. Ch. L. und verwandte Bücher, Münster 1908 (eine sehr ironische Kritik); *E. S. Bradley*, H. Ch. L., A Biography, Philadelphia 1931; über die Inquisitionsgeschichte L.s am besten *Acton* 784 f.

[18] So *Lea* 1, 117. – Der Abschnitt über die Katharer ist von allen Kritikern als

sehr oberflächlich getadelt worden (*Acton* 774; *Alphandéry*, Morale 36; *Vernet*, Cathares 1999; *Ilarino*, Inquisizione 592).

[19] *K. Kautsky*, Vorläufer des neueren Sozialismus, Neudruck, Berlin 1947, Bd. 1, S. 201 f., wo Katharer und Waldenser durcheinandergeraten und nicht klar wird, ob Kautsky die Katharer für Kommunisten hält. – *Mens*, Drijfveeren 303 ff., hat das sozialistische Schrifttum vor Volpe bei seiner Forschungsübersicht nicht berücksichtigt. Der Marxismus hat die Katharer schon im Jahre 1850 als „Opposition gegen den Feudalismus" zum ersten Mal beachtet; vgl. *F. Engels*, Der deutsche Bauernkrieg, Neudruck, Berlin 1946, S. 36 38.

[20] *M. Popowitsch*, Bogomilen und Patarener. Ein Beitrag zur Geschichte des Sozialismus, in: Die Neue Zeit. Wochenschrift der deutschen Sozialdemokratie, Jahrgang 24 I (1906) S. 348–360 (ein sehr apodiktischer, aber zu Unrecht vergessener Artikel).

[21] *G. Volpe*, Eretici e moti eretici dal XI al XIV secolo, nei loro motivi e riferimenti sociali, in: Il Rinnovamento 1 I (1907) 633–678; 1 II (1907) S. 19–86, 261–318. – Hier wird (S. 22 ff.) zum erstenmal der Katharismus als proletarischer Evangelismus bezeichnet. Über *Volpe* als Anhänger des historischen Materialismus vgl. *Troeltsch* 383; *Morghen*, Medioevo 222 ff.; *Croce* 119 f.; *Mens*, Drijfveeren 304 f.; gegen seinen Modernismus polemisiert *E. Rosa, S. J.*, Falsi mistici e sovertitori eretici nella società mediovale, in: La Civiltà Cattolica 84 II (1933) S. 28–39, bes. S. 29 f. Zu Volpe s. auch o. S. 48.

[22] *Zanoni* 35 ff. (die Humiliaten sind Katharer) 51 (die Humiliaten sind Proletarier). – Kritisch zu Zanoni: *Evans* 94; *Mens*, Drijfveeren 304.

[23] Besonders schroff *Stefano*, Bilychnis 45 164; dazu vgl. *Morghen*, Medioevo 225 f., wo allerdings die falsche Meinung vertreten wird, diese Überspitzung sei erst bei der Zusammenfassung in Buchform 1938 erfolgt (s. o. S. 53). In Wahrheit sind die heftigsten Sätze bei der Zusammenfassung gestrichen worden. – Ähnlich wie Stefano auch *Fumi*, Milano 44.

[24] Die Katharer erscheinen als konfus gewordene Protestanten in dem merkwürdigen Buch von *A. Lombard*, Pauliciens, Bulgares et Bons-Hommes en Orient et Occident, Paris 1879, S. 145 f. – Mit Recht werden die Katharer ausgelassen von *L. Keller*, Die Reformation und die älteren Reformparteien in ihrem Zusammenhang, Leipzig 1885, S. 9.

[25] Über Reuter: *Kolde*, in PRE 16, 696 ff.; *Harnack* 3, 363 f.; *Thompson – Holm* 2, 566; die beste Würdigung des umstrittenen Mannes bei *H. Grundmann*, Mystik und Aufklärung im Mittelalter, in: Zeitschrift für deutsche Bildung (1928) S. 449–455. – Zu R.s Auffassung vgl. *Reuter* 1, 153 f.; 2, 38 f.

[26] *Preger*, Mystik 1, 174. – Zu *Preger* vgl. *Caspari*, in PRE 16, 1 ff.; *Grundmann* (s. o. A. 25). – Als Religion ohne Freude wird der Katharismus auch bezeichnet von *E. Gebhart*, L'Italie mystique, Histoire de la renaissance religieuse au moyen âge, Paris 1890, S. 32.

[27] So etwa *Tocco*, Ordini 210. Über diesen Zug tadelnd *Croce* 120; gut *Morghen*, Medioevo 218 ff., der Tocco historisch zu begreifen sucht.

[28] So *Tocco*, Eresia 126 133 f.

[29] *Menéndez* 1, 19 29.

[30] Über Menéndez vgl. *A. Bonilla y San Martin*, M. M. y P., Madrid 1914; *F. Litschauer*, Spanische Kulturgeschichte, Wien–Leipzig 1939, Bd. 2, S. 1085 ff. Das Urteil von *Thompson – Holm* 2, 620 f. über M.s Ketzergeschichte ist oberflächlich. – Das Zitat bei *Menéndez* 1, 25 370.

[31] *Menéndez* 1, 22.

[32] Vgl. etwa *Douais*, Narbonne VII.

[33] *Douais*, Somme 21, Documents 1, 48.

[34] *Douais*, Albigeois VI.

[35] Über Döllinger vgl. *J. Friedrich*, I. v. D., Sein Leben auf Grund seines schriftlichen Nachlasses, 3 Bände, München 1899–1901; *Thompson – Holm* 2, 537. Vgl. auch oben S. 41. – Immer wieder (so *Guiraud*, Inquisition 1, XLIII; *Grabmann*, Theologie 244; *Srbik* 2, 52; *Manselli*, Manicheismo 65) meint man, das Werk sei kurz vor D.s Tode entstanden, jedenfalls nach 1871. Auf diesem Irrtum beruht auch die unverdient scharfe Kritik an D.s Buch von *Ch. Molinier*, Revue historique 54 (1894) S. 155–164 („Die besten Kapitel bieten nichts Neues, die neuen nichts Gutes"). Das Werk war im wesentlichen schon 1839 fertig; die Drucklegung verzögerte sich nur, weil D. noch neues Material sammeln wollte (*Friedrich*, a.a.O., 2, 125 ff.; 3, 671).

[36] Über D.s eigentliche Berufung zum Dogmatiker vgl. *U. Noack*, Katholizität und Geistesfreiheit, nach den Schriften von John Dalberg-Acton 1834–1902, Frankfurt/Main 1936, S. 43 (Actons Urteil); gleichsinnig *F. Schnabel*, Deutsche Geschichte im 19. Jahrhundert, 2. Aufl., Bd. 4, Freiburg i. Br. 1951, S. 73.

[37] Vgl. etwa *Alphandéry*, Morale XIII. Daß die Methode A.s einseitig ist, rügt *Esnault* 52.

[38] *Vernet*, Albigeois 685.

[39] *Schmidt* 2, 154; vgl. o. I, 7 A. 33.

[40] Nach *Guiraud*, Cartulaire 201, sind die Katharer Neuheiden, wie auch bei Schmidt (s. o. S. 42). Guiraud hat später seine Auffassung geändert (s. u. I, 9 A. 19). – Ganz abgesehen von den überaus harten Urteilen bei *Guiraud*, Cartulaire 84; *Vidal*, Doctrine 20 48 399; *Broeckx* 132, die die Katharer zu Verbrechern stempeln, ist auch in der Lösung des Herkunftsproblems kein Fortschritt mehr erzielt worden. Entweder resigniert man überhaupt (so *Belhomme* 102; *Réville* 45; *Molinier*, Église 287; *Vacandard*, Origines 50) oder man nimmt die alten Thesen wieder auf: die Manichäer-These (*Douais*, Albigeois 208, Somme 17; *Guiraud*, Consolamentum 112, Cartulaire 223); die Paulikianer-These (*Steude* 6) oder die nordfranzösische These (*Pfister* 327, und danach *Lavisse – Luchaire* 198 und noch *Fliche – Martin* 7, 459, mit der Variation, ein Professor habe die katharischen Sätze aus Augustins antimanichäischen Schriften zusammengelesen: aber selbst das hatte schon *Gieseler* 2, 1, 407 gesagt). Auch die Westgoten-These fand wieder einige englische Anhänger (*Neil*, A Protestant Dictionary, London 1904, S. 14 f.; *J. B. Mullinger*, Albigenses, in: Encyclopaedia of Religion and Ethics, Bd. 1, Edinburg 1908, S. 277).

[41] Man hat ihn wegen des ungeordneten und fehlerhaften Dokumentenbandes seiner ‚Beiträge' sehr getadelt (*Molinier*, Sources 3, 58; *Vacandard*, Inquisi-

tion XIV; *Vidal*, Doctrine 361 usw.). Aber niemand vor und nach ihm hat etwas Ähnliches gewagt.

[42] *Léger* hat *Račkis* Forschungen in Westeuropa bekanntgemacht und in groben Zügen bereits alles Wesentliche der jüngsten Forschungen vorweggenommen. Die Herkunft der Katharer aus Bulgarien bei *Léger* 495 ff.

## 9. Ideologen und Religionswissenschaftler (c. 1920–1950)

[1] Vgl. etwa *Warner* 19 ff. 91 und die Verwechslungen zwischen Katharern und Waldensern bei *Warner* 53 59 f. 74 ff. 86. – Sein Landsmann *Turberville* hat (Heresy 228) die Katharer ebenfalls als Kämpfer für Toleranz und Gedankenfreiheit angesehen. – Übrigens ist zur selben Zeit von *A. P. des Porcellets*, The Albigenses of Languedoc, wieder einmal die Westgoten-These verfochten worden (darüber *Maycock* 309 ff.). Diese findet sich auch in dem umfangreichen und unübersichtlichen Buch von *F. W. Bussell*, Religious Thought and Heresy in the Middle Ages, London 1918, S. 764.

[2] Vgl. etwa *Holmes* 10 126 f. 135 ff. Zur Kritik vgl. *Maycock* 309. – Der Prediger einer „gottlosen Mystik", *F. Mauthner*, Der Atheismus und seine Geschichte im Abendlande, Bd. 1, Stuttgart–Berlin 1922, S. 268, läßt die Katharer als rückständig beiseite.

[3] Vgl. *Volpe* 35 113; s. o. I, 8 A. 21; zur Kritik *Morghen*, Medioevo 223 f.

[4] A. *Rosenberg*, Der Mythus des 20. Jahrhunderts 157.–162. Aufl., München 1939, S. 88 f., wo übrigens *Lenaus* Formulierung von den freien Forschern (s. o. S. 43) anklingt. – Dieselben Gedanken findet man um diese Zeit in volkstümlichen Schriften wie *E. König*, Ausgeburten des Menschenwahns im Spiegel der Hexenprozesse, Berlin o. J. (zuerst 1893), S. 629 f., aber auch, nach Rosenberg, bei *J. Paul*, Die Gegenreformation, in: *Brandt-Meyer*, Handbuch der Deutschen Geschichte, Potsdam o. J., Bd. 2, S. 126. – Kritisch zu Rosenberg *W. Neuß*, in: Studien zum Mythus des XX. Jahrhunderts, Kirchlicher Anzeiger für die Erzdiözese Köln, Neudruck, Köln 1934, S. 45 ff. – Der Journalist *M. Everwien*, Die Unterirdischen, Geschichte der Geheimbünde neuerer Zeit, Berlin 1939, S. 286, zog es vor, die Katharer nicht als Germanen zu feiern, sondern als Freimaurer zu verurteilen. – Es sei noch erwähnt, daß das Jugoslawien Titos 1951 bei einer Ausstellung in Zagreb die Bogomilen als ‚Dritte Kraft' zwischen Rom und Byzanz darstellte (vgl. ‚Die Zeit', 15. 11. 1951, S. 5).

[5] *Evans* 101 104, freilich sehr vorsichtig formuliert. Zur Kritik *Mens*, Begijnen 56 f., Drijfveeren 305 f.

[6] *Engel-Jánosi* 408 f.

[7] Über die sowjetrussischen Historiker dieser Richtung vgl. *Schmaus* 292. S. auch o. S. 52.

[8] *Runciman* 187.

[9] Über diese Bewegung informiert vorläufig *Welter* 89 f., am besten aber *Roché*. – Steiner und die Wiedergeburt des Midi bei *Roché* 10 f. – Im gleichen Geist schreiben die Verfasser der Aufsätze (darunter *Roché*) in: Le génie d'Oc et l'homme méditerranéen (Les Cahiers du Sud), Marseille (1943); in: Revue de

synthèse 23 (1948); und vor allem in: Cahiers d'études cathares 1 (1949). Auch *H. Fines*, D'Occitania la Bella e de sua annexio al realme de Francia, Diss. theol., (Schreibmaschinen-Manuskript) Paris 1950, S. 23 ff. schließt sich an *Roché* und *Rahn* eng an. Das Werk von *D. Roché*, Études manichéennes et cathares, Arques (Aude) 1952, war mir noch nicht zugänglich.

[10] So z. B. B. *Roché* 81 104 113 120.

[11] *Rahn* 98. Das Gralsmotiv aus Wagners ‚Parsifal‘ ist sein Motto. – Über Rahn am besten: *Th. Heinermann*, Mythen um den Ort der Gralsburg, in: Welt als Geschichte 8 (1942) S. 164–168; auch *Belperron* XIV.

[12] *Rahn* 74 83. – Vieles hat *Rahn* aus *Peyrat* übernommen; so z. B. den glutvoll beschriebenen Aufstieg zum Montségur (vgl. *Peyrat* 3, 409).

[13] Auf Grund des Hinweises bei *Rahn* 278 auf die südfranzösischen Berghöhlen hat sich bald darauf ein Berner namens *Karl Rinderknecht* aufgemacht, um diese Höhlen auf katharische Relikte zu untersuchen. In schweizerischen und deutschen Illustrierten erschien seit 1937 alle zwei Jahre der Bildbericht von dieser Expedition (s. dazu *Heinermann* [vgl. o. A. 11] S. 166). Es blieb der Illustrierten ‚Heute‘ vorbehalten, den Bildbericht am 12. 4. 1950 noch einmal abzudrucken. – *Rahns* Thesen haben selbst in den Großen Brockhaus, 15. Aufl., Bd. 20 (1935) S. 434, Eingang gefunden, ganz abgesehen von begeisterten Rezensionen in Familienzeitschriften (z. B. ‚Heimgarten‘, Wochenschrift der Bayerischen Staatszeitung, 5. 5. 1934, S. 134 f.). Sie kehren wieder bei *Evenhuis* 60 107 und bei *Nigg*, Ketzer 196 („beachtenswerte Forschungen Otto Rahns“).

[14] *Reinach* 189. – Daß die Katharer „von dem mystischen und asketischen Geist Indiens“ (so *Reinach* 188) erfüllt seien, hat vor ihm schon *Guiraud*, Cartulaire 205 f., und nach ihm *H. A. L. Fisher*, Die Geschichte Europas, Stuttgart 1951, Bd. 1, S. 271, gemeint.

[15] So der Bulgare *Ivanov* (über ihn mit der Abneigung des Jugoslawen: *Aničkov*, Joachim 119; sachlich: *Turdeanu* 22 f.) – *N. P. Kondakov*, in: Seminarium Kondakovianum 1 (1927) S. 289–301. Dazu zuletzt *A. M. Ammann, S. J.*, Abriß der ostslawischen Kirchengeschichte, Wien 1950, S. 36.

[16] So *E. Aničkov*, Les survivances manichéennes en pays slave et en Occident in: Revue des études slaves 8 (1928) S. 203–225, bes. S. 207 f.; *Aničkov*, Joachim 121 203, Graal 275 277. Zur Kritik vgl. *Lot-Borodine* 527 ff.; *Grundmann*, Joachim 31.

[17] *Alphandéry*, Gnosticisme 396, allerdings mit großer Umsicht. Über Alphandéry s. o. S. 46.

[18] *Reitzenstein* 67 ff.

[19] Bei *Guiraud*, Cartulaire 185 f., Consolamentum 110 schon betont, aber damals (s. o. I, 8 A. 40) noch verbunden mit Schmidts These, daß die Katharer Heiden seien. Jetzt (*Guiraud*, Inquisition 1, 141 195) gelten ihm die Katharer als „christianisme primitif dévié“. Vgl. dazu *Léonard* 144 ff. und unten IV, 3 A. 1.

[20] *Varga*, Problème 142, Cardinal 205 ff., Cathares 187 f. 193. – Ähnlich später der unselbständige *Evenhuis* 51 f.

[21] *Esnault* 53. Leider begründet Esnault seine Auffassung nur einmal durch ein Quellenzitat.

[22] *Aegerter* VIII 141 ff. Das sehr elegant geschriebene Buch ist im ganzen besser als in den Einzelheiten.

[23] Das Ergebnis ist zusammengefaßt bei *Söderberg*, Cathares 267 f. Die beste Rezension ist die von *H. v. Campenhausen*, in: Nuntius sodalicii neotestamentici Upsaliensis, 1949, Nr. 2, Sp. 13–16; zum Hauptergebnis Sp. 16.

[24] Vgl. etwa *Söderberg*, Cathares 237.

[25] Im gleichen Sinne v. *Campenhausen*, a.a.O., Sp. 16; *Schmaus* 291. Gestreift ist die historische Frage nur bei *Söderberg*, Cathares 168 268.

[26] Im gleichen Sinne v. *Campenhausen*, a.a.O., Sp. 15. Hier wird (Sp. 16) mit Recht bedauert, daß Söderberg auf eine tiefere Sinndeutung des Katharismus verzichtet hat.

## 10. Philologen und Historiker (1935–1950)

[1] Vgl. I, 8 A. 40. – Es ist von den Rezensenten, außer *Léonard*, übersehen worden, daß große Teile von *Guiraud*, Inquisition 1, unter etlichen Umstellungen aus *Guiraud*, Cartulaire, übernommen sind.

[2] *C. F. Savio*, Valdesi, Catari, Templari, Annotazioni di storia generale e piemontese, Turin 1937; dort wird zwar (S. 33) Guiraud kritisiert, aber Savio hält die Katharer für noch verwerflicher als Guiraud (S. 82). Hier erscheinen die Katharer als Vorläufer des russischen Bolschewismus (S. 137).

[3] Besonders die katholisch-apologetische Einstellung Guirauds wird gerügt von *R. Holtzmann* in: Deutsche Literaturzeitung (1936) S. 371–374; *Varga*, Problème 133; *Halphen* 304; *Pètrement*, Platon 297. – Bei der Behandlung der Einzelprobleme, die *Morghen*, Medioevo 226 für besonders gelungen hält, sind G. zahllose Fehler unterlaufen; dazu vgl. etwa *Ilarino*, Inquisizione 596, Gregorio 98; *Dondaine*, Actes 332. Um nur eine derartige Frage zu nennen, die Verfasserschaft der ‚Disputatio' (s. o. I, 4 A. 18), so wird sie von Guiraud nur einmal dem damals allgemein angenommenen Gregor zugeschrieben (Inquisition 1, XXV), dem Moneta auch einmal (1, 42), dem Bonaccorsi dreimal (1, 91 94 156) und am häufigsten dem Rainer Sacconi (1, 54 102 115 176). – Daß seine Darstellung nicht historisch vorgeht, bedauern *Lacger*, Rezension 152; *Ilarino*, Inquisizione 595, Gregorio 86; *Varga*, Problème 134; *Dossat* 27.

[4] Programmatische Äußerungen in diesem Sinne bei *Ilarino*, Bonacursus 299, Inquisizione 596, 599, Gregorio 86, Burci 16, 273.

[5] Vgl. das Literaturverzeichnis zu *Ilarino*. Bisher liegen vor: Untersuchungen zu Bonaccorsi, Salvo Burci und Jakob a Capellis, ferner eine ausgezeichnete Studie über die Ketzereien des 11. Jahrhunderts und die Ausgabe und Bearbeitung des von R. P. Ilarino da Milano gefundenen Traktates gegen Hugo Speroni (s. o. S. 90). – *Morghen*, Ostervazioni 108 (und noch immer Medioevo 227), hat diese Forschungsrichtung zu Unrecht für eine sklavische Rückkehr zum 18. Jahrhundert gehalten; sie ist vielmehr der Anfang einer Neuorientierung.

[6] *Esposito*, Écrits, Chieri.

[7] S. o. I, 4 A. 7.

[8] Vgl. das Literaturverzeichnis zu *Dondaine*. Bisher liegen vor: Edition und Untersuchung des ‚Liber de duobus principiis', des waldensischen ‚Liber anti-haeresis', des Stückes ‚De haeresi Catharorum' und des ‚Tractatus de haereti-cis' von Anselm von Alessandria; ferner eine hervorragende Neuausgabe und Analyse des ‚Notitia' über das Katharerkonzil von 1167, die die Echtheit des Stückes sichert, sowie Studien zur Entstehung der Inquisitionshandbücher und zu den Anfängen der mittelalterlichen Ketzerei. Ein Band ‚Contra haereti-cos' mit Ausgaben bisher unbekannter oder schlecht edierter Werke ist ange-kündigt.

[9] Vorläufig vgl. *Dondaine*, Sources. Einer Zusammenfassung seiner ausge-dehnten Studien sieht man voll Spannung entgegen.

[10] *Solari* 417–422. Zu Tocco vgl. oben S. 45. – In der gleichen Richtung wird der Katharismus als oberflächliche Philosophie verstanden von *Cazeau-Vara-gnac* 9–14.

[11] *Pètrement*, Histoire 107 ff., Platon 312. – Eine kurze Geschichte des dualisti-schen Denkens gab schon zuvor *A. Vierkandt*, Der Dualismus im modernen Weltbild, Berlin 1923, S. 120 ff.

[12] Vgl. *Pètrement*, Histoire 35–77.

[13] Darüber s. o. S. 110 ff., S. 115 ff.

[14] *A. Vaillant*, Le Traité contre les Bogomiles du prêtre Cosmas, in: Revue des études slaves 21 (1944) S. 46–89; *Puech – Vaillant*.

[15] Vgl. vor allem *Turdeanu*; über andere Forschungen dieses Gebietes vgl. *Schmaus*, auch *Sadnik*.

[16] *Angelov* 59. Über seine früheren Arbeiten vgl. *Sadnik* 49.

[17] Für die Erforscher des Katharismus s. o. S. 51; für die des Bogomilismus be-sonders *Puech – Vaillant* 279 ff.

[18] Vgl. dazu *Grundmann*, Bewegungen 8–10 24. Zu Volpe s. o. S. 48. – Grund-manns Auffassung wird vorbehaltlos gebilligt von *Haller* 3, 532.

[19] So z. B. *Grundmann*, Bewegungen 29 u. ö. – Dies hebt als Hauptverdienst G.s die Rezension von *K. Heussi*, in: Historische Vierteljahrschrift 30 (1935) S. 808 f., hervor.

[20] *Stefano*, Riformatori 348. Vgl. o. I, 8 A. 23.

[21] *Morghen*, Osservazioni 143 151, Medioevo X f. 229 255 usw. ‚Medioevo' ist ein veränderter, im wesentlichen aber gleichgerichteter Neudruck von ‚Osser-vazioni'. – Unverständlich ist, warum noch *Morghen*, Medioevo 258, darüber klagt, daß der evangelische Charakter der Ketzerei von der Forschung nicht ge-nügend beachtet worden sei; *Grundmann* wird allerdings von *Morghen* nicht zitiert. – Zu Morghen vgl. die scharfe Kritik von *Dondaine*, Origine 47 ff. 55 f. 78.

[22] *Croce* 120 f. – Mit mehr Zurückhaltung, doch im Grunde zustimmend, *Pin-cherle* 613.

[23] Gegen die sozialistische These: *Mens*, Drijfveeren 307 f.; die Katharer als Apostoliker bei *Mens*, Begijnen 23–36, beide Male mit ausdrücklichem Bezug

auf *Grundmann*, Bewegungen. Zu Mens vgl. *Ch. Dereine, S. J.*, in: Revue d'histoire ecclésiastique 44 (1949) S. 633–636.

[24] *Toynbee* 4, 652–656. Für die katharische Lehre hat sich *Toynbee* 4, 624 bis 634 an das suspekte Buch von *Conybeare* (s. u. II, 1 A. 29) gehalten und dabei arge dogmenhistorische Verzeichnungen vorgenommen; man kann heute nicht mehr (wie *Toynbee* 4, 628 ff.) den Katharern ihren Dualismus bestreiten.

[25] So z. B. *Jordan* 968; *Heussi* (s. o. A. 19) S. 809; *Ilarino*, Speroni 433. – Doch hat sich etwa *P. Brezzi*, Catari, in: Enciclopedia Cattolica, Bd. 3 (1949) Sp. 1087, die Grundmannsche These angeeignet.

[26] *Heer* 619. – Das hindert Heer nicht, auf S. 561 die Ketzer als ‚Bürger‘ zu bezeichnen, die S. 494 als Bürgerfeinde auftraten. – Die heftigste Invektive gegen *Grundmann* bei *Heer* 467. – Über und gegen Heers Devise *Cum ira et studio: Th. Mayer*, Das Hochmittelalter in neuer Schau, in: Historische Zeitschrift 171 (1951) S. 449–472.

[27] Über *Runciman* sehr anerkennend *Grégoire* 142; kritisch *Söderberg*, Rezension 286; vor allem *Manselli*, Manicheismo 66 85.

[28] Vgl. *Obolensky* VIII f. – Gelegentlich ist die theologische Systematik noch spürbar, etwa in schroffen Trennungen zwischen Paulikianern = Albanensern, Bogomilen = Concorrezianern (*Obolensky* 124 162 u. ö.); auf ähnliche Fälle verweist *Schmaus* 282 und die sonst gebührend zustimmende Rezension von G. *Stökl*, in: Blick nach Osten 2 (1949) S. 145–147. – Über O.s Verdienst vgl. *Schmaus* 273, der übrigens selbst das dogmatische Element stärker betont als das historische.

[29] *Manselli*, Manicheismo 92 f. Dieser Gedanke ist zwar nicht ganz neu (vgl. *Vacandard*, Inquisition 95; *Turberville*, Heresy 32, History 706; s. auch I, 7 A. 24), aber nirgends so klar formuliert wie bei *Manselli*. – Einen knappen Überblick über die hier ausführlich dargestellte neuere Forschung sowie über die Ergebnisse meiner Untersuchungen findet man in: Historische Zeitschrift 174 (1952) S. 17–30.

# II. Die Geschichte der Katharer

## 1. Der Dualismus und seine Tradition

[1] Vgl. 1 Petr 2, 11. – Die Definition nach *Pètrement*, Histoire 78 ff. Nur einen Teilaspekt berücksichtigt die Definition von *Obolensky* 69: „a metaphysical doctrine, according to which the visible, material world is the creation of an evil force outside God".

[2] *K. Jaspers*, Vom europäischen Geist, München 1947, S. 8 f. Den prophetischen Charakter dieser Zeit betont *Freyer* 361 f.

[3] Über den Gegensatz von ‚Yin‘ und ‚Yang‘ und die Lehren des Lao-tse, die man freilich nur mit aller Vorsicht hier nennen kann, zuletzt *Pètrement*, Histoire 57 ff. – In Indien kann man nicht den Buddhismus (richtig *Pèrement*, Histoire 49, gegen *Guiraud*, Cartulaire 205 ff.; *Reinach* 189) und nur zögernd den Jainismus dualistisch nennen (vgl. *Pètrement*, Histoire 48 f.). – Die im

Grund kosmologischen Mythen um den ägyptischen Osiris, die *Guiraud*, Cartulaire 204; *Pètrement*, Histoire 20 f., heranziehen, gehören wohl nicht hierher.

[4] Für eine durchgehende Denktradition wird der Dualismus seit *Warner* 5; *Reinach* 188 oft gehalten, während andere Forscher (z. B. *Léonard* 147) eine stete Neugeburt bei analogen Bedingungen postulieren.

[5] Über Z. vgl. *H. S. Nyberg*, Die Religionen des alten Iran, deutsch von *H. H. Schaeder* (Mitteilungen der vorderasiatisch-ägyptischen Gesellschaft, Bd. 43), Leipzig 1938; *Schaeder*, Zarathustra; *Duchesne-Guillemin*; *W. B. Henning*, Zoroaster, Politician or Witch-Doctor? (Ratanbai Katrak Lectures 1949), London 1951. – In der durchaus unsicheren Datierung folge ich *Schaeder*, Zarathustra 601, während *P. Masson-Oursel*, in: *Gorce – Mortier* 3, 34; *Henning*, a. a. O., S. 36 und auch *Freyer* 362 das 6. Jahrhundert v. Chr. vorziehen.

[6] Darüber *Nyberg*, a. a. O., S. 51 ff., freilich mit einer Auslegung, gegen die sich *Henning*, a. a. O., S. 30 ff., mit beißender Ironie wendet; vgl. auch *Duchesne-Guillemin* 153 f. und besonders *Schaeder*, Zarathustra 582 ff.

[7] Über Z.s Lehre *Reitzenstein – Schaeder* 206; *Henning*, a. a. O., S. 45 ff.; am besten *Duchesne-Guillemin* 137 ff.

[8] Daß Z.s Lehre später zu einer Theologie gemacht wurde, darüber herrscht in der Forschung Einigkeit (*Chantepie* 1, 83; 2, 218; *Nyberg*, a. a. O., S. 22; *Schaeder*, Zarathustra 601; *Pètrement*, Platon 321). Aber ob die Achämeniden selbst Zoroastrier waren, ist lebhaft umstritten (Nein: *Nyberg*, a. a. O., 373; *Gorce – Mortier* 3, 33. Ja: *Schaeder*, Zarathustra 600; *Duchesne-Guillemin* 110). Über die Religion im Perserreich vgl. *H. H. Schaeder*, Das persische Weltreich, Breslau 1941, S. 32 ff. – Der Zusammenhang von Z.s Lehre mit der manichäischen wurde mit Erfolg bestritten von *Schaeder*, Zarathustra 596; *Obolensky* 9–16. Mit den Katharern wurde Z. nur von *Guiraud*, Cartulaire 204 f.; *Croce* 120; *Roché* 18 auf eine Ebene gestellt.

[9] Über die Orphik vgl. *E. Rohde*, Psyche, 5./6. Aufl. (neuere nicht greifbar), Tübingen 1910, Bd. 2, S. 115 ff., allerdings mit überspitzten Thesen; sonst *Chantepie* 2, 370 ff.; *Reitzenstein – Schaeder* 67 ff.; *M. Pohlenz*, Der hellenische Mensch, Göttingen 1947, S. 59 95; *Freyer* 356 ff.

[10] Dazu *Pètrement*, Histoire 77, Platon 122.

[11] Über P.s Dualismus vgl. *Rohde*, a. a. O., S. 269 ff. und insbesondere die hervorragende Studie von *Pètrement*, Platon 11 ff. – Die Einwirkung Zarathustras auf P., die bei *Reitzenstein – Schaeder* 1 ff. und, mit kritischer Zurückhaltung, bei *Pètrement*, Platon 23 f., angenommen wird, weist zurück *W. J. Koster*, Le mythe de Platon, de Zarathoustra et des Chaldéens, Leiden 1951. – Das Zitat aus: *H. H. Schaeder*, Die Kantäer, in: Die Welt des Orients, Stuttgart 1949, S. 290.

[12] Darüber besonders *Pètrement*, Histoire 13 f. 43 ff., Platon 207 ff. 287 ff. mit einer Sammlung entsprechender Bibelstellen, aber nicht ohne Überbewertung des Gnostischen im Christentum.

[13] Über M. grundlegend: *A. v. Harnack*, M. Das Evangelium vom fremden Gott, Leipzig 1921 (2. Auflage nicht zugänglich), besonders S. IV 135. Vgl.

auch *Schaeder*, Urform 73; *Harnack* 1, 292; *Pètrement*, Histoire 10, die alle
M.s ethisches Anliegen hervorheben. *Lortz* 48 zählt M. gegen Harnack zu den
Gnostikern. – Als Ausgangspunkt der Linie, die zu den Katharern führt, wird
M. betrachtet von *Steude* 6; *Alphandéry*, Morale 36, Gnosticisme 403; *Turber-
ville*, History 699; *Runciman* 174; *Pincherle* 615; s. auch u. A. 31.

[14] Zur Gnosis vgl. vor allem *Jonas* 92 ff., zusammenfassend *H. Leisegang*, Die
Gnosis, 3. Aufl., Leipzig 1941; *Gorce – Mortier* 3, 61 ff.; sehr summarisch *Runciman* 5. ff. (vgl. *Söderberg*, Rezension 287).

[15] *Windelband* 208.

[16] Der Streit darum, ob die Gnostiker zuerst Griechen oder ursprünglich Orientalen sind, ist heute so lebendig wie je. Sie sind Griechen nach *Leisegang*,
a. a. O., S. 3 ff.; *Schaeder*, Urform 100; *Harnack* 1, 250; als Orientalen gelten sie
für *W. Bousset*, in RE 7, 2, 1531; *Runciman* 172; *Söderberg*, Cathares 9. Die
überzeugendste Vermittlung beider Richtungen geben *Jonas* 74 ff.; *Pètrement*,
Platon 137 ff. – Zur soziologischen Struktur der Gnosis vgl. *Jonas* 69 214 ff.;
*Leisegang*, a. a. O., S. 13; *Weber* 262; *Pètrement*, Platon 158. – Als Vorläufer der
Katharer wurden die Gnostiker bezeichnet von *Flathe* 1, 245; *Tocco*, Eresia
103; *Moeller* 379; *Guiraud*, Cartulaire 215 ff.; *Alphandéry*, Gnosticisme 396;
*Varga*, Cathares 183 193; *Dondaine*, Sources 467; *Söderberg*, Cathares 19;
skeptisch äußern sich dazu *Schmidt* 2, 263; *Reitzenstein* 68; *Puech – Vaillant*
337.

[17] Der Ausdruck und die Sache nach *Jonas* 64.

[18] Dazu *Jonas* 375; *Pètrement*, Histoire 47 f. 77.

[19] Über ihren Anspruch, dadurch das evangelische Leben zu vertreten, vgl.
*Harnack* 1, 452. – Einen Zusammenhang der Novatianer, die sich die „Reinen"
nannten, mit den Katharern des Mittelalters haben *Söderberg*, Cathares 7; *Haller* 1, 36 angenommen; dagegen wandten sich schon *Gretser* 8; *Hefele – Leclercq* 4, 2, 927; *Warner* 10 mit vollem Recht. – Über die enge Verflechtung
des Gnostischen mit dem jungen Christentum allgemein *Pètrement*, Histoire
44 f.

[20] So bezeichnet *Lortz* 47 die Gnosis.

[21] So auch *Pètrement*, Platon 294.

[22] Er besteht natürlich auch in der christlichen Kirche fort, freilich stets gebändigt. Vgl. dazu *Tellenbach* 32 ff. 56.

[23] Über den Manichäismus vgl. die ausgezeichnete Zusammenfassung von
*H. Polotsky*, in RE, Supplementbd. 6, S. 240–271; *Reitzenstein – Schaeder*
240 ff.; *Schaeder*, Urform 65 ff., Manichäismus 80 ff., in RGG 3, 1959 ff.;
*G. Widengren*, Mesopotamian Elements in Manichaeism (Uppsala Universi-
tets Arsskrift 1946, 3), Uppsala – Leipzig 1946; *H.-Ch. Puech*, Le manichéisme.
Son fondateur. Sa doctrine, Paris 1949; *Ders.*, in: *Gorce – Mortier* 3, 85 ff. –
Daß der Manichäismus eine Gnosis sei, ist einmütige Ansicht aller (*Polotsky*,
a. a. O., S. 245; *Schaeder*, Manichäismus 84; *Widengren*, a. a. O., S. 12 f.; *Puech*,
a. a. O., S. 69); umstritten ist wieder, wie beim Gnostizismus, die Vorherr-
schaft des hellenischen oder orientalischen Elementes (griechisch: *Schaeder*,
Urform 97 121; orientalisch: vor allem *Widengren*, a. a. O., S. 178). – Manis

Todesdatum liegt neuestens fest, vgl. *Puech*, a. a. O., S. 53. – Über M.s Beziehungen zu Schahpur I. vgl. *Puech*, a. a. O., S. 45 ff.; zu M.s Universalreligion *Puech*, a. a. O., S. 61 ff.; über die manichäische Auffassung der Welt als „Maschine zur Befreiung des Lichtes" *Reitzenstein – Schaeder* 301.

[24] Gegen den ‚Volksmanichäismus', den *Alphandéry*, Gnosticisme 395, annahm, wenden sich *Polotsky*, a. a. O., S. 244; *Varga*, Cathares 182; *Puech – Vaillant* 316. – Das letzte Zeugnis für Manichäer im Abendland stammt aus Ravenna (Agnellus, Liber pontificalis Ravennat. a. 552, MGH. SS. rer. Langob., S. 331). – Über die Ausdehnung im Fernen Osten: *H. H. Schaeder*, Der Manichäismus und sein Weg nach Osten, in: Glaube und Geschichte, Festschrift für F. Gogarten, Gießen 1948, S. 236–254. – Die Teilung von griechischer Form und orientalischem Stoff nach *Schaeder*, Urform 121.

[25] Als unmittelbare Vorfahren der Katharer gelten die Manichäer bei den nicht unmittelbar über die Katharer unterrichteten Schriftstellern, in der Forschung etwa bei *Benoist* 1, 4; *Ricchini* XIII; *F. Chr. Baur*, Das manichäische Religionssystem, Tübingen 1831, S. 402; *Gieseler* 2, 1, 404 f.; *Hahn* 146 f.; *Dulaurier* 8; *Tocco*, Eresia 103 ff.; *Zöckler* 762; *Guiraud*, Cartulaire 222; *Dufourcq* 91; *Hefele – Leclercq* 4, 2, 928; *Reitzenstein* 69; *Dondaine*, Liber 52 ff. Dagegen sprachen sich u. a. aus: *Schmidt* 1, IV; 2, 252 ff.; *Molinier*, Église 236; *Warner* 10; *Alphandéry*, Manichéisme 453; *Solari* 411; *Söderberg*, Cathares 24 ff.; *Morghen*, Medioevo 235 ff. Ich hoffe, im folgenden zeigen zu können, daß der heute so oft verwendete Terminus ‚Neumanichäer' für die Katharer durchaus inadäquat ist.

[26] Die ältere Forschung sah in Priscillian einen Manichäer (so noch *Menéndez* 1, 101 ff.; *Döllinger* 1, 54; *Dufourcq* 101); der Handschriftenfund von *G. Schepss*, Priscillian, ein neu aufgefundener lateinischer Schriftsteller des 4. Jahrhunderts, Würzburg 1886, bes. S. 25, ließ Pr. als christlichen Reformer erscheinen (dagegen *K. Künstle*, Antipriscilliana, Freiburg i. Br. 1905, S. 24: Schepss' Funde sind Pr.s Schriften, aber ein Manichäer ist er doch). Die Echtheit der Schepss-Funde erwies endgültig *M. Hartberger*, Priscillianea, Diss. theol. (Maschinenschrift), Freiburg i. Br. 1916, wo S. 22 45 der Dualismus, S. 28 die astrologische Spekulation als Pr.s Eigentum erwiesen wird. Als bloßer Rigorist wird Pr. meist noch heute angesehen (*Alphandéry*, Gnosticisme 395; *Schaeder*, Manichäismus 82; *Lortz* 77; unentschieden *Harnack* 3, 58).

[27] Zur geistesgeschichtlichen Einordnung Pr.s vgl. *Feine* 1, 75. Auch die Bekehrung des arianischen Westgotenkönigs Reccared (587) gehört in diesen Zusammenhang. – Als Vorfahren der Katharer gelten die Priscillianer bei *Vaissète* 1, 148; *Döllinger* 1, 54 ff.; *Varga*, Cathares 188; *Evenhuis* 52; in etwa auch *Toynbee* 4, 633; vorsichtiger *Schmidt* 1, 25; 2, 261; *Menéndez* 1, 145. Dagegen sind mit Recht *Füeßlin* 1, 21; *Douais*, Albigeois 121; *Warner* 10.

[28] Über die M. vgl. *H. Dörries*, Simeon von Mesopotamien, Die Überlieferung der messalianischen ‚Makarios'-Schriften, Leipzig 1941; *Puech – Vaillant* 327 f.; *Söderberg*, Rezension 287 (die Darstellung bei *Runciman* 21 f. und *Obolensky* 48 ff. ist veraltet). Für den geistesgeschichtlichen Rahmen vgl. auch *Feine* 1, 73, s. u. II, 2 A. 12.

[29] Über die P. vgl. *K. Ter-Mkrttschian*, Die Paulikianer im byzantinischen Kaiserreich und verwandte ketzerische Erscheinungen in Armenien, Leipzig 1893; *F. C. Conybeare*, The Key of the Truth, a manual of the Paulician church of Armenia, Oxford 1898; *Runciman* 26 ff. (hierin voll kompetent); *H. Grégoire*, Précisions géographiques et chronologiques sur les Pauliciens, in: Académie Royale de Belgique, Bulletin de la classe des lettres et des sciences morales et politiques, Serie 5, Bd. 33 (1947) S. 289–324; *Ders.*, Pour l'histoire des églises pauliciennes, in: Orientalia Christiana Periodica 13 (1947) S. 509–514; *F. Scheidweiler*, Paulikianerprobleme, in: Byzantinische Zeitschrift 43 (1950) S. 10–39, 367–384. – Der Anfang der Sekte, früher gern ins 4. Jahrhundert gelegt (s. *Döllinger* 1, 3; *Conybeare*, a. a. O., S. VI; *Toynbee* 4, 627; *Nigg*, Ketzer 192), ist genau datiert durch *Grégoire*, a. a. O. (Précisions S. 299, Histoire S. 509). Daß die P. mit Paulus von Samosate verwandt wären (so *Conybeare* VI; *Toynbee* 4, 625; *Coulton*, Inquisition 28 f. u. v. a.), ist ebenfalls von *Grégoire* (Précisions S. 293) endgültig widerlegt worden. Woher ihr Name kommt, ist (mit *Harnack* 2, 528 gegen *Runciman* 49) ungewiß.

[30] Zur politischen Stellung der P. vgl. *Ostrogorsky* 154 166 und überschätzend *Toynbee* 4, 371.

[31] Die paulikianische Lehre wird für ein Erbe Markions gehalten von *Ter-Mkrttschian*, a. a. O., S. 104 ff., *Harnack* 2, 528; *Grégoire*, Cathares 143 und a. a. O. (Histoire S. 513); besonders begründet *Scheidweiler*, a. a. O., S. 366 ff. Vorsichtiger äußert sich *Puech – Vaillant* 324 f.; *Runciman* 62. *Obolensky* 48 glaubt an eine Mischung von Manichäismus und Markions Lehre; doch wird der Zusammenhang der P. mit dem Manichäismus von allen Seiten (*Conybeare* XLIV; *Schaeder*, Manichäismus 83; *Grégoire*, a. a. O. [Histoire S. 509]) mit Recht bestritten: es handelt sich um eine Neugründung. – Als direkte Vorfahren der Katharer gelten die P. für *Muratori*, Antiq. 5, 83; *Mosheim*, Institutiones 463; *Conybeare* LV f.; *Warner* 11 ff.; *Evenhuis* 47 f.; *Toynbee* 4, 633. Dagegen erklärten sich *Gieseler* 2, 1, 406; *Schmidt* 2, 262. Als Vorfahren des radikalen Flügels der Katharer erscheinen die P. bei *Neander* 4, 762; *Döllinger* 1, 115; *Obolensky* 162. Keine dieser Lösungen befriedigt.

[32] So im Grund auch *Pètrement*, Histoire 83 f.; dagegen die Verfechter der Ketzerkontinuität, *Esnault*, *Runciman* u. a.

[33] Im gleichen Sinn *Haller* 1, 11 16 über die Frühgeschichte der christlichen Kirche. Man wird gut tun, die Parallelen zur alten Kirchengeschichte auch im folgenden im Auge zu behalten.

## 2. Die Bogomilen (10.–15. Jahrhundert)

[1] Über die altslawische Religion zuletzt *L. Sadnik*, Die Religion der Slawen im Altertum im Lichte der heutigen Forschung, in: Blick nach Osten 1 (1948), Heft 1, S. 38–45. – Früher nahm man, gestützt auf das späte Zeugnis bei Helmold von Bosau, Slawenchronik I c. 52, SS. rer. Germ. S. 102 f., einen Ur-Dualismus der Slawen an (so *Schmidt* 1, 7; 2, 271 f., *Morghen*, Medioevo 276); die heutige Forschung weist diese Annahme mit Recht zurück (*Ivanov* 361 ff.;

*Chantepie* 2, 509; *Obolensky* 68 f.; *Gorce – Mortier* 1, 472 f.; *Sadnik*, a. a. O., S. 43; *Schmaus* 279).

[2] Über die P. in Bulgarien vgl. *Obolensky* 80 153 und die einschränkende Bemerkung von *Schmaus* 276. – Über die Juden *Obolensky* 83. – Vgl. auch den Bulgarenbrief des Papstes Nikolaus I. von 866 über die verworrene religiöse Lage Bulgariens (MGH. Epp. 6, 599).

[3] Zur Geschichte des ersten Bulgarenreiches vgl. *W. N. Slatarski*, Geschichte der Bulgaren, Teil 1, Leipzig 1918, bes. S. 61 ff.; *S. Runciman*, A History of the First Bulgarian Empire, London 1930, besonders S. 186 ff.; *G. Stadtmüller*, Geschichte Südosteuropas, München 1950, bes. S. 123 ff.; auch *Obolensky* 71 ff. – Daß dieses Schwanken zwischen Rom und Byzanz den religiösen Dualismus unmittelbar genährt habe, wie *Schmidt* 1, 3 meinte, verneint *Sadnik* 53 mit Recht. Der Dualismus ist eine Entscheidung, kein Kompromiß.

[4] Darüber *Obolensky* 75 101 109; *Sadnik* 47; *Runciman*, a. a. O., S. 188.

[5] Über den Bogomilismus als System am besten *Puech – Vaillant* 149 ff.; über seine Geschichte vorzüglich *Obolensky* 111 ff.; veraltet ist die Darstellung bei *Fliche – Martin* 7, 434 ff. – Der „Priester namens Bogomil" bei Cosm. Presb. 54. – Die Lokalisierung nach *Obolensky* 151–167; auch *Schmaus* 282 folgt ihr, während *Bihlmeyer* 91 irrig Kleinasien angibt. – Die Datierung nach Cosm. Presb. 54 und *Obolensky* 118; sie wird wohl zu früh (auf 915) gelegt von *Puech – Vaillant* 287 ff. Eine richtige Schätzung der Entstehungszeit gab vor Bekanntwerden von Cosm. Presb. *Schmidt* 1, 7. – Die Legende von dem Mitbegründer des Bogomilismus Jeremija (noch bei *Runciman* 84 91) ist zerstört worden von *Turdeanŭ* 28: Sie ist die Erfindung eines russischen Gelehrten aus dem 15. Jahrhundert. – Zur soziologischen Schichtung vgl. *Puech – Vaillant* 29 165 f.; *Obolensky* 142.

[6] Vgl. Cosm. Presb. 93 95 107; *Puech – Vaillant* 218 262; *Obolensky* 103 f. – Als sozialrevolutionäre Bewegung wurde der Bogomilismus bezeichnet von *Angelov*; vorsichtiger auch von *Puech – Vaillant* 30. Dagegen wandten sich mit Recht *Obolensky* 138 173; *Sadnik* 48; *Schmaus* 292. – Daß es sich nicht um eine nationalslawische Reaktion handelt, zeigt sich u. a. daran, daß die Bogomilen Konstantin V. Kopronymos als Bilderstürmer verehrten (s. *Puech – Vaillant* 234), obwohl gerade er zwischen 755 und 773 acht Feldzüge gegen Bulgarien führte (s. *Ostrogorsky* 114 f.).

[7] Vgl. Cosm. Presb. 57; s. auch *Obolensky* 139 f.; *Sadnik* 52 f.

[8] Zur Bezeichnung ‚Bogomilen' stand der Name des Stifters Pate, nicht eine Parteibezeichnung, wie *G. Ficker*, in RGG 1, 1175; *Solari* 411; ähnlich *Farlati* 44; *Schmidt* 2, 284 f.; *Warner* 14 angenommen hatten. – Zur Lebensweise vgl. Cosm. Presb. 55 57 83 85, sowie *Puech – Vaillant* 273; *Runciman* 74; *Obolensky* 136 178.

[9] Vgl. Cosm. Presb. 58 86 94; dazu *Puech – Vaillant* 223 ff. 247; *Obolensky* 130.

[10] Cosm. Presb. 74; dazu *Puech – Vaillant* 278.

[11] Cosm. Presb. 74 68. Das hier berichtete Gleichnis vom Satan als ungerechtem Hausverwalter und gefallenem Engel beweist nach *Puech – Vaillant* 185 ff.

gegen *Léger* 491; *Douais,* Albigeois 179; *Runciman* 79 91, daß der gemäßigte Dualismus der ältere ist. Im gleichen Sinn *Obolensky* 124. Vielleicht kann man das Durchdringen des radikalen Dualismus sogar vorwiegend in die folgende, byzantinische Periode des Bogomilismus verweisen.

[12] Als Vorfahren der Bogomilen werden einhellig die Paulikianer, daneben aber auch die Manichäer (so *Puech – Vaillant* 324) und vor allem die Messalianer vermutet (so *Walch* 3, 482; *Schmidt* 1, 12; *Döllinger* 1, 34; *Obolensky* 206; dagegen *Puech – Vaillant* 336; *Schmaus* 275 ff.). Ein Fortleben der Messalianer bis ins 11. Jahrhundert, wie es *Runciman* 24 90; *Obolensky* 94 annehmen, ist aber jedenfalls sehr unwahrscheinlich (so auch *Puech – Vaillant* 327; *Schmaus* 277; *Söderberg,* Rezension 287 f.). Auch die einfache Ableitung von den Paulikianern (wie bei *Turberville,* History 703; *Toynbee* 4, 367 f.; *Runciman* 88) reicht nicht hin (so *Puech – Vaillant* 324). Es bleibt also nur (mit *Schmaus* 281) der Schluß übrig, daß die Sekte in einem Kristallisationsprozeß entstand, dessen Kern doch nur Bogomils persönliches Erlebnis sein kann.

[13] So *Obolensky* 133 135; die Gegengründe von *Schmaus* 280 f., der schon in der Frühzeit an ausgebildete Hierarchie und Liturgie glaubt, sind nicht überzeugend.

[14] Über die Lage in Byzanz vgl. *Ostrogorsky* 225 ff.

[15] Über den Bogomilismus dieser Zeit *Obolensky* 168 ff.; *G. Ficker,* Die Phundagiagiten. Ein Beitrag zur Ketzergeschichte des byzantinischen Mittelalters, Leipzig 1908, wo freilich die Abhängigkeit der kleinasiatischen ‚Phundagiagiten‘ des 11. Jahrhunderts von den Bogomilen in Byzanz noch nicht klar erkannt ist (S. 272 ff.). – Über den Hochadel *Obolensky* 201 ff.

[16] Zum Mönchtum *Obolensky* 182 221. Zur Literatur *Obolensky* 154 ff.

[17] Schon für die bulgarischen Bogomilen des 10. Jahrhunderts ist diese Frage vorhanden (s. *Puech – Vaillant* 185 f.), aber nicht vorherrschend. S. o. A. 11; vgl. *Obolensky* 124 179 f.

[18] Über die beiden Kirchen vgl. *Obolensky* 157 ff. In der Auffassung des bogomilischen Schismas stimmte ich im wesentlichen mit *Schmaus* 282 überein; ich glaube nicht, daß man es vor dem 11. Jahrhundert ansetzen kann (wie *Runciman* 91 es tut).

[19] Über diese Kirchen *Obolensky* 157 ff. Auch die Paulikianer kennen diese Siebenzahl (s. *Obolensky* 36). S. u. III, 10 A. 3.

[20] Darüber *Obolensky* 214 ff.

[21] Dazu *Obolensky* 214 217.

[22] Vgl. *Obolensky* 216.

[23] Darüber *Puech – Vaillant* 168 ff.; *Obolensky* 212 f.

[24] Dazu vgl. *Obolensky* 215: Die byzantinischen Bogomilen glauben zu Beginn des 12. Jahrhunderts, daß die Vollendeten nicht mehr in ihrem Leibe auferstehen. Das heißt implicite, daß die Sünder wieder auferstehen werden, und da die letzte Auferstehung des Fleisches geleugnet wird, muß es sich um die Seelenwanderung handeln.

[25] Dazu vgl. *Obolensky* 181 f.

[26] Über die Lage in Byzanz *Ostrogorsky* 250 ff.

[27] Darüber ausführlich *Obolensky* 197 ff. 275 f.
[28] Vgl. *Obolensky* 220 229; *Mansi* 21, 551 593; *Hefele – Leclercq* 5, 1, 746.
[29] Dazu vgl. *Obolensky* 229 283 ff. über die serbischen, nach 1168 nachweisbaren Bogomilen; *Runciman* 100 ff. über Bosnien. Über diese von Konstantinopel ausgehende Mission auch Ans. Alex. 308 und insbesondere *Schmaus* 289 f., wo über die um 1200 durch einen Griechen namens Aristodios vorgenommene Begründung des bosnischen Bogomilen-Bistums berichtet wird. – Zur Frühgeschichte der Katharer s. o. S. 75 ff.
[30] Über das zweite Bulgarenreich vgl. *R. L. Wolff*, The Second Bulgarian Empire, Its Origin and History to 1204, in: Speculum 24 (1949) S. 167–206, über die Rolle der Bogomilen S. 180. Im einzelnen vgl. *Obolensky* 234 250.
[31] Über Ungarn und Bosnien vgl. *B. Hóman*, Geschichte des ungarischen Mittelalters, Bd. 2, Berlin 1943, S. 5 ff. 24 f. 30 ff.; *G. Stadtmüller*, Die ungarische Großmacht des Mittelalters, in: Historisches Jahrbuch 70 (1951) S. 65–105. Im einzelnen am besten *Runciman* 100 ff.; auch *Schmaus* 283 ff.
[32] Über den Niedergang des Bogomilismus *Runciman* 109 ff.; *Obolensky* 252 ff.; *Schmaus* 294 f.
[33] Dazu vgl. *Runciman* 114; *Obolensky* 266 f.
[34] Zur Einschätzung des Bogomilismus vgl. *Obolensky* 140 267; *Schmaus* 271.
[35] Daß Bogomilen und Katharer dasselbe Dogma besitzen, soll o. S. 110 ff. gezeigt werden. Die enge Verwandtschaft der beiden Sekten ist längst erkannt (s. o. I, 6 A. 17); aber unzulässig ist die Identifizierung beider Bewegungen, die immer wieder (z. B. *Schmidt* 1, 12; *Vernet*, Cathares 1992; *Dawson* 253; *Toynbee* 4, 370; *Schmaus* 271 f.) versucht wird. Daß die bogomilischen Gedanken auf abendländischem Boden eigenständig weiterwachsen, hat m. W. zuerst *Neander* 5, 2, 761 gesehen.

### 3. Abendländische Ketzer im Zeichen der Weltflucht
### (c. 1000–1050)

[1] *Schmidt* 1, 17; 2, 286 hat eine enge Verbindung zwischen Bulgarien und Oberitalien im 10. Jahrhundert angenommen. *Schmidt* 1, 10; *Douais*, Albigeois 192; *Müller*, KG 1, 495; *Luchaire* 12; *Obolensky* 289 denken an Händler und Studenten als Vermittler; auf einen 1016 in Rom auftretenden Armenier wies *Döllinger* 1, 59 hin; man müßte auch an die von *Erdmann* 280 geschilderten Wallfahrten aus dem Abendland zum Heiligen Grab denken. Dennoch ist der Zusammenhang der bulgarischen Bogomilen mit den Ketzern des 11. Jahrhunderts, dessen Nachweis *Schmaus* 272 fordert und den man oft (*Warner* 17; *Mens*, Begijnen 217 usw.) annimmt, erst kürzlich von *Dondaine*, Origine 60 f., durch Dogmenvergleich, d. h. allerdings auch nur für das Gebiet der Dogmatik, schlüssig erwiesen worden. – Überbleibsel des alten Manichäismus sind (mit *Schmidt* 1, 17 25 gegen *Guiraud*, Cartulaire 222; *Coulton*, Inquistion 28 u. a.) weder in Italien noch in Frankreich erweislich. Der Wahrheit am nächsten scheint *Turberville*, History 700, zu kommen, der die Form der Ketzerei für übernommen, ihren Inhalt für evangelisch hält.

² Über die Erneuerungsbewegungen der Zeit *Schramm* 1, 5 ff.; zur Mönchsfrömmigkeit *Tellenbach* 68 95 ff.; *Erdmann* 63; zum Gottesfrieden *Erdmann* 53 ff.; zu den ersten Anfängen der Dialektik *Ghellinck*, Mouvement 49 f.; über ihre Verbindung mit der Ketzerei *Ladner* 29. Allgemein vgl. auch *Harnack* 3, 340 über die Stimmung der Zeit. – Die Enderwartung der Jahrtausendwende, die *Gieseler* 2, 1, 267; *Hagenbach* 190 f.; *Menéndez* 1, 416; *Alphandéry*, Morale 191 für das Auftreten der Ketzerei verantwortlich machten, tritt nur bei Rad. Glab. II c. 12, S. 50 deutlich hervor (s. o. S. 17 f.) und ist kaum wahrzunehmen (so auch *Pfister* 322 ff.; *Schramm* 2, 15; *Harnack* 3, 330 f.). Es herrscht noch jene Stimmung vor, die in Spanien im 8. Jahrhundert bei einer von Fasten begleiteten Angst vor dem Weltende einer der Büßer so ausdrückte: „Essen und trinken wir wieder! Wenn wir dann tot sind, sind wir doch wenigstens auch satt!" (MPL 101, 1330). Auch unseren Ketzern fehlt zwar nicht die Askese, aber jede Spur von apokalyptischer Erwartung. – Richtig ist die Ketzerei charakterisiert von *Morghen*, Medioevo XI 241 278 f. 285; aber der östliche Einfluß darf nicht, wie von *Morghen*, völlig geleugnet werden. – Umgekehrt bestreitet neuestens *Dondaine*, Origine 63, zwar keineswegs, daß die europäischen Zustände im frühen 11. Jahrhundert der Ketzerei günstigen Nährboden gaben; D. glaubt aber, die abendländische Häresie habe sich in allem, in Lehre und Leben, aus dem bogomilischen Samen entwickelt. Nun ist allerdings die Lehre der abendländischen Ketzer, wie D. nachgewiesen hat, großenteils von den Bogomilen übernommen, aber nicht im gleichen Maße die evangelische Lebensform; ein so wesentlicher Punkt wie die Einstellung zum tätigen Leben und zur Handarbeit ist grundsätzlich verschieden. Mir scheint aber für die Ketzer des 11. Jahrhunderts, wie für ihre katholischen Zeitgenossen (s. o. I, 1 A. 5), die evangelische Lebensweise und nicht die dogmatische Spekulation im Vordergrund gestanden zu haben; die dogmatische, bogomilische Vertiefung der Ketzerei wirkt wie ein Zusatz. Wir finden also wohl die griechische Betonung der Lehre und die lateinische Betonung der Praxis – Hauptmotive der alten Kirchengeschichte (s. *Lortz* 18 ff.) und der mittelalterlichen Sektenentwicklung – schon bei den Ketzern des 11. Jahrhunderts wie später bei den Katharern ineinander verschränkt.

³ Gerberts Glaubensbekenntnis (beste Ausgabe: *J. Havet*, Lettres de Gerbert [983 bis 997] [Collection de textes, Nr. 6], Paris 1889, Nr. 180, S. 161 f.) hat man lange als Beweis für das Vorhandensein manichäischer Strömungen angesehen, so *Hahn* 31; *Schmidt* 1, 32 f.; *Pfister* 330; *Runciman* 117; *Söderberg*, Cathares 23; besonders *Welter* 75, der G. gar selbst für einen Manichäer hält. Schon *Gieseler* 2, 1, 408; *Dufourcq* 89; *Hefele – Leclercq* 2, 1, 108 f; 4, 2, 867; *Esnault* 19; endgültig *Ilarino*, Eresie 45, haben erkannt, daß es sich um eine aus dem 5. Jahrhundert stammende, gegen die Priscillianer verwendete Formel handelt; dieselbe Formel wurde später noch dem Waldes vorgelegt (s. *Dondaine*, Valdéisme 202) und besagt nichts über zeitgenössische Ketzereien. – Genau dasselbe gilt von der Epistola Nicolai II ad cler. Sistaric., c. 1060, *Bouquet* 11, 494 f., die von afrikanischen Manichäern spricht und von *Hahn* 47; *Döllinger* 1, 53; *Vacandard*, Origines 52; selbst von *Ilarino*, Eresie 78, wörtlich ge-

nommen wird, obwohl seit *Gieseler* 2, 1, 405; *Dufourcq* 76; *Esnault* 18 bekannt ist, daß diese Stelle aus einem Brief des Papstes Gregor I. übernommen ist; gemeint sind in dem Brief von 1060 wohl die Simonisten, nicht unsere Ketzer.

[4] Rad. Glab. II c. 11, S. 49 ist die Quelle, an deren Glaubwürdigkeit in diesem Falle *Neander* 4, 472; *Schmidt* 1, 22 33; *Pfister* 331 zu Unrecht gezweifelt haben. Über L. am besten *Ilarino*, Eresie 46 f. – Daß L. seine Eingebung von Bienen auf dem Felde erhalten habe, braucht nicht, wie *Schmidt* 1, 33 meint, eine Mystifikation zu sein; ähnliche Legenden sind vorher und nachher häufig (vgl. *Alphandéry*, Prophétisme 179; *Grundmann*, Joachim 37 f.).

[5] Östliche Einflüsse nehmen *Neander* 4, 474; *Dondaine*, Origine 59 f. an; als Katharer kann man ihn aber nicht ansprechen, wie es *Volpe* 15; *Esnault* 21 tun (s. u. A. 25). Für einen selbständigen Fanatiker hält ihn *Alphandéry*, Prophétisme 185; aber wenn unsere Quellen reichlicher flössen, würden wir ihn gewiß nicht am Anfang der Reihe sehen. *Pfister* 330 f. hat das erkannt, geht aber fehl in der Annahme, die ganze Bewegung sei von einem „professeur illustre" inspiriert worden. Am wahrscheinlichsten ist die Annahme, daß die Ketzerei von Italien aus nach Südfrankreich, von dort weiter nach dem Norden wanderte (ähnlich *Schmidt* 1, 21), und daß sie sich in den Kreisen des niederen Volkes zuerst festsetzte. Für diese soziologische Einstufung spricht auch die verwandte Sozialstruktur der gleichzeitigen bulgarischen Bogomilen.

[6] Von dem Grammatiker Vilgard in Ravenna berichtet Rad. Glab. II c. 12, S. 50; ihm erschienen Vergil, Horaz und Juvenal als Gottheiten, ihre Dichtungen waren seine Hausbibel. Mit den Katharern hat er (gegen *Döllinger* 1, 60; *Lea* 1, 119) nichts zu tun; die Datierung von Rad. Glab. „um 1000" kann (gegen *Ilarino*, Eresie 48; mit *F. Schneider*, Rom und Romgedanke im Mittelalter, München 1926, S. 156 264) nicht aufrechterhalten werden: V. lehrte um 970; damit entfällt auch der gelegentlich vermutete Zusammenhang V.s mit Gerbert von Aurillac, der ein Jahr lang Erzbischof von Ravenna war. Zur Verehrung der Klassiker in dieser Zeit s. *Schramm* 1, 50. – Rad. Glab. II c. 12, S. 50 spricht von sardinischen Ketzern, ohne sie genauer zu kennzeichnen. Zu den dabei bezeugten ersten Ketzerverbrennungen südlich der Alpen s. *Havet* 30.

[7] Ann. Quedlinburg. a. 1012, MGH. SS. 3, 81 berichten von Ketzern in Mainz, die *Theloe* 8 mit der ganzen hier zu schildernden Bewegung für manichäisch hält. Die Lehren der Mainzer Ketzer sind jedoch unbekannt. Vgl. *Hauck* 3, 431, der hier Katharer vermutet.

[8] Adem. Caban. III c. 49, S. 173 (etwas anderer Wortlaut bei *Bouquet* 10, 154) und Adem. Caban. III c. 69, S. 194 berichtet davon; er knüpft dieses Ereignis mit einem *Paulo post* an eine Tatsache von 1017/18 an, was man ihm (gegen *Schroeckh* 23, 327; *Esnault* 22) wohl glauben darf (so auch *Gieseler* 2, 1, 408; *Ilarino*, Eresie 51). Für Arianer hielt *Sandius* 378 diese Ketzer; dafür spricht nichts.

[9] Adem. Caban. III c. 59, S. 185 (zu 1022); Rad. Glab. III c. 8, S. 81 (nach 1022); dazu *Ilarino*, Eresie 60. – Vielleicht liegt hier der Kern für die Bezeichnung von Toulouse als altes Ketzernest (*Tolosa tota dolosa*: Petr. Sarn. 1, 7 67; 2, 293;

Contin. Argentin. Godefr. Viterb. a. 1208, in: Annales Marbacenses, SS. rer. Germ., S. 115; vgl. auch MPL 216, 835 f. 844).

[10] Quellen: Rad. Glab. III c. 8, S. 74–80; Adem. Caban. III c. 59, S. 184 f.; Gesta Synod. Aurel., *Bouquet* 10, 536 ff. und einige kleinere Notizen (s. bei *Ilarino*, Eresie 52). – Der Bauer aus dem Périgord bei Adem. Caban. III c. 59, S. 184, doch sei wenigstens bemerkt, daß der Zusatz *Petragoricensi* nur in der Handschrift des 12. Jahrhunderts erscheint, die sonst viel interpoliert hat. Rad. Glab. III c. 8, S. 74 nennt als Vermittlerin eine Frau aus Italien; nach der Vermutung von *Schmidt* 1, 28; *Ilarino,* Eresie 60 (und gegen die Zweifel von *Hefele – Leclercq* 4, 2, 940) kann beides richtig sein, wenn die Italienerin im Périgord missionierte. Übrigens stammt die Königin Konstanze nach Rad. Glab. III c. 2, S. 58 aus Aquitanien und hat ihren Beichtvater möglicherweise aus diesem Ketzergebiet mitgebracht. – Über die Stellung der Ketzer bei Hofe vgl. Adem. Caban. III c. 59, S. 185; Vita S. Theodor. ep. Aurel., *Bouquet* 10, 368; Chron. S. Petri Vivi Senon. a. 1022, *Bouquet* 10, 224; Chron. Turon. a. 1029, *Bouquet* 10, 284. – 1019 starb in diesem Glauben ein Kantor in Orléans (Adem. Caban. III c. 59, S. 185), nach Rad. Glab. III c. 8, S. 75 bekennen ihn die Kleriker 1022 „schon lange"; zur Mission: dort, S. 74.

[11] Fulb. Carnot., Ep. 5, MPL 141, 196: *mens humana ... nec invisibilia ex visibilibus ... metiri praesumat.* – Das Zitat bei Gest. Synod. Aurel., *Bouquet* 10, 539, dort auch der erstaunliche Satz: *Quod natura denegat, semper a creatione discrepat.* Rationalismus und Spiritualismus stehen hier eng beisammen. – Über die Lehren auch Rad. Glab. III c. 8, S. 76; das hier berichtete Nebeneinander von präexistenter Materie und Monotheismus scheint paradox zu sein (so haben denn auch *Allix* 97; *Flathe* 1, 227; *Schmidt* 1, 29; *Döllinger* 1, 63; *Ilarino,* Eresie 55 die Stelle verstanden), ist aber genau der altbogomilische Dualismus (s. o. 112 f.). – Wenn Adem. Caban. III c. 59, S. 185 meint, die Ketzer hätten Christus verachtet, so hat er wohl nur den Doketismus mißverstanden.

[12] Darüber besonders Joh. Floriac. ad Olibam ep. Auson., *Bouquet* 10, 498; Hist. Francic., *Bouquet* 10, 212. Die bei Joh. Floriac. richtig wiedergegebene Lehre, nach der Sünde nutze die Buße nichts, ist von Rad. Glab. III c. 8, S. 76 verzerrt dargestellt: *voluptatum flagitiis credebant non recompensari ultionis vindictam,* weshalb dort diese Ketzer für Epikureer erklärt werden. Nur *Coulton,* Inquisition 3, und wohl auch *Heer* 479 haben das geglaubt; letzterer spricht von „natürlicher" Weltanschauung des „gemeinen Volkes" bei diesen spiritualistischen Klerikern. – *Veros Christianos* nennen sie sich nach Adem. Caban. III c. 59, S. 185; das übrige nach Gest. Synod. Aurel., *Bouquet* 10, 538. – *Grundmann,* Bewegungen 479, sieht in der Handauflegung mit Recht das einzige Anzeichen eines Ritus.

[13] Das falsche Datum 1017, das bei Rad. Glab. III c. 8, S. 74 steht und durch eine sehr ansprechende Konjektur von *Hefele – Leclercq* 4, 2, 929 zu korrigieren ist, ist von der älteren Forschung durchweg (*Bossuet* 16, 317; *Basnage* 1, 107; *Arnold* 1, 343; *Muratori,* Antiq. 5, 83; *Schroeckh* 23, 325) angenommen worden. *Gieseler* 2, 1, 408 hat es richtiggestellt nach dem Diplom König Roberts bei *Bouquet* 10, 607; aber bei *Stefano,* Catari 435; *Turberville,* History

701; *Coulton,* Inquisition 2; *Roché* 45 steht noch immer das Falsche. – Die Zahl der Verbrannten beträgt wenigstens elf (so Adem. Caban. III c. 59, S. 185), wahrscheinlich dreizehn (so Rad. Glab. III c. 8. S. 80 und die Forschung); falsche Zahlen bei *Stefano,* Catari 435; *Heer* 471. – Über die Verbrennungsstrafe am besten noch immer *Havet* 12 ff. Danach handelt es sich um eine gewohnheitsrechtliche Analogiestrafe zur Verbrennung für Zauberer (so auch *G. Kallen,* in: Zeitschrift der Savignystiftung für Rechtsgeschichte 34, Kanonist. Abt. 3 [1913] S. 509–520); die Erinnerung an das Alte Testament (Dtn. 13, 6 ff.; so *Newman* 308) dürfte ebensowenig entscheidend gewirkt haben wie die an das römische Recht (dafür *Pollock – Maitland* 545). Ganz unergiebig hierfür ist *J. Reinhard,* Burning at the stake in medieval law and literature, in: Speculum 16 (1941) S. 186–209.

[14] Rad. Glab. III c. 8, S. 75, ein Glaube, der sie mit den späteren Amalrikanern eng verbindet, der zweiten am französischen Königshof entstandenen Ketzerei (s. u. II, 7 A. 19). – Für bogomilische Einflüsse bei der Ketzerei von Orléans plädieren *Vignier* 268; *Vaissète* 2, 156; *Neander* 4, 461; *Schnürer* 335; mit besserer Begründung *Ilarino,* Eresie 86; die Verwandtschaft mit dem altbogomilischen Dualismus (s. o. A. 11) ist zu frappant, um Zufall zu sein.

[15] Einzige Quelle: Synod. Atrebat., *Bouquet* 10, 540 ff. (auch bei *Mansi* 19, 423 ff.; *Frédéricq* 1, 3 ff. abgedruckt). Darüber *Beuzart* 3 ff., der diese Ketzer allerdings irrig für Katharer hält. – Sie schätzen zwar die Handarbeit hoch, sind aber trotzdem nicht als soziale Bewegung anzusprechen, wie *Evans* 102 vorschlägt. – Ich glaube nicht wie *Döllinger* 1, 67, daß die bei Synod. Atrebat., *Bouquet* 10, 541 berichtete Verehrung der Märtyrer und Gleichgültigkeit gegen die Bekenner als Ablehnung der nachkonstantinischen Kirche gemeint war, sondern vermute hier nur Ablehnung des Bekenntnisses ohne Betätigung.

[16] Synod. Atrebat., *Bouquet* 10, 541: Man soll *verbo et opere* den *evangelicis mandatis et apostolicis* folgen.

[17] Diese Ketzerei ist richtig eingeschätzt von *Stefano,* Riformatori 374; *Ilarino,* Eresie 63 ff. Bogomilische Tendenzen werden nur von *Dondaine,* Origine 69, angenommen; trotzdem möchte ich die Einwirkung solcher Gedanken nicht ganz ausschließen. *Schmidt* 1, 36 hat diese Ketzer zwar fälschlich Katharer genannt, aber doch das Richtige vermutet: Sie gehören in den Zusammenhang der ganzen Bewegung.

[18] Quellen: Rad. Glab. IV c. 2, S. 94 f.; Landulf. Sen., Hist. Mediol. II c. 27, MGH. SS. 8, 65 f. (Ausgabe bei *Muratori,* Scr. ed. nov., nicht greifbar). – Die Datierung wäre nach der Einordnung bei Rad. Glab. zwischen 1024 und 1029 zu setzen, jedenfalls in die Nähe der bei Rad. Glab. IV c. 2, S. 95 erwähnten Kaiserkrönung von 1027. So haben sich auch *Döllinger* 1, 67; *Ilarino,* Eresie 68, entschieden. Andere Datierungen: 1030 (*Gieseler,* 2, 1, 412; *Morghen,* Medioevo 238), 1030–35 (*Schmidt* 1, 21; *Hefele – Leclercq* 5, 2, 1122), 1034 (*Havet* 31; *Ficker* 182; *Vacandard,* Inquisition 34; *Neuß* 184), 1040 (*Muratori,* Antiq. 5, 83; *Smedt* 476; *Roché* 45). Letztere Datierung ist unmöglich, da der bei Rad. Glab. IV c. 2, S. 94 erwähnte Bischof Aldrich von Asti, der an der Exekution

beteiligt war, 1034 starb. – Über die Ketzerpolitik des Erzbischofs Aribert vgl.
*E. Wunderlich*, Aribert von Antemiano, Erzbischof von Mailand, Diss. phil.
Halle 1914, bes. S. 43 f.; allgemein auch *G. Graf*, Die weltlichen Widerstände
in Reichsitalien gegen die Herrschaft der Ottonen und der ersten beiden Salier
(951–1056), Erlangen 1936, bes. S. 89 ff. – Die Lehre nach Landulf. Sen.; von
einem radikalen Dualismus, den *Schmidt* 1, 22 als Geheimlehre vermutete, ist
nichts zu entdecken. Auch gnostische Ansichten, die *Döllinger* 1, 70 sah, kann
ich nicht finden. Diese Lehre ist sicher Eigentum der Sekte, nicht übernomme-
nes Gut.

[19] Die jungfräuliche Geburt der Bienen ist ein alter Glaube, der von Ambrosius über Rupert von Deutz bis ins 16. Jahrhundert lebendig bleibt (siehe *Eisenhofer* 1, 289 540; *Bächtold* 1, 1227 f.). – Der Kommunismus bei Landulf.
Sen., MGH. SS. 8, 65: *omnem nostram possessionem cum omnibus hominibus*
(also nicht nur den Sektenangehörigen!) *communem habemus* ist bisher nicht
einseitig ausgewertet worden; nur *Fumi*, Milano 44, hält diese adlige Ketzerei
für einen „Aufstand des Volkes gegen den Hochadel". – Eine Hierarchie ist
hier, trotz der Erwähnung von *maiores* bei Landulf. Sen., (gegen *Ilarino*, Eresie
71) noch nicht nötig; daß der hier erwähnte „Papst" der Heilige Geist ist, ist
längst erkannt (gegen *Hahn* 45; *Döllinger* 1, 70 richtig *Gieseler* 2, 1, 413). –
Von einem religiösen Selbstmord im Stil der katharischen Endura (s. u. III, 8
A. 22) kann hier (gegen *Schmidt* 2, 103; *Döllinger* 1, 69; *Ilarino*, Eresie 70)
nicht gesprochen werden; denn die erwähnte Praxis tritt nur ein, *si ... nos ad
mortem natura* (!) *perducit* (Landulf. Sen., MGH. SS. 8, 66). – Beziehungen der
Ketzer von Monteforte zur späteren Pataria nimmt Landulf. Sen. ohne Grund
an (s. u. II, 4 A.5); mit den Katharern wurden sie oft (noch von *Ilarino*, Eresie
71 ff.) verglichen; doch erkennen sie das Alte Testament gegen alle altbogomilische und altkatharische Regeln an (Landulf. Sen., MGH. SS. 8, 659). Man
muß diese Ketzerei wohl als selbständige Weiterbildung eines vielleicht von
den Bogomilen angeregten Spiritualismus auffassen.

[20] Quelle: Ger. Chan. 98 f. Diese Quelle ist nicht genau zu datieren, aber wohl
erst kurz vor Gerhards Tode (1046) geschrieben (so *Ilarino*, Eresie 51; zu der
dort genannten Literatur über G. vgl. noch *J. A. Endres*, Studien zur Geschichte der Frühscholastik: Gerard von Czanád, in: Philosophisches Jahrbuch
der Görresgesellschaft 26 [1913] S. 349–359; *Geyer* 187; *Wulf* 1, 160; *C. Ju-
hász*, Gerhard der Heilige, Bischof von Maroschburg, in: Studien und Mitteilungen zur Geschichte des Benediktiner-Ordens und seiner Zweige 48 [1930]
S. 1–35; dort S. 23 zur Datierung).

[21] Quelle: Anselm. Gest. ep. Leod. a. 1048, MGH. 7, 226. – Die richtige Datierung, die sich aus den Regierungsdaten der beteiligten Bischöfe ergibt, bei *Gieseler* 2, 1, 404 413; *Ilarino*, Eresie 74 f.; die Einengung auf 1048, die *Hahn* 145;
*Morghen*, Medioevo 238 vornehmen, empfiehlt sich nicht. – Was bei Anselm
von dem Anstifter dieser Ketzerei, Mani, gesagt wird, wird man (mit *Schmidt*
2, 259) nicht so ernst nehmen wie *Gieseler* 2, 1, 404; *Ilarino*, Eresie 75, denn
diese Ketzer tranken Wein und erkannten das Alte Testament gegen alle manichäische Sitten an. – Die These von *Herse* 139, der die Ketzerei von Châlons

als Zwischenstation – geographisch wie inhaltlich – zwischen Italien und Arras betrachtet, trifft nicht den Kern; *Ilarino,* Eresie 76, stellt die Ketzer von Châlons mit mehr Recht zu denen von Orléans. – Wazos Ausspruch bei Anselm, MGH. SS. 7, 227. *Havet* 16 hat aus seinem Verhalten den Schluß gezogen, das Reich sei gegen Ketzer nicht so streng vorgegangen wie Frankreich; das trifft nicht zu, s. u. A. 23.

[22] Konzil von Reims 1049, *Mansi* 19, 742; *Hefele – Leclercq* 4, 2, 1024. – Konzil von Toulouse 1056, *Mansi* 19, 849; *Hefele – Leclercq* 4, 2, 1123.

[23] Wir kennen das Faktum nur aus Chronistennotizen, am besten aus Lampert Ann. a. 1053, SS. rer. Germ., S. 63. – Die Chronisten datieren meist ungenau: 1052 (Herim. Aug. Chron. a. 1052, MGH. SS. 5, 130; danach Auctar. Zwetl. a. 1052, MGH. SS. 9, 539; Anselm. Gest. Ep. Leod., MGH. SS. 7, 228) oder 1053 (Lampert). Die Forschung hat deshalb oft das falsche Jahr 1052 angenommen (Trithem. Chron. 1, 192 f.; *Gieseler* 2, 1, 413; *Schmidt* 1, 52; *Ficker* 181; *Herse* 139; *Mens,* Begijnen 218; *Morghen,* Medioevo 238) oder gar zwei getrennte Hinrichtungen in zwei verschiedenen Jahren erschlossen (*Havet* 18; *Vacandard,* Inquisition 41; *Neuß* 183). Der Sachverhalt ist geklärt von *E. Steindorff,* Jahrbücher des deutschen Reichs unter Heinrich III., Bd. 2, Leipzig 1881, S. 165, dort auch die einzig richtige Annahme über die Herkunft der Ketzer, denn Herzog Gottfried II. der Bärtige von Lothringen hat sie ergriffen (nach Lampert). Herkunft aus dem slawischen Osten vermutet *Schmidt* 1, 52, aus Goslar *Herse* 140. – Zur Hinrichtung, die *consensu et consilio presulum* von Heinrich III. beschlossen wird (Manegold. Lib. ad Gebeh. c. 39, MGH. Lib. de lite 1, 378), vgl. *Schramm* 1, 281 über den 1052 formulierten Tatbestand des Majestätsverbrechens; ein Gesetz gegen Ketzerei gab es (mit *Havet* 19) noch nicht.

[24] Für eine Kontinuität der Ketzer über die Zeit nach 1050 hinaus liegen keine Nachrichten vor; trotzdem wird sie seit *Schmidt* 1, 23 37 50 immer wieder angenommen; das Schweigen der Quellen wird mit dem gewandelten Interesse der Zeitgenossen erklärt. Davon kann keine Rede sein; gerade die Anhänger der kirchlichen Partei im Investiturstreit haben sich, von Wazo über Gerhard von Czanád bis zu Manegold von Lautenbach (noch um 1083!), brennend für jede Art von Ketzerei interessiert. Die im vorangehenden geschilderte Ketzerei verschwindet aus den Quellen, weil sie aus der Zeit verschwindet.

[25] Es geht nicht an, diese Bewegung (mit *Schmidt* 1, 18 ff.; 2, 272 ff.; *Söderberg,* Cathares 23; *Morghen,* Medioevo 235; *Dondaine,* Origine 57 63) als katharisch zu bezeichnen. Sie ist zwar, wie der Katharismus, auch von bogomilischen Einflüssen bestimmt, aber längst nicht so entscheidend wie der Katharismus; auch die abendländisch-evangelische Seite, die bei dieser Bewegung weit deutlicher hervortritt als später beim Katharismus, trägt in beiden Epochen ein sehr verschiedenes Gesicht: hier enthusiastische Weltflucht, im 12. Jahrhundert aggressive Armutsbewegung. Zwischen beiden Bewegungen besteht keine Identität, nur eine gemeinsame Verwandtschaft verschiedenen Grades zu den Bogomilen.

## 4. Abendländische Ketzer im Zeichen der Kirchenreform
### (c. 1100–1150)

[1] Zum Streit um die Dialektik im 11. Jahrhundert vgl. *Ghellinck*, Mouvement 49 72 ff.; zu Berengar im besonderen vgl. *Geiselmann* 359 ff.; *Geyer* 186 ff.; *Ladner* 14 ff. – Einen engen Zusammenhang zwischen Berengar und Gregor VII. haben jüngst wieder *R. W. Southern*, Lanfranc of Bec and Berengar of Tours, in: Studies in Medieval History, presented to F. M. Powicke, Oxford 1948, S. 27–48, bes. S. 31 f.; *Heer* 531 angenommen, ohne den Nachweis des Gegenteils von *C. Erdmann*, Gregor VII. und Berengar von Tours, in: Quellen und Forschungen aus italienischen Archiven und Bibliotheken 28 (1937/38) S. 48–74, bes. S. 74, ernstlich zu erschüttern. Ein Zusammenhang der Dialektiker mit den Ketzern des frühen 11. Jahrhunderts ist z. B. von Gerhard von Czanád und Manegold von Lautenbach gesucht worden, jedoch zu Unrecht. Auch Berengar von Tours ist kein Geistesverwandter der behandelten Ketzer und erst recht kein ‚Katharer' (falsch bei *Schmidt* 1, 26 f.; *Döllinger* 1, 71; *Ladner* 38; richtig *Ilarino*, Eresie 78 f., *Morghen*, Medioevo 238 252).

[2] Dazu *Tellenbach* 165 187 195; *Erdmann* 135; zuletzt *A. Nitschke*, Die Welt Gregors VII. Studien zum Reformpapsttum, Diss. phil. (Maschinenschrift), Göttingen 1950.

[3] Dazu vgl. *Grundmann*, Bewegungen 13 f.; *Heer* 520. – *Mens*, Begijnen 66, hat darauf verwiesen, daß das hier auftauchende Ideal des apostolischen Lebens stark vom griechischen Mönchtum angeregt wurde. Eine zusammenhängende Studie zur Geschichte dieses Gedankens gibt jetzt *L. Spätling* (s. u. II, 10 A. 31).

[4] Zur Pataria vgl. *J. Goetz*, Kritische Beiträge zur Geschichte der Mailänder Pataria, Diss. phil. Tübingen 1913, Dresden 1914; *S. M. Brown*, Movimenti politico-religiosi a Milano ai tempi della Pataria, in: Archivio Storico Lombardo, Serie 6, Bd. 58 (1931) S. 227–278; auch *Haller* 2, 327 ff. – Zur Verbindung der Päpste seit Nikolaus II. mit der Pataria vgl. *W. Wühr*, Studien zu Gregor VII., Kirchenreform und Weltpolitik, München-Freising 1930, bes. S. 32 ff.; *Erdmann* 127 ff. – Über die ‚Papstrevolution' des 11. Jahrhunderts besonders *E. Rosenstock-Huessy*, Die europäischen Revolutionen und der Charakter der Nationen, Stuttgart 1951, S. 131 ff.

[5] Landulf. Sen. Hist. Mediol., Prol., III c. 19 29 31, MGH. SS. 8, 36 88 95 98 hat die Anhänger der Pataria als *falsi Cathari, Cathedri, Catheri* bezeichnet. Dies ist zwar die erste Wiederaufnahme des Namens *Cathari* seit der Spätantike, aber das ist in tendenziöser Absicht geschehen; es berechtigt nicht dazu, eine wirkliche Verwandtschaft zwischen der Pataria und den Ketzern des frühen 11. Jahrhunderts oder gar mit den Katharern anzunehmen, wie es *Muratori*, Antiq. 5, 83; *Tocco*, Eresia 215; *Ladner* 38; *Welter* 75; *Schmaus* 271 taten (richtig *Goetz*, a. a. O. S. 32; *Ilarino*, Eresie 74). – Aus der erwähnten Bezeichnung *Cathari* für die Pataria den Namen *Pataria* selbst zu erklären, wie es *Goetz*, a. a. O., S. 34 f.; *Brown*, a. a. O., S. 249 versuchten, scheint mir abwegig; eher könnte umgekehrt Landulf durch den vom Mailänder Lumpenmarkt genom-

menen Namen *Patari* an die *Cathari* der alten Kirchengeschichte erinnert worden sein.

[6] Zum Aufstand in Cambrai vgl. *W. Reinecke*, Geschichte der Stadt Cambrai bis zur Erteilung der ‚Lex Godefridi', Marburg 1896, S. 106 ff. – Zu Ramihrdus: Chron. S. Andr. III c. 3, MGH. SS. 7, 540; Gregor VII., Reg. IV c. 20, MGH. Epp. sel., S. 328; vgl. auch *Ilarino*, Eresie 80 f.; *Haller* 2, 408. – Für einen Wegbereiter der Katharer wurde R. fälschlich gehalten von *Schmidt* 1, 44; *Hagenbach* 160; *Havet* 19; *Vacandard*, Inquisition 42; *Beuzart* 8; *Turberville*, Heresy 129; *Neuß* 183; *Heer* 466; *Dawson* 250; *Welter* 85. Im Chron. S. Andr. heißt es nämlich ausdrücklich: *verae credulitatis sanctionem per omnia profitetur.*

[7] Zur Armutsbewegung vgl. *Walter* 141 ff.; *Schnürer* 329; *Dempf* 171 f. – Nur in dem genannten Sinn ist die gregorianische Reform ein Ausgangspunkt für die neue Ketzerei: sie weist ihr die Richtung an (so auch *Luchaire* 39; *Troeltsch* 382; *Heer* 18; gut *Mens*, Drijfveeren 311 f.). Vgl. auch *L. de Lacger*, Aperçu de la réforme grégorienne dans l'Albigeois, in: Studi Gregoriani, hsg. *G. B. Borino*, Bd. 2, Rom 1947, S. 211–234. – Die oft gesehenen Beziehungen der Ketzerei zur Städtebewegung hat *Mens*, Drijfveeren 300, zu Unrecht schon für die Ketzer der vorigen Periode angenommen. – Der so oft vermutete Zusammenhang mit dem ersten Kreuzzug (*Ficker – Hermelink* 120; *Runciman* 118) besteht nicht; diese Annahme beruht auf der falschen Voraussetzung, daß die neue Ketzerei aus dem Osten komme.

[8] Quelle zu P. ist ausschließlich Petr. Ven. (s. o. S. 19). – Vgl. auch *S. M. Deutsch*, in PRE 15, 219 ff. Über die Gründe seiner bei Petr. Ven. 790 erwähnten Apostasie ist nichts bekannt. – Seine Tracht ist übrigens die übliche Pilgertracht, vgl. etwa Gottfried von Straßburg, Tristan und Isold, V. 2623 ff. (hsg. *F. Ranke*, Berlin – Frankfurt/Main 1949, S. 33).

[9] Zusammenfassend Petr. Ven. 722. Dazu *Reagan* 81 ff., wo die Frage, ob P. die Rechtfertigung allein aus dem Glauben lehrte, wohl mit Recht bejaht wird.

[10] Das Datum ist unsicher und umstritten, wird aber seit *Mornay* 683 meist mit 1126 angegeben (andere Schätzungen geben 1124, 1132, 1140); fest steht nach Petr. Ven. 722 f., daß P. vor Abfassung des Traktates verbrannt wurde und zwanzig Jahre lang auftrat. – Gegen P. wendet sich wohl der Ketzerkanon des Konzils von Toulouse 1119 (so *Hefele – Leclercq* 5, 1, 570; anders *Vaissète – Dulaurier* 3, 639). – Peter von Bruis ist seit jeher einer der am meisten umstrittenen Ketzer des Mittelalters; er gilt als Katharer (*Bossuet* 16, 332; *Farlati* 44; *Döllinger* 1, 75 ff.; *Schnürer* 354; *Turberville*, History 702; *Runciman* 119); er ist Vorläufer der Waldenser (*Basnage* 1, 202; *Allix* 121; *Flathe* 1, 279; *Alphandéry*, Morale 106; *Newman* 208; *Reagan* 91; *Guiraud*, Inquisition 1, 27; *Esnault* 35; *Belperron* 113) oder keines von beiden (*Hahn* 408; *Douais*, Albigeois 305). – Man sollte ihn nicht zu späteren Bewegungen, sondern in seine Zeit stellen, nämlich in die Nähe der Wanderprediger.

[11] Quelle: Guib. Novig. III c. 17, S. 212–215. – Die gelegentlich um 10 bis 30 Jahre verfehlte Datierung (bei *Newman* 143; *Guiraud*, Inquisition 1, 10; *Welter* 94) geht aus Guib. Novig. III c. 17, S. 215 einwandfrei hervor. Hier, S. 213, fällt das Stichwort ... *vitam se apostolicam tenere*. – Über die hier und

auch sonst in die Form des Gottesurteils gekleidete Volksjustiz vgl. *H. Nottarp,*
Gottesurteile. Eine Phase im Rechtsleben der Völker, Bamberg 1949, hier
S. 75; allgemein über die Freude des Volkes an Ketzerhinrichtungen *Haller* 1,
33; *Theloe* 33; *J. Huizinga,* Herbst des Mittelalters, deutsch von *T. Wolff-Mönckeberg,* Stuttgart 1938, S. 28 f.

[12] Hauptquelle für T.: Ep. eccl. Traject. ad Frider. archiep. Colon., AASS. Juni
1, 843 ff. (wieder abgedruckt bei *Frédéricq* 1, 16); davon sind abgeleitet Vita
S. Norberti, MGH. SS. 12, 691; Sigeb. Contin. Praem. a. 1124, MGH. SS. 6,
449. – Über T. vgl. *Essen* 354 ff.; *L. J. M. Philippen,* De H. Norbertus en de
strijd tegen het Tanchelmisme te Antwerpen, in: Bijdragen tot de geschiedenis
25 (1934) S. 251–288 (mit sorgfältiger Quellenanalyse). Die ansprechende
These von T.s Dienst bei Robert II. bringt *H. Pirenne,* Tanchelin et le projet de
démembrement du diocèse d'Utrecht vers 1100, in: Académie Royale de Belgique, Bulletin de la classe des lettres et des sciences morales et politiques, Serie 5, Bd. 13 (1927) S. 112–119.

[13] Die Datierung von T.s Auftreten und Ende nach Ann. Veterocell. a. 1112,
MGH. SS. 16, 42 und Sigeb. Contin. Valcell. a 1115, MGH. SS. 6, 459. – Die
Lehre T.s, nach Ep. eccl. Traject., ist umstritten, da die T. sehr feindlichen
Quellen ihm auch öffentliche Unzucht nachreden, die er als *opus spiritale* bezeichnet habe; ferner hätten seine Anhänger sein Badewasser getrunken usw.
Für die Glaubwürdigkeit dieser Berichte treten u. a. *Fliche – Martin* 9, 92 f. ein,
dagegen *Hauck* 4, 88 ff.; *Essen* 355 f.; *Turberville,* Heresy 14, die meist auch alles über T.s Lehre Gesagte verwerfen. Ich schließe mich an *Alphandéry,* Prophétisme 188; *Essen* 360 an und halte die berichteten Lehren für glaubhaft,
bezweifle aber, ob T. als gregorianischer Reformer und Feind des Priesterkonkubinats seine Stellung beim Volke durch öffentliche Unzucht gefährden
konnte. – Das *balnea bibere* bedeutet vielleicht nur eine wörtlich genommene
Persiflage des Genusses von verdünntem Wein, wie sie z. B. bei Liudprand von
Cremona, Legatio c. 40, SS. rer. Germ., S. 153 auch vorkommt.

[14] Zu Florenz und Orvieto vgl. *Fumi,* Orvieto 52 ff.; *Perrens* 338 f.; *Ristori* 10,
die aber, wie schon *Schmidt* 1, 63, diese Häretiker ohne Berechtigung mit den
Katharern verknüpfen. – Quelle für Ivoy: Gest. Trever. a. 1122, MGH. SS. 8,
193. Nichts spricht für eine Datierung auf 1115 (bei *Gieseler* 2, 2, 543) oder
eine Anknüpfung an Tanchelm (bei *Guiraud,* Inquisition 1, 3). – Die Grabplatte des 1119 gestorbenen Bischofs Maurus von Krakau enthält ein Glaubensbekenntnis in Initialen, bei dem einige auf die Toten und ihre
Auferstehung bezügliche Worte fehlen. *David* 757 hält die Platte deshalb für
katharisch. Das ist äußerst unwahrscheinlich, zumal die Leugnung der Auferstehung gar nicht so sehr im Mittelpunkt der katharischen Lehre steht wie die
Ablehnung derjenigen Sätze des Symbols, die der flüchtige Steinmetz nicht
weggelassen hat. – Zum Papsttum vgl. *H.-W. Klewitz,* Das Ende des Reformpapsttums, in: Deutsches Archiv für Geschichte des Mittelalters 3 (1939)
S. 371–412. Das Schisma selbst hat (gegen *Schmidt* 1, 60; *Newman* 254) die
Ketzerei nicht gekräftigt.

[15] Hauptquellen für H.: Gest. pontif. Cenomann., *Bouquet* 12, 547 ff.; Petr.

Ven. 723; Bernh. Ep. 434; Hug. Roth. Vgl. *A. Hauck*, in PRE 7, 606 f. – H. war nach Bernh. Ep. 435 Mönch, nach Alber. Tr. Font. Chron. a. 1148, MGH. SS. 23, 839 „schwarzer Mönch", also vielleicht Kluniazenser (so *Gieseler* 2, 2, 537); bei *Bouquet* 12, 550 bezeichnet er sich aber als Diakon. – Seine Herkunft aus Italien (so *Vaissète* – *Dulaurier* 3, 741; *Gorce* – *Mortier* 4, 25) ist ebensowenig erweislich wie die aus Lausanne (noch bei *Fliche* – *Martin* 9, 93; endgültig widerlegt von *Walter* 130). – Das erste Auftreten ist gegen *Gieseler* 2, 2, 537 von *Döllinger* 1, 77 datiert worden; H. verschwindet nach der Erwähnung bei Bernh. Ep. – Mit Eon und dessen Ende von 1148 wurde er verwechselt von Alber. Tr. Font. Chron. a. 1148, MGH. SS. 23, 839 (gegen *Hahn* 450 berichtigt von *Gieseler* 2, 2, 539). – Daß H. das Werk des Peter von Bruis fortsetzte, bezeugt Petr. Ven. 723; aber ab wann und in welcher Richtung das geschah, ist trotz aller Bemühungen von *Walter* 138 f.; *Esnault* 41 f. nicht zu klären; man kann nur nach *Bouquet* 12, 554 vermuten, daß H. sich bei seiner Flucht nach Südfrankreich wandte und dort auf Peters Spuren traf.

[16] Gest. Pontif. Cenomann., *Bouquet* 12, 549 554; Bernh. Ep. 434; Petr. Ven. 726; Hug. Roth. 1291. – Den auch hier wieder (Gest. Pontif. Cenomann., *Bouquet* 12, 548) auftretenden Berichten über Unzucht liegt wohl nur der auch von Bernh. Ep. 435 erhobene Vorwurf zugrunde, H. gebe sich mit Dirnen ab; man wird sie also (gegen *Fliche* – *Martin* 9, 97) nicht glauben. Mit welchem Recht könnte H. sonst den Dirnen unter seinen Anhängern den Eid abnehmen, in Zukunft der Unzucht zu entsagen (Gest. Pontif. Cenomann., *Bouquet* 12, 549)? Das Liebeswerk an Prostituierten, das später auch Innozenz III. empfahl, wird von H. so durchgeführt, daß seine Anhänger die unkeuschen Frauen *pauper ... egenam*, ohne Mitgift, heiraten; die Frauen werfen ihre Kleider und – offenbar künstlichen – Haare ins Feuer und erhalten aus der Sektenkasse eine Aussteuer. Man wird hier nicht (wie *Neander* 5, 2, 808; *Alphandéry*, Morale 117; *Walter* 135) von dem allgemeinen Ziel der radikalen evangelischen Armut sprechen können.

[17] Hug. Roth. 1289: *formam apostolicae vitae servamus*. Zur Lehre sonst vor allem der ungedruckte, von *Esposito*, Écrits 143, aufgefundene Traktat eines Mönches Wilhelm (vielleicht Wilhelm von St. Thierry); Bernh. Ep. 434. – Gegen Heinrich wendet sich wohl auch das Konzil von Reims 1148 (*Mansi*, 21, 718; *Hefele* – *Leclercq* 5, 1, 826).

[18] Dazu Gest. Pontif. Cenomann., *Bouquet* 12, 548. – Ich glaube nicht wie *Walter* 134, daß das Kreuzzeichen an Mt 10, 38 erinnern soll, sondern daß es dem Vortragekreuz vor dem Papst und seinen Legaten (s. *Eisenhofer* 1, 472) entspricht. – H. gilt oft als Katharer (*Sandius* 388 f.; *Farlati* 44; *Döllinger* 1, 75 ff.; *Nigg*, Ketzer 200), als Waldenser (*Füeßlin* 1, 330; *Tocco*, Eresia 149; *Coulton*, Inquisition 61) oder als evangelischer Wanderprediger (*Neander* 5, 2, 805; *Walter* 130; *Mens*, Begijnen 17). Der Richtung, aber nicht der Abhängigkeit nach dürfte die letztgenannte Meinung H. am besten einstufen.

[19] Quellen: Ann. Aquens. a. 1135, MGH. SS. 16, 685; Ann. Rodens. a. 1135, MGH. SS. 16, 711. Dazu *Hauck* 4, 91.

[20] Quellen: Guill. Novob. I c. 19, Bd. 1, S. 60 ff.; Otto Gest. Frid. I c. 56, SS. rer.

Germ., S. 80 f.; Chron. Britann. a. 1145, *Bouquet* 12, 558; Sigeb. Contin. Gemblac. a. 1146, MGH. SS. 6, 389; Sigeb. Contin. Praem. a. 1148, MGH. SS. 6, 454; Rob. Mont. Chron. a. 1148, MGH. SS. 6, 498; Ann. Magdeb. a. 1148, MGH. SS. 16, 190; Ann. Camerac. a. 1148, MGH. SS. 16, 517; Ann. Parchens. a. 1149, MGH. SS. 16, 605; Ann. Casin. a. 1148, MGH. SS. 19, 310; Alber. Tr. Font. Chron. a. 1148, MGH. SS. 23, 839. – E.s Herkunft aus Loudéac bezeugt Chron. Britann. – Wanderzüge *tamquam agentes poenitantiam* bei Guill. Novob., S. 62. – Die Stelle *Per eum, qui venturus est iudicare vivos et mortuos et seculum per ignem,* wobei er *eum* als *Eon* verstand (Guill. Novob., S. 60), hat er nicht in der Messe, beim Schluß der Kollekte, gehört, wie man meist liest, sondern bei einem Exorzismus; sie wird heute noch bei der Weihe des Taufwassers in der Karsamstagsliturgie gesprochen.

[21] Guill. Novob., S. 63 f.: *risit universa synodus.* Für einen Narren hält ihn Sigeb. Contin. Gemblac. – Ein Auftreten E.s in der Gascogne behaupten Otto, S. 81 und Ann. Magdeb.; das dürfte eine Verwechslung mit Heinrich sein. – In der Forschung gilt E. meist als überspannter Narr (*Gieseler* 2, 2, 531; *Lavisse – Luchaire* 360; *Walter* 140; *Grundmann,* Bewegungen 35 f.); immerhin paßt sein Wahnsinn genau in seine Zeit. Aber ein Katharer (so *Schmidt* 1, 47 f.; *Belperron* 63) ist er nicht. – *Alphandéry,* Morale 102, Gnosticisme 410, hat versucht, seine Zahlenspekulation als gnostisch oder keltisch zu deuten; aber die Vorstellung von dem Gott zu zwei Dritteln ist seit dem altbabylonischen Gilgamesch-Epos (IX, II, 6) überall verbreitet. Doch vgl. u. III, 1 A. 7.

[22] Das Zitat bei Hist. Pontific., MGH. SS. 20, 537, dort auch die Betonung des Apostolischen. – Über A. vgl. *A. de Stefano,* Arnaldo da Brescia e i suoi tempi, Rom 1921 (veränderter Wiederabdruck in: *Stefano,* Riformatori 21 ff.); *K. Hampe,* Zur Geschichte A.s von B., in: Historische Zeitschrift 130 (1924) S. 58–69; *C. Carradori,* Arnaldo da Brescia, Riassunto storico biografico, Nerbini 1928 (nicht erreichbar); *G. W. Greenaway,* A. of B., Cambridge 1931; *A. Ragazzoni,* A. da B. nella tradizione storica, Brescia 1937 (vorwiegend forschungsgeschichtlich, aber das beste Vorhandene). – Als Erben der Pataria behandeln ihn *Fumi,* Milano 44; *Stefano,* a.a.O., S. 33; *Greenaway,* a.a.O., S. 19; *Morghen,* Medioevo 242. – An der engen Verbindung A.s mit Abälard, die u. a. Otto, Gest. Frider. II c. 28, SS. rer. Germ., S. 133, behauptete und die Forschung allgemein annahm, hat *Motte* 41 begründete Zweifel geäußert.

[23] Einseitig religiös wird A. von der Forschung seit Giesebrecht immer wieder behandelt (noch bei *Heer* 213). Dagegen wandte sich *P. E. Schramm,* in: Historische Zeitschrift 147 (1933) S. 165 ff.; auch *Ragazzoni,* a.a.O., S. 11. – A. wurde mit Peter von Bruis (*Mansi* 21, 525), Heinrich (*Hagenbach* 267), den Waldensern (*Stefano,* a.a.O., S. 39; *Ragazzoni,* a.a.O., S. 17; *Runciman* 127) oder mit den Katharern (*Tocco,* Eresia 251; *Troeltsch* 386; *Gorce – Mortier* 4, 37) verbunden. Zwar haben ihm seine Gegner später auch katharische Sätze zugeschrieben (s. *Ilarino,* Speroni 446), aber A. selbst lehrte kein Dogma (Nachweis gegen Otto Gest. Frid. II c. 28, SS. rer. Germ., S. 133 bei *Motte* 27 ff.). Später sind seine Anhänger wohl zu den ersten Waldensern übergegangen (s. Hist. Pontif., MGH. SS. 20, 538: *heresis Lumbardorum* und u. II, 7 A. 4);

221

ihr Fortleben nach 1159 (Otto Morena a. 1159, MGH. SS. 18, 611) ist bloß noch literarisch (Konzil von Verona 1184, *Mansi* 22, 477; *Hefele – Leclercq* 5, 2, 1126; Bonac. Manif. 791 f.).

[24] Diese gemeinsamen Kennzeichen genügen, um die geschilderten Ketzereien als eine Bewegung anzusehen, die freilich nicht auf einen Stammketzer zurückgeht, und diese Bewegung gegen die Katharer abzugrenzen. (So in etwa auch *Morghen*, Medioevo 241; anders *Fliche – Martin* 9, 91 ff.; *Bihlmeyer* 211.) Sie ist keine Reaktion gegen die Kirchenreform, sondern deren Übersteigerung ins Häretisch-Radikale. Notwendigerweise wird sie dabei kirchenfeindlich, ohne daß diese Kirchenfeindschaft von irgendwoher, etwa von den Bogomilen, hätte übernommen werden müssen. – Zur geistigen Situation um 1140 vgl. *Ghellinck*, Mouvement 168.

### 5. Die Frühgeschichte der Katharer (c. 1140–1170)

[1] Zu den Harmonisierungsbestrebungen der Zeit: *Ghellinck*, Mouvement 186 ff. 203 ff. – Die Meinung von *Morghen*, Libertà 453, die Häresien hätten keine theologischen und geistigen, sondern nur moralische und geistliche Anliegen gehabt, trifft hier nicht zu.

[2] Über diese Phase des Bogomilismus vgl. oben S. 63.

[3] Über die Entstehung der bosnischen Kirche der Bogomilen, die vermutlich von einem italienischen Griechen, Goldschmied von Beruf, gegründet wurde, vgl. *Schmaus* 289 f. Die dort vermutete Abstammung der bosnischen Gemeinde von Byzanz bestätigt sich durch das Zeugnis von Ans. Alex. 308: *Postea quidam de Sclavonia, scilicet de terra que dicitur Bossona, iverunt Constantinopolim causa mercationis …*

[4] Ans. Alex. 308: *Postea francigene iverunt Constantinopolim ut subiugarent terram et invenerunt istam sectam …, redierunt ad propria et predicaverunt.* *Dondaine*, Italie 240, hat mit Recht vermutet, daß hier der zweite Kreuzzug gemeint ist, wenn auch der *ut*-Satz besser auf den 4. Kreuzzug paßt.

[5] Der Name tritt erst 1163 auf; zuvor spricht man gelegentlich von einer namenlosen Sekte. – Es ist nicht nötig, mit *Döllinger* 1, 98 ff.; *Mens*, Begijnen 23 ff., die ersten Katharer gesondert als ,Apostoliker' zu bezeichnen; aber es ist irreführend, mit *Mens* diesen Ketzern einen spiritualistischen Pantheismus beizulegen, der zum Dualismus der späteren Katharer im Gegensatz stünde.

[6] Quellen: Ann. Brunwilar. a. 1143, MGH. SS. 16, 727 (hier die richtige Datierung gegen *Schmidt* 1, 53; *Mens*, Begijnen 26. Für eine Datierung auf 1140 spricht das Zeugnis Hildegards von Bingen, s. u. A. 21); für die Lehre Everw. Steinf., der dieselben Ketzer meint (eine Trennung versucht z. B. *J. Greven*, Engelbert der Heilige und die Bettelorden, in: Bonner Zeitschrift für Theologie und Seelsorge 2 [1925] S. 43. S. unten A. 7). Die Ketzer nennen sich *pauperes Christi;* zur Vorgeschichte des Ausdruckes vgl. *Mens*, Begijnen 17 254, wo aber übersehen wird, daß im 11. Jahrhundert die Bettler so heißen, die vom Kirchengut erhalten werden (so z. B. Alpert. Metens., De diversit. tempor. I c. 12, MGH. SS. 4, 706, und wohl ebenso noch Dante, De monarchia II c. 11, hsg.

L. *Bertalot* [1918] S. 69); von da aus ist die von *Mens* beobachtete Anwendung des Namens auf Regularkleriker, Reklusen und schließlich Franziskaner erklärlich.

[7] Darüber Everw. Steinf. 678. Hier ist schon der Ritus der *traditio orationis* und der Brotbrechung neben der Handauflegung bezeugt (s. darüber o. S. 143 ff.). Es handelt sich also zweifellos um Katharer; nach Everw. Steinf. 678 gibt es daneben auch noch eine andere Gruppe (s. *Schmidt*, 1, 53; *Mens*, Beginnen 26), von der sich aber nicht sagen läßt, ob sie auch katharisch ist oder einer anderen Sekte angehört.

[8] Everw. Steinf. 677. An positiven Lehren erfahren wir nur Leugnung der Ehe, der Kindertaufe und des Fegefeuers.

[9] Everw. Steinf. 679: ... *occultatam fuisse a temporibus martyrum* (also seit der apostolischen Zeit!) *et permansisse in Graecia et quibusdam aliis terris*.

[10] Zu dieser Verbrennung, der ersten Ketzerverbrennung in Deutschland, vgl. *Havet* 21; *Ficker* 180. Daß in Köln und in Bonn Exekutionen stattfanden (die letztere wohl unter dem Vorsitz von Otto von Rheineck), legt dar: *W. Schwer*, Arnold I., Erzbischof von Köln (1138–1151), Diss. theol. Münster, Bonn 1904, S. 38. – Ein kurzer Hinweis auf Ketzer findet sich auch bei Ann. Brunwilar. a. 1145, MGH. SS. 16, 727.

[11] Quelle: Leod. Ep. Der Ort ist richtig lokalisiert von *Chénon* 301, falsch (an die untere Rhone) von *Gieseler* 2, 2, 541. *Chénon* 301 hat die Ketzerei auch richtig als Katharismus erkannt, während *Neander* 5, 2, 800 f. noch meinte, wer nicht an zwei Gottheiten glaube, sei kein Katharer.

[12] Zitat aus Everw. Steinf. 677. Man hat allen Grund, dieses *novi* wörtlich zu nehmen. – Quelle für die Katharer im Périgord: Herib. Mon. Zur Datierung s. o. I, 2 A. 8. Ganz verwirrt datiert *Guiraud*, Inquisition 1, 14 23, dasselbe Dokument auf 1116 und 1163. – Die Zahl der Gebete nach Ann. Margan. a. 1163, S. 15; die Doxologie bei Herib. Mon. 1721. Das andere dort erwähnte Gebet *Tu dominaris universae creaturae* erweist, daß auch diese Katharer der gemäßigten, altbogomilischen Richtung folgen. Es ist unmöglich, diese Gruppe und ihren Führer Ponnus (so Herib. Mon. 1722) oder Poncius (so Ann. Margan. a. 1163, S. 15) zu Peter von Bruis oder Heinrich zu stellen (so *Lea* 1, 79; *Guiraud*, Inquistion 1, XXXI; *Runciman* 119; *Welter* 94; richtig *Hahn* 60; *Esnault* 44): Die Kenntnis der Doxologie (s. u. III, 8 A. 6) ist katharisch.

[13] Darüber Bernh. Serm. 1091 f. – *Dempf* 220 296 will hier „die sozialrevolutionäre Ideologie der beginnenden Stadtwirtschaft" erkennen; aber die ganze Bewegung ist religiös, nicht sozial.

[14] Konzil von Reims 1148, *Mansi* 21, 718; *Hefele – Leclercq* 5, 1, 826 (gegen Heinrich, s. o. II, 4 A. 17). Konzil von Reims 1157, *Mansi* 21, 843; *Hefele – Leclercq* 5, 2, 913.

[15] Ans. Alex. 308: *multiplicati constituerunt episcopum Francie*. Da Leod. Ep. 938 Mont-Aimé als Zentrum der nördlichen Katharer bezeichnet, liegt es nahe, dort den Bischofssitz zu vermuten. Der Name des ersten Bischofs ist unbekannt; Robert von Épernon ist wohl schon sein Nachfolger.

[16] Ans. Alex. 308 nennt gleich die späteren vier katharischen Bistümer, von

denen aber wenigstens eines, nämlich Agen, 1167 noch nicht vorhanden ist. 1167 kommt zum Katharerkonzil nur ein südfranzösischer Bischof, der von Albi (Act. Fel. 326). Vgl. auch A. 25.

[17] Ans. Alex. 308 f. – Wenn man dem sonst gut informierten Salvo Burci aufs Wort glauben darf, wären die Katharer um 1155 nach Italien gekommen (s. *Ilarino*, Burci 16, 303). – Nach Ans. Alex. 308 kamen die Missionare aus *Francia*, nicht aus *Provincia*. Das Hauptquartier ihrer Mission lag bei Cuneo.

[18] Quellen: Guill. Novob. II c. 13, Bd. 1, S. 132 f.; daneben kurz Radulf. Dicet., Ymagines historiar. a. 1166 (Rerum Britannicarum medii aevi scriptores, Nr. 68) Bd. 1, S. 318 und ungenau Walter Map, De nugib. curial. I c. 30, hsg. *Wright*, S. 62 (Ausgabe von 1914 nicht greifbar). – Die Forschung ist sich über die Datierung nicht einig (1154: *Mansi* 21, 1147. 1159: *Gieseler* 2, 2, 548; *Schmidt* 1, 97. 1160: *Hefele – Leclercq* 5, 2, 949 f.; *Guiraud*, Inquistion 1, 20; *Mens*, Beginnen 29. 1163: *Stefano*, Catari 436. 1165: *A. L. Poole*, From Domesday Book to Magna Charta, 1087–1216 [Oxford History of England], Oxford 1951, S. 230. 1166: *Havet* 23; *Vacandard*, Inquisition 60; *Pollock – Maitland* 547). Die Assize von Clarendon von 1166, das erste größere weltliche Ketzergesetz (dazu *Theloe* 136), ist jedenfalls der Terminus ante quem, obgleich nicht feststeht, wie weit die Entdeckung der Ketzerei ursächlich mit ihr zusammenhängt. Ich schlage vor, sich an die Einordnung bei dem verlässigen Guill. Novob. zu halten: II c. 12 berichtet von einem Ereignis im April 1161; dann folgt, mit *Iisdem diebus*, die Ketzerei II c. 13, und II c. 14 erzählt mit *Eodem tempore* aus dem April 1162. – Die Zahl der Ketzer richtig bei Guill. Novob., falsch (16) bei Walter Map und (nur 2) bei *Turberville*, Heresy 132, History 716. – Ob sie vom Rhein bei Köln (so *Schmidt* 1, 97; *Heer* 329) oder aus Flandern (so *Pollock – Maitland* 547) kommen, ist nicht zu entscheiden; ersteres hat mehr für sich. – Daß es sich um Katharer handelt, hat nur *Warner* 41 bestritten; richtig auch *Poole*, a. a. O., S. 230. – *G. M. Trevelyan*, Geschichte Englands, deutsch von E. Jerusalem, 3. Aufl., München 1947, Bd. 1, S. 207, irrt, wenn er meint, England habe keine Ketzerei gekannt.

[19] Quellen: Chron. Reg. Colon. a. 1163, SS. rer. Germ., S. 114; Ann. S. Petr. Erphesfurd. a. 1163, MGH. SS. 16, 22; Chron. Ekkehard. Contin. brev. a. 1163, in: Monumenta Erphesfurt., SS. rer. Germ., S. 71; Ann. Aquens. a. 1163, MGH. SS. 16, 686; Caes. Heist. V c. 19, *Strange* 1, 299; Trithem. Chron. 1, 450; auch Ecb. Schon. 84. – Nach Chron. Reg. Colon. wäre die Gruppe aus Flandern gekommen, doch zeigt Ecb. Schon., daß die Katharer seit 1143 in Köln selbst weiter wirkten.

[20] Zitat aus Ecb. Schon. 90; *Kathari* bei Ecb. Schon. 13 31; auch Ser. Archiep. Colon., MGH. SS. 13, 286. Hier zuerst *Perfecti* (s. u. III, 9 A. 13) bei Ecb. Schon. 14; ihr Führer Arnold wird *magister* genannt. – Zum Ritus Ecb. Schon. 13 15 19 51 f. 90.

[21] Zur Lehre vgl. zwei Briefe der hl. Hildegard von Bingen von 1163 und 1164 (Ep. 48, MPL 197. 249 ff. und bei *J. B. Pitra*, Analecta Sacra, Bd. 8, Paris – Rom 1882, S. 348 ff.). Hildegard predigte 1164 selbst in Köln gegen die Ketzer, *eo quod multis essent inter ipsos* (Caes. Heist. Homil. 208, *Hilka* 1, 149). Sie gibt

eine merkwürdig genaue Datierung: Nach *Pitra,* a. a. O., S. 348 f., wären die Katharer im März 1140 zuerst aufgetreten. – Über die Lehren *Pitra,* a. a. O., S. 350; sonst vor allem Ecb. Schon. 15 f. 41 55 94 97 f., auch Elisabeth von Schönau (*Roth* 76 f.).

[22] Über innere Spaltungen berichtet Ecb. Schon. 16 96. – Die *apostolorum vita* bei Ecb. Schon. 14. – Daß die *Bulgari* ihre Lehre zuerst ins Abendland trugen, sagt Ans. Alex. 308; die gesamte bisherige Forschung war anderer Ansicht und hielt den radikalen Dualismus für den älteren, bis *Dondaine,* Actes 354, Italie 269 ff., die richtige Auffassung vertrat. – *Hauck* 4, 853 ff. irrt mit der Ansicht, die Katharer seien in Deutschland mehr evangelisch, in den romanischen Ländern mehr dogmatisch orientiert gewesen. Die Verschiedenheiten sind mehr historischer als völkerpsychologischer Art.

[23] Quellen: Act. Concil. Lumbar., *Bouquet* 14, 431 ff. (auch *Mansi* 22, 157 ff.). Rog. Hov. a. 1176, Bd. 2, S. 105 ff. gibt davon einen guten Auszug, der aber chronologisch falsch eingeordnet ist und die Forschung oft zu der irrigen Datierung auf 1176 verleitet hat (*Sandius* 392 f.; *Basnage* 1, 184; *Benoist* 1, 21; *Maycock* 315 und, zwischen vier Jahreszahlen schwankend, *Guiraud,* Inquisition 1, XLI 369; richtiggestellt von *Vaissète* 3, 535 f.; *Gieseler* 2, 2, 552). – Zur Auswertung vgl. *Hefele – Leclercq* 5, 2, 1006 ff.; *Lacger,* Albigeois 281 f. – Daß das Glaubensbekenntnis nicht aufrichtig war, meinen auch *Neander* 5, 2, 792; *Schmidt* 1, 73; man kann es nicht (wie *Basnage* 1, 184 ff.; *Vaissète – Dulaurier* 3, 746; *Morghen,* Medioevo 243) als Beweis für die nichtkatharische Richtung dieser Ketzer ansehen. Vielmehr beweist die Ablehnung des ganzen Alten Testamentes (*Bouquet* 14, 432), daß wir es mit altbogomilischen Lehren zu tun haben (s. o. S. 119).

[24] Quellen: Haer. Cath. 306 (der Anfang davon auch bei *Vignier* 268); Ans. Alex. 309 (hier nur über die Bischofswahl). – Niketas nennt sich *Papas* (Haer. Cath. 306; Ans. Alex. 309), das heißt ‚Pope‘, Pfarrer. So hat *Runciman* 162 ebenso einfach wie überzeugend die langumstrittene Frage um den ‚Papst‘ der Katharer gelöst. S. o. S. 154. – Daß Niketas Bulgare gewesen sei, liest man oft (*Peyrat* 2, 14; *Menéndez* 1, 417; *Aničkov,* Joachim 117; *Turberville,* History 703; *Toynbee* 4, 634); die Quellen sagen dagegen: *adveniens ... de constantinopolitanis partibus* (Haer. Cath. 306; ähnlich Ans. Alex. 309). – Durch die Bedenken von *Dondaine,* Italie 268, kann die Datierung der Vorgänge auf 1167 nicht korrigiert werden. Selbst wenn man das Konzil und seine Vorgeschichte auf 1172 datierte, blieben noch immer unüberbrückbare Widersprüche in der Datierung, da dann nach Ans. Alex. 319 Markus zwei Jahre nach der Bischofsweihe Diakon geworden wäre. Ich halte daher trotz aller berechtigten Zweifel an dem Datum von Act. Fel. 326 fest (s. o. I, 3 A. 26).

[25] Quelle: Act. Fel. 326 f. Dazu am besten *Dondaine,* Actes. – Die drei Gemeinden Toulouse, Carcassonne und Val d'Aran *voluerunt habere episcopum* (Act. Fel. 326), nicht um eine zufällige Sedisvakanz ihrer Bischofsstühle zu beenden (so *Schmidt* 1, 74): Sie haben noch keine Bischöfe und müssen sich daher bei der Wahl der Genehmigung ihres bisherigen Oberhirten, des Bischofs von Albi, versichern (Act. Fel. 326: *cum consilio et voluntate et solu-*

*tione* (!) *domini S. Cellaereii*). Dieser war also bis 1167 der einzige katharische Bischof in Südfrankreich. Auf dem Konzil sind dann mit Niketas sieben Bischöfe anwesend, in Parallele zu den *septem ecclesiae Asiae* der Bogomilen, von denen Niketas (Act. Fel. 326) berichtet und die natürlich auf Offb 1, 20 ff. zurückgehen (s. u. III, 10 A. 3). Man wird sich aus dieser Zahlensymbolik am leichtesten erklären können, warum das abgelegene Val d'Aran mit heute noch nicht mehr als 8000 Einwohnern einen eigenen Bischof erhält. Die Grenzen der beiden neuen Diözesen richten sich nach den politischen und katholisch-kirchlichen Grenzen (s. *Vaissète* 3, 4; *Schmidt* 1, 74 f.).
[26] Darüber gut *Dondaine*, Actes 355, Lombardie 291. – Wer allerdings, wie *Morghen*, Medioevo 275, noch 1951 die Quellen zur katharischen Frühgeschichte, von Act. Fel. bis Haer. Cath. und Ans. Alex., ignoriert, muß zu anderen Schlüssen gelangen.

### 6. Wachstum und Spaltung der katharischen Bewegung
### (c. 1170–1215)

[1] Darüber s. Erstausgabe dieses Buches, S. 231 ff.
[2] Das haben *Schmidt* 1, 69 f.; *Molinier*, Traité 245 f.; *Dossat* 27 f. beobachtet. – Gelegentlich treffen wir auch gemäßigte Lehren dort, etwa in dem Bericht von Petr. Sarn. 1, 12; auch die ‚Interrogatio Johannis' ist in Südfrankreich gelesen worden (s. o. I, 3 A. 11).
[3] Dazu im einzelnen o. S. 154.
[4] Darüber genauer o. S. 143.
[5] Ans. Alex. 309.
[6] *Newman* 246 f. hat die Fragen aufgeworfen, ob Johannes Judaeus ein Jude war, der dann Katharer wurde, ein Christ, der dann Jude und schließlich Katharer wurde, ein Passagianer (s. u. II, 7 A. 11) oder was sonst. Die Fragen müssen offenbleiben, da der Beiname *Judaeus* durchaus nicht immer die Rassenoder Religionszugehörigkeit bezeichnet; vgl. *R. W. Emery*, The use of the surname in the study of medieval economic history, in: Medievalia et Humanistica 7 (1952) S. 43–50, bes. S. 47.
[7] Haer. Cath. 306; der Bericht von Ans. Alex. 309 ist hier sehr summarisch. – Petrakios, der gewiß nicht den Bischofsrang besaß, kam *de ultramarinis partibus*, also wohl aus Dalmatien oder Bulgarien (so schon *Schmidt* 1, 61). Die Zeit dieser Reise läßt sich nur schätzen, vielleicht auf etwa 1175.
[8] Haer. Cath. 306; wieder sehr lückenhaft Ans. Alex. 309. – Daß Johannes Judaeus und auch seine Gegenspieler in der Toskana schon damals zum gemäßigten Glauben übergingen, glaube ich gegen *Dondaine*, Lombardie 288, daraus schließen zu dürfen, daß der Schiedsspruch des französischen Bischofs (s. u. A. 9) stets von *suscepto ordine Bulgariae* (Haer. Cath. 307) spricht, also von der gemäßigten bogomilischen Gruppe.
[9] Haer. Cath. 306 spricht nur von einem *quendam episcopum ultra montes*. Die Vermutung liegt nahe, daß man sich an die Mutterdiözese aller italienischen Katharer wandte (s. o. II, 5 A. 15), auch wenn diese radikaldualistisch

war; es handelte sich offenbar noch um eine Disziplinar-, keine Glaubensfrage. – Möglicherweise hatte Petrus von Florenz damals schon radikaldualistische Sympathien; Haer. Cath. 307 sagt aber nur: *ob malivolentiam eidem* (Joh. Jud.) *obtemperare nolebant.*

[10] Haer. Cath. 307; auch Petr. Mart. 306, wo dem Johannes vorgeworfen wird, seine Gemeinde verlassen zu haben. Allem Anschein nach ist noch immer kein Gegensatz des Glaubensbekenntnisses zwischen den streitenden Parteien vorhanden, da beide den Garattus anerkennen *sine omni condictione* (Haer. Cath. 307, mit einer Korrektur von *Dondaines* Edition, für die ich Frl. *M. Vordieck*, Recklinghausen, dankbar bin).

[11] Haer. Cath. 307 f.; nur die Vorgänge in Vicenza erwähnt Ans. Alex. 309 f. genauer. – Erst hier tritt die dogmatische Gegensätzlichkeit deutlich hervor. Die sechste Kirche wird bei Haer. Cath. 308 nicht namentlich erwähnt *(et in Tuscia duo episcopi),* es handelt sich aber wohl um die Kirche von Spoleto, die wohl auch, wie Florenz, radikaldualistisch wurde (so *Dondaine,* Lombardie 285, Italie 302).

[12] Garattus hat nachher noch einige Versuche unternommen, den früheren Zustand wiederherzustellen, konnte aber nur mit der Kirche von Mantua „Frieden schließen" (Haer. Cath. 308). – Um 1200 ist die auch bei Bonac. Manif. 775 erwähnte Spaltung nach Rain. Sacc. 71 schon eine gegebene Tatsache. – Für die italienische Katharer gilt nicht, was *Welter* 261 von den Italienern sagt, sie hätten wenig Neigung zur „dissidence doctrinale"; vielmehr spiegelt sich in der katharischen Organisation die allgemeine Entwicklung, die in Frankreich vom Kleinterritorium zum Nationalstaat, in Italien vom Universalstaat zum Stadtstaat führte.

[13] Darüber s. o. I, 3 A. 11.

[14] Auf die *apostolica vita* berufen sich die Katharer 1192 nach der Praepositin-Summa *(Lacombe* 138), 1195 nach Joach. Apoc. 131 r, um 1200 nach Radulf. Ardens, Serm. in Domin. VIII. post Trin., MPL 155, 2011. (Zu der meist verfehlten Datierung des letztgenannten Zeugnisses vgl. *Geyer* 248).

[15] Quellen: Gest. reg. Henr. a. 1178, Bd. 1, S. 201 ff.; daraus Rog. Hov. a. 1178, Bd. 2, S. 155 ff.

[16] Ein deutliches Gefühl für dieses zwiespältige Wesen des Katharismus hatte Joach. Apoc. 132 r: *Aliud ostendunt in facie, aliud occultant in ore.*

[17] Über letztere Stimmung vgl. *H. Brinkmann,* Diesseitsstimmung im Mittelalter, in: Deutsche Vierteljahrsschrift für Literaturwissenschaft und Geistesgeschichte 2 (1924) S. 721–752, und besonnener *J. Hashagen,* Über die ideengeschichtliche Stellung des staufischen Zeitalters, ebenda 9 (1931) S. 350–362, sowie *K. Simon,* Diesseitsstimmung in spätromanischer Zeit und Kunst, ebenda 12 (1934) S. 49–91, leider (S. 75 f.) mit einer unhaltbaren Erklärung für die Entstehung der Ketzerei aus der Toleranzidee.

[18] Der Brief des Grafen bei Gervas. Dorobern. Chron. a. 1177, *Bouquet* 13, 140 (neuere Ausgabe nicht greifbar). Die genannten Diözesen bei Petr. Sarn. 1, 66; Guill. Podiol. 119; doch blieben Narbonne (darüber *Douais,* Narbonne 12 ff.; *Emery* 7 ff.), Montpellier (darüber *Germain* 288) und auch die Gegend

um Avignon verhältnismäßig ketzerfrei (darüber *Guiraud*, Inquisition 1, 275; *M. Mielly*, Noves, Agel et Verquières pendant le drame albigeois, in: Mémoires de l'Académie de Vaucluse, Serie 3, Bd. 2 [1937] S. 85–98, die freilich beide ohne Berechtigung aus politischen Unruhen gegen den bischöflichen Landesherrn auf religiöse Sympathien der Einwohner für die Katharer schließen). – Über die Katharer in Toulouse vgl. Gest. reg. Henr. a. 1178, Bd. 1, S. 220; Petr. Sarn. 1, 6 f. 12; 2, 57; Rob. Mont. Chron. a. 1178, MGH. SS. 6, 526 f.; über Carcassonne Petr. Sarn. 1, 93; über die Gascogne Ermeng. Tract. 1243; Rob. Autissiod. Chron. a. 1181, MGH. 26, 245.

[19] Zu Nevers und dem benachbarten Charité-sur-Loire (seit 1198): Rob. Autissiod. Chron. a. 1198 1201, MGH. SS. 26, 258 260; Petr. Sarn. 1, 25 f.; *Mansi* 22, 698; *Hefele – Leclercq* 5, 2, 1220; dazu *Chénon* 301 ff.; *Wilmart* 72. – Zu Vézelay (seit 1167): Hist. Vizelliac. monast. a. 1167, *Bouquet* 12, 343 f.; Walter Map, De nug. curial. I c. 30, hsg. *Wright*, S. 62; dazu *Havet* 24. – Zu Auxerre (nach 1183): Rob. Autissiod. Chron. a. 1206, MGH. SS. 26, 270; dazu *Havet* 26. – Zu Troyes (1200): Alber. Tr. Font. Chron. a. 1200, MGH. SS. 23, 878; dazu *Chénon* 322. – Zu Besançon: Caes. Heist. V c. 18, *Strange* 1, 296; Homil. 209, *Hilka* 1, 149; die Datierung wohl um 1180 (anders *Gieseler* 2, 2, 542; *Schmidt* 1, 89). – Zu Metz (um 1200; vielleicht sind diese Ketzer Waldenser): Caes. Heist. V c. 20, *Strange* 1, 299; Homil. 73, *Hilka* 1, 92 f. – Zu Reims (nach 1176): Rad. Cogg. a. 1200, S. 122 ff.; dazu *Havet* 25. – Bei Soissons (1204): Chron. Laud. a. 1204, S. 62 f.; dazu *Havet* 26. – Zu Rouen (1210): Contin. Ann. Rotom. a. 1210, *Bouquet* 18, 360. – Zu Arras (seit 1172): Chron. Reg. Colon. a. 1172, SS. rer. Germ., S. 122; Sigeb. Contin. Aquicinct. a. 1182, MGH. SS. 6, 421; dazu *Beuzart* 10 ff. – Zu Flandern (seit 1162): Brief Ludwigs VII., *Bouquet* 15, 790; Guill. Nang. a. 1183, Bd. 1, S. 76; Girald. Cambrens., Gemm. eccles. I c. 11, MGH. SS. 27, 412; dazu *Beuzart* 13 ff.

[20] Zu Spanien: Petr. Sarn. 1, 41 (nach 1197 keine Katharer in Aragón); Caes. Heist. V c. 19, *Strange* 1, 299 (ein 1219 verbrannter Schmied). – Zu England: Lib. de antiquis legib. a. 1210 (nicht greifbar); dazu *Pollock – Maitland* 548; auch Rad. Cogg., Hist. Anglic. a. 1211, MGH. SS. 27, 357.

[21] Zu Köln und Bonn (1143) s. o. S. 75 f. Zu Mainz und Koblenz (1167) vgl. *Roth* 203. – Zu Österreich (1210): Thomasin von Zirklaria, Der wälsche Gast, hsg. *H. Rückert*, Quedlinburg – Leipzig 1852, S. 344 f., Vers 12647 ff.; Contin. Claustroneoburg. a. 1210, MGH. SS. 9, 621; dazu *H. Hantsch*, Die Geschichte Österreichs, 3. Aufl., Bd. 1, Graz – Wien 1951, S. 93.

[22] Zitat aus Bonac. Manif. 778. – Zu Mailand (seit 1176): AASS. April 2, 595; Matth. Paris, a. 1243, Bd. 4, S. 271. – Zu Brescia: *Muratori*, Antiq. 5, 90. Zu Verona (seit 1184): Innozenz III. Ep. II, 228, MPL 214, 788; Caes. Heist. V c. 24, *Strange* 1, 308. – Zu Como und Udine (um 1214): Matth. Paris a. 1243, Bd. 4, S. 271. – Zu Ferrara (um 1197): Girald. Cambrens. Gemm. eccles. I c. 11, MGH. SS. 27, 412. – Zu Modena (1192): *Muratori*, Antiq. 5, 87 f.; dazu *Ficker* 184. – Zu Faenza: Innozenz III. Ep. IX, 18 204 213, MPL 215, 819 1042 1057. – Zu Rimini (seit 1184): Innozenz III. Ep. VII, 37, MPL 215, 319; dazu *Tonini* 2, 590. – Zu Prato: Innozenz III. Ep. IX, 8, MPL 215, 815. – Zu Florenz (seit 1173):

Ann. Florent. a. 1173, MGH. SS. 19, 224 (es handelt sich um ein Interdikt wegen Ketzerei, nicht um eine Ketzerrevolution. Falsch *Schmidt* 1, 63; *Hefele – Leclercq* 5, 2, 1272; richtig *Lami* 1, 131; *R. Davidsohn*, Geschichte von Florenz, Bd. 1, Berlin 1896, S. 722); Innozenz III. Ep. IX, 7, MPL 215, 813. – Zu Orvieto (seit 1167). AASS. Mai 5, 2, 86 ff. – Zu Viterbo (1205): Innozenz III. Ep. II, 1; VIII, 85, MPL 214, 537; 215, 654. – Zu Kalabrien (seit 1195): Joach. Apoc. 131. – Alles in allem ist die Übertreibung von Caes. Heist. V c. 21, *Strange* 1, 301, gar nicht so groß: „So stark wurde die Ketzerei der Albigenser, daß sie in kurzer Zeit an die tausend Städte ansteckte, und wenn sie nicht mit dem Schwert der Gläubigen eingedämmt worden wäre, glaube ich, sie hätte ganz Europa verdorben."

[23] Zu den Fürsten: Gervas. Dorobern. Chron. a. 1177, *Bouquet* 13, 140; Chron. Reg. Colon. Contin. II a. 1209, SS. rer. Germ., S. 185; s. u. A. 30. Ritter: Rob. Autissiod. Chron. a. 1201, MGH. SS. 26, 260; Sigeb. Contin. Aquicinct. a. 1183, MGH. SS. 6, 421; Petr. Sarn. 1, 16; Caes. Heist. V c. 21, *Strange* 1, 301. – *Litterati:* Sigeb. Contin. Aquicinct. a. 1182, MGH. SS. 6, 421. – Studenten: Act. Inq. Tolos. 1245, *Douais,* Toulouse 155. – Priester: Everw. Steinf. 679; Bernh. Serm. 1092; Herib. Mon. 1722; Petr. Sarn. 1, 25 f.

[24] Zitat aus *Weber* 290. Über den Totengräber Markus vgl. o. S. 77. Über die Weber allgemein *Weber* 276; *Schnürer* 335; Johannes Judaeus, zweiter italienischer Katharerbischof (s. o. A. 6), war Weber. – Über die Handwerker und Tagelöhner vgl. vor allem *Domairon* 97 ff. für Beziers 1209.

[25] Zitat aus *Troeltsch* 370. Für Proleten hielt die Katharer zuletzt *Heer* 467 ff. 491. Aber wer ist im Mittelalter Prolet? Etwa der in seiner Zukunft verankerte Handwerker, gar der Weber? Zwar stammen (gegen *Mens,* Drijfveeren 309) die aktiven Anhänger der Sekte überwiegend aus der Arbeiterklasse; aber es gilt (gegen *Evans* 110) nirgends eine Klasse als ketzerisch. – Wie weit die Juden sich am Katharismus beteiligten, ist trotz der gewagten Behauptungen von *Newman* 140 ungewiß. S. o. A. 6.

[26] Armut der Vollendeten: Everw. Steinf. 677; Herib. Mon. 1721; Von Handarbeit der Katharer hören wir bei Joach. Apoc. 132 r; vor allem in Südfrankreich von katharischen Schuster-, Gerber- und Weber-Werkstätten seit dem Beginn des 13. Jahrhunderts: Act. Inq. Tolos. 1245, passim (zitiert *Guiraud,* Cartulaire 274; *Douais,* Narbonne 44; *Evans* 111 f.). *Evans* 111 f. hat sich mit Recht dagegen gewandt, daß diese Werkstätten zur Verbreitung der katharischen Lehren begründet worden seien; sie gehören Handwerkern, die den Katharern gewogen sind und sie bei sich arbeiten lassen.

[27] Zitat aus Joach. Apoc. 131 r. – Zu Flandern: Brief Ludwigs VII., *Bouquet* 15, 790. – Zu Köln: Ecb. Schon. 90. – Zu 1177: Gervas. Dorobern. Chron. a. 1177, *Bouquet* 13, 140; nach Gest. reg. Henr. a. 1178, Bd. 1, S. 199, ist einer der südfranzösischen Ketzerführer steinreich. – Geldleihe gegen Pfand betreiben die Katharer nach *Tonini* 2, 590 (für Rimini 1184); *Domairon* 102 (für Béziers 1209); Act. Inq. Tolos. 1245, *Guiraud,* Inquisition 1, 353 (für das Lauragais 1210).

[28] Zeugen sind vor allem: Ebr. Beth. 1564 1566 f.; Matth. Paris a. 1243, Bd. 4,

S. 271. – *Alphandéry*, Morale 86, hat mit Recht die Wendung der Katharer zum Besitz an den Anfang des 13. Jahrhunderts gesetzt; jedenfalls kann man sie dann (gegen *Grundmann*, Mystik 413) nicht mehr ohne Einschränkung als Teil der Armutsbewegung bezeichnen.

[29] Von Geldsammlungen in den katharischen Gottesdiensten berichtet Joach. Apoc. 131 r; von reichen Legaten auf dem Sterbebett hören wir oft und oft in den Inquisitionsakten. – Zum Zins s. o. S. 141.

[30] Über Raimund VI.: Petr. Sarn. 1, 31 ff.; Caes. Heist. V c. 21, *Strange* 1, 302; ausführlich *Guiraud*, Inquisition 1, 303–310; über eine katharische Hofdame seiner Gemahlin Eleonore vgl. *Guiraud*, Inquisition 1, 184. – Über die Grafen von Foix Petr. Sarn. 1, 44 199; 2, 77; über die katharische Vollendete Esclarmonde von Foix Act. Inq. Carcass. 1244, *Vaissète – Dulaurier* 8, 1150 ff. – In Fanjeaux besteht vor 1215 zwischen *dominabus haereticis* und den weltlich gebliebenen Adelsdamen eine Art Kaffeekränzchen *(familiaritas):* Act. Inq. Tolos. 1245, *Guiraud*, Inquisition 1, 289. – Daß die *barones* fast alle die Ketzer begünstigten, sagt Petr. Sarn. 1, 9 31 89 199; 2, 75 f. 78; ähnlich auch Chron. Reg. Colon. Contin. III a. 1208, SS. rer. Germ., S. 228.

[31] Guill. Podiol. 128. Auch hohe katholische Würdenträger haben nahe katharische Verwandte; zusammenfassend *Belperron* 102 ff.

[32] Darüber vgl. Petr. Sarn. 1, 38 und die dort von den Herausgebern gegebene Zusammenstellung; auch *Schmidt* 1, 67; *Luchaire* 24; *Volpe* 161 f.; *Guiraud*, Inquisition 1, 305–331; *Lacger*, Albigeois passim; *Heer* 478. Insbesondere der niedere Adel, der durch Erbteilungen stark verarmt ist, benutzt jede sich bietende Gelegenheit zur Bereicherung.

[33] Zitat aus Innozenz III. Ep. III, 24, MPL 214, 904. – Über das Fehlen eines politischen Programmes gut *Alphandéry*, Morale 82. Zwar berichtet Joach. Apoc. 134 r von einer katharischen Gesandtschaft zu den Sarazenen nach Alexandria im Jahre 1195, doch ist nicht einzusehen, welchen Zweck sie gehabt haben könnte.

[34] Gest. reg. Henr. a. 1178, Bd. 1, S. 201 203: *vix duo verba coniungere potuit, utpote qui linguam Latinam penitus ignoravit.*

[35] Katharische Schulen erwähnen Ecb. Schon. 84; Caes. Heist. V c. 25, *Strange* 1, 309; Homil. 172, *Hilka* 1, 133. *Schola* besagt ja oft nur ‚Versammlungsort‘ (vgl. *Grundmann*, Bewegungen 109). – Über gelehrte Erziehung von Adligen bei den Katharern: Act. Inq. Carcass. 124, *Schmidt* 1, 196; AASS. August 4, 548. – Besonders eindrucksvoll berichten Act. Inq. Tolos. 1245, *Guiraud*, Cartulaire 277, aus dieser Zeit: ... *dum dicti haeretici rogarent ipsum et monerent, quod recederet cum eis et faceret instrui ad litteras et redarguerent ipsum, quia custodiebat boves ..., mater ipsius extraxit inde per capillos verberando.*

[36] Über die katharische Beredsamkeit Ecb. Schon. 13; Sigeb. Contin. Aquicinct. a. 1182, MGH. SS. 6, 421; Innozenz III. Ep. X, 149, MPL 215, 1246. – Über den Besuch der Universität Paris, insbesondere der Artistenfakultät, doch gelegentlich selbst der theologischen Fakultät, durch Katharer vgl. Matth. Paris a. 1243, Bd. 4, S. 271.

[37] Daß die Trobadors mit den Katharern eng verwandt, ja geradezu identisch

seien, ist oft behauptet worden (*Reuter* 2, 57 ff.; *Rahn* 68; *Varga,* Cardinal 205;
*R. Nelli,* De l'amour provençal, in: Le génie d'Oc et l'homme méditerranéen,
Marseille [1943] S. 44–68; *Ders.,* L'amour provençal, in: Revue de synthèse 23
[1948] S. 15–20; *Roché* 135). – Insbesondere ist Peire Cardinal immer wieder
als Katharer interpretiert worden (*Schmidt* 1, 346; *Peyrat* 2, 83; vor allem
*Varga,* Cardinal, passim; *Nelli,* a. a. O. [1943], S. 48; *Roché* 135), obwohl
*K. Voßler,* P. C., Ein Satiriker aus dem Zeitalter der Albigenserkriege, Sitzungsber. d. Kgl. Bayer. Akad. d. Wiss., Philos.-philol. u. hist. Kl., Jg. 1916, 6, München 1916, bes. S. 86 ff., davor gewarnt hatte. Es ist hier nicht der Ort, den
unschwer beizubringenden Nachweis zu führen, daß genau die Stellen, die
meist als rein katharisch ausgelegt werden, dem *Canon Missae* nachgebildet
und mit den katharischen Lehren absolut unvereinbar sind. – Nicht in dogmatischen Einzelsätzen, wohl aber in der Gesamtstimmung bestehen Gemein-
samkeiten zwischen Trobadors und südfranzösischen Katharern. Es ist indes
bekannt genug, daß unter den trotzigen Trobadors auch manche heftige
Feinde der Katharer waren (s. *E. Wolff,* Der Albigenserkrieg und die Trouba-
dours 1209 bis 1229, Diss. phil. [Maschinenschrift], Königsberg 1922, S. 8 ff.).
Man sollte also das Geflecht nicht zum Knoten zusammenziehen, sondern die
provenzalische Hochblüte, zu der Minnesang und Ketzerei, aber auch Marien-
dienst und Klosterreformen gehören, als ein Ganzes sehen (Ansätze dazu bei
*Heer* 452; *U. T. Holmes,* The idea of a twelfth-century renaissance, in: Speculum 26 [1951] S. 643–651). – Auch Wolfram von Eschenbach ist wiederholt,
mit Hilfe des geheimnisvollen Kyot, in die angeblich katharische Literatur einbezogen worden (zuerst zögernd *F. Kampers,* Gnostisches im ‚Parzival' und in
verwandten Dichtungen, in: Mitteilungen der schlesischen Gesellschaft für
Volkskunde 21 [1919], S. 1–62; dann ausdrücklich *F. R. Schröder,* Die Parzival-
frage, München 1928, bes. S. 60 ff.; *Rahn* 9; auch im Großen Brockhaus,
15. Aufl., Bd. 20 [1935] S. 434; *Heer* 514). Hier scheint mir der umgekehrte
Fall vorzuliegen: eine Reihe von Einzelheiten, vor allem bei der Behandlung
der neutralen Engel im ‚Parzival', verbindet Wolfram mit den Katharern; aber
die Gesamtauffassung des Lebens und der Frömmigkeit ist bei Wolfram ganz
und gar unkatharisch. Auch das ist hier nicht näher auszuführen; vgl. vorläufig *B. Mockenhaupt, O. S. B.,* Die Frömmigkeit im Parzival Wolframs von
Eschenbach. Ein Beitrag zur Geschichte des religiösen Geistes in der Laienwelt
des deutschen Mittelalters, Bonn 1942, bes. S. 250 ff.; *J. Schwietering,* Parzivals
Schuld. Zur Religiosität Wolframs in ihrer Beziehung zur Mystik, Frankfurt/
Main 1946. Über neuere französische Forschungen, die den von *Rahn, Roché*
und *Nelli* behaupteten Zusammenhang zwischen Katharern, Trobadors und
Gralssage schlüssig widerlegen, berichtet zusammenfassend *P. Imbs,* A la re-
cherche d'une littérature cathare, in: Revue du moyen âge latin 5 (1949) S. 289
bis 302.

[38] Der Maler bei Chron. Laud. a. 1204, S. 63. *L. Dimier,* Histoire de la peinture
française, Bd. 1, Paris – Brüssel 1925, erwähnt ihn nicht.

## 7. Religiöse Bewegung und katholische Kirche (c. 1170–1215)

[1] Über die Waldenser vgl. E. *Comba*, Storia dei Valdesi, Neuaufl., Torre Pellice 1930; G. B. *Ottonello*, La chiesa valdese, Pinerolo 1935 (mir nicht erreichbar); G. *Gonnet*, Il valdismo medievale, Torre Pellice – Turin 1942 (mir nicht erreichbar). – Zur Frühgeschichte der Waldenser Chron. Laud. a. 1173, S. 20; Petr. Sarn. 1, 18; Steph. Borb. 290 ff. – Die Forschung nimmt heute meist das Datum 1173 wieder an (*Pouzet* 12 ff.; *Dondaine*, Valdéisme 216; früher meist 1176, so z. B. *Böhmer*, in PRE 20, 806 f.). Das Datum 1160 (bei *Guiraud*, Inquisition 1, 235; *Belperron* 63; *Runciman* 125; *Welter* 108) ist jedenfalls falsch. – Die waldensische Nachahmung der Apostel bei Walter Map, De nug. curial. I c. 31, hsg. *Wright*, S. 65; Burchard. Ursperg. Chron. a. 1213, SS. rer. Germ., S. 107; Alan. Ins. 383; Petr. Sarn. 1, 18; Dav. Augsb. 205 f. 214. – Das Programm des Waldes steht in seinem Glaubensbekenntnis bei Lib. antih. 232. Eine anschauliche Schilderung des waldensischen Lebens gibt Ans. Alex. 318 f. Sonst vgl. *Müller*, Waldenser 7 ff.; *Alphandéry*, Morale 120. – Ein Zusammenhang mit den früheren Wanderpredigern ist mit *Mens*, Begijnen 38, anzunehmen, eine Abhängigkeit des Waldes von dem Ketzer Heinrich gegen *Walter* 168 abzulehnen.

[2] Lib. antih. 234: *miror quo modo ausi estis dicere vitam apostolicam vos* (die Katharer) *tenere, cum eorum fidem et paupertatem et opera recusetis, paucis exceptis* ... – Zur Entstehung des waldensischen Lib. antih. s. o. I, 3 A. 14. – Weitere Zeugen für den Kampf der Waldenser gegen die Katharer: Act. Inq. Tolos. 1245, *Douais*, Toulouse 150; Monet. Crem. 405; Guill. Podiol. 119.

[3] Lib. antih. 235: *libere predicare secundum gratiam nobis a deo collatam nec pro aliquo vivente desistere decrevimus.* Darüber sonst *Pouzet* 17 f.

[4] Über die Spaltung von 1205 Burce-Ilar. 317; Petr. Mart. 333; Ans. Alex. 317 f. Die alte Streitfrage, ob die ,Lombardischen Armen' selbständig sind oder die italienischen Waldenser bezeichnen, ist durch Petr. Mart. 333 wohl zugunsten der letzteren Ansicht (gegen *Preger*, Waldesier 193 ff.) gelöst. – Über die Unterschiede zwischen Italienern und Franzosen *Müller*, Waldenser 54 105 115; *Ilarino*, Speroni 454 f. – Das katharische Dogma, daß Geist von Geist und Körper von Körper geboren werde, erwähnen für die ,Lombarden' Burce-Ilar. 328; Monet. Crem. 138; Ans. Alex. 320; daß sie auch die Folgerung daraus, die Abneigung gegen die Ehe, übernommen haben, bezeugt Petr. Mart. 333. – Daß die italienischen Waldenser von einem aus Piacenza stammenden Johannes von Ronco angeführt wurden, ist durch Petr. Mart. 333; Ans. Alex. 318 gesichert; damit sind die vielerörterten ,Runcarier' (erwähnt z. B. bei Dav. Augsb. 216; Berth. Reg. 1, 130 402; 2, 70 207) endgültig als italienische Gruppe der Waldenser identifiziert, wie vor dem Fund dieser Quellen schon *Stefano*, Riformatori 303; *Ilarino*, Burci 17, 97, vermuteten.

[5] So etwa, abgesehen von dem Verbot zu schwören und zu töten, von der Ablehnung des Heiligenkultes, der Wallfahrten und Ablässe, vor allem die Brot-

brechung, die Handauflegung, die Fastentermine und die Teilung in *Perfecti* und *Credentes*. Darüber *Müller*, Waldenser 84 ff.; *Preger*, David 195 ff.; *Dondaine*, Sources 481.

[8] Unterschiede sind etwa die Anerkennung der Kirchenväter (Alan. Ins. 383; Steph. Borb. 291; Dav. Augsb. 209), der Ehe (Ans. Alex. 317 320), des Fleischgenusses (Ans. Alex. 320; Steph. Borb. 297); Kinder sind auch ohne Taufe sündenfrei (Dav. Augsb. 207); jeder Gute ist Priester (Alan. Ins. 385; Petr. Sarn. 1, 19; Petr. Mart. 333; Steph. Borb. 295; Ans. Alex. 317). – Im ganzen bezeichnet Petr. Sarn. 1, 18 die Waldenser als *longe minus perversi*, gemessen an den Katharern. Die Forschung teilt diese Auffassung (z. B. *Jas* 90; *Tosco*, Eresia 148; *Luchaire* 12; *Runciman* 125). – Der Unterschied zeigt sich auch in der von *Grundmann*, Bewegungen 157 ff., betonten sozialen Schichtung der Waldenser, die von der katharischen durchaus abweicht.

[7] Über die Humiliaten *A. de Stefano*, Le origini dell'ordine degli Umiliati, in: Rivista storica delle scienze teologiche 2 (1906) S. 851–871 (mit anderen Aufsätzen verändert wieder abgedruckt in *Stefano*, Riformatori 133 ff.); *Zanoni* 51 ff.; zuletzt *Guerrini* 188 ff. Die wichtigste Frage der Forschung, ob die Humiliaten schon vor dem Auftreten der Waldenser (1179) in Italien nachzuweisen sind (Nein: *Müller*, Waldenser 60; *Stefano*, Riformatori 149. Ja: *Grundmann*, Bewegungen 77), ist von *Ilarino*, Burci 17, 123 ff., Speroni 455 f., überzeugend und quellengerecht entschieden worden: Sie sind vor 1178 vorhanden und von den Waldensern unabhängig. – Als Katharer hatte sie *Zanoni* 35 ff. bezeichnet, als Arnoldisten *Preger*, Waldesier 211, und wieder *Guerrini* 188 ff.; auf die Zusammenhänge mit der Einrichtung der Reklusen verweist *Mens*, Begijnen 47 ff. – Die soziale Seite der Bewegung wird überbetont von *Zanoni* 107; *Evans* 98. – Die Einstellung gegen die Katharer bezeugt Chron. Laud. a. 1178, S. 29: *pro fide catholica se opponentes*; dazu *Grundmann*, Bewegungen 65.

[8] Darüber am besten *Ilarino*, Burci 17, 127 f., Speroni 456; über die Organisation *Guerrini* 195; *Mens*, Begijnen 51 f.

[9] S. o. A. 6 über die Hochschätzung ungetaufter Kinder.

[10] Über Speroni jetzt nur noch *Ilarino*, Speroni; bei *Ilarino*, Burci 17, 141, Speroni 57 ff., war die Persönlichkeit des Speroni erschlossen worden; der Fund von *Kaeppeli* (Petr. Mart. 332) hat Ilarinos Thesen glänzend bestätigt. – Zu seinen Lehren vgl. *Ilarino*, Speroni 117 221 ff. 228 ff. 268 ff. 510 ff. 517 ff. 533 566; Petr. Mart. 332 f. – Natürlich werden auch Armut und Ehelosigkeit als belanglos betrachtet (*Ilarino*, Speroni 457; Petr. Mart. 333).

[11] Die Trennungslinie gegen die Katharer ist von *Ilarino*, Burci 17, 145, Speroni 44 435 f., scharf genug gezogen worden. Damit sind endgültig alle Versuche hinfällig, Speroni auf Grund einer bloßen Namensähnlichkeit zu einem Katharer zu erklären (so *Sandius* 392; *Gieseler* 2, 2, 612; *Schmidt* 1, 65; 2, 281; *Tocco*, Eresia 106; *Lea* 1, 132; *Guiraud*, Inquisition 1, 144; *Runciman* 185); auch *Stefano*, Riformatori 162 298, der Speroni zu den Waldensern ziehen wollte, behält nicht recht. – Zwar treffen wir noch bei Ans. Alex. 324 in den Ketzerkatalogen *Speronistae* an; aber die Abneigung gegen alle Organisation

hat dieser hochgeistigen und eigenwilligen Lehre sicher kein langes Leben und keine große Verbreitung ermöglicht. –

Hier sind noch einige kleinere Sekten zu erwähnen, die man mit den Katharern in Verbindung gebracht hat. Die sog. Josephiner haben *Gieseler* 2, 2, 612; *Dondaine*, Italie 290 f., für Katharer gehalten, letzterer für Anhänger des Katharerbischofs Joseph von Concorezzo. Das ist nicht sehr wahrscheinlich, da Joseph nur kurz im Amt war und in der katharischen Geschichte keine so große Rolle spielte, um zum Eponymos zu werden. Was die Josephiner wirklich glaubten, ist kaum bekannt (vgl. *Ilarino*, Speroni 458 ff.). – Die Passagianer, eine judenchristliche Sekte, hat *Ch. Molinier*, Les Passagiens, in: Mémoires de l'Académie des sciences, lettres et arts de Toulouse, Serie 8, Bd. 10 (1888), S. 428–458, zu den Katharern gerechnet (zuvor schon *Füeßlin* 1, 46), während *P. Alphandéry*, Sur les Passagiens, in: Revue des études juives 82 (1926) S. 353–361, mehr ihre waldensische Seite hervorhob (so auch *Lacombe* 151 f.; *Guiraud*, Inquisition 1, 36). *Newman* 169 hat sie, vielleicht mit mehr Recht, als eine Reaktion gegen die katharische Ablehnung des Alten Testamentes aufgefaßt. – Daß die Stedinger, die Bauern, die um ihre Freiheit kämpften, Katharer gewesen wären, hat nach *Hahn* 404 wohl niemand mehr ernstlich geglaubt. Vgl. *Beuzart* 28 f.

[12] Über Joachim zuletzt *Grundmann*, Joachim. Zitat aus *Alphandéry*, Morale 61. – Über seine Verwandtschaft mit der Schule von Chartres, besonders mit Gilbert de la Porrée, vgl. *Geyer* 249; *Ghellinck*, Mouvement 263 ff.

[13] Über J.s Ansichten vgl. *Grundmann*, Joachim 47 107. – Nach Act. Inq. Tolos. 1248, *Douais*, Documents 2, 94, haben die Katharer Joachims Prophezeiung vom Weltende um 1260 angenommen – ein gänzlich unkatharischer Zug, sich von der irdischen Zukunft noch irgend etwas zu erwarten. – Für einen Verwandten der Katharer ist J. öfter gehalten worden (z. B. von *Arnold* 1, 362; *Peyrat* 2, 14; 3, 150; *Tocco*, Eresia 402; *Douais*, Documents 1, 43; *Aničkov*, Joachim 56 ff.; scharf dagegen *Lot-Borodine* 527 543).

[14] Joach. Apoc. 130 v 131 r–v 133 r; auch Joachim von Fiore, Tractatus super IV evangelia, hsg. *E. Buonaiuti* (Fonti per la storia d'Italia), Rom 1930, S. 157.

[15] Joach. Apoc. 132 v von den Katharern: *nolunt discernere inter tempus et tempus, ... omnia temporalia equalia essent ad salutem et non deteriora essent tempora novissima primis.* – Wie recht J. mit dieser Einschätzung der Katharer hat, zeigt etwa Petr. Sarn. 1, 12: die Stelle Offb (!) 16, 1 wird auf den Engelfall hin ausgelegt, und überhaupt *negant tempus illud futurum ..., quia praeteritum est* (Brev. summ. 128). – Der Zorn J.s über die wirtschaftlichen Interessen der Katharer drückt sich etwa bei Joach. Apoc. 131 r deutlich aus.

[16] Über Amalrich zusammenfassend *Capelle;* dazu die kritische Rezension von *M. Th. d'Alverny*, in: Bibliothèque de l'École des Chartes 97 (1936) S. 397 f. – Der Zusammenhang A.s mit Joachim wird behauptet von *Tocco*, Eresia 409; *Capelle* 81; noch stärker von *D'Alverny*, a. a. O.; dagegen sind *Aničkov*, Joachim 275 f.; *Wulf* 1, 241. – Über A.s sonstige Vorbilder vgl. *Menéndez* 1, 393; *Grabmann*, Aristoteles 18; *Geyer* 250; *Wulf* 1, 242, welche beiden den Einfluß der Schule von Chartres mit Recht hervorheben.

[17] Beste Quelle für die Lehren ist der um 1210 verfaßte Traktat ‚Contra Amalricianos', den *Baeumker,* Amalriciane, edierte. Seine Verfasserschaft ist umstritten (zur Kontroverse s. *Geyer* 706 f.; gegen die These von *Mandonnet* durchschlagend *Wulf* 1, 241). Wahrscheinlich ist Garnerius von Rochefort der Verfasser. – Zitat aus Caes. Heist. V c. 22, *Strange* 1, 304; sonst vgl. *Baeumker,* Amalriciane 365 370 372 375. Eine neue Quelle zur Geschichte der Amalrikaner wurde entdeckt von *M. Th. d'Alverny,* Un fragment du procès des Amauriciens, in: Archives d'histoire doctrinale et littéraire du moyen âge 18 (1951) S. 325–336. Sie bestätigt das bisherige Bild, macht uns aber darüber hinaus mit einem volkssprachlichen Vaterunser der Amalrikaner bekannt, das vom Vulgatatext wesentlich weiter abweicht als die Version der Katharer (o. S. 143).

[18] Vgl. *Baeumker,* Amalriciane 391 f. Übrigens ist hier die Folgerung aus dem Satze Roscelins gezogen (vgl. Anselm. De fide trin. c. 3, MPL 158, 266), wenn die drei göttlichen Personen *res una* seien, müßten sie auch alle Fleisch geworden sein. Dies ist also eine Konsequenz aus dem Pantheismus und nicht unbedingt eine Übernahme von Joachim.

[19] Für Katharer sind die Amalrikaner jüngst von *Mens,* Begijnen 24 32 36 148 352, gehalten worden unter der irrigen Voraussetzung, es habe auch einen pantheistischen Flügel des Katharismus gegeben. – Wenn Alber. Tr. Font. Chron. a. 1225, MGH. SS. 23, 915 die Amalrikaner *novos Albigenses* und Chron. Reg. Colon. Contin. II a. 1211, SS. rer. Germ., S. 187 f. dieselben *Beggini* nennt, so besagt das nur, daß man die Amalrikaner mit den Katharern verglich, weil beide Ketzer waren. – Daß die Amalrikaner dagegen tatsächlich mit den späteren Beginen und den Brüdern und Schwestern des Freien Geistes enge Beziehungen haben (so *Gieseler* 2, 2, 642; *Reuter* 2, 240; *Mens,* Begijnen 36), ist durchaus wahrscheinlich. – Die soziologische Struktur der Am. wird oft verkannt, da sich ein *Guillelmus Aurifaber* bei der Sekte befindet. Das ist keine Berufsbezeichnung, sondern ein Familienname; denn dieser Wilhelm ist, wie alle seine Genossen, Theologe (Caes. Heist. V c. 22, *Strange* 1, 304; Chron. Reg. Colon. Contin. II a. 1211, SS. rer. Germ., S. 188; vgl. auch *D'Achéry* 2, 812; *Martène – Durand* 4, 165: *ab ordinibus … degradentur*). – Nach Chron. Laud. a. 1212, S. 69 f., sind die Am., genau wie zweihundert Jahre zuvor die Kleriker von Orléans, dem französischen Königshaus eng verbunden; der Thronfolger sollte nach ihrem Glauben der Endkaiser werden (Caes. Heist. V c. 22, *Strange* 1, 305). *H. Goerke,* Die Minnesphäre in Gottfrieds Tristan und die Häresie des Amalrich von Bena, Diss. phil. (Maschinenschrift), Tübingen 1952, bes. S. 97 ff., will die Verlagerung des Heilsziels in die Diesseitigkeit und in die sündlose Minne bei Gottfried von Straßburg auf amalrikanischen Einfluß zurückführen. Mehr als Vermutungen ergeben sich allerdings dabei nicht.

[20] Über David zusammenfassend *Théry;* dazu *A. Birkenmajer,* Découverte de fragments manuscrits de David de Dinant, in: Revue néo-scolastique de philosophie 35 (1933) S. 220–229. – Zu den Lehren vgl. *Théry* 47 ff. 114 117; *Birkenmajer,* a. a. O., S. 229. – Über seine Vorbilder, von denen nur Aristoteles außer Zweifel steht: *Grabmann,* Aristoteles 132; *Geyer* 252; *Wulf* 1, 244 f. Nach

Chron. Laud. a. 1212, S. 69 f. wäre David mit Innozenz III. bekannt gewesen. Wie weit er mit Amalrich zu verknüpfen ist, steht nicht fest. Wahrscheinlich ist David ein selbständiger Kopf. Die angeführte Stelle Chron. Laud. a. 1212, S. 69 f., nach der der Ketzer David von Dinant früher an der Kurie weilte und bei Innozenz III. in Gunst stand, wird vollauf bestätigt durch einen bisher in diesem Zusammenhang übersehenen Brief des Papstes aus dem Jahre 1206 (Ep. IX, 85, MPL 215, 901), wo von einer Pfründe in Dinant gesprochen wird, die *dilectus filius, magister David, capellanus noster* innehatte (vgl. *R. Elze*, Die päpstliche Kapelle im 12. und 13. Jahrhundert, in: Zeitschrift der Savigny-Stiftung für Rechtsgeschichte 67, Kanonistische Abt. 36 [1950] S. 145–204, hier S. 187). An der Identität des päpstlichen Kapellans mit dem späteren Häretiker ist kein Zweifel möglich. David war also katholischer Geistlicher, wahrscheinlich Subdiakon (s. *Elze* 174), und befand sich noch 1206 in Rom an der Kurie, und zwar in einer Vertrauensstellung, die als Sprungbrett zu den höchsten Kirchenämtern galt (s. *Elze* 184 f.). Dadurch wird die bisher dunkle Lebensgeschichte Davids (vgl. etwa *Geyer* 251) aufgeklärt; die Entstehung seiner Häresie läßt sich auf die Zeit zwischen 1206 und 1210 datieren; überdies wird nun deutlich, daß die Ketzerei zu Beginn des 13. Jahrhunderts bis ins Vorzimmer des Papstes eindrang und daß Innozenz zu energischem Durchgreifen förmlich gezwungen war.

[21] Zur literarischen Ketzerbekämpfung vgl. oben S. 21 ff. – Die Konzilsbeschlüsse zeichnen die Entwicklung deutlich nach: 1049 wird in Reims beschlossen, Ketzer zu exkommunizieren (*Hefele – Leclercq* 4, 2, 1024). 1119 ruft man in Toulouse die Hilfe der weltlichen Fürsten an (*Hefele – Leclercq* 5, 1, 570). Das zweite Lateranum wiederholt 1139 diesen Appell an die Fürsten (*Hefele – Leclercq* 5, 1, 731 f.). 1148 wird in Reims die Aufnahme und Verteidigung von Ketzern verboten (*Hefele – Leclercq* 5, 1, 826). 1157 erinnert man in Reims zum ersten Mal wieder an die altrömischen Ketzerstrafen, verlangt aber für vollendete Ketzer nur lebenslängliches Gefängnis, für die Anhänger Verbannung (*Hefele – Leclercq* 5, 2, 913; *Havet* 22). 1163 fordert man in Tours gegen Ketzer Haft und Gütereinziehung (*Hefele – Leclercq* 5, 2, 971). Aber noch 1165 wagt man es in Lombers nicht, erklärte Ketzer wirklich zu verfolgen (*Hefele – Leclercq* 5, 2, 1008). Zu dieser langsamen Entwicklung vgl. besonders *Vacandard*, Inquisition 59 ff.

[22] Quellen für die Mission von 1178: Gest. reg. Henr. a. 1178, Bd. 1, S. 199–220; davon abhängig Rog. Hov. a. 1178, Bd. 2, S. 160–166. – Ausgelöst wurde die Mission durch den Hilferuf des Grafen Raimund V. von Toulouse (1177) an das Generalkapitel der Zisterzienser (bei Gervas. Dorobern. Chron. a. 1177, *Bouquet* 13, 140). Man statuierte an einem der reichsten Bürger von Toulouse ein Exempel durch Gütereinziehung und harte Kirchenbußen (dazu *Havet* 37 f.). – 1179 verspricht das Lateranum jedem, der gegen die Ketzer kämpft, einen Ablaß (*Hefele – Leclercq* 5, 2, 1106 f.). Das ist der erste Kreuzzugsablaß gegen Katharer. *Neuß* 167 hat aber mit Recht darauf verwiesen, daß die Katharer hier noch mit den Landstreichern zusammen verurteilt werden, nicht als dogmatische Häretiker.

[23] Der vollständigste Bericht über diesen ersten Kreuzzug steht mit einem Briefe Heinrichs bei Gaufrid. Vosiens. Chron. a. 1181, *Bouquet* 12, 448 f. Darüber zuletzt *Belperron* 125 f.; doch muß gegenüber der allgemeinen Auffassung, ein Kreuzzug gegen Ketzer sei etwas Unerhörtes, mit Nachdruck auf *Erdmann* 7 ff. 246 f. verwiesen werden: Der Ketzerkreuzzug ist keine Entartung des Heidenkreuzzugs, sondern geradezu seine Wurzel. Allerdings müßten *Erdmanns* Forschungen erst noch auf die Albigenserkreuzzüge hin ergänzt werden. Eine bloße Erörterung der kanonistischen Theorien ohne geistesgeschichtliche Tiefe bietet für den Albigenserkrieg *H. Pissard*, La guerre sainte en pays chrétien, Paris 1912.

[24] Die Bulle *Ad abolendam* bei *Mansi* 22, 476 ff.; dazu *Hefele – Leclercq* 5, 2, 1119 ff. Hiernach soll gegen die Katharer die *animadversio debita* angewendet werden; nach den übrigen Bestimmungen der Bulle zu schließen, ist mit diesem zweideutigen Ausdruck noch nicht die Todesstrafe gemeint, sondern Reichsacht, Verbannung, Gütereinziehung, Zerstörung der Häuser, Unfähigkeit zu öffentlichen Ämtern (in diesem Sinn *Havet* 39; *J. Ficker*, in: Mitteilungen des Instituts für österreichische Geschichtsforschung 2 [1881] S. 474; *Coulton*, Penalty 3). Vgl. auch *Theloe* 140.

[25] MGH. Const. 1, 519; dazu *Tonini*, 2, 601; *Theloe* 104 142.

[26] Die Vorwürfe der Ketzer gegen die Geistlichkeit nach Ebr. Beth. 1537; Steph. Borb. 79 214. – Die Sittenverderbnis des Klerus ist oft (*Molinier*, Église 290; *Coulton*, Inquisition 39) übertrieben worden; dagegen wenden sich *Guiraud*, Inquisition 1, 333 ff.; *Lacger*, Albigeois 293; *Ilarino*, Speroni 139 f.; auch vgl. *Bühler* 56. Freilich sind Geistliche und Gläubige sehr unwissend in Glaubenssachen (vgl. Steph. Borb. 309; dazu *Lacger*, Albigeois 291 f.), aber im regulierten Klerus blüht das religiöse Leben (dazu *Lacger*, Albigeois 292 f. 606). Man kann mit dem Konzil von Avignon 1209 (*Mansi* 22, 785) nur die *formidanda et punienda negligentia praelatorum* rügen, gegen die auch Innozenz III. mit heftigen Worten schreibt (Ep. VI, 46, MPL 215, 49). Gerade die Normalität des Hergebrachten reizt vor allen Revolutionen nicht weniger zur Empörung als die wirklichen Übelstände.

[27] Darüber berichtet vor allem Petr. Sarn. 1, 21 ff. Die Methode des Diego ist, kurz gesagt, *exemplo Pii Magistri facerent ... per omnia formam apostolicam imitantes* (Petr. Sarn. 1, 23). – Vgl. die Vorwürfe der Ketzer: *isti equites predicant nobis Christum ... peditem, divites pauperem, honorati abiectum* (AASS. August 1, 399); s. Steph. Borb. 79 214. – Einen Erfolg hat diese Predigt: die Bildung der ‚Katholischen Armen‘ aus ehemaligen Waldensern unter Führung von Durand von Huesca (1208). Vgl. dazu *J. B. Pierron*, Die Katholischen Armen. Ein Beitrag zur Entstehungsgeschichte der Bettelorden, Freiburg i. Br. 1911, S. 24 ff.

[28] Innozenz III. Ep. IX, 185 vom 17. 11. 1206, MPL 215, 1025, empfiehlt die Predigt in Armut. Wie weit der Papst zuvor Diego und Dominikus zu ihrem Entschluß inspirierte oder ermutigte, ist nicht auszumachen (gegen *Pierron*, a. a. O., S. 24). – Über die Mission Arnaud-Amaurys von Cîteaux vgl. Petr. Sarn. 1, 42; über den schlechten Erfolg Petr. Sarn. 1, 46; Caes. Heist. V c. 21,

Strange 1, 300. – Über die seit 1206 stattfindenden Diskussionen in Verfeil, Caraman, Montréal, Béziers, Carcassonne, Pamiers usw. vgl. Petr. Sarn. 1, 24 ff. 43; Guill. Podiol. 127. Es ist also falsch, wenn *Coulton,* Inquisition 80, meint, die Katholiken hätten sich selten zu Diskussionen mit den Ketzern herabgelassen.

[29] Der Vergleich der Katharer mit den Sarazenen bei Innozenz III., in Petr. Sarn. 1, 64 f. – Die Vorgeschichte und Geschichte des Albigenserkreuzzuges ist hier nicht darzulegen; darüber am besten *Luchaire,* zuletzt *Belperron* 121 ff.

[30] Der Ausdruck bei Guill. Podiol. 129. – Otto IV. und Johann ohne Land werden von den päpstlichen Legaten als Feinde Gottes gebrandmarkt (Petr. Sarn. 2, 89 f. 199); milder wird Peter II. beurteilt von Chron. Laud. a. 1213, S. 75. – Zum Verlauf des Kreuzzuges vgl. *Belperron* 158 ff.; über den Eröffnungsfeldzug besonders *L. J. Thomas,* Quelques aspects peu connus de la croisade contre les Albigeois, in: Cahiers d'histoire et d'archéologie Jg. 1, Bd. 1, Nîmes 1931, S. 257–265. – Hier ist nur noch auf die Nachricht einzugehen, die Katharer hätten vor 1210 den „König Miralimomelinus von Maroch" nach Spanien hereingerufen (so Caes. Heist. V c. 21, *Strange* 1, 303). 1213 wurde dem Grafen von Toulouse dasselbe vorgeworfen (Petr. Sarn. 2, 91). Man darf vermuten, daß durch diese Gerüchte Peter II. von seiner Verbindung mit den Südfranzosen abgehalten werden sollte; denn er hatte 1212 diesen ‚Emir-al-Mumenin' (so korrigiert *Meyer,* Chanson 1, zu Vers 116), den Almohaden Muhammed an-Nasir, bei Las Navas de Tolosa geschlagen. – Verhandlungen mit demselben Sarazenen werden übrigens auch dem König Johann von England zur Last gelegt (Matth. Paris a. 1213, Bd. 2, S. 559–566), vielleicht mit mehr Berechtigung.

[31] Zwar wird seit 1209 in Südfrankreich auch die in Nordfrankreich schon gewohnheitsrechtlich verankerte Verbrennung von Ketzern eingeführt (Petr. Sarn. 1, 117 f.; dazu *Havet* 53 ff.); Hunderte von Katharern sterben am Galgen oder auf dem Scheiterhaufen; aber nach 1215 ist von der Ketzerei kaum noch die Rede (vgl. Petr. Sarn. 2, 207 f.; Guill. Podiol. 141), obwohl sie weiter besteht (s. u. II, 8 A. 12).

[32] Darüber Petr. Sarn. 1, 158–161. – Heiß umstritten ist die Echtheit der Erzählung von Caes. Heist. V c. 21, *Strange* 1, 302, beim Sturmangriff auf Béziers am 22. 7. 1209 hätten einige gewissenhafte Soldaten den Abt Arnaud-Amaury von Cîteaux gefragt, wie man unter den Belagerten die Katharer von den Katholiken unterscheiden könne, worauf dieser geantwortet habe: „Schlagt sie tot, Gott kennt die Seinen!" Für die Echtheit treten jeweils die nicht katholischen Autoren ein (*Gieseler* 2, 2, 585; *Schmidt* 1, 229; *Réville* 80; *Meyer,* Chanson, 2, XXI; *Coulton,* Inquisition 102; *Evenhuis* 112; *Roché* 66; *Nigg,* Ketzer 206); dagegen stellen sich die katholischen Forscher, vor allem *Ph. Tamizey de Larroque,* Un épisode de la guerre des Albigeois, in: Revue des questions historiques 1 (1866) S. 168–191; auch *Acton* 783. Nun ist der zweite Teil des Diktums ein Bibelzitat aus 2 Tim 2, 19, was beide Forschergruppen bisher kaum berücksichtigten; derselbe Caes. Heist. (Homil. 162, *Hilka* 1, 129 f.) hat es auch an anderer Stelle als Pointe einer Anekdote verwendet. Andererseits ist mehr-

fach bezeugt, daß in der Tat Katharer und Katholiken oft ohne Unterschiede niedergemacht wurden (*Meyer*, Chanson 1, Vers 3494). Man darf also wohl annehmen, daß zwar der Abt den Ausspruch nicht in dieser pointierten Form getan hat, daß er aber in Zisterzienserkreisen bald als treffend kolportiert wurde. Das sagt alles über den Geist des Kreuzzuges.

[33] Über die Grausamkeiten, auch an toten Gegnern, über die barbarischen Hinrichtungsmethoden usw. vgl. Petr. Sarn. 1, 131 176; 2, 28 275 308 f.; Guill. Podiol. 131. – Ob die Katharer mit den Bestialitäten den Anfang machten, wie *Cozens* 64 behauptet, läßt sich nicht entscheiden; beide Teile sind wohl gleich schuldig. – Nach Petr. Sarn. 1, 148 ließ Simon von Montfort 100 Gefangenen die Augen ausstechen, nur einer behielt ein Auge, um die Blinden zu führen; diese Methode hat Basileios II. 1018 gegen die Bulgaren in weit größeren Ausmaßen praktiziert.

[34] Über Innozenz' III. Absichten zuletzt *A. Fliche*, Innocent III et la réforme de l'Église, in: Revue d'histoire ecclésiastique 44 (1949) S. 87–152. Seine Stellung zum Albigenserkrieg ist von *Luchaire* 61 258 wohl richtig eingeschätzt worden. Das Urteil von *Toynbee* 4, 369 über Sünde und Buße des Papsttums ist geschichtstheologisch, nicht historisch. – Über das Ineinander von Weltflucht und Weltherrschaft bei Innozenz III. ist sich die Forschung klar (s. *Lortz* 171); doch kann ich im Verhalten des Papstes gegenüber den Grafen von Toulouse nicht jene Trennung von geistlicher und weltlicher Gewalt erkennen, von der gesprochen wird bei *H. Tillmann*, Zur Frage des Verhältnisses von Kirche und Staat in Lehre und Praxis Papst Innocenz' III., in: Deutsches Archiv für Erforschung des Mittelalters 9 (1952) S. 136–181.

[35] 1215 werden die bisher lokalen Konzilsbeschlüsse allgemeine Canones (Text bei *Hefele* – *Leclercq* 5, 2, 1330 ff.): Ketzer werden durch Gütereinziehung, Verlust der bürgerlichen Rechte und Amtsunfähigkeit bestraft (so *Havet* 50; *Luchaire* 57). *Coulton*, Penalty 16 ff., versucht den Nachweis, daß Innozenz III. in Wahrheit der Schuldige für die Einführung der Todesstrafe gegen Ketzer sei, da er das Wort *exterminare* verwendet, das nicht nur Verbannung, sondern auch Hinrichtung bedeute. Richtiger hat wohl *Pollock* – *Maitland* 545 in der Verwendung dieses zweideutigen Ausdruckes ein Zögern der Kirche gesehen, die die Ausführung und die Verantwortung den Fürsten überlassen wollte. – Der Text des Glaubensbekenntnisses bei *Hefele* – *Leclercq* 5, 2, 1324 f.; den Nachweis seines Zusammenhanges mit den katharischen Lehrern bringt *Vernet*, Albigeois 684 f.; vgl. auch *Neuß* 195. – Den engen Zusammenhang zwischen Ketzerei und Ordensgründungen hat schon *L. v. Ranke*, Weltgeschichte VIII 13, hsg. *A. Dove*, Leipzig 1887, S. 334, gesehen; neuerdings am besten *Grundmann*, Bewegungen 71 136. Daß die Bettelorden allerdings nur eine „Antwort" auf die katharische „Herausforderung" waren, ist eine Überspitzung von *Toynbee* 4, 370; diese „Antwort" ist aus innerkirchlichen Bedürfnissen längst schon nötig geworden. Es geht darum auch gar nicht an, mit *Roché* 56 von einem „Catharisme des Dominicains" zu reden, oder mit *Peyrat* 3, 149; *Reinach* 188; *Runciman* 129; *Toynbee* 4, 656 Franz neben die Katharer zu stellen. Wieviel äußerliche Verwandtschaft immerhin zwischen Franz und

den Katharern vorhanden ist, zeigt *H. Hefele,* Die Bettelorden und das religiöse Volksleben Ober- und Mittelitaliens im XIII. Jahrhundert, Leipzig – Berlin 1910, bes. S. 29 f.; man kann hinzufügen, daß die ersten Bettelmönche am Rhein für Katharer gehalten wurden (dazu vorerst *Grundmann,* Bewegungen 154 f.; *Mens,* Begijnen 31; insbesondere 1220 bei Gebeno von Eberbach). Über die wirkliche Bedeutung der franziskanischen Bewegung vgl. jedoch *W. Goetz,* Italien im Mittelalter, Leipzig 1942, Bd. 1, S. 125 ff. 161 ff. Zu Gebeno von Eberbach vgl. jetzt *H. Heimpel,* Ein Bruchstück von Stoffsammlungen Dietrichs von Niem (mit besonderer Berücksichtigung der Auszüge des Gebeno von Eberbach aus den Schriften der Hildegard von Bingen) und ein unbekannter ghibellinischer Traktat, in: Nachrichten der Akad. d. Wiss. zu Göttingen, Philos.-Hist. Kl. Jahrg. 1951, Heft 4, Göttingen 1951, S. 75–122, bes. S. 80 ff.

## 8. Stillstand und Isolierung des Katharismus (c. 1215–1250)

[1] Darüber s. o. I, 3 A. 27. – 1224 demonstrieren in Montpellier viele Katharer für einen Frieden, der ihren Glauben „offen oder auch heimlich" bestehen ließe (Albert. Tr. Front. Chron. a. 1224, MGH. SS. 23, 914).

[2] Rit. lat. 155 und Act. Inq. Tolos. 1254, *Belhomme* 136, fordern vom Vollendeten zuerst *obedientia,* dann *castitas.*

[3] Dazu s. o. II, 5 A. 17.

[4] Darüber o. S. 153 ff.

[5] Im einzelnen o. S. 147 ff.

[6] Gemäßigte Lehren in Südfrankreich (vgl. o. II, 6 A. 2) z. B. bei Act. Inq. Tolos. 1247, *Douais,* Documents 2, 69 ff.; dazu *Dossat* 28. Für Italien vgl. u. III, 2 A. 8.

[7] Von den katharischen Theologen sagt Petr. Mart. 323: *subtiliantes telam araneam retexentes.* Monet. Crem. 23 berichtet, sie stützten ihre Ansichten *rationibus quae eis naturales vel logicae videantur.* – Über Johann von Lugio näher o. S. 24.

[8] Zum ‚Liber de duobus principiis' s. o. S. 28.

[9] Über Desiderius s. o. S. 24.

[10] Von Johann sagt Rain. Sacc. 76: *Est etiam valde notandum, quod dictus Johannes et eius complices non audeant revelare dictos errores credentibus suis, ne ipsi credentes discedant ab eis propter hos novos (!) errores,* und Ans. Alex. 311 sagt: *Desiderius et valde pauci …*

[11] Petr. Mart. 306; Act. Inq. Taurin. 1388, *Amati* 2, 52; *Manuel* 82, nennen als Sünden, die größer seien als Gottes Güte und darum nicht nachgelassen werden könnten, nur Verrat und Abfall. Zum Beichtsystem s. o. S. 148.

[12] Act. Inq. Tolos. 1245 verzeichnen 5638 Zeugen aus 95 Pfarreien der Grafschaft Toulouse; nur ein Zehntel dieser Zeugen kann über die Katharer gar nichts aussagen (vgl. *Douais,* Toulouse 149; die Liste der zumeist ländlichen Orte bei *Guiraud,* Cartulaire 267 ff.). – Die Städtebewegung, etwa in Narbonne 1234, ist von katharischen Einflüssen unabhängig (dazu *Emery* 135 ff.). – *E. Delaruelle,* in: Annales du Midi 53 (1941) S. 289 f. weist darauf hin, daß die

Verwandtschaften zwischen dem occitanischen und dem friaulischen Dialekt durch Wanderungen von Katharern zu erklären seien; Herr Prof. *Rohlfs*, München, nimmt nach seiner freundlichen Mitteilung für die Beziehungen zwischen ligurischen und sizilianischen Dialekten dieselbe Ursache an, ein Thema, das einmal im Zusammenhang untersucht werden sollte.

[13] Über Castelbon in Katalonien, wo zwischen 1224 und 1262 Katharer nachzuweisen sind, Matth. Paris a. 1234, Bd. 3, S. 267; vgl. auch *Schmidt* 1, 373 f.; *Guiraud,* Inquisition 1, 226. – Über die Katharer in León Luc. Tud. passim. – Auch das Roussillon beherbergt geflüchtete Katharer noch um 1240 (*Belhomme* 137).

[14] Zu Charité-sur-Loire um 1221: *Wilmart* 72 f. – Zu Provins und Mont-Aimé (1239): Alber. Tr. Font. Chron. a. 1239, MGH. SS. 23, 944; auch Chron. S. Petr. Erford. mod. a. 1239 und Ann. Erphord. Fratr. Praed. a. 1239, in: Monumenta Erphesfurtensia, SS. rer. Germ., S. 96 235. – Zu Châlons, Cambrai und Douai (seit 1217): Caes. Heist. III c. 16, *Strange* 1, 132; Alber. Tr. Font. Chron. a. 1235, MGH. SS. 23, 937. Dazu *Beuzart* 27 ff. – Über Franzien, Champagne, Flandern allgemein: Matth. Paris a. 1236, Bd. 3, S. 361; a. 1245, Bd. 4, S. 434; Ann. S. Medard. Suession. a. 1236, MGH. SS. 26, 522. – Zusammenfassend über die von Robert le Bougre geleitete nordfranzösische Verfolgungswelle *Beuzart* 23 ff.; *Haskins* 444 ff.

[15] Zu Köln 1221: Caes. Heist. VI c. 20, *Strange* 1, 373. – Zu Trier 1231: *Mansi* 23, 241 f. – Zu Straßburg 1231 und 1232: Ann. Marbac. a. 1231, SS. rer. Germ. S. 93 f.; Ann. Colmar. min. a. 1229, MGH. SS. 17, 189; Not. Altorf. a. 1232 und Ann. Argentin. Fratr. Praed. a. 1232, in: Ann. Marbac., SS. rer. Germ., S. 121 127. – Zu Goslar 1222 (ein Propst, nicht rein katharisch): Chron. Mont. Seren. a. 1222, MGH. SS. 23, 199; dazu *Hauck* 4, 871 f. – Zu Erfurt 1232: Chron. S. Petr. Erford. mod. a. 1232 und Ann. Erphord. Fratr. Praed. a. 1232, in: Monumenta Erphesfurtensia, SS. rer. Germ., S. 82 229. – Zu Konrad von Marburg sagt Caes. Heist. Vita S. Elisab. c. 4, *Hilka* 3, 352: ... *haereticos in fasciculos ad comburendum coligando;* ähnlich Chron. Reg. Colon. Contin. IV a. 1233, SS. rer. Germ., S. 264.

[16] Zu Passau Pseud. Rain. 264; Dav. Augsb. 205; Berth. Reg. 1, 208 (hier *manic tûsent sêlen).* Bei Berth. Reg. 1, 403 heißt es, die Ketzer wagten sich nicht mehr in die Städte, sondern *sie gênt zuo den wîlern unde zuo den dorfen gerne unde halt zuo den kinden, die der gense hüetent an dem velde.* – Zu den Ketzern in Böhmen vgl. *S. H. Thomson,* Pre-Hussite heresy in Bohemia, in: The English Historical Review 48 (1933) S. 23–42; doch sind hier, bes. S. 25 f., mehrfach die Katharer mit den in Böhmen allein herrschenden Waldensern verwechselt.

[17] Zu Mailand, das als Ketzerzentrum auch für rheinische, nord- und südfranzösische Katharer galt: Alber. Tr. Font. Chron. a. 1236 1239, MGH. SS. 23, 940 945; Ann. Marbac. a. 1231, SS. rer. Germ., S. 93 f.; Act. Inq. Tolos. 1245, *Douais,* Toulouse 161; Steph. Borb. 280. Zu den dortigen Ketzerverbrennungen (1233): Memor. Mediol. a. 1233, MGH. SS. 18, 402; darüber *Ficker* 182 f., *Fumi,* Milano 45 ff. – Zu Monza: *A. Mercati,* Documenti dall'Archivio segreto Vaticano, in: Miscellanea Pio Paschini, Bd. 2 (Lateranum N. S. XV 1–4), Rom

1949, S. 2. – Zu Verona 1233: Ann. Veron. a. 1233, MGH. SS. 19,8; darüber *Cipolla*, Patarenismo 65 ff. – Zu Friaul: *Leicht* 139. – Zu Piacenza 1233: Ann. Placent. Guelf. a. 1233, MGH. SS. 18, 454; darüber *Fumi*, Milano 50; *Ilarino*, Burci 16, 281 f. – Zu Parma 1241: Monum. Parm. 1, 1, 269. – Zu Ferrara um 1240: Lib. princ. 136. – Zu Bologna 1238, 1245 und 1250: Monum. Bologn. 1, 508; *Aldrovandi* 233 ff.; bei *A. Hessel*, Geschichte der Stadt Bologna von 1116 bis 1280 (Historische Studien, Heft 76), Berlin 1910, S. 411, ist nicht davon die Rede. – Zu Rimini 1225: AASS. Juni 2, 708; darüber *Tonini* 3, 41 345. – Zu Florenz 1218 und 1244–45: AASS. April 3, 693; darüber *Lami* 2, 497 563 578; *Perrens* 343 ff.; *Ristori* 332 ff.– Zu Pisa und Prato: *Lami* 2, 554 570 582. – Zu Siena 1218: *Volpe* 91. – Zu Rom und Neapel 1231: Riccard. S. German. Chron. a. 1231, *Muratori*, Scr. ed. nov. 7, 2, 173 (auch MGH. SS. 19, 363 f.). – Zu Kalabrien und Sizilien 1231: *Hampe* 143 f.; Friedrich II. 1238, MGH. Const. 2, 283. – Allgemein über Norditalien: Burce-Ilar. 316; *Hampe* 144. Über zwei 1236 in Venedig bekehrte *haeresiarchae* berichtet Thomas („von Eccleston"), De adventu fratrum minorum in Angliam, hsg. *A. G. Little*, 2. Aufl., Manchester 1951, S. 90.

[18] Zum italienischen Adel s. u. A. 27; über die mächtigen Freunde der Katharer in Florenz, die Baroni, Cavalcanti, Pulci und Cipriani vgl. *Perrens* 345 365. – Der deutsche Fürst, an den sich damals nach Dav. Augsb. 219 die Ketzer wandten und der kurz danach starb, ist nach *Preger*, Waldesier 227, David 187, Friedrich II. der Streitbare († 1246). Was auch immer an der Nachricht sein mag, die Ketzer sind Waldenser gewesen und nicht, wie *Schmidt* 1, 166 meint, Katharer. – Nur in Cambrai findet sich 1217 noch ein nordfranzösischer Adliger bei den Katharern (Caes. Heist. III c. 16, *Strange* 1, 132). – Über den niederen Adel in Südfrankreich am besten *Guiraud*, Inquisition 1, 279 ff.; 2, 10 ff. 29 ff.

[19] Über die südfranzösischen Kapläne zusammenfassend *Guiraud*, Inquisition 1, 347 ff.; für Italien *Lami* 2, 558. – Über die zahlreichen Ärzte, die zugleich Ketzerführer sind, für Südfrankreich *Guiraud*, Inquisition 1, 351 ff., für Italien *Lami* 2, 553 ff. oder Burce-Ilar. 281 332 (der Sektenlehrer Andreas). Ob diese Katharer das Arzthandwerk von den Juden gelernt haben, wie *Peyrat* 2, 50; *Newman* 186 wollen, ist ungewiß; wie man aus den Zusammenstellungen von *G. Manheimer*, Etwas über die Ärzte im alten Frankreich, in: Romanische Forschungen 6 (1891) S. 581–614, ersehen kann, verstehen sich auch ohne eigentliche Berufsausbildung im Mittelalter sehr viel mehr Menschen auf die Heilkunst als heutzutage. Es ist also auch gar nicht gesagt, daß die Katharer in Montpellier studiert haben. Zur ärztlichen Berufsausbildung vgl. jetzt: *F. Vercauteren*, Les médecins dans les principautés de la Belgique et du nord de la France du VIII$^e$ au XIII$^e$ siècle, in: Moyen âge 57 (1951) S. 61–92.

[20] Kaufleute in Südfrankreich: *Guiraud*, Inquisition 2, 69; in Nordfrankreich 1239: *Haskins* 634 f., in Florenz 1234: *Lami* 2, 519 f.; *Perrens* 346; vgl. auch *Boffito*, Cuneo 330. – Geldwechsler in Südfrankreich: *Molinier*, Église 270; in Nordfrankreich und Italien 1234: *Chénon* 340. – Notare und Schreiber in Spa-

nien: Luc. Tud. 247; in Südfrankreich: *Dulaurier* 197; *Guiraud,* Inquisition 1, 153 218; in Italien: *Boffito,* Cuneo 330. – Weber in Südfrankreich: *Schmidt* 1, 302; an der Donau: Berth. Reg. 1, 404. – Schneider in Südfrankreich: *Schmidt* 1, 317. – Friseure in Nordfrankreich: Alber. Tr. Font. Chron. a. 1235, MGH. SS. 23, 937; dazu *Haskins* 632. – Schmiede in Südfrankreich: *Schmidt* 1, 303. – Bauern in Südfrankreich: Izarn. Sic. 256; in Italien: AASS. April 3, 693. – Tagelöhner in Südfrankreich: Act. Inq. Tolos. 1248, *Douais,* Documents 2, 75; *Belhomme* 103; in Italien: *Lami* 2, 553. Soldaten nur ausnahmsweise in Montgaillard: *Belhomme* 107 135. – Landstreicher: Act. Inq. Tolos. 1245, *Douais,* Toulouse 156.

[21] *Molinier,* Église 269 ff. hat, wie man sieht zu Unrecht, gemeint, der Katharismus habe bis 1250 noch alle Schichten gleichmäßig ergriffen.

[22] Monet. Crem. 451. Die Handhabe für die Ablehnung des Bettels gibt den Katharern Ps 36, 25 (hier wie stets nach der Fassung und Zählung der lateinischen Vulgata).

[23] Arbeitende Vollendete sind bezeugt für Südfrankreich (*Guiraud,* Cartulaire 274, Inquisition 1, 356) und Italien (Monet. Crem. 453; indirekt auch Burce-Ilar. 312). – Katharer als Kaufleute bei Monet. Crem. 22 452; ein besonders schönes Beispiel bei *Guiraud,* Inquisition 1, 354: Ein Vollendeter wandert aus der Lombardei vor 1245 nach Südfrankreich und bringt dorthin 30 000 Nähnadeln mit. Da sein Käufer nicht sofort bezahlen kann, springt ein katharischer Diakon mit einer Kaution ein. So wird der Schuldner auf Umwegen an die Katharer gebunden.

[24] Über den Schatz der Katharer vgl. *Vidal,* Doctrine 13; Act. Inq. Tolos. 1256 bis 1259, *Douais,* Documents 1, 287; 2, 280. Hier kommen schon peinliche Affären vor: Der Vollendete, dem man das Geld anvertraut hat, wird „plötzlich" fußkrank und kommt nicht mehr zu den Versammlungen. Als endlich die besorgten Amtsbrüder persönlich bei ihm erscheinen, weiß er von nichts und hat das Geld nie gehabt. – Daß dieser Schatz, der 1244 in drei Kisten vor der Erstürmung des Montségur von den Katharern in Sicherheit gebracht wurde, „der Gral" gewesen sei, ist nur die Meinung von *Rahn* 222 f. – Über die Anlage der Gelder: Guill. Podiol. 119 . – Darlehen in Südfrankreich: Act. Inq. Tolos. 1246, *Douais,* Documents 2, 14 51; Kontobücher in Piacenza: *Sbaralea* 1, 133. – Gelder für Ermordung von Inquisitoren in Italien: AASS. April 3, 698. – Für Bestechung und Loskauf vgl. Luc. Tud. 241; Act. Inq. Tolos. 1246–56, *Douais,* Documents 2, 12 231 235.

[25] Über die großen Vermögen der südfranzösischen Anhänger vgl. für Albi 1252 *Compayré* 37. Sonst vgl. Guill. Podiol. 132; für Haussammlungen Act. Inq. Tolos. 1248, *Douais,* Documents 2, 70; einige Vermächtnisse zählt *Guiraud,* Inquisition 1, 138 f., zusammen. – Gelegentlich (s. *Dulaurier* 147) lehnen die Vollendeten Spenden in Naturalien ab und verlangen Geld.

[26] Die Teilnehmer an dem Aufstand gegen den König (1240) werden, obwohl der Aufstand rein politischer Art ist, von Alber. Tr. Font. Chron. a. 1240, MGH. SS. 23, 948, bezeichnenderweise *haeretici* genannt. – Über die Erstürmung des Montségur zuletzt, wenn auch nicht abschließend, *Roché* 161 ff. –

Über die Stellungnahme der französischen Könige in der Ketzerbehandlung vgl. *P. E. Schramm,* Der König von Frankreich, Bd. 1, Weimar 1939, S. 199 f.

[27] Zu Ezzelino vgl. *Ripoll* 135; auch noch posthum werden seine Anhänger wegen Ketzerei verfolgt: vgl. *Biscaro,* Marca 151 163. – Zu Uberto vgl. *Ripoll* 400. – Über beide *Fumi,* Milano 52 ff.; *Ilarino,* Venezia 192.

[28] Dafür hat sie nahezu die gesamte italienische Forschung gehalten (z. B. *Fumi,* Orvieto 52; *Volpe* 137 146; *Evans* 115; *Varga,* Problème 138; *Stefano,* Riformatori 371 383; *Solari* 416). Aber der demokratische und tolerante Sinn der Städter, den *Kirsch* 543; *Hollnsteiner* 123 besonders betonen, hat nur die Katharer gestützt, nicht umgekehrt. Man kann die Städtebewegung auch ohne Zuhilfenahme der Ketzerei erklären (vgl. etwa *W. Goetz,* Die Entstehung der italienischen Kommunen im frühen Mittelalter, Sitzungsber. d. Bayer. Akad. d. Wiss., Philos.-Histor. Abt., Jahrg. 1944, 1, München 1944). S. o. S. 101 f.

[29] Die Katharer als Weise bei Act. Inq. Carcass. 1244, *Vaissète – Dulaurier* 8, 1147; Act. Inq. Tolos. 1256, *Belhomme* 145. – Lib. princ. 110 macht einen bezeichnenden Unterschied zwischen den bloßen *grammatici* und den katharischen *sapientes divini.* – Aristoteleszitate: Monet. Crem. 44; Lib. princ. 141. – Bücher im Besitz katharischer Würdenträger, in Südfrankreich: Act. Inq. Tolos. 1245, *Douais,* Toulouse 159; in Piacenza 1234: *Sbaralea* 1, 133. – Ihre Sophismen: Steph. Borb. 310; bei Berth. Reg. 1, 406 ist es beinahe eine Definition: ein Ketzer ist, wer nicht studiert hat und doch gelehrt redet. – In Spanien haben sich die Katharer für ihre Propaganda der Himmelsbriefe bedient (Luc. Tud. 248); auf Zetteln, die sie in den Bergen niederlegten und die meist von Hirten gefunden wurden, stand, sie seien von Christus verfaßt; es folgten katharische Lehren. Die Gattung der Himmelsbriefe ist, was *Guiraud,* Inquisition 1, XII, nicht bemerkte, weit verbreitet und ermahnt sonst meist zur Einhaltung der Sonntagspflicht (s. Rog. Hov. a. 1201, Bd. 4, S. 167 ff. und danach Matth. Paris a. 1200, Bd. 2, S. 463). Soweit bisher bekannt, ist der erste Himmelsbrief im 6. Jahrhundert in Spanien bezeugt (s. *H. Delehaye, S. J.,* Note sur la légende de la lettre du Christ tombée du ciel, in: Bulletin de l'Académie Royale de Belgique, Classe de lettres 1 [1899] S. 171–213, bes. S. 174); man hat gelegentlich (so *Dufourcq* 76; *Broeckx* 20 f.) den Manichäern die Erfindung dieser Gattung zugeschrieben; doch hat *R. Stübe,* Der Himmelsbrief. Ein Beitrag zur allgemeinen Religionsgeschichte, Tübingen 1918, bes. S. 28 ff., auch in *Bächtold* 4, 22 ff., gezeigt, wie ähnliche Vorstellungen im Orient seit den ältesten Zeiten verbreitet sind. Die Katharer haben hier nicht auf manichäische Erfindungen, sondern nur auf eine lokale spanische Tradition zurückzugreifen brauchen. – Auf zeitgenössische spanische und südfranzösische Himmelsbriefe verweist *E.-M. Rivière, S. J.,* La lettre du Christ tombée du ciel. Le Ms. 208 de Toulouse, in: Revue de questions historiques 40 (1906) S. 600–605.

[30] Zitat aus *Douais,* Somme 108. – Zweifel ist Sünde nach Georg. Disp. 1725.

[31] Die *veneris carmina,* gegen deren Absingen in der Kirche an den Vigilien der Heiligenfeste sich schon das Konzil von Avignon 1209 (*Mansi* 22, 791) wendet, werden von den Katharern gesungen nach Luc. Tud. 242. – Nach Luc.

Tud. 222 f. hätten die Katharer Christus an einem Kreuz ohne oberen Längs-balken, mit nur drei Nägeln gekreuzigt und mit übereinandergeschlagenen Fü-ßen, dargestellt und dann dem Volke gesagt: Christus ist doch mit vier Nägeln gekreuzigt worden, warum betet ihr einen falschen Christus an? Mit *Schmidt* 2, 113 f. wird man nicht glauben, daß die Katharer selbst diese Darstellungen verfertigt haben; ihre Argumentation klingt dagegen glaubhaft. Über die seit etwa 1220 übliche neue Darstellung des Kruzifixus in der angegebenen Weise vgl. G. *Schönermark*, Der Kruzifixus in der bildenden Kunst (Zur Kunstge-schichte des Auslandes, Heft 62), Straßburg 1908, S. 58 f., wo freilich, ohne daß auf Luc. Tud. Bezug genommen ist, die Ketzerei allzunahe mit der Neu-entwicklung zusammengestellt wird; auch H. *Preuß*, Das Bild Christi im Wan-del der Zeiten, 3./4. Aufl., Leipzig 1932, S. 44.

## 9. Weltliche und geistliche Ketzerverfolgung (c. 1215–1250)

[1] Die Konstitution von 1220 bei MGH. Const. 2, 108. Auch hier ist, wie *Havet* 50; *Ficker* 192 f. betonen, noch nicht von Todesstrafe die Rede. – Zur Auf-nahme in die Statuten von Bergamo 1221, Mantua 1221, Brescia 1225, Pavia 1226: *Havet* 51.

[2] MGH. Const. 2, 126: *ignis iudicio concremandus*. – Über die Vorgeschichte der Verbrennungsstrafe, die nördlich der Alpen gewohnheitsrechtlich veran-kert war, *Havet* 11 ff.; *Ficker* 225. – Die These *Fickers*, daß Erzbischof Albrecht von Magdeburg maßgebend an der Einführung der Todesstrafe beteiligt war, ist, wohl nicht überzeugend, bestritten worden von E. *Winkelmann*, Zur Ein-führung der Todesstrafe für Ketzerei, in: Mitteilungen des Instituts für öster-reichische Geschichtsforschung 9 (1888) S. 136–138.

[3] Zum Aufstand in Rimini *Tonini* 3, 442; *J. Ficker*, in: Mitteilungen des Insti-tuts für österreichische Geschichtsforschung 1 (1880) S. 430. – Für die Ent-wicklung im ganzen vgl. *Ficker* 198 ff., wo freilich die Rolle der Dominikaner bei der Durchsetzung der Todesstrafe zu sehr betont wird.

[4] MGH. Const. 2, 196 f. 280 ff.

[5] Für rein politisch bedingt wurde Friedrichs Ketzerpolitik gehalten z. B. von *Hauck* 4, 771; H. *Köhler*, Die Ketzerpolitik der deutschen Kaiser und Könige in den Jahren 1152–1254 (Jenaer historische Arbeiten, Heft 6), Bonn 1913, S. 39. – Daß sie die lombardischen Städte treffen wollte, meinen *Schmidt* 1, 153; *Burckhardt* 6. – Zur Stellung Friedrichs zum Grafen Raimund VII. von Tou-louse vgl. *Hahn* 384; Act. Inq. Tolos. 1247, *Douais*, Documents 2, 99. – Matth. Paris a. 1245, Bd. 4., S. 476, bringt einen Brief Friedrichs an den englischen Kö-nig über die Geldforderungen der Kurie: *Apud vos Christiani mendicant, ut apud nos Paterini manducent*. Ähnliche Vorwürfe bei Matth. Paris a. 1239, Bd. 3, S. 585.

[6] Matth. Paris a. 1244, Bd. 4, S. 303. – Im Anschluß an das Wort Innozenz' III. (o. II, 7 A. 29) spricht Friedrich von den Katharern als *falsos Christianos quoli-bet Sarraceno deteriores* (Matth. Paris a. 1236, Bd. 3, S. 375).

[7] Vgl. etwa die Wortverbindung von *haereticorum et toti imperio rebellium*

bei Matth. Paris a. 1236, Bd. 3, S. 362. – Im gleichen Sinn E. *Kantorowicz*, Kaiser Friedrich der Zweite, Berlin 1928, S. 143 240 ff.

[8] *Burce-Döll.* 76 zur Erklärung von Mt 22, 21: *Christus distinguit inter Deum et Caesarem. Ea quae sunt Caesaris, non sunt a bono Deo nec Dei, nec e converso; ea quae sunt Caesaris, sunt istae creaturae, ergo potes videre, quod istae creaturae et Caesar sunt a malo Deo.* – Man hat die Katharer gerne neben Friedrichs Pläne zur Kirchenreform gestellt (Matth. Paris a. 1228, Bd. 3, S. 153: *In paupertate quidem et simplicitate fundata erat ecclesia primitiva*); so *Volpe* 132; *Stefano*, Riformatori 76. Aber damals vertreten die Katharer nicht mehr den Armutsgedanken. Mit Friedrichs ,Gottlosigkeit' (wie *Perrens* 352 meint) haben sie erst recht nichts zu tun. – Die päpstlichen Anschuldigungen, Friedrich habe die Ketzer mehr gestützt als verfolgt (Matth. Paris a. 1239, Bd. 3, S. 596; auch *Ripoll* 192 zu 1251), drücken sich, gemessen an dem Ton der sonstigen Vorwürfe, sehr vorsichtig aus.

[9] Darüber *Ficker* 210.

[10] Gegen die Gleichsetzung von Ghibellinen und Katharern, die etwa *Leicht* 137; *Volpe* 111; *Engel-Jánosi* 389; *Stefano*, Riformatori 295, mehr oder weniger befürworten, haben sich *Tocco*, Eresia 558; *Ilarino*, Inquisizione 594, mit Recht gewandt. – Zu Mailand 1213: Innozenz III. Ep. XV, 189, MPL 216, 710 ff.; zu 1233: Memor. Mediol. a. 1233, MGH. SS. 187, 402; Matth. Paris a. 1240, Bd. 4, S. 63 (*formidine poenae potius quam virtutis amore* hätten sie die Ketzer verbrannt); zu 1236: Matth. Paris a. 1236, Bd. 3, S. 362; 375. Weder die guelfische (so *Schmidt* 1, 59 f. 142) noch die kaiserfreundliche Periode Mailands (so *Stefano*, Riformatori 296) hat die Ketzerpolitik der Stadt wirklich verändert. – Übrigens ist die Volkspartei, etwa in Bologna (s. *Aldrovandi* 237), den Katharern nicht freundlicher gesonnen als die Adelspartei, z. B. in Bergamo (s. *Solari* 433).

[11] Zu Florenz 1234: *Perrens* 345 f.; zu Treviso: *Picotti* 165; zu Bologna 1238: *Aldrovandi* 233; zu Genua 1256: *Ficker* 225; zu Venedig bis 1289: *Ilarino*, Venezia 178 197 200; zu den südfranzösischen Städten 1233–35: *Douais*, Narbonne 19 ff.; *Guiraud*, Inquisition 2, 46 ff. 71; *Emery* 77 ff.

[12] Nach der von Burce-Döll. 72 wiedergegebenen katharischen Auffassung willigten die Städte nur wegen der Drohung mit dem Interdikt in die Ketzerverfolgungen ein. Diese Erklärung trifft aber in den meisten Fällen nicht zu.

[13] Die Vorwürfe gegen Papst und Städte bei Monet. Crem. 397 538. – Mehrfach wird von den Katharern gepredigt: *Rex seu princeps gladium materialem exercens inter Christianos esse non debeat* (Praepositin-Summa, *Lacombe* 143; ähnlich Burce-Döll. 69 ff.; s.u. III, 7 A. 29).

[14] Die Mönchsorden werden von den Katharern wegen ihrer *caudae caputiorum* und ihrer *coronae* (,Tonsur' und ,Krone') mit den Heuschrecken bei Offb. 9, 3 ff. verglichen (Petr. Mart. 313). – Dominikus und besonders Petrus Martyr sind äußerst verhaßt: *Döllinger* 2, 319 = *Molinier*, Rapport 295; *Aldrovandi* 258; *Boffito*, Piemonte 397.

[15] Act. Inq. Tolos. 1247, *Douais*, Documents 2, 100: *dampnavit … omnem ordinem praeter ordinem Fratrum Minorum. Dixit tamen, quod ille ordo nichil*

*valebat, quia predicabat crucem.* – Gegen Benediktiner und Augustiner wenden sich die Katharer nach Monet. Crem. 395 ebenfalls.

[16] Zur Tätigkeit der Mönchsorden vgl. *Guiraud*, Inquisition 2, 459 ff., zur Literatur s. o. S. 25 ff.

[17] Dazu vgl. *M. H. Maisonneuve*, Études sur les origines de l'Inquisition, Paris 1942; *A. C. Shannon*, The Popes and Heresy in the Thirteenth Century, Villanova-Pennsylvania 1949 (mir beide nicht zugänglich); sonst *Guiraud*, Inquisition 2, 435 ff. und für Deutschland *L. Förg*, Die Ketzerverfolgung in Deutschland unter Gregor IX., ihre Herkunft, ihre Bedeutung und ihre rechtlichen Grundlagen (Historische Studien, Heft 218), Berlin 1932, wo der Nachweis geführt wird, daß der schon vorher vorhandene Inquisitionsprozeß erst seit 1231 auf die Bekämpfung der Häresie übertragen wurde.

[18] Über die Städte s. o. A. 11. – Zu Avignonet vgl. Act. Inq. Carcass. 1244, *Vaissète – Dulaurier* 8, 1152 ff., wo einer der Mörder erklärt, er habe sein Lebtag noch nicht eine so große Freude erlebt wie bei dem Inquisitorenmord. – Zu Petrus Martyr vgl. die Akten bei AASS. April 3, 681; *J. S. Villa, O. P.*, Processo per l'uccisione di S. Pietro Martire, in: Archivio Storico Lombardo 4 (1877) S. 790 bis 794. – Zu Toulouse 1235: *Molinier*, Inquisition 327; ähnliche Fälle bei *Döllinger* 2, 19 171 f.; Guill. Podiol. 156.

[19] Aus der unabsehbaren Literatur über die Inquisition seien außer den im Literaturverzeichnis erwähnten Werken, die von *Lea* über *Vacandard*, Inquisition, bis zu *Guiraud*, Inquisition, zumeist die Geschichte behandeln, an systematischen Darstellungen nur noch genannt: *C. Henner*, Beiträge zur Organisation und Kompetenz der päpstlichen Ketzergerichte, Leipzig 1890; *P. Hinschius*, System des katholischen Kirchenrechts, Bd. 5, Berlin 1895, S. 449 ff.; zuletzt zusammenfassend *Feine* 1, 365 f. – Nur ein Beispiel für den Eifer der Inquisitoren: Der ständig vom Rheuma geplagte Inquisitor für Pavia, der in zwölf Jahren Amtstätigkeit nicht mehr als fünf Ketzer verbrennen ließ, hat allein im Jahre 1298 46 Orte visitiert (*Biscaro*, Lombardia 476 501 521). – Die Grausamkeit der Inquisition ist durch nichts zu rechtfertigen (auch die katholischen Autoren, *Vacandard*, Inquisition 277; *Schnürer* 437; *Neuß* 199; *Lortz* 180, sind sich darüber einig); immerhin muß man zu begreifen versuchen, daß die Inquisition zu den „wahren Äußerungen des Geistes der Epoche" gehört (so *L. v. Ranke*, Weltgeschichte VIII Überblick, hsg. *A. Dove*, Leipzig 1887, S. 411) und daß die Ausmerzung der Ketzer eine Liebestat gegen die gefährdeten Seelen sein sollte (so *Randall* 79). Mit modernen juristischen Definitionen, wie sie etwa *G, Ludwig*, Massenmord im Weltgeschehen, Stuttgart 1951, S. 52, auf die Inquisition anwendet, ist nichts gewonnen.

[20] Überschätzt wird die Rolle der Inquisition von *Ilarino*, Inquisizione 591.

[21] Grundsätzlich heißt es: *Non est disputandum cum haereticis, maxime in officio inquisitionis ... Si credit, recipiatur ... si vero credere recusat, condempnetur* (zitiert bei *Dondaine*, Manuel 93). – Über die Strafen der Inquisition handelt in aller Breite *Coulton*, Inquisition 131 ff. – Die Prozentsätze der zum Tod Verurteilten, die man öfter lesen kann, sind nur mit Vorsicht hinzunehmen. So enthält etwa das von *Limborch* edierte Register von Toulouse wäh-

rend der Amtszeit von Bernard Gui (1308–1323) 930 Fälle, davon 620
Verurteilungen, darunter 42 Todesurteile (so *Vacandard*, Inquisition 231 ff.;
*Douais*, Documents 1, 205. *Coulton*, Inquisition 126 ff. hat überhaupt keine
wirklichen Freisprüche wahrhaben wollen). Erst *Halphen* 329 hat darauf hingewiesen, daß unter den Verurteilten 88 Tote und 36 Flüchtige sind, eine Tatsache, die man mit Prozentzahlen über das Verhältnis von Vorgeführten zu
Verurteilten oder von Verurteilten zu Todesurteilen gar nicht ausdrücken
kann.

[22] Zitat aus Act. Inq. Carcass., *Döllinger* 2, 35. Das Feuer gilt naturgemäß als
böse (Monet. Crem. 124). – Die Ablehnung des Zwanges, der der göttlichen
Gerechtigkeit vorgreife, bei Monet. Crem. 519; von Lactanz bis Bernhard von
Clairvaux ist dies auch die Auffassung der führenden christlichen Denker
(darüber *Vacandard*, Inquisition 5 ff.); im Investiturstreit kündigt sich die
Wendung zur Gewalt bereits an (dazu vgl. *C. Mirbt*, Die Publizistik im Zeitalter Gregors VII., Leipzig 1894, S. 456 ff.; *Erdmann* 131 225–233), die dann bei
Thomas von Aquin offen hervortritt (dazu *Vacandard*, Inquisition 205 ff.). –
Rühmenswert ist die Offenheit der Katharer, die vor der Inquisition nichts
verschleiern und alles ruhig bekennen (noch Act. Inq. Taurin. 1388, *Amati* 2,
57 f.).

[23] So und ähnlich Luc. Tud. 249; Matth. Paris a. 1243, Bd. 4, S. 271; *Douais,*
Hérétiques 369; Act. Inq. Bonon. 1299, *Aldrovandi* 253 f.

[24] *Molinier*, Inquisition 459.

## 10. Das Ende des Katharismus (c. 1250–1400)

[1] Solche Fälle berichten Act. Inq. Tolos. 1245, 1246, 1256, 1259, 1280 usw.,
*Douais*, Toulouse 161; *Belhomme* 144; *Douais*, Documents 2, 33 283; *Döllinger* 2, 26 251; *Limborch* 258 f. Allgemein vgl. *Guiraud*, Inquisition 2, 245 ff.

[2] ‚Vollendete' in Höhlen: Act. Inq. Tolos. 1256, *Belhomme* 138 141 145. –
Rückkehr aus Italien: *Döllinger* 2, 35; *Douais*, Documents 1, 177; *Limborch*
13; vgl. *Schmidt* 1, 339 ff. – Zurückgebliebene in Albi: *Douais*, Documents 1,
188; vgl. auch *Limborch* 2; *Guiraud*, Inquisition 1, 155. Das provenzalische Ritual (s. o. S. 32) gehört wohl zu diesen Überresten des Katharismus in Südfrankreich.

[3] Autiers Aufenthalt in Como, nach anderen Aussagen in Cuneo: *Döllinger*
2, 27; *Biscaro*, Lombardia 547. – Über Autier vgl. *Schmidt* 1, 348; *Molinier*,
Église 11; *Vidal*, Ministres 85 ff. (hier die genauen Zahlen). – Hier ist nicht
mehr von Bischöfen und Diakonen, nur noch von *anciani* die Rede (s. u. III, 9
A. 33).

[4] Zur Inquisition vgl. *G. W. Davis*, The Inquisition at Albi 1299–1300, London 1948 (mir unzugänglich), sonst *Guiraud*, Inquisition 2, 355 ff. – Über Belibasta besonders *Vidal*, Ministres 93 ff.

[5] Über Limosus Niger vgl. *Alphandéry*, Averroisme 132 ff.; zum letzten Ende
*Schmidt* 1, 359.

[6] Die Liste der Diakone in Bergamo, Seprio, Pavia, Brescia, Alessandria, Cre-

mona, Piacenza, Verona und Lodi bei Ans. Alex. 324; zur Bischofsliste s. *Don-daine*, Italie 278–305.

[7] Zu Apulien (bis 1269): *Boffito*, Cuneo 332. – Zu Orvieto (bis 1269): *Fumi*, Orvieto 67 ff. – Zu Spoleto (bis 1260): *Schmidt* 1, 177. – Zu Viterbo (bis 1279): *Schmidt* 1, 177 f. – Zur Mark Ancona (bis 1254): *Sbaralea* 1, 716. – Zu Ferrara (bis nach 1269): *Muratori*, Antiq. 5, 97 ff.; *Cipolla*, Patarenismo 74. – Zu Piacenza (bis nach 1270): *Vaissète* 4,17. – Zu Vicenza (bis 1273): *Cipolla*, Notizie 338. – Zu Sirmione, wo noch 1273 sich ein katharischer Bischof aufhielt: *Sbaralea* 3, 259; *Muratori*, Antiq. 5, 121 126; *Aldrovandi* 246.

[8] Zu Rimini (bis 1292): *Muratori*, Antiq. 5, 131; *Biscaro*, Lombardia 514. – Zu Padua (bis 1299): *Ilarino*, Venezia 194; *Aldrovandi* 252. – Zu Treviso (bis ins 14. Jahrhundert): *Serena* 172 176; *Picotti* 165 263 ff.; *Biscaro*, Marca 163; *Ilarino*, Treviso 614, Venezia 211. – Zu Mantua (bis 1292): *Muratori*, Antiq. 5, 121; *Aldrovandi* 253. – Zu Cremona (bis 1292): AASS. April 3, 680; *Belhomme* 144 f.; *Biscaro*, Lombardia 511. – Zu Bergamo (nach 1279): *Biscaro*, Lombardia 469. – Zu Como (bis Ende des 13. Jahrhunderts): *Belhomme* 143; s.o. A. 3. – Zu Pavia (bis 1292): *Belhomme* 143; *Dossat* 29 f.; *Boffito*, Cuneo 328 ff.; *Biscaro*, Lombardia 458 503 f. 511 f. – Zu Cuneo (bis ins 14. Jahrhundert): *Boffito*, Cuneo 328 f.; *Biscaro*, Lombardia 544 547.

[9] Zu Mailand (Zuwanderung erst wieder nach 1252, bis 1295): *Fumi*, Milano 197; *Biscaro*, Lombardia 458; *F. Tocco*, Nuovi documenti sui moti ereticali tra la fine del secolo XIII e il principio del XIV, in: Archivio Storico Italiano, Serie 5, Bd. 28 (1901) S. 97–104, bes. S. 98. Daß Matteo Visconti 1322 noch ein Freund der Katharer war, wie *Schmidt* 1, 172 f. glaubt, ist unwahrscheinlich. – Zu Genua (erst seit 1253 häufiger, bis ins 14. Jahrhundert): Bartholom. Scriba Ann. a. 1253, MGH. SS. 18, 231; *Limborch* 27 76; *Boffito*, Genova 163 167 f.; *Biscaro*, Lombardia 530 f. – Zu Verona (seit jeher, bis 1311): *Muratori*, Antiq. 5, 121 130; *Cipolla*, Patarenismo 270 275, Notizie 345 348 350. – Zu Venedig (erst nach 1280, bis 1316): *Ilarino*, Venezia 178 183 197 200 209; vgl. *H. Kretschmayr*, Geschichte von Venedig, Bd. 2, Gotha 1920, S. 87. – Zu Bologna (wieder seit 1266, fast sämtlich Zugewanderte aus den Großstädten der Umgebung, bis 1315): *Aldrovandi* 241 ff.; *Biscaro*, Lombardia 532. – Zu Florenz (seit jeher, bis 1320): *Limborch* 81; *Lami* 2, 588 ff.; *Perrens* 361; *Biscaro*, Firenze 362; *Manselli*, Firenze 130 ff. – Über 1322: *Biscaro*, Firenze 363. – Man sieht (vgl. o. II, 9 A. 11), daß die Zufluchtsorte der Katharer diejenigen sind, die sich am meisten gegen die Einführung der päpstlichen Inquisition sträuben.

[10] Zu Sizilien: *Limborch* 13; *Döllinger* 2, 245. In Sizilien hielt sich 1309 der letzte katharische Diakon auf, der nachweisbar ist. – Zu Friedrich III. vgl. *K. L. Hitzfeld*, Studien zu den religiösen und politischen Anschauungen Friedrichs III. von Sizilien (Historische Studien, Heft 193), Berlin 1930, wo freilich (S. 31) nur von Spiritualen, die aus der Provence und der Toskana nach Sizilien flohen, die Rede ist. Vgl. u. A. 28.

[11] Bei Act. Inq. Taurin. 1387–88 ist diese Bewegung geschildert; dort Reisen nach Bosnien: *Amati* 2, 53; *Manuel* 79 82; *Döllinger* 2, 268; *Esposito*, Chieri

423. – Über den Synkretismus dieser Ketzer vgl. *Boffito*, Piemonte 387 405. – Zu Siena: *Sanesi* 387. – Nach einer bei *Schmidt* 1, 186; *Boffito*, Piemonte 430 angeführten Tradition hat Vincent Ferrer noch 1403 in der Diözese Turin mit *gazari* zu tun. – Zu Chieri: *Boffito*, Piemonte 419; *Esposito*, Chieri 428.

[12] Adlige in Frankreich: *Schmidt* 1, 332 337; *Vidal*, Ministres 90. – Eine Dame aus dem Haus der Nerli ist in Florenz vor 1280 mit den Katharern noch liiert: *Manselli*, Firenze 132. – 1269 wird eine ehemalige Hofdame der Markgräfin von Este verbrannt: *Muratori*, Antiq. 5, 126. – Noch 1388 Adlige: *Esposito*, Chieri 429.

[13] Magister in Genua und Ferrara (bis 1268): Bartholom. Scriba Ann. a. 1253, MGH. SS. 18, 231; *Muratori*, Antiq. 5, 121. – Studenten aus der Provence in Pavia (Ende des Jahrhunderts): *Biscaro*, Lombardia 507. – Mönche in Südfrankreich (bis 1274): *Schmidt* 1, 335 f. – Priester in Südfrankreich bis ins 14. Jahrhundert: *Douais*, Documents 1, 188; *Limborch* 152; *Vidal*, Ministres 91; in Italien noch bis 1388: *Ripoll* 388; *Biscaro*, Lombardia 506 f.; *Amati* 2,8 = *Döllinger* 2, 255. – Ärzte in Südfrankreich und Italien noch nach 1300: *Limborch* 114 189; *Biscaro*, Lombardia 549. – Ein Richter in Pavia nach 1292: *Biscaro*, Lombardia 504. – Notare und Schreiber: Autier selbst (*Limborch* 92), sonst in Südfrankreich um 1300: *Limborch* 61; *Douais*, Documents 1, 197; 2, 323 325; dazu *Molinier*, Église 273; *Dmitrevsky* 191; in Italien bis 1280 nachweisbar: *Muratori*, Antiq. 5, 123; *Picotti* 263 ff.; *Manselli*, Firenze 132.

[14] Einige reiche Bürger in Italien um die Jahrhundertwende: *Biscaro*, Marca 153 161; für Südfrankreich vgl. *Vidal*, Ministres 89. – Tuchhändler in Verona 1301: *Cipolla*, Patarenismo 278. – Holzkaufleute in Südfrankreich 1274: *Guiraud*, Inquisition 1, 53. – Geldleiher in Italien bis 1304: *Boffito*, Cuneo 333; *Biscaro*, Marca 167. – Kleinhändler (Verkäufer von Messern, Kerzen, Garn, Salz, Kirschen, Kastanien uws.) in Italien bis 1388: *Aldrovandi* 245; *Amati* 2, 11 ff.

[15] In Südfrankreich sind nach der Berechnung von *Molinier*, Église 269 ff., neun Zehntel aller Katharer nach 1300 zu diesen Schichten zu rechnen. – Weber in Südfrankreich: *Limborch* 12 31 51 100 185; in Italien: *Boffito*, Genova 168, Cuneo 329 333; *Aldrovandi* 242 245. – Schneider in Südfrankreich: *Limborch* 123 229 258; in Italien: *Amati* 2, 18 f. – Börsenmacher in Bologna 1291: *Aldrovandi* 241 243 252. – Metzger in Südfrankreich: *Guiraud*, Inquisition 1, 175; in Italien: *Amati* 2, 11. – Gastwirte in Italien: *Aldrovandi* 245; *Amati* 2, 18 f. – Gerber in Südfrankreich: *Guiraud*, Inquisition 1, 53. – Friseure in Südfrankreich: *Limborch* 159; *Molinier*, Inquisition 150: der katharische „Hoffriseur" ist gleichzeitig Bote der Ketzer. Wie heute noch war dies schon damals der ideale Beruf für diskrete Nachrichtenübermittlung. Friseure in Italien: *Belhomme* 145; *Amati* 2, 18 f. – Tagelöhner, Totengräber usw. in Italien: *Muratori*, Antiq. 5, 128; *Boffito*, Cuneo 333. – Hirten: Belibasta selbst ist Schäfer und Kammacher (*Vidal*, Ministres 93); sonst *Belhomme* 138 f. – Bedienstete in Italien: *Manselli*, Firenze 136; *Aldrovandi* 245. – *Joculatores* aus Bergamo 1291: *Aldrovandi* 248. – Dirnen: *Amati* 2, 7.

[16] Act. Inq. Tolos. 1273, *Döllinger* 2, 36. Vielleicht ist dies ein Zitat aus der katholischen Welt.

[17] Über Autier vgl. *Döllinger* 2, 241. Zum Reichtum der Autiers vgl. auch *Molinier*, Rapport 289. – Eine Betrugsaffäre in Italien 1254 bei *Belhomme* 144. S. o. II, 8 A. 24.

[18] *Limborch* 170.

[19] *Limborch* 84. Einst lehrten die Katharer, man könne ohne Rückzahlung unrechten Gutes selig werden (s. o. S. 141). Andere Fälle von Darlehen: *Limborch* 16 25; *Biscaro*, Lombardia 506 f. – Von größeren Geldspenden an die Katharer hören wir noch aus Treviso um 1270 (*Picotti* 265; vgl. *Serena* 176).

[20] *Döllinger* 2, 241: *credebat eos non esse bonos homines, imo malos, quia erant cupidi multum et invidi ... Sed doctrinam eorum tantum credidit esse veritatem.*

[21] Zur Lehre s. o. S. 128. – Über Limosus Niger vgl. *Alphandéry*, Averroisme 132 ff.

[22] Auf gemäßigte Lehren in Südfrankreich nach 1270 verweist *Dossat* 28, auf das Andauern der Spaltungen *Dondaine*, Italie 262. – Für das Anwachsen der Bagnolenser vgl. *Muratori*, Antiq. 5, 90 ff.; *Aldrovandi* 241 ff., wo nur von ihnen die Rede ist.

[23] Nach *Limborch* 41; *Döllinger* 2, 19 148 betet ein ,Vollendeter' *voce submissa* aus einem Buch Formeln ab, die die Zuhörer nicht verstehen. – Im einzelnen s. o. S. 147 ff.; vgl. *Vidal*, Doctrine 24 ff. 38 ff.

[24] *Vidal*, Ministres 79, berichtet, was man heute noch auf dem Lande erleben kann: der Vollendete wettet, man könne einen bestimmten Stein nicht allein ins Wasser werfen. Er wirft nämlich gleichzeitig einen anderen Stein.

[25] Zur Ehefrage s. o. S. 137 f. – Das Nähere über Belibasta bei *Vidal*, Ministres 99.

[26] Lesende als Katharer: *Limborch* 23 109 160. – Analphabeten: *Limborch* 169. – Zweifel als Sünde: *Döllinger* 2, 237; darüber *Vidal*, Doctrine 10.

[27] Ramon Lull ist mit den Katharern in Verbindung gebracht worden von *Peyrat* 2, 234; *Newman* 180 182. – Dante als Katharer bei *Peyrat* 1,5; über ähnliche Versuche vgl. *Zöckler* 767. Was wirklich Dante in die Nähe der Ketzerei – nicht der katharischen – bringt, zeigt *C. Vitanza*, L'eresia di Dante, in: Bilychnis 5 (1915) S. 85–95. Nicht erreichbar waren mir F. *Tocco*, Quel che non c'è nella Divina Commedia, o Dante e l'eresia, Bologna 1899; A. De Salvo, Dante and Heresy, Boston 1936. Die seit *Lami* 2, 534 häufige Erklärung, Dante habe die Katharer in der Divina Commedia nicht erwähnt, weil sie zu seiner Zeit in Florenz nicht mehr vorhanden waren, ist falsch (s. o. A. 9). Sie mögen bei Inferno IX 52 ff. und Purgatorio XXXII 118 ff. mitgemeint sein. – Unzugänglich war mir der Aufsatz von A. *Ricolfi*, La setta dei Catari a Firenze e la ,Mandetta' di Guido Cavalcanti, in: Nuova Rivista Storica 14 (1930) S. 560–571.

[28] Die Mächtigen: *Döllinger* 2, 175: *tot valentes viri et mulieres erant eorum amici et credentes.* – *Döllinger* 2, 247: *Dicebant, quod Fridericus tertius surgeret et ampliaret eorum ecclesiam et manuteneret eos et opprimeret clericos, et tunc ipsi predicarent et essent in honore et ecclesia Romana deprimeretur.* –

Daß der Nachfolger Friedrichs II. die *crucis inimicos et odientes iusticiam* nie-
derzwingen werde, glaubte man schon 1251 in Tivoli (*K. Hampe*, Eine frühe
Verknüpfung der Weissagung vom Endkaiser mit Friedrich II. und Konrad IV.,
Sitzungsber. d. Heidelberger Akad. d. Wiss., Philos.-Histor. Kl., Jahrgang 1917,
6, Heidelberg 1917, S. 19), während dreißig Jahren danach Alexander von Roes
in seinem ,Memoriale' den letzten Friedrich als *radix peccatrix* schilderte, der
die Römische Kirche demütigen werde (Hsg. *H. Grundmann – H. Heimpel*, in:
Deutsches Mittelalter 4 [1949] S. 56). Es ist schwer zu sagen, welche der beiden
Weissagungen die Katharer angeregt hat. Ob sie dabei auch ganz konkret an
Friedrich III. von Sizilien gedacht haben, vermag ich nicht mit derselben Sicherheit wie *R. Manselli* (s. u. A. 31) S. 22 anzugeben. Das *surgeret* spricht dagegen, an einen bereits regierenden Herrscher zu denken.

[29] Über Wilhelms von Nogaret katharische Herkunft vgl. *R. Holtzmann*, W.
v. N., Rat und Großsiegelbewahrer Philipps des Schönen von Frankreich, Freiburg i. Br. 1898, S. 9 f. Neuerdings hat *Y. Dossat*, Guillaume de Nogaret, petit-
fils d'hérétique, in: Annales du Midi 53 (1941) S. 391–402, bis zu einem
gewissen Grade wahrscheinlich gemacht, daß Wilhelms Großvater ein katharischer ,Vollendeter' gewesen sei. – Die vier Teufel: *Vidal*, Ministres 97. Hierbei wie schon bei einem Marginale zu Int. Joh. 311 ist wohl auf Dan 7,3
angespielt.

[30] *Döllinger* 2, 195 f.; darüber *Vidal*, Doctrine 407. Eine Ausnahme macht nur
Limosus Niger mit einem Ansatz zu vergleichender Religionsbetrachtung: Moses, Muhammed und Christus seien Brüder und unterstünden alle drei den Be-
fehlen der Sonne und des Mondes (*Alphandéry*, Averroisme 135).

[31] Über diese neuen Ketzereien vgl. *L. Spätling*, De Apostolicis, Pseudoaposto-
licis, Apostolinis, Rom 1947 (mir nicht erreichbar); *G. Biscaro*, Guglielma la
Boema e i Guglielmiti, in: Archivio Storica Lombardo 7 (1930) S. 1–76; *D. L.
Douie*, The Nature and the Effect of the Heresy of the Fraticelli, Manchester
1932; *L. Oliger*, De secta spiritus libertatis in Umbria saec. XIV, Rom 1943. –
Arnald von Villanova ist, wie ich glaube fälschlich, mit den Katharern zusam-
mengebracht worden von *J. Carreras i Artau*, Arnau de Vilanova et les mouve-
ments mystiques du Midi de la France, in: Revue de synthèse 23 (1948)
S. 21–26. Richtiger ist Arnalds Verhältnis zum Katharismus wohl bestimmt
worden bei *R. Manselli*, La religiosità d'Arnaldo da Villanova (Sonderdruck
aus: Bullettino dell'Istituto Storico Italiano per il Medio Evo e Archivio Muratoriano, Nr. 63), Rom 1951, S. 34 f. – Am Rande sei bemerkt, daß Arnald von
Villanova nicht, wie *Carreras i Artau*, a. a. O., 23 f., meint, als erster aus den
Buchstaben des Namens Jahwe die christliche Dreifaltigkeit herausdeutete;
der Verfasser des Traktates ,Contra Amalricianos' von c. 1210 (s. o. II, 7 A. 17)
tat etwas Ähnliches auch schon (vgl. *Baeumker*, Amalricianer 396).

# III. Der katharische Glaube

## 1. Seele und Welt

[1] Als geschlossenes System ist der Katharismus von *Schmidt* 2, 8; *Döllinger* 1, 132 ff.; *Molinier*, Église 287, gesehen worden. Die Reaktion dagegen findet sich bei *Molinier*, Sources 3, 56; *Warner* 5; *Grundmann*, Bewegungen 24 ff.; *Mens*, Beginen 23 f.; *Cazeau-Varagnac* 9; *Dondaine*, Lombardie 292 f.; *Morghen*, Medioevo 219, die die Vielfalt der abweichenden Einzellehren betonen.

[2] Dieser Zwiespalt ist einseitig gelöst worden durch *Grundmann*, Bewegungen 18 ff., wo das praktische Leben, durch *Ilarino*, Speroni 427 ff., wo das Dogma in den Mittelpunkt des Katharismus gerückt wird. – Die im folgenden versuchte problemgeschichtliche Darstellung des katharischen Glaubens ist von allen Seiten längst gefordert worden (*Molinier*, Église 285; *Lacger*, Rezension 152; *Ilarino*, Burci 16, 273, Speroni 427; *Dossat* 27; *Morghen*, Medioevo 231 f.); in der Tat kann nur sie die langumstrittenen Fragen um den Katharismus und seine Vorläufer bündig entscheiden. Aber dieses Unternehmen wird durch die Eigenart der Quellen sehr erschwert; sie erlauben uns nur selten, Entstehungszeit und -ort sowie den Geltungsbereich katharischer Lehren und Vorschriften genau zu fixieren. Trotzdem muß der Versuch einmal unternommen werden, selbst wenn er der Kritik breite Angriffsflächen bietet.

[3] Vgl. Tertullian adv. Marc. I c. 2; auch Ans. Alex. 308: *Si Deus est, unde sunt mala? Et si Deus non est, unde bona?* Die Grundfrage des Dualismus hat erkannt *Pètrement*, Histoire 93, Platon 3.

[4] Cosm. Presb. 77. Ich glaube nicht wie *Schmaus* 279, daß diese Formulierung nur tendenziös die bogomilische Überzeugung vom Besitz der wahren Gnosis vergröbert, sondern nehme einen realen Hintergrund der Erzählung an.

[5] Zur Herkunft der Vorstellungen vom Engelfall vgl. *A. Lods*, La chute des anges. Origine et portée de cette spéculation, in: Revue d'histoire et de philosophie religieuses 7 (1927) S. 295–315, wonach das erste Buch Henoch, eine Apokryphe des zweiten vorchristlichen Jahrhunderts, zuerst auf diesem Wege die Herkunft des Bösen erklären wollte; vgl. auch *Söderberg*, Cathares 133.

[6] Int. Joh. 299; dazu *Puech – Vaillant* 194 f. – Der bei *Puech – Vaillant* 184 behandelte Zwiespalt, wonach die Sonne bei den Bogomilen als gut und als böse gilt, läßt sich vielleicht so lösen, daß die Sonne vor Satans Fall gut war. Mit manichäischer Sonnenverehrung, Sternsymbolik usw., wie *Rahn* 74 81 will, hat dieser Glaube nichts zu tun.

[7] Zu Eons Lehre, er habe sich mit Gott die Welt geteilt, vgl. o. II, 4 A. 21. Vielleicht hat Eon bogomilische Mythen mißverstanden und sich als den (bösen) Gott betrachtet, dem ein Drittel aller Seelen zufiel? – Im übrigen ist aber das Fehlen dieser Grundvorstellung vom Engelfall der beste Beweis gegen eine engere Verwandtschaft der abendländischen Ketzer vor 1140 mit den Bogomilen.

[8] Dies ist u. a. bezeugt von Ecb. Schon. 16 96; Haer. Cath. 309; Petr. Mart. 325; Georg. Disp. 1720; Brev. summ. 116 f.; *Döllinger* 2, 294 321; *Limborch* 249; Act. Inq. Taurin. 1388, *Amati* 2, 51; *Manuel* 79. – Demgemäß verstehen die

Katharer die Bibelstellen über die *oves domus Israel* (etwa Mt 15, 24) von sich selbst (Burce-Ilar. 322; Monet. Crem. 42 f.; *Molinier*, Rapport 285).

[9] *superbia:* Gaufred. Vosiens. Chron. a. 1181, *Bouquet* 12, 449; Petr. Sarn. 1, 13; *Döllinger* 2, 29 36 273; vgl. auch Dante, Div. Comm. Purg. XII 25 ff. – Luzifer wird von einem vielgesichtigen Geist aus dem Chaos verführt nach Haer. Cath. 310; nach derselben Tradition Burce-Ilar. 314; *Döllinger* 2, 612.

[10] *concupiscentia:* Monet. Crem. 110; Lib. princ. 96. Nach dieser Auffassung stieg der Satan von der Erde aus auf; als Beweis dafür wird Jes 14, 13 f. zitiert (Haer. Cath. 309; Monet. Crem. 39; Lib. princ. 96).

[11] Zur katholischen Theologie vgl. *Landgraf* 1, 45 ff. – Zur gemäßigten Auffassung, die weniger den Engelfall als die anschließende irdische Schöpfung Satans betont, vgl. Haer. Cath. 310 und eine Abart, die *Ristori* 16 aus Perugia 1229 berichtet. – Zur radikalen Auffassung vgl. *Döllinger* 2, 149 176 186; dazu *Vidal*, Doctrine 374, über die 32 Wartejahre, die zweifellos eine Analogie zu den 32 verborgenen Lebensjahren Christi auf Erden darstellen. – Die Verführung der Engel bei Burce-Ilar. 334; Jac. Cap., *Molinier*, Rapport 280; Brev. summ. 117. – Der gläserne Himmel bei Act. Inq. Carcass. 1305, *Döllinger* 2, 32; andere Katharer haben, wohl aus Mißverständnis, diesen Himmel für teuflisch gehalten (*Döllinger* 2, 186). – Zum Kampf im Himmel: Haer. Cath. 309; Burce-Ilar. 313; Petr. Mart. 325 f.; Rain. Sacc. 71. Bisweilen nimmt man auch mehrere Schlachten im Himmel an (Petr. Mart. 326) oder glaubt, Satan habe zuerst die Engel verführt und sei dann mit Heeresmacht ein zweites Mal zum Himmel aufgestiegen (Brev. summ. 117). – Der 78. Psalm bei Haer. Cath. 309. Das Blutvergießen bei Petr. Mart. 325; Monet. Crem. 516. Wie die körperlosen, jedoch offensichtlich als männlich gedachten Engel zur Fleischeslust und zum Blut kommen, wissen wir nicht. *Vidal*, Doctrine 378, hat darin den schlimmsten Verstoß gegen die Logik gesehen; der katharische Glaube ist jedoch seinem Wesen nach gar nicht logisch.

[12] Zum Fall aus dem Himmel, wofür Offb 12, 7–9; Lk 10, 15 zitiert werden: Haer. Cath. 309; Petr. Mart. 325; Monet. Crem. 4 40. – Die Berechnung der Zahlen erfolgt nach Gleichnissen: Ein Hundertstel nach dem Gleichnis von den 99 Gerechten und dem einen Sünder (Monet. Crem. 47; auch im katholischen Mittelalter oft, vgl. *B. Vallentin*, Der Engelstaat, in: Grundrisse und Bausteine zur Staats- und zur Geschichtslehre, zusammengetragen zu den Ehren G. Schmollers, Berlin 1908, S. 41–120, bes. S. 45); ein Zehntel nach dem Gleichnis von den zehn Drachmen, deren eine verlorenging (so auch Gregor I., MPL 76, 1249; Dante, Conv. II, 5, 12; *Douais*, Somme 66; Berth. Reg. 1, 141; auch in Byzanz und Rußland: vgl. *P. de Meester*, Étude sur la théologie orthodoxe, in: Revue Bénédictine 24 [1904] S. 523; *Turdeanu* 197); ein Drittel nach Offb 12, 4; Haer. Cath. 309; Petr. Mart. 325; Rain. Sacc. 71; *Döllinger* 2, 321; die Hälfte: *Döllinger* 2, 204; alle Seelen: Alan. Ins. 316; Georg. Disp. 1720; *Döllinger* 2, 31. – Neun Tage: Izarn. Sic. 258; *Döllinger* 2, 150 173 214. – Wie Grashalme usw.: *Döllinger* 2, 204 214; das Bild vom Regen auch bei Dante, Div. Comm. Inf. VIII 83; nach Par. XXIX 49 ging der Engelfall in einer halben Minute vor sich. – Übrigens sind die Bogomilen und Katharer rückständig ge-

nug, noch an sieben Engelordines zu glauben (*Obolensky* 180; *Döllinger* 2, 177
184; doch s. u. III, 5 A. 23), während im Abendland längst die Neunzahl durchgedrungen ist.

[13] Alle diese Fragen werden gestellt bei Burce-Döll., 80; Petr. Mart. 325 f.;
*Douais,* Documents 2, 93 100; *Fumi,* Orvieto 67. – Um die Willensfreiheit der
Engel dreht sich die ganze Beweisführung von Lib. princ. 83 ff.

[14] Zitat aus Cosm. Presb. 77. Int. Joh. 297 ff. gibt eine ausführliche Schilderung der Schöpfung; sonst vgl. Ecb. Schon. 14; Bonac. Manif. 776; Ermeng.
Tract. 1235; Alan. Ins. 309; Rain. Sacc. 64 71; *Döllinger* 2, 152 320.

[15] Diese Teilung findet sich z. B. bei AASS. Mai 5, 2, 86; Gest. reg. Henr. a.
1178, Bd. 1, S. 205; Gaufred. Vosiens. Chron. a. 1181, *Bouquet* 12, 449; Guill.
Nang. a. 1183, Bd. 1, S. 76; Ermeng. Tract. 1235; Alan. Ins. 308; Radulf.
Ardens, MPL 155, 2011; Rad. Cogg. a. 1200, S. 125; *Compayré* 228; *Lacombe*
139; Petr. Sarn. 1, 9; Innozenz III. Ep. VIII, 85, MPL 215, 655; Caes. Heist. V
c. 21, *Strange* 1, 300; Jac. Cap., *Molinier,* Rapport 151; Act. Inq. Tolos.
1247, *Douais,* Documents 2, 71 92 96; Brev. summ. 116; *Döllinger* 2, 219
374; Berth. Reg. 1, 404: Act. Inq. Carcass. 1270 ff., *Germain* 303; Limborch
5 37 132; Act. Inq. Taurin. 1388, *Amati* 2, 59; *Manuel* 79. Besonders deutlich stellt Rit. prov. 472 gegenüber: *la carn nada de corruptio* und *el esperit
pausat en carcer.*

[16] Die gemäßigte Auffassung, daß Gott die Materie schuf und der Teufel, sein
*adiutor,* sie nur ordnete, begegnet bei Ecb. Schon. 41; Bonac. Manif. 775; Haer.
Cath. 310; Burce-Ilar., 310; Petr. Mart. 320; Jac. Cap., *Döllinger* 2, 274; Monet.
Crem. 5 70 109; Act. Inq. Tolos. 1245, *Douais,* Toulouse 152; Rain. Sacc. 76;
Brev. summ. 124; Ans. Alex. 312; *Döllinger* 2, 33; Gui Manuel 14. – Es sei auf
Thierry von Chartres verwiesen, der eine ähnliche Trennung von materialem
und formendem Prinzip kannte (s. *Geyer* 234).

[17] Die radikale Anschauung von der unsichtbaren Schöpfung Gottes bei Jac.
Cap., *Döllinger* 2, 273; Monet. Crem. 3; Act. Inq. Tolos. 1247, *Douais,* Documents 2, 112; Rain. Sacc. 71; Brev. summ. 116; *Döllinger* 2, 37. – Daß mit dem
unsichtbaren Himmel, den Gott schuf, die Seelen selbst gemeint seien, wird
angenommen nach Georg. Disp. 1707; Rit. lat. 152. – Von der Schöpfermacht
des Satans über den sichtbaren Himmel und manche Seelen handeln Haer.
Cath. 309; *Ristori* 16; Petr. Mart. 320 326; Act. Inq. Tolos. 1245, *Douais,* Toulouse 152; Brev. summ. 116. Regen, Schnee und Hagel unterstehen ihm nach
*Lacombe* 140; *Douais,* Somme 71; *Molinier,* Traité 238. – Als *imperator* im
Sinne von Joh 14, 30 erscheint Satan bei den Katharern (Brev. summ. 118),
aber auch bei Dante, Div. Comm. Inf. XXXIV 28.

[18] Die gemäßigte Lehre nach Monet. Crem. 85. – Hier taucht die Frage nach
der Schöpfung in der Zeit auf, die vorher kaum beachtet worden war. Vgl.
Haer. Cath. 310; Burce-Döll. 60. – Die Radikalen beschäftigen sich mit der
Zeitfrage ausgiebiger: Sie meinen, Gott habe vor aller Zeit geschaffen und
schaffe heute nicht mehr (Jac. Cap., *Molinier,* Rapport 281; ähnlich bei Rain.
Sacc. 73). Der Engelfall fand nach Izarn. Sic. 259 vor 5000 Jahren, nach Brev.
summ 118 *ante hominis procreationem,* nach Rit. prov. 474 *ancianament*

statt; die Errettung der gefallenen Engel soll gemäß Petr. Mart. 325 nach 6000 Jahren erfolgen.

[19] Die Lehre von den ewigen Elementen bei Burce-Döll. 68; Petr. Mart. 320 (*omnia sunt eterna in sui natura*); Rain. Sacc. 72; Brev. summ. 115 f. 132. Die Ketzer von Orléans lehrten Ähnliches (s. o. II, 7 A. 11); vgl. auch *A. Schneider*, Die abendländische Spekulation des 12. Jahrhunderts in ihrem Verhältnis zur aristotelischen und jüdisch-arabischen Philosophie (Beiträge zur Geschichte der Philosophie des Mittelalters XVII 4), Münster 1916, S. 35 über diese Lehre. – Der Übergang zur Verselbständigung der Naturmacht geschieht nicht einheitlich; so gibt man als Ursache für das Grünen und Blühen im Frühling an: Gott (*Döllinger* 2, 182 ff.), den Teufel (*Döllinger* 2, 23; *Limborch* 132 149) oder die Natur (Monet. Crem. 122; Act. Inq. Tolos. 1245, *Douais*, Toulouse 152; *Limborch* 132). Eindrucksvoll ist die Begründung eines Katharers in Treviso 1280: Nicht Gott, sondern *solummodo humor terrae* lasse die Früchte wachsen; *Deus non intromittebat se a celo inferius, sed permittebat res ire secundum earum cursum* (*Picotti* 264). Man glaubt einen Deisten des 18. Jahrhunderts zu hören.

[20] Int. Joh. 301; dazu *Puech – Vaillant* 199. Während die Engel im Himmel sonst männlich gedacht wurden (vgl. o. A. 11), wird hier auch von einem weiblichen Engel des ersten Himmels gesprochen, der künftigen Eva.

[21] Haer. Cath. 310; Ans. Alex. 313. Einige Pariser Theologen glaubten in ähnlicher Weise, die gefallenen Engel seien schon bei ihrer Erschaffung böse gewesen (Matth. Paris a. 1243, Bd. 4, S. 282). – Satan schuf dann aus der Engelskrone Adams Sonne und Mond (Ans. Alex. 312). Die beiden Gestirne treiben nach katharischer Meinung nächtlich Unzucht miteinander – die Astrologie nenne das ja auch *coitus* –; Tau und Honig seien die Zeugen für diesen nächtlichen Verkehr: Bonac., Manif. 777; Monet. Crem. 110; Ans. Alex. 312; wahrscheinlich schöpften die beiden letzteren aus derselben Quelle, den Schriften des Desiderius; aber diese Lehre lebt auch noch 1326 in Carcassonne (*Alphandéry*, Averroisme 134), es handelt sich also wohl nicht, wie *Schmidt* 2, 14 meinte, um eine spezifisch italienische Lehre. *Morghen*, Medioevo 271 ff. hat in diesem Mythos unzweifelhafte Anzeichen manichäischen Glaubens sehen wollen, doch er ist seit Zarathustra (vgl. *Duchesne-Guillemin* 26) überall möglich.

[22] Dazu Bonac. Manif. 775; Haer. Cath. 310; Petr. Mart. 325; Georg. Disp. 1719; Act. Inq. Carcass. 1244, *Vaissète – Dulaurier* 8, 1147; Rain. Sacc. 76; *Döllinger* 2, 33. – Dort, wo man nur einen Engel annahm, ließ man Eva ohne Seele vom Satan geschaffen sein (Haer. Cath. 310). – Jedenfalls ist dann der Geschlechtsverkehr die verbotene Frucht, die die Abkömmlinge des Himmels endgültig an ihren Körper fesselt (Ecb. Schon. 30; Bonac. Manif. 776; Haer. Cath. 310; Burce-Ilar. 314; Georg. Disp. 1710; Jac. Cap., *Döllinger* 2, 275; Monet. Crem. 111; Brev. summ. 123 f.).

[23] Der irdische Leib als Kerker nach 1 Petr 3, 19; über die Vorgeschichte dieser Vorstellung vgl. *Schramm* 1, 129 f. Auch Berth. Reg. 1, 98 spricht davon, daß *diu edele sêle sô smaehelîche* in den irdischen Leib gestoßen worden sei. Daß

die Seele eigentlich den Menschen ausmache, glauben mehrere Philosophen des 12. Jahrhunderts (s. *Geyer* 266). Zur katharischen Auffassung vgl. Jac. Cap., *Döllinger* 2, 273; Brev. summ. 118; Rit. prov. 472. – Die Dreiteilung von Leib – Seele – Geist (nach 1 Thess 5, 23) ist schon bei Origenes durchgeführt (vgl. *Schmidt* 2, 18), bei den Katharern: Haer. Cath. 309 f.; Petr. Sarn. 1, 13; Burce-Ilar. 313; Monet. Crem. 4; Brev. summ. 117. – Von dem Leib, der im Himmel zurückblieb, sprechen nach katharischer Ansicht Ez 37, 4 und Röm 8, 11 (Haer. Cath. 309; Petr. Sarn. 1, 13; *Douais,* Somme 89). – Der Geist, dessen Schutzfunktion (Brev. summ. 117: *ad illarum custodiam*) gegenüber der Seele nach Hebr 1, 14 begründen wird, ist eine Art Schutzengel (so auch *Cazeau-Varagnac* 10). Am besten berichtet über die katharischen Erzählungen Petr. Mart. 326 330. – Übrigens knüpft sich an die Dreiteilung der menschlichen Kategorien ein neuer Streit unter den Katharern: Es heißt, daß ein Drittel aller Engel fiel – bedeutet das, daß die Seelen sämtlicher Engel fielen oder daß ein Drittel aller Engel mit all ihren Teilen fiel? (Dazu Alan. Ins. 316; Georg. Disp. 1719; Monet. Crem. 4; Brev. summ. 117; *Molinier,* Muratori 201).

[23a] Georg. Disp. 1707; *Döllinger* 2, 294.

[24] Man versucht eine Gleichsetzung von *anima* und *corpus,* z. B. bei Petr. Mart. 304: *(animae) cum sint substantiae et omnis substantia quodammodo corpus sit, non inepte corpora nuncupantur;* ähnlich Monet. Crem. 335; *Douais,* Somme 86. – Andere identifizieren *anima* und *spiritus,* so bei Petr. Mart. 330: *spiritus qui et animae nuncupantur;* ähnlich Lib. princ. 142; *Döllinger* 2, 23, wo die beiden Begriffe synonym gebraucht werden.

[25] Die Ewigkeit der Seelen bei Burce-Ilar. 335; Petr. Mart. 327; Rain. Sacc. 73; *Döllinger* 2, 23; Limborch 132. – Um 1300 erklärt man in Südfrankreich die Seele mit dem Blut identisch: *anima hominis non est nisi purus sanguis* (*Vaissète – Dulaurier* 8, 984) und meint: *anima non valeret aliquid, nisi panis esset in ventre* (*Vidal,* Doctrine 383). – Die letzten Katharer nahmen anderwärts schon vorhandene Lehren (s. Alan. Ins. 328) wieder auf und erklärten, der Mensch sterbe wie das Vieh (Act. Inq. Veron. 1305, *Cipolla,* Patarenismo 275; Act. Inq. Taurin. 1387, *Amati* 2, 17 25; *Manuel* 76). In Bologna sagte man 1292, wenn von der Seele die Rede war, ein Pfirsich habe eine *anima (anima* heißt italienisch auch ,Kern'; *Aldrovandi* 279). Die erwähnte Gleichsetzung von Seele und Blut geht auf Bibelstellen wie Lev 17, 11 und 14 zurück; zur Vorgeschichte vgl. *H.-J. Schoeps,* Theologie und Geschichte des Judenchristentums, Tübingen 1949, S. 189.

## 2. Teufel und Gott

[1] Allgemein vgl. *P. Carus,* The History of the Devil and the Idea of Evil, Chicago 1900; *J. Turmel,* Histoire du diable, Paris 1931. – Über die Vorgeschichte vgl. *Turdeanu* 42 ff.; danach ist Luzifer zuerst der Feind des Menschen, erst später Gegner Gottes. – Bei den ersten Bogomilen: Cosm. Presb. 73 f.

[2] Dazu *Puech – Vaillant* 190 ff. – Übrigens vergleicht noch heute die Karsams-

tagsliturgie der katholischen Kirche bei der Kerzenweihe Christus mit dem Luzifer: *Ille, inquam, lucifer, qui nescit occasum.*

[3] Satan als jüngerer Sohn: Cosm. Presb. 77. *Puech – Vaillant* 192 halten dies für eine spätere Phase. – Als älterer Sohn erscheint Satan vielleicht schon 915; vgl. *Ivanov* 20; *Puech – Vaillant* 132; *Schmaus* 280 286. Zur Vorgeschichte dieser Ansicht vgl. *Söderberg,* Cathares 125. Dieselbe Lehre bei den Katharern: Monet. Crem. 111 115.

[4] Über die radikalen Lehren s. o. S. 62; vgl. auch *Söderberg* , Cathares 48 ff. – Für die gemäßigten Lehren vgl. Int. Joh. 298. Bei den Katharern finden sie sich wieder (Georg. Disp. 1719; Monet. Crem. 36; *Döllinger* 2, 273). – Über den Namen *Satanael,* den der Teufel damals von den Bogomilen nach dem Vorbild alter Apokryphen erhält, vgl. *Turdeanu* 40 ff.

[5] Gemäßigte Auffassung: Rad. Cogg. a. 1200, S. 125 (hier trägt Satan den Namen *Luzabel,* ähnlich bei Guill. Nang. a. 1183, Bd. 1, S. 76; *Döllinger* 2, 32 189; es sei daran erinnert, daß das Spanische noch heute das Wort ‚Luzbel‘ kennt). Sonst vgl. zur gemäßigten Auffassung Gaufred. Vosiens. Chron. a 1181, *Bouquet* 12, 449; Haer. Cath. 310; Jac. Cap., *Döllinger* 2, 273; Act. Inq. Taurin. 1388, *Manuel* 81. – Zur radikalen Ansicht: Gervas. Dorobern. Chron. a. 1177, *Bouquet* 13, 140: *duo etiam principia introducuntur;* Gest. reg. Henr. a. 1178, Bd. 1, S. 203 ff.; Ermeng. Tract. 1237; Radulf. Ardens, MPL 155, 2011; Haer. Cath. 309. Was Ecb. Schon. 17 99 über die zwei Gottheiten sagt, ist aus Augustin entnommen (s. o. S. 21).

[6] Die höllische Dreifaltigkeit bei Burce-Ilar., 313; Brev. summ. 128 f. Sie ist übrigens auch in der christlichen Kunst, besonders in Frankreich seit dem 13. Jahrhundert, bekannt; vgl. *O. A. Erich,* Die Darstellung des Teufels in der christlichen Kunst (Kunstwissenschaftliche Studien, Band 8), Berlin 1931, S. 84; auch bei Dante, Div. Comm. Inf. XXXIV 38 ff. hat Satan drei Köpfe. – Satan als Sohn des bösen Gottes: Haer. Cath. 309 und daraus Brev. summ. 122. – Über seine Himmelfahrt: Burce-Ilar., 335; Georg. Disp. 1719; Monet. Crem. 4 111; *Döllinger* 2 32 185 f. – Frauen im Himmel: Burce-Ilar. 332. – Satan als allmächtig: Jac. Cap., *Molinier,* Rapport 151. – Der ewige Gegensatz der beiden Mächte ist (seit Alan. Ins. 308; *Ristori* 16) von den Katharern unter dem Bilde von Licht und Finsternis begriffen worden, das freilich nicht auf Erinnerungen an den alten Manichäismus, sondern auf Bibellektüre zurückzuführen ist (Jak 1, 17; Kol 1, 13; Jes 45, 7). übrigens auch in der abendländischen Philosophie der Zeit gängig ist (vgl. *Baeumker,* Alanus 7, 169, über die Schrift ‚De intelligentiis‘, die den Grad der Helligkeit mit dem Grad der Göttlichkeit gleichsetzt). Die Katharer haben diesen Gegensatz auch durch viele andere Bibelzitate zu erweisen gesucht (vgl. Georg. Disp. 1707; Monet. Crem. 7 10 f. 13 15 22 usw.); doch haben sie diese Dualität nicht erst, wie *Morghen,* Medioevo 259 293, will, aus dem Evangelium kennengelernt; die Bibel ist ihnen, auch noch im 13. Jahrhundert, eine Fundgrube für Zitate, aber kein Gebetbuch.

[7] Petr. Sarn. 1, 11 f. nach Ez 23, 4. Was *Schmidt* 2, 13; *Newman* 67 über die angeblich hebräische Namensform der dort genannten Frauen erschlossen ha-

ben, ist durch die Ausgabe von *Guébin – Lyon* hinfällig geworden; die Namen sind in der Schreibweise der Vulgata überliefert. – Die genannte Lehre wurde fälschlich für radikal gehalten von *Cazeau-Varagnac* 10; richtig bei *Alphandéry*, Gnosticisme 406; *Dossat* 28. – Die Vorstellung, daß Gott viele Söhne habe, findet sich danach bei Brev. summ. 118.

[8] *Minor creatur:* Georg. Disp. 1706; auch Lib. princ. 107 ordnet den Satan nahezu Gott unter. Wenn bei den Radikalen seit Johann von Lugio der Satan als *Deus alienus* bezeichnet wird (so etwa Lib. princ. 121; Rain. Sacc. 73; Brev. summ. 116; *Döllinger* 2, 184 186), so braucht man nicht an Markion zu denken, sondern findet den Ausdruck bei Ex 34, 14. – In Perugia halten 1229 die Radikalen Luzifer für einen gefallenen Engel, der unter der Oberherrschaft des höllischen Gottes möglichst viel Gutes zu wirken sucht (*Ristori* 16). – Über Christi Geburt im Himmel: Brev. summ. 125; derselbe Text mit teilweise besseren Lesarten bei *Döllinger* 2, 612 f.

[9] Petr. Mart. 325. Der Ausdruck *in mundiali machina* ist zuvor (bei Haer. Cath. 309) den Radikalen eigen gewesen. Über seine Herkunft vgl. Alan. Ins. 443; *K. Hampe*, Beiträge zur Geschichte der letzten Staufer, Leipzig 1910, S. 36 110. Gervasius von Tilbury, Otia imperialia c. 2, in: Scriptores rerum Brunsvicensium, hsg. *G. W. Leibniz*, Bd. 1, Hannover 1707, S. 886, verwendet bei der Darstellung der katharischen Lehren, die sich sonst im üblichen Rahmen hält, merkwürdigerweise ebenfalls den Ausdruck *machina mundialis*. Da auch die beiden älteren Stellen, bei Alan. Ins. und Haer. Cath., im Zusammenhang mit dem Katharismus stehen, liegt die Vermutung nahe, daß der Ausdruck nicht – wie *Hampe* a. a. O. meinte – von Alan. Ins., sondern von den Katharern stammt. – Die Wortgruppe *machina mundi*, die Petr. Mart. verwendet, geht zurück auf Lukrez, De natura rerum, V 96, hsg. *C. Bailey*, Bd. 1, Oxford 1947, S. 436.

[10] So bei Luc. Tud. 240; Monet. Crem. 122; *Döllinger* 2, 27; Limborch 132. Den Ansatz dazu zeigt Brev. summ. 121, wo nicht nur zwischen zwei Gottheiten, sondern zwischen zwei Naturen unterschieden wird. In der Vorlage von Brev. summ. (vgl. Haer. Cath. 309) stand dies noch nicht.

[11] Act. Inq. Taurin. 1388, *Manuel* 78. Diese Ketzer sind freilich keine reinen Gemäßigten, sondern Angehörige der ,bagnolensischen' Mittelgruppe. – Die Hochschätzung Satans findet sich auch in der Passauer Gegend (Dav. Augsb. 211) und 1301 in Verona (*Cipolla*, Paternismo 278).

[12] Für die Behauptung von *Nigg*, Ketzer 198, die Katharer hätten „großartig und hinreißend" vom guten Gott gesprochen, gibt es keinen Beweis. Vielmehr fehlt bei den Katharern jeglicher Versuch einer Definition Gottes oder eines Gottesbeweises. – Ich glaube nicht wie *Schmidt* 2, 8; *Hefele – Leclercq* 5, 2, 1263; *Dondaine*, Italie 269, daß die dualistische Gottesvorstellung Ausgangspunkt und Kernpunkt des katharischen Glaubens ist, sondern schließe mich der Auffassung von *Pètrement* (s. o. S. 52) an.

[13] Die wichtigste Aussage, bei Cosm. Presb. 58 f., ist negativ: Nicht Gott hat Himmel und Erde erschaffen. – *Mens*, Begijnen 219, hat den ersten Bogomilen ganz zu Unrecht „quietistischen Pantheismus" zugeschrieben. – Vielleicht ist

die oft gestellte und (vgl. *Schmaus* 275 f.) noch nicht geklärte Frage gar nicht zu entscheiden, ob die ersten Bogomilen gemäßigte oder radikale Dualisten waren. Die Keime zu beiden Anschauungen, vorwiegend zur ersteren, sind bei ihnen zweifellos vorhanden, aber vielleicht nicht die theologische Sehweise, die zur Ausbildung derartiger Begriffe gehört. Aus diesem Grund ist es wohl auch nicht nötig, die Wurzeln der einzelnen dualistischen Grundkonzeptionen außerhalb des Bogomilismus zu suchen, wie es *Neander* 5, 2, 762 f.; *Obolensky* 124; *Söderberg*, Cathares 84 265 f. tun. Sie mögen in der Entwicklung der Sekte selbst liegen.

[14] Dazu *Puech – Vaillant* 179 f. Die letztere Ansicht findet sich z. B. bei Georg. Disp. 1705; *Döllinger* 2, 185 211 als katharisch wieder; eine Erdenfahrt aller drei göttlichen Personen, die daraus die Konsequenz ist, nehmen die Katharer nach *Douais*, Hérétiques 371, im 13. Jahrhundert an, ähnlich wie die Amalrikaner (*Baeumker*, Amalricianer 391 f.).

[15] Darüber im einzelnen oben S. 66 f.

[16] Der Sohn gilt als dem Vater unterstellt nach Bonac. Manif. 777; Petr. Mart. 321; Rain. Sacc. 71; Brev. summ. 120. Dieser Glaube hat den Katharern wohl u. a. den Namen *Ariani* eingetragen (Petr. Sarn. 2, 90), ohne daß man, wie die Verfechter der Westgotenthese (s. o. I, 6 A. 19), an wirkliche Beeinflussung der Katharer durch den Arianismus glauben müßte. – Über den Heiligen Geist: Petr. Mart. 321; Monet. Crem. 264; *Döllinger* 2, 325. Bei Brev. summ. 120 wird im Gegensatz zu allen übrigen Zeugnissen der Heilige Geist nicht unter, sondern über Christus gestellt; nach dem Zusammenhang der Stelle muß der Herausgeber irrig *maior* statt *minor* gelesen haben. – Ganz vereinzelt steht die von *Compayré* 228 aus Carcassonne 1203 berichtete katharische Lehre von drei und mehr Göttern. Ob hier die trinitarischen Personen als selbständige Gottheiten gedacht wurden oder ob der Berichterstatter einem Irrtum unterlag, wird sich schwer entscheiden lassen.

[17] Die Gemäßigten halten schon nach Burce-Ilar. 314 die Dreiheit für die Voraussetzung der Schöpfungsmacht; ausdrücklich wird die Göttlichkeit aller drei trinitarischen Personen noch vor Petr. Mart. 321; Monet. Crem. 4 6 112 anerkannt. Christi Göttlichkeit im besonderen ist, vor allem von dem Gemäßigten Desiderius, offen zugegeben worden (Ans. Alex. 311). – In dem radikalen Rit. lat. 153 wird den Juden förmlich zum Vorwurf gemacht: *Ignorabant enim divinitatem filii dei*, ganz als ob der Verfasser selbst nicht daran zweifelte.

[18] Über die drei Arten des Heiligen Geistes: Petr. Mart. 321; Monet. Crem. 4 f.; Brev. summ. 120; vor 1230 ist diese Lehre jedenfalls nicht belegt. Danach ist der *spiritus sanctus* oder *firmus* identisch mit dem Himmelsgeist jedes einzelnen Katharers; man empfängt ihn beim *Consolamentum*. Der *Paraclitus* oder *Consolator*, den der Katharer bei derselben Gelegenheit erhält, stärkt die Vollendeten während ihres Erdenlebens. Der *spiritus principalis* endlich, die dritte trinitarische Person, erwartet den Katharer im Himmel. Die Termini sind aus Joh 14, 16 und Ps 50, 14 entnommen. – Warum *Cazeau-Varagnac* 12 den *Paraclitus* mit Jesus gleichsetzt, ist nicht einzusehen.

[19] Darüber *Alphandéry*, Averroisme 137. – Die dargestellte Entwicklung ist der Gegenbeweis gegen die These *Croces* 121, der Dualismus sei nur die Waffe der Rebellen gegen die katholische Kirche gewesen. Er zeigt durchaus eigenständiges Gepräge.

### 3. Das Alte und das Neue Testament

[1] Zitat aus Cosm. Presb. 68 f., sonst 72 f. Dazu *Puech – Vaillant* 168 ff.

[2] Für die byzantinischen Bogomilen vgl. Int. Joh. 304 und *Obolensky* 209 f. – Über die Ketzer von Monteforte s. o. II, 3 A. 19, über die Massenbewegungen des 12. Jahrhunderts Petr. Ven. 730 741 ff. 751 765 828.

[3] Über Moses: Bonac. Manif. 776; ähnliche Urteile bei Gaufred. Vosiens. Chron. a. 1181, *Bouquet* 12, 449; Ermeng. Tract. 1239; Ebr. Beth. 1526; Alan. Ins. 341 f.; Haer. Cath. 311; Petr. Sarn. 1, 32 f. (Moses als *ruptarius*); Petr. Mart. 299; Georg. Disp. 1715 ff.; Jac. Cap., *Molinier*, Rapport 281; Monet. Crem. 112; Rain. Sacc. 76; Brev. summ. 127 131; Guill. Podiol. 122; *Döllinger* 2, 196 294; Act. Inq. Bonon. 1296, *Aldrovandi* 248; Act. Inq. Taurin. 1388, *Amati* 2, 52 (hier Moses als der größte aller Sünder).

[4] Johanns Lehre bei Rain. Sacc. 75. – Zitat nach Burce-Ilar. 324; sonst vgl. Burce-Ilar. 323 f.; Petr. Mart. 322; Monet. Crem. 179 208; Rain. Sacc. 71 75. Man trennt dann einen himmlischen Moses von dem irdischen Satansdiener Moses ab.

[5] Petr. Mart. 322 über die Fälscher Moses, Aaron und Josua. – Eine Zwitterstellung nimmt Noah bei den Katharern ein: Nach Bonac. Manif. 776 wußte er nicht, daß die Welt teuflisch ist, und wurde darum vom guten Gott gerettet und zum Stammvater der reinen Menschen (ähnlich Monet. Crem. 112 216); nach anderen galt er als böse, weil er trunken war (Alan. Ins. 341; Haer. Cath. 311). Im Rit. lat. 160 spiegeln sich beide Auffassungen . – Daß die guten Teile des Alten Testamentes im Neuen Testament wiederkehren, steht bei Petr. Mart. 322. Damit konnte man dann die etwa dreihundert Zitate aus dem Alten im Neuen Testament (vgl. *W. Dittmar*, Vetus Testamentum in Novo, Göttingen 1903) billigen.

[6] Die katharischen Vorwürfe gegen das Alte Testament hat am besten Monet. Crem. 143 ff. 163 f. zusammengestellt; in der Forschung sind sie von *Döllinger* 1, 144 ff. und *Newman* 159 ff. am ausführlichsten behandelt worden. – Zwar werden die Namen der Patriarchen, etwa bei Mt 17, 4 oder Lk 13, 28, auf die Trinität gedeutet (*Douais*, Somme 82); doch vgl. für die letzten Katharer die Zeugnisse in A. 3. – Wie Petr. Mart. 322 ausdrücklich betont, lehnen die Katharer nicht nur den jüdischen Ritualismus und die Starre des Gesetzes ab (so meinten *Alphandéry*, Morale 78; ähnlich *Puech – Vaillant* 173), sondern auch den Gesetzgeber selbst.

[7] Cosm. Presb. 72 f. Dazu *Puech – Vaillant* 201 ff.

[8] Dazu *Puech – Vaillant* 170 f.; *Runciman* 76. Die Gemäßigten bleiben bei der Ablehnung: Int. Joh. 303 f. verdammt Henoch und Elias. Es ist also falsch, mit *Angelov* 33 zu glauben, daß alle Bogomilen die teilweise Anerkennung des Al-

ten Testamentes geteilt hätten. – Ob schon bei den radikalen Bogomilen die Billigung der Propheten durch die Anerkennung der apokryphen ‚Visio Isaiae' bestimmt wurde, läßt sich schwer sagen; für die Katharer behauptet es Jac. Cap. bei *Döllinger* 2, 276.

[9] Über Leuthard s. o. S. 65 im einzelnen. Was ihn dazu bewegte, die Propheten für unzuverlässig zu halten, wissen wir nicht.

[10] Dazu vgl. die meisten der in A. 3 genannten Stellen.

[11] Die Ablehnung der Mörder findet sich bei Bonac. Manif. 776 f.; Alan. Ins. 341 f.; Petr. Mart. 323; Georg Disp. 1718; Jac. Cap., *Molinier*, Rapport 282; Monet. Crem. 218. Dazu gehören neben Moses: Abraham, Isaak, Jakob, Aaron, Josua, Samuel, David und Elias. – Welche Bücher im einzelnen anerkannt werden, ist unterschiedlich; so hört man (nicht von 16, sondern) von 13 Propheten, fünf salomonischen Büchern und den Psalmen (Brev. summ. 116); andere schließen auch Hiob mit ein (Rain. Sacc. 71).

[12] Diese Aufteilung liest man bei Bonac. Manif. 777; Haer. Cath. 311; Petr. Sarn. 1, 9; Petr. Mart. 323; Jac. Cap., *Döllinger* 2, 275; Monet. Crem. 6 156; Brev. summ. 127; Ans. Alex. 311. – Daß auch an sich Böse – z. B. die Sibylle – unter dem Zwang des Heiligen Geistes Gutes aussagen, glaubte auch das christliche Mittelalter (vgl. *Lefèvre* 77).

[13] So konnte man annehmen, die Propheten seien zwar böse, aber um ihrer Prophezeiungen willen von Christus gerettet worden (Jac. Cap., *Döllinger* 2, 276; Monet. Crem. 219; Ans. Alex. 311 f.), eine Annäherung an die geläufige katholische Lehre von der Rettung der Patriarchen bei Christi Höllenfahrt (etwa bei Dante, Div. Comm. Inf. IV 53 ff.). – Die Propheten als gute Bewohner einer höheren Welt bei Monet. Crem. 5; Brev. summ. 126; *Molinier*, Rapport 285. Man nahm dann stellenweise an, die Propheten erinnerten sich an das, was sie vor ihrem Fall aus dem Himmel gehört hätten; man glich sie also den gefallenen Engeln an. Oder aber man trennte zwischen den bösen irdischen und den gleichnamigen guten und himmlischen Propheten (z. B. bei Burce-Ilar. 324; Petr. Mart. 322 f.).

[14] Cosm. Presb. 69 72; das Zitat nach *Schmaus* 286 von den bosnischen Bogomilen des 14. Jahrhunderts. – Für die byzantinischen Bogomilen vgl. Int. Joh. 304. Zur Vorgeschichte dieses Gedankens vgl. *Puech – Vaillant* 204 224.

[15] Johannes und Elias: Burce-Ilar. 318; Petr. Mart. 323; Ans. Alex. 311 (zugrunde liegt Lk 1, 17). – Johannes als Teufel: Bonac. Manif. 777; Ermeng. Tract. 1242; Ebr. Beth. 1554; Petr. Sarn. 1, 10 27; Burce-Ilar. 318; Petr. Mart. 324; Georg. Disp. 1724; Monet. Crem. 227 ff.; Act. Inq. Tolos. 1245, *Douais*, Toulouse 152, Documents 2, 93 103 112; Rain. Sacc. 76; Brev. summ. 126; *Molinier*, Rapport 285; *Döllinger* 2, 155; Act. Inq. Taurin. 1388, *Amati* 2, 52; *Manuel* 82. Daß der Heilige Geist durch ihn „wie durch eine Trompete hindurch", ohne sein eigenes Zutun, geredet habe, sagen die Katharer bei Haer. Cath. 311 f. – Die Handhabe für diese Einschätzung des Johannes bot Mt 11, 11, freilich nur bei gründlichem Mißverständnis der Stelle.

[16] Rain. Sacc. 75 über Johann von Lugio. – Die Sinnesänderung der Gemäßigten meldet Rain. Sacc. 76. Schon vorher ist der Täufer anerkannt bei Petr.

Mart. 323; Monet. Crem. 231. Die gleichsinnige Stelle bei Brev. summ. 124 hat *Dondaine*, Lombardie 300 als Verwechslung mit dem Evangelisten Johannes erwiesen.

[17] Dennoch haben auch Radikale Johannes den Täufer schließlich gutgeheißen: im Rit. prov. 476 wird er sogar in positivem Sinn zitiert, was *Guiraud*, Inquisition 1, 126 sich nicht erklären konnte; und die letzten Katharer in Südfrankreich haben sich sogar als Nachahmer Johannes' des Täufers bezeichnet (*Vidal*, Doctrine 398).

[18] Einige Polemiker haben gemeint, die Katharer hätten Teile des Neuen Testamentes abgelehnt, so Gaufred. Vosiens. Chron. a. 1181, *Bouquet* 12, 449; Radulf. Ardens, MPL 155, 2011 (der sich dabei auf Isidor v. Sevilla, Etym. VIII, 5,31 stützt); Innozenz III. Ep. III, 23, MPL 214, 904. Die späteren Inquisitoren wissen nichts davon; es ist deshalb wenig wahrscheinlich, daß diese sämtlich nur aus der Ferne orientierten Zeugen gerade in der Zeit, wo die Katharer die evangelische Lebensweise noch besonders betonten, das Rechte gesehen haben. Um nur wenige Zeugen zu nennen: Rad. Cogg. a. 1200, S. 124: *Nullas sacras scripturas recipiunt nisi evangelia et epistolas canonicas;* Rit. prov. 478: *cove vos tenir totz los comandamentz de Christ e del Novel Testament a vostre poder.*

[19] Dies hat annähernd schon *Douais*, Somme 30f., beobachtet. Es ist allerdings auffällig, daß gerade in den Anfängen, in der ersten Begeisterung, das Neue Testament im Mittelpunkt steht; doch hoffe ich oben (S. 74ff.) die Gründe dafür so dargelegt zu haben, daß man nicht mehr mit *Morghen*, Medioevo 268, „con evidenza palmare" das Neue Testament als „la principale fonte d'ispirazione di tutto il pensiero ereticale" ansehen wird.

[20] Zur ‚Visio Isaiae' bei den Bogomilen vgl. *Puech – Vaillant* 130f. Bei den radikalen Katharern ist ihre Verwendung bezeugt durch Jac. Cap., *Döllinger* 2, 276; Monet. Crem. 218. – Zur ‚Interrogatio Johannis' vgl. *Dondaine*, Manuel 94; über beide Apokryphen ausführlicher oben S. 22. – Zurückzuweisen ist mit *Dondaine*, Sources 465ff., der Versuch von *Roché* 14f., neben diesen Schriften noch andere Werke, z. B. die Legende von Barlaam und Josaphat, als katharische Autoritäten anzunehmen, von deren Verwendung bei den Katharern wir nicht die geringste direkte Kunde haben. Von Gewicht ist dagegen die Entdeckung von *F. P. Badham – F. C. Conybeare*, Fragments of an ancient (? Egyptian) Gospel used by the Cathars of Albi, in: The Hibbert Journal 11 (1913) S. 805–818, wo die Aussagen über Wilhelm Belibasta bei *Döllinger* 2, 239ff. in manchen Einzelheiten, die nicht in den kanonischen Evangelien enthalten sind, auf ein verlorenes apokryphes Evangelium zurückgeführt werden. Doch müßte die Untersuchung dieser Zusammenhänge wesentlich sorgfältiger noch einmal aufgenommen werden.

[21] Zitat nach Ans. Alex. 311 319. Über die Auswertung der ‚Visio Isaiae' vgl. *Molinier*, Traité 233. Über die kaum hervortretende Rolle der Apokryphen bei der innerkatharischen Diskussion vgl. *Dondaine*, Liber 50.

[22] Ans. Alex. 311 berichtet von der Reform des Desiderius.

[23] Zur Weiterverwendung von Apokryphen vgl. o. A. 20. – In den Act. Inq.

Bonon. 1299, *Aldrovandi* 280, liest man: „O Ihr Dummköpfe! Jeder kann in ein Buch schreiben, was er will; und der das Evangelium schrieb, konnte auch schreiben, was er wollte." Limosus Niger meint 1326 in Carcassonne, Moses und Christus seien beide unvollkommene Menschen gewesen und ihre Lehre sei nur eine *lex*, keine *religio* (*Alphandéry*, Averroisme 135 f.). – Die von *Molinier*, Traité 233, angenommene Vorliebe der Katharer für die Apokalypse trifft erst für die allerletzten Katharer zu; vgl. Act. Inq. Taurin. 1388, *Amati* 2, 60.

## 4. Der Engel Christus

[1] Cosm. Presb. 67 69 84; dazu *Puech – Vaillant* 208. Ob hier schon, wie *Schmaus* 280 vermutet, Christi Körperlichkeit geleugnet wird („Doketismus'), ist kaum zu entscheiden. Man möchte eher annehmen, daß die ersten Bogomilen das ganze Problem noch nicht durchdacht haben.

[2] Darüber *Puech – Vaillant* 207; *Söderberg*, Cathares 182. Die dort angeführte Gleichsetzung Christi mit dem Erzengel Michael ist von den Katharern nicht mehr übernommen worden. – Zur Geburt durch das Ohr, durch Monet. Crem. 232; Ans. Alex. 311 auch von den Katharern bezeugt, vgl. neben den genannten Forschern auch *E. Jones*, Die Empfängnis der Jungfrau Maria durch das Ohr, in: Jahrbuch der Psychoanalyse 6 (1914) S. 135–204, wo die Geschichte dieses Glaubens von Augustin bis Agobard von Lyon und bis zur Malerei der Renaissance verfolgt, allerdings auch eine sehr sonderbare Theorie seiner psychologischen Wurzeln gegeben wird. Auf jüdische Parallelvorstellungen verweist *Newman* 176.

[3] Für die gemäßigte Vorstellung vgl. Int. Joh. 304 (auch hier die Geburt durch das Ohr); *Puech – Vaillant* 344 zum Jahr 1211.

[4] Die Aussagen über die in Orléans vertretenen Lehren sind nur negativ (z. B. Gest. Synod. Aurel., *Bouquet* 10, 537) und lassen über die positive Christologie dieser Ketzer kaum etwas erkennen. – Zu Monteforte s. o. S. 67. Die Vorstellung, daß Christus die allgemeine Menschenseele darstelle, wie sie von *Söderberg*, Cathares 186 ff., geschildert wurde, ist wohl nicht mit der Anschauung dieser Ketzer gleichzusetzen, da sie in Monteforte nicht, wie sonst üblich, mit der Auffassung Christi als Engel verbunden ist.

[5] Im 11. Jahrhundert haben die Dialektiker auch sonst Christi leibliche Geburt mit rationalen Argumenten bezweifelt (s. *Geyer* 185); auch bei den Ketzern von Soissons (1114) geht diese Ansicht auf rationalistische Gründe zurück (Guib. Novig. III c. 17, S. 212). Eher als aus freier Bibelinterpretation, wie *Morghen*, Medioevo 266, meint, erwächst der Doketismus aus dem Rationalismus.

[6] Zur gemäßigten Lehre: Ecb. Schon. 94 f.; Bonac. Manif. 777; Haer. Cath. 311 und, darauf fußend, Burce-Ilar. 314; Brev. summ. 125; ferner Monet. Crem. 248; Rain. Sacc. 76 f. – Die radikalen Ansichten über Christus als Engel und sein *corpus phantasticum* bezeugen: Gaufred. Vosiens. Chron. a. 1181, *Bouquet* 12, 449; Bonac. Manif. 777; Ermeng. Tract. 1243; Joach. Apoc. 133 r; Alan. Ins. 321 ff.; Haer. Cath. 311; Burce-Ilar. 313 327; Petr. Mart. 304 324;

Georg. Disp. 1705; Jac. Cap., *Döllinger* 2,278; Monet. Crem. 247 260; Lib. princ. 103; Rain. Sacc. 71; *Douais,* Somme 49, Documents 2, 93; *Döllinger* 2, 192 322; Act. Inq. Trevis. 1297, *Picotti* 264; *Limborch* 92. – Das Zitat nach Burce-Ilar. 313. – Maria als Engel: Alan. Ins. 355; *Ristori* 17; Georg. Disp. 1722; Monet. Crem. 232; Act. Inq. Florent. 1244, *Lami* 2,552; Rain. Sacc. 71 76; Brev. summ. 119; *Molinier,* Traité 238; Act. Inq. Carcass. 1278 ff., *Germain* 302; Act. Inq. Mediol. 1295, *Fumi,* Milano 196. – Der Engel *Marinus:* Petr. Mart. 323; wohl auch *Douais,* Somme 84 (*angelus marritus,* aber ein verheirateter Engel ist auch nach katharischer Auffassung ein Unding). – Rückführung des Engelleibes in den Himmel: Petr. Mart. 324; Act. Inq. Florent., 1244, *Lami* 2, 552; Brev. summ. 118; Ans. Alex. 311 313. – Die katharische Umbenennung Marias in Marinus schließt sich wohl an die im Abendland weitverbreitete Legende von der Mönchs-Jungfrau Marina an, die in ihrer Verkleidung den Namen Marinus trug; vgl. *H. Günter,* Legenden-Studien, Köln 1906, S. 128 f.

[7] Christus als Mensch: Alan. Ins. 334; *Compayré* 228; Burce-Ilar. 294; Petr. Mart. 321; Guill. Podiol. 127; Act. Inq. Carcass. 1326, *Alphandéry,* Averroisme 134 f.; Act. Inq. Taurin. 1388, *Manuel* 78. – Christus nur in einer Natur: Petr. Mart. 321.

[8] Zitat aus Brev. summ. 125. – Irdisch und überirdisch zugleich: *Lacombe* 140; Rain. Sacc. 71 77; *Döllinger* 2, 232. – Die beiden Geister: vielleicht schon bogomilisch (s. *Mansi* 22, 554); sonst Petr. Mart. 324. – Christi Schuld: Burce-Ilar. 228 321 327; Rain. Sacc. 74; *Molinier,* Rapport 286. S. u. A. 16.

[9] Petr. Sarn. 1, 11 92; Rain. Sacc. 75. *Schmidt* 2, 38 hat gefragt, warum Christus denn in der höheren Welt gekreuzigt worden sei, die doch nichts Böses enthalte. Doch ist diese höhere Welt der Kampfplatz zwischen Gut und Böse, nicht schon der Himmel. Über diese Lehre Johanns von Lugio s. Lib. princ. 99 ff.

[10] Ans. Alex. 311.

[11] Zur Auferstehung: Petr. Mart. 322. Noch um 1270 lehnen die südfranzösischen Katharer die Zumutung ab, daß Jesus, der Gott, wirklich auf die Erde gekommen sei (zitiert *Guiraud,* Inquisition 1,70); aber im 14. Jahrhundert sprechen sie schon von Christus als dem *deus qui fuit positus in cruce* (zitiert *Guiraud,* Cartulaire 52). – Maria unbefleckt empfangen: Bonac. Manif. 777 (mit der Textverbesserung von *Ilarino,* Bonacursus 297); Jac. Cap., *Döllinger* 2,277; Monet. Crem. 223. Schon *Schmidt* 2, 42 hat die nahe Parallelität zur katholischen Lehre bemerkt. – Nicht überzeugend ist indes die Darstellung der katharischen Christologie bei *Guiraud,* Inquisition 1, 66 ff.: daß Christus durch Adoption Gott geworden sei, ist nicht katharisch. Bezeugt ist nur, daß Christus, ein *minor angelus,* der *baiulus Dei,* von Gott *tanquam filius* adoptiert worden sei (Burce-Ilar. 321; *Döllinger* 2,33). Der Glaube an Christi Göttlichkeit ist ausschließlich katholischen Einflüssen zuzuschreiben.

[12] Cosm. Presb. 60. Ich glaube nicht wie *Puech – Vaillant* 205, daß diese Nachricht eine Übertreibung des Berichterstatters ist. Wenn den ersten Bogomilen

das Kreuz als Satans Werkzeug erschien (s. u. III, 10 A. 24), muß die Kreuzigung Satans Werk und Satans Sieg über Christus sein.

[13] Int. Joh. 304: *Ideo misit me pater meus in mundum istum, ut manifestem nomen meum hominibus et ut cognoscant eum et malitiosum diabolum.* Vgl. sonst *Söderberg,* Cathares 192 ff.

[14] Dazu Haer. Cath. 309; Jac. Cap., *Molinier,* Rapport 281; Brev. summ. 118; *Döllinger* 2, 33 321.

[15] Glaube an die Wunder bei den Gemäßigten: Burce-Ilar. 310; Monet. Crem. 220; Ans. Alex. 311; doch hält der Gemäßigte Nazarius, wie die Radikalen, die Wunder nicht für wirklich (Ans. Alex. 311). – Für die Radikalen vgl. Burce-Ilar. 310; Georg. Disp. 1750; Monet. Crem. 248; Rain. Sacc. 71; *Döllinger* 2, 325; nach Brev. summ. 121 hätte Christus mit seinen Wundern nur Spielereien vorgezaubert *ad modum illusorum, quasi de avi sub capello.*

[16] Die Sünde Christi: Burce-Ilar. 321; s. o. A. 8. Genauer ist sie angegeben bei Act. Inq. Carcass. 1326, *Alphandéry,* Averroisme 136: auch seine Kreuzigung ist Sühne für seine Sünden, die er in früheren Inkarnationen begangen hat. – *Lami* 2, 556: *Christus non venit nisi ad salvandum fratres.* Denn es ist allgemeiner Glaube der Katharer, daß vor Christi Erdenfahrt keiner von den gefallenen Engeln gerettet werden konnte (Alan. Ins. 319; *Lacombe* 140; Brev. summ. 126 131; *Döllinger* 2, 322). Nicht der Kreuzestod bringt die Erlösung, sondern nur die Anwesenheit Christi: So sind die Seelen von Adam und Eva durch die Körper gewandert; als sie in der Gestalt von Simeon und Anna das Christuskind erblickten, wurden sie gerettet (Petr. Mart. 325). Daß vor Christi Ankunft niemand in den Himmel kam, ist auch katholische Auffassung, vgl. etwa Dante, Div. Comm. Inf. IV 62 f. – Der mit Christus gekommene Engel Maria wird bei den späten Radikalen als ‚die Kirche‘ gedeutet (*Döllinger* 2, 168; Gui Manuel 14; *Limborch* 92).

[17] Gleichzeitige Kreuzigung Christi und Satans: Burce-Ilar. 355. – Kreuzigung in den sieben Himmeln: Petr. Mart. 324.

[18] Zeugen sind die meisten der oben A. 6 genannten Quellenstellen.

[19] Ein Räuber: *Dulaurier* 110; Petr. Mart. 324; Act. Inq. Tolos. 1245, *Douais,* Toulouse 152; demgemäß glauben die Katharer, daß auch der rechte Schächer in die Hölle kam (Bonac. Manif. 777; Georg. Disp. 1748). – Ein Teufel: Georg. Disp. 1748. – Petr. Mart. 324 hat völlig zu Recht darauf verwiesen, daß die *Saraceni* dasselbe lehrten: In der Tat behauptet auch der Koran (IV 156), an Christi Stelle sei ein anderer gekreuzigt worden (s. *Geyer* 297).

[20] Zu Desiderius: Ans. Alex. 311.

[21] Diese Formulierung nach *Guiraud,* Cartulaire 53. – *Schmidt* 2, 38 hat auf die Frage, welchen Sinn Christi Leiden und Sterben in katharischer Sicht habe, keine Antwort finden können. Deutlicher läßt sich die Divergenz von Katharismus und abendländischer Nachfolge Christi nirgends erkennen.

[22] Als Prophet wird Christus bezeichnet bei Act. Inq. Carcass. 1326, *Alphandéry,* Averroisme 134 f. – Das Zitat aus Brev. summ. 125.

## 5. Erlösung und Ende

[1] Nach Cosm. Presb. 77 56 halten sich die ersten Bogomilen für Himmelsbewohner und geben an, sie wüßten vorher, was dereinst im Himmel geschehen wird. Diese beiden Angaben lassen vermuten, daß schon damals ein Mythos ausgebildet war, der in die gleiche Richtung wies wie die späteren Erzählungen.

[2] Die gemäßigten Lehren nach Int. Joh. 303; das Zitat nach Burce-Ilar. 341. – Es sei darauf verwiesen, daß das Bild von den Kerzen für die Seelenwanderung in den buddhistischen Schriften überaus häufig vorkommt.

[3] Über diese nur hypothetisch zu erschließende radikale Lehre vgl. o. II, 2 A. 24. In diesem Falle ist der Schluß von der katharischen Lehre des 12. Jahrhunderts auf die bogomilische Ansicht des 12. Jahrhunderts um so eher erlaubt, als auch auf bogomilischer Seite Indizien dafür vorliegen, daß die Vorstellung von der Seelenwanderung in Byzanz in das bogomilische Denken eindrang.

[4] Darüber *Puech – Vaillant* 255 ff.

[5] Die gemäßigte Auffassung der Seelenwanderung *ex traduce,* der sog. Traduzianismus, findet sich bei Haer. Cath. 310 und nach diesem Vorbild bei Brev. summ. 124; ferner bei Burce-Ilar. 294 314 341; Petr. Mart. 327; Jac. Cap., *Döllinger* 2, 276; Monet. Crem. 6 110 129; Rain. Sacc. 76. – Zur Vorgeschichte dieser Anschauung vgl. *Schmidt* 2, 71; *Söderberg,* Cathares 154; sie ist, auf Joh 3, 6 gestützt, auch im Abendland seit Augustin (s. *Wulf* 1, 97) und bis ins Mittelalter (s. *Geyer* 238) immer wieder aufgetreten. Nach katholischer Auffassung sind nicht die *spiritus,* wohl aber die *corpora ex traduce* entstanden (vgl. *Douais,* Somme 78). – Zeugung bis zum Weltende: Haer. Cath. 311; Jac. Cap., *Döllinger* 2, 276; Ans. Alex. 311. – Das Vorparadies: Alan. Ins. 320; Luc. Tud. 196; Petr. Mart. 304 327; Monet. Crem. 4; Rain. Sacc. 77; Ans. Alex. 311; *Döllinger* 2, 143 179 321; Act. Inq. Taurin. 1387, *Amati* 1, 40 f. – Auch die radikalen Katharer übernehmen diese Gedanken: Petr. Mart. 327; *Molinier,* Muratori 203; *Vidal,* Doctrine 406. – Die ‚Warteraum'-Vorstellung ist in den Visionen seit dem 9. Jahrhundert häufig; vgl. *C. Fritzsche,* Die lateinischen Visionen des Mittelalters bis zur Mitte des 12. Jahrhunderts, in: Romanische Forschungen 2 (1886) S. 247–279; 3 (1887) S. 337–369, vor allem S. 279 357 360; vgl. auch *Bächtold* 6, 1445 ff.

[6] Die radikale Ansicht steht bei Alan. Ins. 316; Haer. Cath. 310; Burce-Ilar. 313 335; Jac. Cap., *Döllinger* 2, 277; Rain. Sacc. 71. – Die Erlösung der ‚Vollendeten': Petr. Sarn. 1, 15 f. – Wanderung der übrigen: Haer. Cath. 310; Petr. Mart. 327; Act. Inq. Tolos. 1245 ff., *Douais,* Toulouse 152, Documents 2, 100; *Molinier,* Rapport 285; *Döllinger* 2, 31; Gui Manuel 18; *Limborch* 84; Act. Inq. Carcass. 1326; *Alphandéry,* Averroisme 136. – Die Buße für die Sünde im Himmel wird besonders von den Radikalen betont, z.B. bei Alan. Ins. 317; Petr. Sarn. 1, 13; Haer. Cath. 310; *Döllinger* 2, 283; vgl. auch das Zitat bei *Guiraud,* Cartulaire 66.

[7] Die Seelenwanderung *secundum meritum:* Caes. Heist. V c. 21, *Strange* 1, 301; Act. Inq. Tolos. 1245, *Douais,* Toulouse 152; *Döllinger* 2, 151 174.

[8] Der Arme: *Döllinger* 2, 23 f. – Die Geschichte vom Hufeisen wird mehrfach erzählt; offenbar war sie ein Hauptargument für die Seelenwanderung: *Döllinger* 2, 153 175 207 217. Übrigens verlieren nach Tiroler Volksglauben auch die in Teufelsrösser verwandelten Pfarrköchinnen Hufeisen (*Bächtold* 4, 442). – Andere volkstümliche Geschichten über die Seelenwanderung, die in südfranzösischen Volkssagen lebendig blieben, registriert *Cazeau-Varagnac* 14. Daß einem Schlafenden seine Seele in Form einer Eidechse aus dem Munde geschlüpft sei *(Döllinger* 2, 219), ist ein uralter, bis Ostindien hin verbreiteter Stoff (*Bächtold* 2, 675).

[9] Zu diesem Streit, der nicht klar nach den katharischen ‚Konfessionen‘ getrennt entschieden wird, vgl. eine Randnotiz zu Int. Joh. 310; Caes. Heist. V c. 21, *Strange* 1, 301; Petr. Mart. 327 331; Petr. Sarn. 3, 5 (nur in der französischen Übersetzung des 13. Jahrhunderts); Act. Inq. Taurin. 1388, *Amati* 2, 51; *Manuel* 82. Die Vertreter der Seelenwanderung durch Tiere behalten dabei, je später je mehr, die Oberhand. – Vgl. o. III, 1 A. 25 über die Gleichung Seele = Blut.

[10] Diese Auffassung bezeugen Haer. Cath. 310; *Limborch* 84.

[11] Sieben oder neun: Petr. Sarn. 1, 13; *Döllinger* 2, 234. – Acht oder sechzehn: Alan. Ins. 316 f.; *Döllinger* 2, 283. Der Apostel Paulus hätte nach *Döllinger* 2, 208 dreizehn, nach *Döllinger* 2, 32 gar zweiunddreißig Körper durchwandert. Die letztere Zahl ist sichtlich eine Analogie nach Christi 32 verborgenen Jahren (vgl. o. III, 1 A. 11); die erstere Angabe kann ich nur hypothetisch deuten: Nach 2 Kor 12, 2 war Paulus 14 Jahre vor der Niederschrift des Briefes im Himmel; vielleicht hielten die Katharer jedes danach verflossene Jahr für eine neue Metempsychose. – Mehr als hundert: *Döllinger* 2, 32. Dies ist, von der katharischen Kosmologie aus gesehen, der konsequenteste Standpunkt; denn die Engelseele ist doch (vgl. o. III, 1 A. 18) schon vor 5000 Jahren vom Himmel gefallen und seither ständig irgendwo verkörpert gewesen.

[12] So *Döllinger* 2, 151 und ähnlich noch Act. Inq. Taurin. 1388, *Amati* 2, 51; *Manuel* 82.

[13] Ans. Alex. 312. Auch diese Vorstellung von den Luftteufeln ist alt; schon das 8. Jahrhundert kennt sie (MGH. Epp. 3, 404).

[14] Radikale Stimmen: Haer. Cath. 309; Burce-Ilar. 310; Petr. Mart. 327; Georg. Disp. 1757; Monet. Crem. 44; Act. Inq. Tolos. 1247, *Douais*, Documents 2, 100 („Wenn er den Gott zu fassen bekäme, der unter tausend Menschen, die er schuf, einen rettet und alle anderen verdammt, wollte er ihn zerkratzen und zerreißen mit Nägeln und Zähnen wie einen Verräter ... und ihm ins Gesicht speien"); Rain. Sacc. 71; *Döllinger* 2, 31; Act. Inq. Bonon. 1296, *Aldrovandi* 248. – Zur gemäßigten Meinung vgl. Haer. Cath. 311; Jac. Cap., *Döllinger* 2, 276; Brev. summ. 129; *Döllinger* 2, 612. – Man muß zum Verständnis dieser Lehren im Auge behalten, daß nach katholischer Auffassung die Zahl der Verdammten die der Auserwählten weit überwiegt, z. B. im Verhältnis 1000 : 3 (vgl. *Coulton*, Inquisition 18; *Bühler* 64). Das generelle Urteil von *Roché* 23 über die milde katharische und die unbarmherzige katholische Einstellung in

diesem Punkt ist also nicht in dieser Schärfe berechtigt. Selbst nach radikaler Auffassung gibt es nur 144 000 gute Engel (Act. Inq. Carcass. 1305, *Döllinger* 2, 31, natürlich nach Offb 14, 1).

[15] Cosm. Presb. 56; vgl. o. A. 1.

[16] Int. Joh. 306 ff.; dazu *Puech – Vaillant* 211 ff.

[17] Dazu *Obolensky* 181 f.

[18] Darüber *Puech – Vaillant* 212; *Obolensky* 181 f.

[19] Darüber im einzelnen oben S. 66 ff.

[20] So Everw. Steinf. 679; Bernh. Serm. 1100; Ecb. Schon. 55; Rad. Cogg. a. 1200, S. 124. Angesichts dieser Mehrzahl von Zeugen wird man hier nicht wie *Schmidt* 2, 46 von einem Versehen der Berichterstatter sprechen können. Später begegnet dieselbe Lehre bei den Waldensern (Dav. Augsb. 208). – Die damit verbundene Leugnung des Fegefeuers ist länger beibehalten worden: Everw. Steinf. 679; Bernh. Serm. 1100; Ecb. Schon. 15 55 f.; Luc. Tud. 198; Georg. Disp. 1733; Monet. Crem. 371; Act. Inq. Taurin. 1387, *Amati* 1, 18 39; *Manuel* 78.

[21] Act. Inq. Tolos. 1247, *Douais,* Documents 2, 93 bringt das Zitat; die Leugnung der Auferstehung ist sonst bezeugt von Hug. Roth. 1285; Gervas. Dorobern. Chron. a. 1177, *Bouquet* 13, 140; Ermeng. Tract. 1266; Ebr. Beth. 1526; Alan. Ins. 325; *Compayré* 228; Haer. Cath. 312; Petr. Sarn. 1, 13; Caes. Heist. V c. 21, *Strange* 1, 300; Burce-Ilar. 339; Petr. Mart. 327; Georg. Disp. 1736; Monet. Crem. 348; Izarn. Sic. 251; Act. Inq. Tolos. 1245, *Douais,* Toulouse 151 f.; Rain. Sacc. 64; *Döllinger* 2, 197 294 323; Act. Inq. Carcass. 1270 ff., *Germain* 302 f.; Act. Inq. Veron. 1305, *Cipolla,* Paterenismo 275; *Limborch* 37; Act. Inq. Taurin. 1388, *Amati* 2, 52, *Manuel* 82. Nur Limosus Niger macht eine Ausnahme, denn er glaubt, daß die Seele nach dem Jüngsten Gericht mit einem verjüngten Körper wieder vereinigt werde (Act. Inq. Carcass. 1326, *Alphandéry,* Averroisme 137).

[22] So *Döllinger* 2, 194, während Dante, Div. Comm. Purg. XXVII 51, die Hitze des Fegefeuers für *sanza metro* hielt.

[23] Darüber *Döllinger* 2, 166 177; nach anderen dauert der Zug nur drei Tage (*Vidal,* Doctrine 406), wohl je nachdem, ob man (wie Int. Joh. 298 ff. und noch *Döllinger* 2, 321) noch an sieben Himmel, oder mit der Bibel (2 Kor 12, 2) und dem Mittelalter (z. B. Caes. Heist. VII c. 20, *Strange* 2, 27) schon an drei Himmel glaubte. – Die Zahl von achtzehn Engeln läßt vermuten, daß die Katharer hier endlich doch (s. o. III, 1 A. 12) die Neunzahl der Engel-Ordines übernommen haben.

[24] *Döllinger* 2, 31 33 167; dazu *Vidal,* Doctrine 372.

[25] Die Vorstellung von den zurückgelassenen Kronen usw. geht auf Int. Joh. 299 zurück und begegnet z. B. bei Burce-Ilar. 319. Diese Wiedervereinigung nennen die Katharer ‚Auferstehung‘ nach Haer. Cath. 309; Burce-Ilar. 313 319; Monet. Crem. 353; Rain. Sacc. 75; Brev. summ. 119; Act. Inq. Carcass. 1305, *Schmidt* 2, 50.

[26] Zitat nach Georg. Disp. 1748. Sonst gilt die Erde als die einzige Hölle nach Burce-Ilar. 313; Petr. Mart. 328; Monet. Crem. 379 ff.; Rain. Sacc. 72; *Döllin-*

*ger* 2, 327; Act. Inq. Carcass. 1326, *Alphandéry*, Averroisme 136; Act. Inq. Taurin. 1388, *Amati* 2, 51.

[27] Zur gemäßigten Auffassung: Die Erde wird vernichtet nach Petr. Mart. 328; *Döllinger* 2, 152; *Vidal*, Doctrine 408. Die Vorstellung vom Weltbrand ist zwar vielleicht persischen Ursprungs (*Chantepie*, 1, 110), aber vor allem – vgl. Mt 13, 40 – auch christlich (so *Bächtold* 2, 993). – Ausbau zur Feuerhölle: Burce-Ilar. 313; Petr. Mart. 328; Monet. Crem. 379 ff.; Rain. Sacc. 72; *Döllinger* 2, 213 327. – Zerfall in die Elemente: Petr. Mart. 328; Monet. Crem. 382; Ans. Alex. 311.

[28] Ewiger Kreislauf: Petr. Mart. 328; *Döllinger* 2, 179. – Rettung der Bösen: Brev. summ. 128 (*animae creatae a diabolo ... non damnabuntur aeternaliter*); *Döllinger* 2, 295; Act. Inq. Bonon. 1299, *Aldrovandi* 276. – Über Judas und die Juden: *Douais*, Somme 105; *Vidal*, Doctrine 407; Act. Inq. Bonon. 1296, *Aldrovandi* 248 f. Auch nach Dante, Div. Comm. Inf. XXXIV 62 büßt Judas zuunterst in der Hölle.

## 6. Die Moral

[1] Der enge Zusammenhang von katharischer Dogmatik und Morallehre ist geleugnet worden von *Vidal*, Doctrine 5; betont wurde er von *Guiraud*, Inquisition 1, 79. Beide Meinungen haben recht, je nachdem man die Praxis oder die Theorie der Moral hervorhebt.

[2] Der Engelfall als Erbsünde: Brev. summ. 127 f.; im gleichen Sinn die Forschung: *Schmidt* 2, 80; *Lacger*, Albigeois 295; *Belperron* 69. – Die Quellen fließen für den ganzen Problemkreis nur sehr spärlich.

[3] Brev. summ. 127: *peccatum esse substantiam per se, vel spiritum qui suggerit hominibus malum opus*. *Schmidt* 2, 79 hat also nicht ganz zu Recht auf das Fehlen katharischer Definitionen verwiesen.

[4] Zitat aus *Troeltsch* 363. Die Definitionen nach *Puech – Vaillant* 261; *Schmidt* 2, 79; *Döllinger* 1, 233; *Alphandéry*, Morale 90; *Cazeau-Varagnac* 11. Es sei daran erinnert, daß auch die katholische Theologie des 12. Jahrhunderts die Sünde mehr von ihrer physischen als ihrer moralischen Seite betrachtet (vgl. *Landgraf* 1, 99).

[5] Georg. Disp. 1733; dazu *Schmidt* 2, 81. Die Leugnung des Fegefeuers (s. o. III, 5 A. 20) ist dann eine notwendige Folge.

[6] Dieser Zug ist ausnahmsweise ausgiebig bezeugt: AASS. Mai 5, 2, 86 ff.; Luc. Tud. 197; Burce-Ilar. 320 338; Petr. Mart. 299 329; Georg. Disp. 1733; Monet. Crem. 120 355 383; Rain. Sacc. 66; Brev. summ. 127; *Douais*, Somme 68 109; *Molinier*, Rapport 283 f.; *Döllinger* 2, 294 325 f. Es sind nicht nur, wie man meist liest, die Gemäßigten, die diese Grundsätze vertreten.

[7] Hierfür vgl. Lib. princ. 139 f.; auch *Vidal*, Doctrine 395. Das Zeugnis von Lib. princ. dürfte zur Evidenz die Meinung von *Neander* 5, 2, 765 f.; *Morghen*, Medioevo 265, widerlegen, die Katharer seien voluntaristisch gewesen. Der unfreie Wille wird aus Bibelstellen wie Röm 9, 16; 1 Kor 3, 7; Phil 2, 13 herausgelesen (Monet. Crem. 5 36 62 f.). Doch s. u. A. 12.

[8] Reue nur für den Engelfall: Petr. Mart. 329 f., *Döllinger* 2, 326, sonst Alan. Ins. 352; Burce-Ilar. 336 über die Katharer: *non videtur, quod cum lacrimis intrinsecis et extrinsecis poeniteat vos peccatorum vestrorum;* ähnlich Rain. Sacc. 66: *non vidi aliquem ex eis … ostendere se tristem de peccatis suis.* – Zur Gnadenlehre vgl. *Döllinger* 2, 236: *timent, utrum sint de angelis, qui ceciderunt, quos haeretici dicunt praedestinatos ad vitam;* sonst vgl. Georg. Disp. 1756 f.; Monet. Crem. 549. Daß die Gnade durch die Handauflegung gegeben wird und daß ohne diese die Reue sinnlos ist, sagt Petr. Mart. 330 f.; *Döllinger* 2, 322. – Auch in der Frühscholastik wird die Gnade öfter eng mit der Erwählung verknüpft (vgl. *Landgraf* 1, 152 f. 159).

[9] Ecb. Schon. 93; Ebr. Beth. 1558 f. (hier steht in der katholischen Entgegnung eine der zahlreichen vorlutherischen Stellen, die die Rechtfertigung *sola fide* betonen); ausdrücklich noch Brev. summ. 126: *Dicunt etiam quod sola fide non potest homo salvari in aliquo casu.*

[10] Ecb. Schon. 68; Monet. Crem. 306; noch *Molinier*, Rapport 284: *Opera autem nulla faciunt ad satisfaciendum.* Die Rechtfertigung ohne Werke hatte zuvor besonders Peter von Bruis verfochten (s. *Reagan* 91), ähnlich auch Abälard (s. *Geyer* 224) und wieder Speroni (s. *Ilarino*, Speroni 382).

[11] Bei Burce-Ilar. 323 sagen die Katharer: *Fide et opere oportet non salvos fieri.*

[12] So vor allem die Gemäßigten: Petr. Mart. 327 f., während die Radikalen meist darauf beharren, daß man am Ende *in pristinum statum* eingesetzt werde, unabhängig vom *meritum* (Rain. Sacc. 66; *Molinier*, Rapport 284). – Dazu gehört, ebenfalls vorwiegend bei den Gemäßigten, die Anerkennung des freien Willens (Monet. Crem. 6); doch spricht auch das radikale Rit. prov. 471 von Sünden, die man mit Willen und ohne Willen getan habe, *e plus per la nostra volontat, la qual denant nos aportan les malignes esperitz en las carns que vestem;* der freie Wille ist also nur verklausuliert zugegeben. Vgl. auch *Vidal,* Doctrine 17. – Auch die Anerkennung eines Unterschieds zwischen läßlichen und Todsünden (s. Ans. Alex. 315) ist eine notwendige Folgerung.

[13] Petr. Mart. 330; Brev. summ. 119. Auch hierin scheinen die Gemäßigten vorangegangen zu sein.

[14] Im einzelnen vgl. dafür oben S. 84 f. – Der Ausdruck ‚Sekte' wird übrigens meistens zu eng gefaßt, wenn man sie als eine kleine religiöse Gruppe, Ordnung von Personen und Ordnung des Geistes, der ‚Kirche' als einer objektiven Rechtsordnung für die Massen gegenüberstellt, wie es geschieht bei *Alphandéry,* Type 354; *Troeltsch* 362; *Chantepie* 1, 98 f.; *C. Mayer,* Sekte und Kirche. Ein religionssoziologischer Versuch (Heidelberger Studien aus dem Institut für Sozial- und Staatswissenschaften III 6), Heidelberg 1933; *G. Mensching,* Soziologie der Religion, Bonn 1947, S. 193 ff. Wie weit dieser Begriff für die Neuzeit zutrifft, ist hier nicht zu untersuchen; für das Mittelalter, das sich auf Apg 24, 5 stützt, bedeutet *secta* jede Sondergruppe, angefangen bei einer Räuberbande (Ann. Ceccan. a. 1186, MGH. SS. 19, 287) bis zu den Guelfen und Ghibellinen (eine Handschriftenvariante im ‚Memoriale' des Alexander von Roes, c. 29); und wo man den ursprünglichen religiösen Sinn beibehält, denkt man keineswegs an religiöse Subjektivisten, sondern an alle Nichtchristen, von den

271

Mohammedanern (Joach. Apoc. 134 r) bis zu den lauen Christen (Dante, Div. Comm. Inf. III 62). So kann also sehr wohl eine Sekte zugleich eine Kirche sein.

[15] Darüber s. o. S. 79 und 82 f.

[16] Pseud. Rain. 264 führt zehn Gebote auf, nämlich die sieben Todsünden und dazu *mendacium, iuramentum* und *detractio;* es wird sich wohl ein katholisches Vorbild dafür finden lassen. Zur Beichtordnung im einzelnen s. u. S. 148.

[17] Die ältere Auffassung, daß der Heilige Geist nur ein einziges Mal verliehen werden kann und nach erneuter Sünde nicht wiederzuerlangen ist, zeigen noch Alan. Ins. 352; Burce-Ilar. 314; Petr. Mart. 306; Monet. Crem. 274; *Döllinger* 2, 326. Von der Neuaufnahme nach einer Sünde sprechen Ermeng. Tract. 1262 f.; *Döllinger* 2, 325; doch ist anscheinend ihre Gültigkeit umstritten geblieben. – Daß nach der Sünde eines ‚Vollendeten‘ selbst die von ihm konsolierten, inzwischen gestorbenen katharischen Märtyrer aus dem Himmel fallen, bezeugen Petr. Sarn. 1, 18; Burce-Ilar. 314; Monet. Crem. 275; Izarn. Sic. 261; Rain. Sacc. 69 f.; *Döllinger* 2, 295 320 325 f. – Die Auffassung von *Döllinger* 1, 220; *Reitzenstein* 82, daß auch die Sünde eines Empfängers die Unwürdigkeit des Spenders erweise, ist nirgends bezeugt. – In der Praxis führte diese Ansicht dazu, daß man sich der Sicherheit halber von mehreren ‚Vollendeten‘ konsolieren ließ (Rain. Sacc. 70).

[18] Für die Forderungen an die späten Katharer vgl. nur Rit. prov. 474 478: *E sapiatz que el (Christ) a comandat que … hom perdone qui li fa mal, e que hom ame sei enemic, e que hom ore e benedisca als encuadors et als acusadors de si …* Und die besorgten Katholiken haben noch Berthold von Regensburg gefragt: *Bruoder Berhtolt, wie sülle wir uns vor in* (nämlich den Ketzern) *behüeten, sô lange daz sie guoten liuten sô gar glîche sint?* (Berth. Reg. 1, 405). Auch auf sexuellem Gebiet gilt das Zeugnis von Jac. Cap., *Dondaine,* Sources 479: *castissimi sunt corpore,* weit mehr als die Berichte vom Beischlaf des letzten ‚Vollendeten‘ Wilhelm Belibasta, die wohl kaum „um so kostbarer sind, je seltener sie sind“ (so *Vidal,* Doctrine 20). Die neuere Forschung von *Puech – Vaillant* 146 bis *Dondaine,* Sources 478 f. ist sich denn auch über die sittliche Reinheit der ‚Vollendeten‘ einig.

[19] Es handelt sich um den katharischen Bischof Philipp, der wohl zu Beginn des 13. Jahrhunderts grundsätzlich der Meinung war, *quod nec homo nec mulier a cingulo infra potest peccare* (Petr. Sarn. 1, 17; Ans. Alex. 310), eine Ansicht, die wir später außerhalb des Katharismus öfter wiederfinden (vgl. Pseud. Rain. 266; *Grundmann,* Bewegungen 427). Dies ist m. W. der einzige Versuch, die persönliche Reinheit im Katharismus durch die Freiheit der Auserwählten zu ersetzen. Allerdings ist auch sonst die Kirchlichkeit in den moralischen Bereich eingedrungen (s. o. S. 97); aber sie hat ihn nie überwältigt.

[20] Rain. Sacc. 66 und, davon abhängig, *Döllinger* 2, 294 f. berichten, daß es den ‚Vollendeten‘ oft leid tue, wenn sie ihre Freiheit vor ihrer Aufnahme in die Sekte nicht besser ausgenutzt hätten; *multi credentes* täten dies, vor allem durch Blutschande; *tamen aliqui ex eis … ab huiusmodi retrahuntur.* Die mei-

sten lassen sich freilich erst *in supremo mortis articulo* aufnehmen (Petr. Sarn. 1, 15), um dadurch einem Rückfall in die Sünde zu entgehen, wie dies auch in der Frühzeit der christlichen Kirche üblich war. Es liegt aber kein Grund vor, mit *Evenhuis* 57 eine eigene katharische Philosophie der Unkeuschheit oder mit *Guiraud,* Inquisition 1, 83, eine doppelte Moral der Katharer anzunehmen. Es gibt nur eine katharische Moral: *Vos cove que aziretz aquest mon e las suas obras, e las causas que de lui so* (Rit. prov. 478). Alles, was dieser Weltverachtung widerspricht, sind Zugeständnisse, nicht mehr.

[21] Zitat aus Act. Inq. Taurin. 1388, *Manuel* 81 f. Im einzelnen vgl. zur Stellung der *Credentes* in der katharischen Kirche oben S. 150 ff. – Daß die ‚Vollendeten' ihre *Credentes* zu moralisch einwandfreiem Lebenswandel anhalten, erfahren wir gelegentlich (*Vidal,* Doctrine 405).

## 7. Gebote und Gebräuche

[1] Cosm. Presb. 77; dazu *Puech – Vaillant* 134 268. Auch der Volksglaube kennt gelegentlich ähnliche Anschauungen (vgl. *Bächtold* 2, 1748). Daß hier nicht, wie *Morghen,* Libertà 453, annahm, bloße Askese, sondern radikale Weltverachtung vorliegt, glauben auch *Puech – Vaillant* 263; *Obolensky* 127.

[2] Leuthard verjagt seine Frau *quasi ex praecepto evangelico* (Rad. Glab. II c. 11, S. 49); Landulf. Sen. Hist. Mediol. II c. 27, MGH. SS. 8, 65, sagt von den Ketzern von Monteforte: *Virginitatem ... laudamus;* sonst vgl. oben S. 65 ff.

[3] Hug. Roth. 1289 1291. Dieselbe Meinung vertreten nach Everw. Steinf. 679; Bernh. Serm. 1095; Ecb. Schon. 14 noch die ersten Katharer, die auch (nach Georg. Disp. 1714) gegen die Wiederverheiratung Stellung nehmen und sich dabei (wie schon nach Ecb. Schon. 34 f.) auf die gleichlautenden Sätze des Johannes Chrysostomus berufen; letzteres ist für die Katharer, die alle Kirchenväter ablehnen, ein Unikum und erweist die abendländisch-kirchliche Herkunft der ganzen Argumentation.

[4] Das Zitat aus Dav. Augsb. 207; die Gleichstellung der Ehe mit Unzucht findet sich sonst bei Everw. Steinf. 678; Leod. Ep. 938; Bernh. Serm. 1095; Ecb. Schon. 36; Gaufred. Vosiens. Chron. a. 1181, *Bouquet* 12, 449; Ebr. Beth. 1526 1545; Radulf. Ardens, MPL 155, 2011; Alan. Ins. 366; Petr. Sarn. 1, 17; Caes. Heist. Homil. 210, *Hilka* 1, 150; Burce-Ilar. 309; Georg. Disp. 1712; Act. Inq. Tolos. 1245, *Douais,* Toulouse 152, Somme 96; Rain. Sacc. 64; Pseud. Rain. 272; Berth. Reg. 1, 406; *Döllinger* 2, 23 198; *Limborch* 84 159 178 191. Bei Monet. Crem. 331 und *Douais,* Somme 96, legen die Katharer die Stelle 1 Kor 7, 2 aus: *propter fornicationem faciendam* (nach katholischer Auslegung: *evitandam*). Wie angesichts dieser Wolke von Zeugen *Thompson* 101; *Roché* 38 f.; *Morghen,* Medioevo 267, glauben konnten, die Katharer lehnten nicht die Ehe an sich ab, verstehe ich nicht.

[5] Um nur eine besonders zynische Aussage eines Katharers über die Ehe zu nennen: Act. Inq. Trevis. 1297, *Picotti* 264: *non pertinet una alteri plus quam rapa sacho.* – Daß in schwangeren Frauen der Satan wohne und ihnen das *Consolamentum* deshalb verweigert werden müsse, bezeugen Georg. Disp. 1712;

Act. Inq. Tolos. 1245, *Guiraud,* Inquisition 1, 92 f.; *Döllinger* 2, 320; Act. Inq. Trevis. 1297, *Picotti* 264; Act. Inq. Taurin. 1388, *Amati* 2, 51. – Gaufred. Vosiens. Chron. a. 1181, *Bouquet* 12, 449 berichtet davon, daß nur die Zeugung unerwünscht sei und erzählt von Abtreibungen, was *Runciman* 152; *Cozens* 22 für richtig halten. Ich kann diesem einzelnen Zeugnis keinen Glauben schenken.

[6] Schon der Mythos bei Int. Joh. 301 stellt den Engel Eva eine Stufe unter den Engel Adam, und noch bei Act. Inq. Trevis. 1297, *Picotti* 264, redet der Katharer wegwerfend *de tam vili creatura, sicut est femina.* – Das Weib als böses Prinzip: Haer. Cath. 310; *Döllinger* 2, 191. Daß nach radikaler Lehre im 12. Jahrhundert der letzte Leib, den die Seele bei ihrer Wanderung vor der Rückkehr in den Himmel bekleidet, ein männlicher sein muß, berichtet Ebr. Beth. 1562, vgl. o. III, 1 A. 12 das Verbot, daß keine Frau den Himmel betreten soll. Die Katharer denken sich auch die Engel männlich (s. o. III, 1 A. 11), ganz im Gegensatz zu anderen Ketzern (s. *Alphandéry,* Gnosticisme 398). – Die Berührung der Frauen wird vermieden: s. u. III, 8 A. 15; auch noch Act. Inq. Taurin. 1388, *Amati* 2, 57.

[7] Daß Perversitäten und Unzucht keine Sünde seien, meinen manche Gläubige bei Act. Inq. Tolos. 1245, *Douais,* Toulouse 156; Act. Inq. Taurin. 1388, *Amati* 2, 52; auch einige Andeutungen bei Petr. Sarn. 1, 15 35 weisen in diese Richtung.

[8] Ans. Alex. 310 über Philipp, s. o. III, 6 A. 19.

[9] Darüber im einzelnen S. 137 f.

[10] Schon bei den Bogomilen (Cosm. Presb. 90) lebten Männer und Frauen zusammen; auch den abendländischen Ketzern, nicht nur den Katharern, wird dieses Zusammenleben der Geschlechter öfter vorgeworfen (Hug. Roth. 1289; Bernh. Serm. 1091 f.; Innozenz III. Ep. VI, 141, MPL 215, 154; Dav. Augsb. 209). Allerdings ist diese Gleichsetzung ein Anzeichen für die Religiosität der negativ Privilegierten (dazu *Weber* 279), doch wird man ihre revolutionierende Wirkung, wenigstens bei den Katharern, nicht so hoch einschätzen dürfen, wie es *Heer* 258 ff. tut. Denn wie schon *Schmidt* 2, 96 bemerkte, gibt es nur aus dem 12. Jahrhundert solche Zeugnisse über das Zuammenleben von Ketzern beider Geschlechter, also im Nachklang zu den Massenbewegungen des frühen 12. Jahrhunderts; im 13. Jahrhundert hat sich auch bei den Katharern wieder die allgemeine mittelalterliche Vorstellung über die Rolle der Frau durchgesetzt, über die *Bühler* 302 ff.; *Bächtold* 2, 1738 ff. näher unterrichten. – Mann und Frau vom Satan: *Döllinger* 2, 209. – *Döllinger* 2, 165: *ita sunt bonae mulieres, sicut et boni homines;* vgl. Ans. Alex. 313. Doch haben sich die Frauen keine Stellung in der katharischen Hierarchie erringen können (s. u. III, 9 A. 31).

[11] Cosm. Presb. 77; dazu *Puech – Vaillant* 271; *Obolensky* 127 ff. – Natürlich hängt die Ablehnung des Fleischgenusses nicht nur religionshistorisch, sondern auch psychologisch mit der Verwerfung des Geschlechtsverkehrs zusammen; vgl. etwa *O. Pfister,* Die psychoanalytische Methode, 3. Aufl., Leipzig 1924, S. 367 für einige Beispiele.

[12] Über das Verbot von Eiern und Käse in der Fastenzeit vgl. *E. Vacandard,* Carême, in: Dictionnaire de théologie catholique, Bd. 2 (1932) S. 1736; *Bächtold* 2, 1244; 4, 1059: im christlichen Bulgarien galt z. B. der Käsegenuß ebenfalls als Todsünde.

[13] In Aquitanien: Adem. Caban. III c. 49, S. 173; in Orléans: Joh. Floriac. ad Olib. ep. Auson., *Bouquet* 10, 498; in Monteforte: Landulf. Sen. Hist. Mediol. II c. 27, MGH. SS. 8, 65; noch in Soissons 1114: Guib. Novig. III c. 17, S. 212. – Zu Heinrich s. o. S. 72.

[14] Daß wie für Heinrich (Bernh. Ep. 435) auch für die ersten Katharer die Herzensreue das Fasten ersetze, schreibt Everw. Steinf. 679. – Was *Aničkov,* Joachim 60; *Rahn* 307; *Runciman* 160 von einem Weinverbot bei den Katharern sagen, ist falsch. Der Weingenuß ist uns vielfach bezeugt: Herib. Mon. 1721 (bei Ann. Margan. 15 irrig wiedergegeben); Georg. Disp. 1713 1746; Monet. Crem. 138; Matth. Paris a. 1243, Bd. 4, S. 272; Act. Inq. Tolos. 1245 ff., *Douais,* Documents 2, 39 192; *Belhomme* 138 141; Steph. Borb. 149 (hier das Richtige; das Gegenteil, aus Augustins antimanichäischen Schriften übernommen, ib. 302); Act. Inq. Ferrar. 1270, *Muratori,* Antiq. 5, 125; Act. Inq. Florent. 1280, *Manselli,* Firenze 136; *Limborch* 3. – Allerdings wird der Wein oft, *ut carnem suam domarent,* stark verdünnt (Ebr. Beth. 1546 f.; *Döllinger* 2, 246).

[15] Petr. Mart. 330 erzählt von einer Geheimlehre der Katharer, das Tierfleisch stamme von Fehlgeburten, die im Himmel während des Kampfes zwischen Luzifer und Michael wegen der Erschütterung des Himmels geschehen seien. Man wird die Geburt bösen Fleisches im körperlosen guten Himmel nicht logisch untersuchen dürfen. – Die Seelenwanderung als Grund der Ablehnung bei Petr. Mart. 331. Auch im Volksglauben gilt bisweilen der Genuß von Tierfleisch als Kannibalismus (*Bächtold* 8, 1050). Wieder ist der Zusammenhang zwischen Engelseele und Tierkadaver rein gefühlsmäßig; eigentlich müßte gerade das Schlachten des Tierkörpers die gefangene Engelseele schneller als sonst befreien und ein gutes Werk sein.

[16] Zeugen für die Ablehnung von Fleisch, Milch, Käse und Eiern: Everw. Steinf. 677 f.; Bernh. Serm. 1094 1097; Ecb. Schon. 14 37; Ermeng. Tract. 1264; Bonac. Manif. 777; Rad. Cogg. a. 1200, S. 124; Alan. Ins. 376; Petr. Sarn. 1, 14; Petr. Mart. 330; Georg. Disp. 1746; Monet. Crem. 140; Rit. lat. 163; Rain. Sacc. 64; *Döllinger* 2, 294 323 326. – Wer seinen Abfall vom Katharismus dokumentieren will, braucht nur Fleisch zu essen oder Fleischbrühe zu trinken (Act. Inq. Perus. 1229, *Ristori* 15; Act. Inq. Tolos. 1245, *Guiraud,* Inquisition 1, 88). – Fischgenuß ist erlaubt nach Ecb. Schon. 40; Alan. Ins. 377; Act. Inq. Tolos. 1238 ff., *Vaissète – Dulaurier* 8, 1017 1150; *Douais,* Documents 2, 254; *Belhomme* 136; Georg. Disp. 1746; Monet. Crem. 141; *Döllinger* 2, 152; *Limborch* 30. Das ist keine Inkonsequenz, wie *Hahn* 87; *Schmidt* 2, 86 meinten, sondern ein im Abendland weitverbreiteter Glaube; über ihn vgl. *Bächtold* 2, 1532; *Schmitz* 617, wonach in einem fränkischen Bußbuch des 9. Jahrhunderts der Fischgenuß erlaubt ist, *quia alterius naturae sunt.* – *Morghen,* Medioevo 267, hat das katharische Fleischverbot für bloßen Biblizismus gehalten; man muß dagegen nur auf *Douais,* Somme 108, verweisen, wonach

275

die handfeste Erlaubnis zum Fleischgenuß bei 1 Kor 10,25 von den Katharern verzweifelt weginterpretiert wird: *macellum spirituale, id est ecclesia.*

[17] Diese Fasten werden ausführlich geschildert von Ans. Alex. 315; von den Forschern waren gelegentlich die übrigen drei Wochentage als Fasttage vermutet worden, doch sind diese nach Ans. Alex. 315 Bußfasten für Sünder. Die Termine sind schon den Bogomilen (s. *Puech – Vaillant* 244) und noch den Waldensern vertraut (s. *Döllinger* 2, 9); diese Wochentage sind einfach die *feriae legitimae* der mittelalterlichen Bußordnungen (s. *Eisenhofer* 1, 495), also die Tage, an denen in der Fastenzeit alle Katholiken, sonst die öffentlichen Büßer fasteten. – Zur Speisenfolge dieser Fasttage vgl. Ans. Alex. 315; *Limborch* 249.

[18] Es ist erstaunlich, daß diese naheliegende Tatsache bisher nicht bemerkt worden ist. – Das dreimalige wöchentliche Fasten vor Weihnachten, 40 Tage lang, ist ein Priesterfasten, das seit dem 8. Jahrhundert in Laienkreise eindrang, meist am 15.11. begann und ,Fasten des Apostels Philipp' hieß; doch kannte man, besonders in Frankreich, auch den Martinstag als Anfangstag (s. Gregor v. Tours, Hist. X c. 31, MGH. SS. rer. Merov., 2. Aufl., S. 529). – Die übrigen beiden Fasten sind ebenfalls längst bekannt (vgl. *Schmitz* 150 f. für das 9. Jahrhundert) und überdies im 12. Jahrhundert zusammen mit dem weihnachtlichen Fasten von der katholischen *religiosa multitudo* eingehalten worden. (Ein Zeugnis im Traktat des Vacarius gegen Speroni, bei *Ilarino*, Speroni 557; auch Boccaccio, Decamerone I, 1, erwähnt diese Fasten noch.) – Übrigens sind diese drei Fastenzeiten auch in Konstantinopel vor dem 9. Jahrhundert und wieder im 11. Jahrhundert für eine Zeitlang gebräuchlich (darüber *K. Holl*, Die Entstehung der vier Fastenzeiten in der griechischen Kirche, in: Gesammelte Aufsätze zur Kirchengeschichte, Bd. 2, Tübingen 1928, S. 155–203, bes. S. 197 199 f.). Sonst vgl. *Martène* 3, 26 f.; Dictionnaire de théologie catholique, Bd. 1 (1930) S. 263 ff.; *Bächtold* 1, 197.

[19] Die österliche Fastenzeit beginnt, *quando nos incipimus quadragesimam* (Ans. Alex. 315) oder am Sonntag Quinquagesima; das Pfingstfasten dauert bis Johannes Baptista (*Döllinger* 2, 246) oder Peter und Paul (*Döllinger* 2, 3); das Weihnachtsfasten beginnt am Martinstag (*Döllinger* 2, 246) oder zwei Tage danach, an Bricius (13.11.; *Döllinger* 2, 3); vgl. auch Ans. Alex. 315; Gui Manuel 18. Alle anderen, von dem Druckfehler bei *Schmidt* 2, 138 abgeschriebenen Daten (noch bei *Runciman* 160) sind falsch. – Daß es sich um katholische und nicht um katharische Fastentermine handelt, läßt schon der Festtag des den Katharern so verhaßten Johannes des Täufers erkennen. Wie sich diese Fastenzeiten von den normalen katharischen Fasten (s. o. A. 17) abheben, ist nicht klar ersichtlich; wahrscheinlich sind dann auch die übrigbleibenden Wochentage Dienstag, Donnerstag, Samstag zusätzlich, vielleicht mit geringeren Auflagen, als Fasttage gehalten worden (für ähnliche Verfahren in der katholischen Bußordnung vgl. *Schmitz* 147).

[20] Zur altbogomilischen Einstellung gegenüber dem Eid vgl. Cosm. Presb. 84; sie hat sich erst spät im Sinne der Ablehnung geändert (vgl. *Schmaus* 285). – Für das Eidverbot im Abendland sind mir keine Zeugnisse bekannt, die die

vorkatharischen Ketzer betreffen; im Gegenteil hat der Ketzer Heinrich den Eid von seinen Anhängern gefordert (Gest. Pontif. Cenomann., *Bouquet* 12, 549). Trotzdem ist nicht anzunehmen, daß die später so allgemeine Abneigung der abendländischen Ketzer, die schon bei den Waldensern auftritt, von den Katharern inspiriert ist; sie muß abendländische Vorbilder haben. Nur so wird auch das katharische Eidverbot nicht so schwer erklärlich sein, wie *Tocco*, Eresia 92; *Alphandéry*, Morale 83 meinten. – *F. Thudichum*, Geschichte des Eides, Tübingen 1911, bringt über das Eidverbot im Abendland nur unzulängliche und in tendenziös protestantischem Sinn ausgewertete Notizen (S. 8 f. 51). Im Gegensatz zu Th. wird eine künftige Geschichte des Eidverbotes dessen vorchristliche, jüdische Herkunft (vgl. *Schoeps* [s. III, 1. A. 25] S. 172 f.) ebenso berücksichtigen müssen, wie seine katholischen Formen (etwa bei den ersten Franziskanern, vgl. Thomas „von Eccleston" [s. II, 8 A. 17] S. 25).

[21] Zeugen dafür: Leod. Ep. 938; Bernh. Serm. 1089; Gest. reg. Henr. a. 1178, Bd. 1, S. 201 f.; Ermeng. Tract. 1269 ff.; Ebr. Beth. 1555; Bonac. Manif. 777; Radulf. Ardens, MPL 155, 2011; Stephan Langton (aus der Handschrift zitiert *Landgraf* 1, 15); Petr. Sarn. 1, 14; Burce-Ilar. 338; Georg. Disp. 1737 f.; Monet. Crem. 463; Lib. princ. 116; Rit. lat. 163; Act. Inq. Carcass. 1244, *Vaissète – Dulaurier* 8, 1150; Act. Inq. Florent. 1244, *Lami* 2, 556; Act. Inq. Tolos. 1245, *Guiraud*, Inquisition 1, 102; Rain. Sacc. 64; Rit. prov. 478; Act. Inq. Veron. 1301, *Cipolla*, Patarenismo 278; *Limborch* 91 179; Gui Manuel 18; Act. Inq. Taurin. 1388, *Amati* 1, 24; 2, 56 f.

[22] Satan als Erfinder des Eides: Burce-Döll. 83; Lib. princ. 130. – Der Volksglaube sieht noch heute den Teufel in der Nähe jedes Eides (vgl. *Bächtold* 2, 662).

[23] Über Meineide von Gläubigen berichten Petr. Sarn. 1, 15; Burce-Döll. 83; Dav. Augsb. 221; Act. Inq. Taurin. 1388, *Manuel* 82.

[24] Vgl. Rit. lat. 163 *oportet vos facere hoc votum et hanc promissionem Deo . . .* Zu diesen Versprechen s. u. III, 9 A. 7.

[25] Anselm. Gest. ep. Leod. a. 1048, MGH. SS. 7, 226; sonst vgl. o. S. 68. Zugrunde liegt auch Mt 26, 52; 1 Joh 3, 15 usw.

[26] Allgemein behandelt Ermeng. Tract. 1272 das Tötungsverbot der Katharer. – Vierfüßler und Vögel: Ermeng. Tract. 1262; Rain. Sacc. (aus einer Handschrift: *Dondaine*, Manuel 174); *Döllinger* 2, 4; *Molinier*, Rapport 283; Gui Manuel 18. – Über die anderen Tiere, von denen vor allem die Flöhe anscheinend ein sehr akutes Problem bildeten, vgl. Ermeng. Tract. 1262; Georg. Disp. 1740; Monet. Crem. 525; Dav. Augsb. 208; Steph. Borb. 307; *Döllinger* 2, 181 323. Man kann also gewiß nicht mit *Runciman* 174 von katharischer Liebe zu allem Lebenden sprechen. – *Morghen*, Medioevo 257, hat zum Verständnis dieser bedingten Schonung auf Apg 10, 12–14 verwiesen, wo gesagt ist, daß Petrus die unreinen Tiere nicht töten und verzehren will. Die Katharer haben diese Tiere aber als unrein getötet; bei dem einzigen Zeugnis für das Gegenteil (*Martène – Durand* 5, 1776: *nec occides quicquam ex reptilibus*) ist wohl ein *nisi* ausgefallen.

[27] *Döllinger* 2, 323.

[28] Todesstrafe: Ebr. Beth. 1556; Burce-Ilar. 326; Rain. Sacc. 65; *Douais*, Documents 2, 94, Hérétiques 373; *Döllinger* 2, 295 319 323 326; Brev. summ. 129; Act. Inq. Bonon. 1296, *Aldrovandi* 247 249 255 276; *Molinier*, Rapport 283. – Krieg: Monet. Crem. 112. Kreuzzug: Monet. Crem. 531; *Döllinger* 2, 320; *Molinier*, Rapport 295; *Douais*, Documents 2, 94 99. Zu der zeitenweise sehr verwandten christlichen Einstellung zu Krieg und Kreuzzug vgl. *Erdmann* 1 ff.

[29] Georg. Disp. 1742; Act. Inq. Florent. 1244, *Lami* 2, 552; Brev. summ. 129; gelegentlich wird dabei die irdische Strafgewalt als vom Teufel stammend betrachtet. – Besonders erwähnenswert ist, daß die zwei Schwerter (Lk 22, 38) bei den Katharern nicht von Papst und Kaiser, sondern vom Alten und Neuen Testament verstanden werden (*Douais*, Somme 100), eine Auslegung, die seit Ambrosius und bis ins 12. Jahrhundert verbreitet war; vgl. *J. Lecler*, L'argument des deux glaives dans les controverses politiques du moyen âge, in: Recherches de science religieuse 21 (1931) S. 299–339, besonders S. 310; *W. Levison*, Die mittelalterliche Lehre von den beiden Schwertern, in: Deutsches Archiv für Erforschung des Mittelalters 9 (1952) S. 14–42, besonders S. 27.

[30] Die Gläubigen (Petr. Sarn. 1, 15), nicht aber die ‚Vollendeten‘ führten den Krieg mit den Waffen (Guill. Podiol. 120); es ist also sehr unwahrscheinlich, daß ‚Vollendete‘ auf den Schlachtfeldern des Albigenserkreuzzuges gefallen sind (so meinten *Douais*, Albigeois 51; *Guiraud*, Cartulaire 127). – Über die Morde vgl. Dav. Augsb. 217; auch *Vidal*, Doctrine 7; s. o. II, 9 A. 18.

[31] Zur bogomilischen Haltung: *Puech – Vaillant* 277; *Obolensky* 136 f.; *Schmaus* 280. – Zu 1025 vgl. o. S. 66 f.; allgemein *Grundmann*, Bewegungen 33 195 478.

[32] Everw. Steinf. 677; Bernh. Serm. 1092; Joach. Apoc. 132 r: *quasi de suo labore viventes.*

[33] Im einzelnen dazu oben II, 8 A. 23.

[34] Zitat aus *Döllinger* 2, 246; andere Zeugnisse für Handarbeit: Act. Inq. Tolos. 1254, *Belhomme* 134; Act. Inq. Bonon. 1291, *Aldrovandi* 243; sonst s. o. S. 107 f. – *Molinier*, Église 19, hat die Arbeitsethik der Katharer zu hoch eingeschätzt.

[35] Allgemein über das Zinsverbot die mehr moraltheologische Untersuchung von *F. Schaub*, Der Kampf gegen den Zinswucher, ungerechten Preis und unlauteren Handel im Mittelalter, Freiburg i. Br. 1905, besonders S. 150 ff.; über die Auflockerung des Verbotes *F. Schneider*, Das kirchliche Zinsverbot und die kuriale Praxis im 13. Jahrhundert, in: Festgabe für H. Finke, Münster 1904, S. 127–167, besonders S. 148 ff.; zusammenfassend *Schnürer* 420 ff.; ungenügend *Newman* 197 ff. – Vgl. vor allem *B. Nelson*, The Idea of Usury, Princeton 1949, wenn auch das dort S. 114 über die Katharer Gesagte falsch ist. Nach S. 15 erlaubte die katholische Kirche im 12. Jahrhundert, den Zins von Ketzern und Ungläubigen zu nehmen; vielleicht ist die katharische Einstellung als Reaktion dagegen zu erklären.

[36] Zins ist erlaubt nach Gest. reg. Henr. a. 1178, Bd. 1, S. 219; Petr. Sarn. 1, 15;

Petr. Mart. 330; Rain. Sacc. 66; Brev. summ. 129; *Döllinger* 2, 319 324 f.; *Molinier*, Traité 239; Act. Inq. Taurin. 1388, *Amati* 2, 9 52 (hier gelten auch 20% Zinsen noch als erlaubt). – Eine Begründung gegen die Bibelstelle Lk 6, 35 wird versucht bei Luc. Tud. 242; Monet. Crem. 547; *Douais*, Somme 107; Act. Inq. Veron. 1305, *Cipolla*, Patarenismo 275. – Zins vom bösen Gott (nämlich bei Dtn 15, 6): Monet. Crem. 152. – Die Erzählung bei *Döllinger* 2, 180; wahrscheinlich hat sie katholische Vorbilder.

[37] Darüber im einzelnen oben S. 98 f. Ich würde hierbei nicht *Alphandéry*, Morale 88, zustimmen, der glaubt, nur die Gläubigen, nicht die ,Vollendeten' hätten Zinsen genommen. Wenigstens in der Zeit zwischen etwa 1200 und 1240 war auch die katharische Hierarchie durchaus kapitalistisch eingestellt.

[38] Zur katharischen Grundhaltung vgl. Monet. Crem. 548; Rit. prov. 478 480. – Aber die Rückgabe gestohlenen Gutes wird ausdrücklich als unnötig erachtet nach dem Zeugnis von Petr. Sarn. 1, 15; Petr. Mart. 330; Brev. summ. 129; *Molinier*, Traité 239; *Döllinger* 2, 248 295 319 326; Act. Inq. Bonon. 1299, *Aldrovandi* 277. – Zur gegenteiligen Auffassung der Reformbewegungen vgl. *Grundmann*, Bewegungen 195 f. – Nach *Döllinger* 2, 146 haben Gläubige der Katharer gefundene Geldbörsen verschieden zu behandeln, je nachdem, ob sie einem Mit-Gläubigen gehören. – Der Versuch von *Molinier*, Traité 239, die moralisch nicht völlig einwandfreie Haltung der Katharer als bloße katholische Erdichtung darzustellen, muß als gescheitert gelten.

## 8. Der Kult

[1] Man wird den katharischen Ritus nicht, wie *Schmaus* 275, aus dem Dogma allein erklären, doch ebensowenig alle Einzelheiten auf die frühchristliche Liturgie zurückführen können, wie es vor allem *Guiraud*, Consolamentum 110; *Morghen*, Medioevo 271, versuchten; die Bezüge zu zeitgenössischen katholischen Bräuchen sind ebenso sichtbar. Man müßte darüber hinaus vor allem die byzantinisch-slawische Liturgik heranziehen, was bisher nirgends versucht wurde und auch hier nicht geschehen kann.

[2] Cosm. Presb. 55 57 83 über die Bogomilen; dazu *Puech – Vaillant* 247 über die Ablehnung der Doxologie. Wie sich die acht Gebetszeiten und die fünf kanonischen Stundengebete, von denen hier die Rede ist, aufteilen, ist unklar.

[3] Dazu *Puech – Vaillant* 245 ff.; *Obolensky* 182 f. – Zur Übergabe des Vaterunser vgl. *Obolensky* 215. Zur Vorgeschichte dieser Zeremonie vgl. u. A. 7. – Zur Doxologie, die in der Koine vorkommt, vgl. Novum Testamentum graece, hsg. *E. Nestle*, 20. Aufl., Stuttgart 1950, S. 13 zu Mt 6, 13.

[4] So beten die Ketzer von Monteforte *indesinenter* bei Tag und Nacht, und zwar auch die *canones* (Landulf. Sen. Hist. Mediol. II c. 27, MGH. SS. 8, 65).

[5] Zahl der Betstunden: Ann. Margan. 15 (hier wohl richtig); Ans. Alex. 316 (fünfzehn). – *Dobla*: Rit. prov. 479, wo acht Vaterunser als *Sembla* und sechzehn als *Dobla* erscheinen (also hat *Cunitz* 57 unrecht mit der Vermutung, die *Dobla* seien zwei Vaterunser). *Dupla*: Ans. Alex. 314. Ich glaube nicht wie *Dondaine*, Liber 45, daß dieser Ausdruck die Beichte bedeutet. Einhundert

Vaterunser täglich sind für die Waldenser (*Müller*, Waldenser 76) und die Bettelmönche des 13. Jahrhunderts nichts Außergewöhnliches (s. *F. Vernet*, La spiritualité médiévale, Paris 1929). – *Holmes* 31 nahm irrig an, die Innerlichkeit der katharischen Religiosität habe sich mit einmaligem Beten des Vaterunser begnügt.

[6] *supersubstantialem:* bezeugt bei Ebr. Beth. 1539; Rit. lat. 152; Rit. prov. 470; Act. Inq. Tolos. 1274, *Boffito*, Cuneo 329; *Döllinger* 2, 38; *Cipolla*, Notizie 342. – *Pincherle* 615 hat darauf verwiesen, daß diese Variante auch in italienischen Evangelienharmonien des Mittelalters vorkommt; aber auch bei Christian von Stablo, MPL 106, 1314 f. liest man sie; vgl. dazu *O. Dibelius*, Das Vaterunser. Umrisse zu einer Geschichte des Gebets in der alten und mittleren Kirche, Gießen 1903, S. 105. – Die Doxologie ist belegt durch Herib. Mon. 1721; Monet. Crem. 445; Act. Inq. Tolos. 1254, *Belhomme* 136; Rit. lat. 155; Rit. prov. 470. – Das Zitat aus Rit. lat. 155: *hoc verbum dicitur esse in libris graecis vel hebraicis,* wobei das *dicitur* der beste Beweis gegen *Schmidt* 2, 117 274 und für *Cunitz* 37 ist, daß die Doxologie durch mündliche Tradition, nicht durch einen griechisch-slawischen Bibeltext zu den Katharern kam. – Das von den späten Katharern am Ende des Vaterunser gebetete Stück aus Ps 101, 2 der Vulgata-Fassung (vgl. *Vidal*, Doctrine 16) ist in der katholischen Liturgik überaus häufig (s. *Eisenhofer* 1, 168 f.).

[7] Auch in der frühchristlichen Kirche dürfen nur Getaufte das Vaterunser beten (*Eisenhofer* 2, 249). – Nur ,Vollendete': *Döllinger* 2, 159 199. – Gesang der Engel: Int. Joh. 305; Monet. Crem. 328; *Döllinger* 2, 159. – Zur Übergabe des Vaterunser in der alten Kirche vgl. *Eisenhofer* 2, 248 f. – Die Zeremonie bei Rit. lat. 151 ff.; Rit. prov. 473 ff. Die vorangehende Katechumenenbelehrung kennt auch die alte Kirche, vgl. *Martène* 1, 34 37. Sonst s. o. S. 144 ff.

[8] Richtig ist die *traditio* schon von *Alphandéry*, Morale 46, eingestuft worden. – Von einer Übergabe des Glaubensbekenntnisses weiß wohl die alte Kirche (*Martène* 1, 23 37), aber nicht der Katharismus (gegen *Broeckx* 175). – Vielleicht erklärt sich die von der Forschung (seit *Füeßlin* 1, 63) abgelehnte, aber von Everw. Steinf. 678; Alan. Ins. 351 berichtete Zweiteilung der Gläubigen so, daß ein Unterschied zwischen den „kürzlich erst zur Sekte Gekommenen" und denen, die schon das Vaterunser empfingen, gemacht wird; wenn auch die Berichterstatter die Terminologie nicht richtig wiedergeben (eine Scheidung zwischen *auditores* und *credentes* bzw. zwischen *consolati* und *perfecti*), mag an der Sache doch etwas Wahres sein. Im gleichen Sinne *Neander* 5, 2, 782; *Moeller* 382; *Kirsch* 546; *Guiraud*, Inquisition 1, 301.

[9] Erstes Zitat: *Döllinger* 2, 159. Dort (2, 176) die Volksetymologie Kapläne = *canes belantes.* – In der Tat ist das *Ave Maria* erst seit dem 13. Jahrhundert allgemein in Gebrauch (*Hefele* – *Leclercq* 5, 2, 1746 ff.; *Eisenhofer* 1, 177 f.). *Warner* 75 hat die Katharer, wie so oft, mit den Waldensern verwechselt, wenn er vom Gebrauch des *Ave Maria* spricht. – Zum Glaubensbekenntnis: *Döllinger* 2, 164. – Das Gebet: *Döllinger* 2, 159; es findet sich etwas kürzer schon im ,Missale Gothicum', MPL 72, 241; dazu *H. Kehrer*, Die heiligen drei Könige in Literatur und Kunst, Bd. 1, Leipzig 1908, S. 50. – Bei *Kehrer* steht

nichts über eine gewiß nicht erst von den Katharern erfundene Erzählung, die drei Könige hätten ihre Rollen vertauscht; der Jüngste sei zuerst eingetreten; das Jesuskind, das sie damit auf die Probe stellen wollten, habe sie aber sofort durchschaut (*Döllinger* 2, 161).

[10] Der Ausdruck *Consolamentum*, der wohl auf Bibelstellen wie Röm 1,12; Kol 2,2 o.ä. zurückgeht, ist zuerst belegt bei Ermeng. Tract. 1262; danach bei Petr. Sarn. 1, 15; Monet. Crem. 273ff.; Rit. lat. 164; Rain. Sacc. 65; Act. Inq. Tolos. 1254, *Belhomme* 137; Act. Inq. Ferrar. 1280, *Muratori*, Antiq. 5, 119. Er ist also von Südfrankreich aus nach Italien gewandert, wo man daneben (*Döllinger* 2, 322) den normalen Ausdruck *consolatio* verwendet. Das provenzalische Wort *cosolament* ist schon für das 12. Jahrhundert anderwärts belegt (s. *P. Meyer*, Anciennes poésies religieuses en langue d'oc, in: Bibliothèque de l'École des Chartes 21 I [1860] S. 481–497, bes. S. 486) und zweifellos eine provenzalische Neubildung (nach der Regel von *Schultz – Gora* 112). Um eine Anregung von Herrn Prof. *Berges*, Berlin, weiterzugeben, seien die Romanisten eingeladen, die zeitliche und örtliche Entstehung der provenzalischen Fachausdrücke der Sekte näher zu untersuchen. – Eine andere Bezeichnung, *entendensa del be* (*Döllinger* 2, 246), ist von den späteren Katharern (*Döllinger* 2, 151: *entendentiam de bestiis*) ebenso falsch übersetzt worden wie von *Alphandéry*, Morale 42 (Wissen von dem, was den Menschen vom Tier scheidet). Nach *Schultz – Gora* 60 ist *be* aus *bene* entstanden. Also: Erkenntnis des (wahren) Gutes.

[11] Das *Consolamentum* wird seit *Guiraud*, Consolamentum 110; *Runciman* 164; *Morghen*, Medioevo 271, auf das 4. Jahrhundert, von *Reitzenstein* 83 gar bis zur Vorgeschichte der christlichen Taufe zurückdatiert. *Dondaine*, Origine 68 72ff., glaubt an einen ursprünglich manichäischen, aber dann durch die christliche Gnosis übernommenen spätantiken Kern des Ritus. Die Handauflegung liegt jedoch zu sehr auf der Hand, als daß sie einer anderen als der apostolischen Tradition bedürfte, die alle Jahrhunderte bei Apg 8,17 nachlesen konnten und auf die sich noch Rit. prov. 476 beruft. – Ob die Geistmitteilung mit der Taufe verbunden sei, also, ob Taufe und Firmung dasselbe Ziel hätten, ist in der Theologie heftig umstritten (Ja: *J. Behm*, Die Handauflegung im Urchristentum, nach Verwendung, Herkunft und Bedeutung in religionsgeschichtlichem Zusammenhang untersucht, Leipzig 1911, S. 167ff. Nein: *N. Adler*, Taufe und Handauflegung, Eine exegetisch-theologische Untersuchung von Apg 8,14–17, Münster 1951, S. 103ff.); aber bei den Bogomilen und Katharern besteht diese Identität zweifellos. – Zu den Bogomilen vgl. *Puech – Vaillant* 250ff.

[12] Darüber am besten *Obolensky* 215f.

[13] Gest. Synod. Aurel., *Bouquet* 10, 538; auch Anselm. Gest. ep. Leod. a. 1048, MHG. SS. 7, 226; dazu *Ilarino*, Eresie 84. – Die Vermutung von *Grundmann*, Bewegungen 28, das *Consolamentum* sei aus undogmatischen Wurzeln des 12. Jahrhunderts entstanden, ist unzutreffend. Daß es aus der bogomilischen Handauflegung hervorging, ist durch *Dondaine*, Origine 75f., sichergestellt worden.

[14] Zur Dauer der Vorbereitungszeit: Ecb. Schon. 19, selbst mit einem zweifelnden *ut dicunt:* 15 Jahre; Monet. Crem. 278: eine gewisse Zeit; Jac. Cap., *Döllinger* 2, 279: *post unius anni probationem;* ähnlich Act. Inq. Tolos. 1245, *Guiraud,* Inquisition 1, 111 f., wo von *tres quadragenae* die Rede ist. Man wird also, der ansprechenden Vermutung von *Dondaine,* Liber 43, folgend, annehmen dürfen, daß der Neuling zuvor ein Jahr lang die Dauerfasten der ‚Vollendeten‘ mithalten mußte. – Der Ausdruck *abstinentia* findet sich u. a. bei Rit. prov. 473; *endura* bei *Limborch* 179. – Zum Alter: *Döllinger* 2, 236. Die letzten Katharer schrauben die Frist auf 24 Jahre hinauf (Act. Inq. Taurin. 1388, *Amati* 2, 51; auch *Döllinger* 2, 267, wo aber diese Zahl eigenmächtig in ‚18‘ verändert wurde).

[15] Anschließend an die Übergabe des Vaterunser wird das *Consolamentum* gegeben nach Act. Inq. Tolos. 1254, *Belhomme* 136. Rit. lat. 156 *(Et si credens debet consolari in praesenti postquam recepit orationem)* läßt beide Möglichkeiten zu; ähnlich Rit. prov. 475. – Die Anwesenheit mehrerer ‚Vollendeter‘ ist erforderlich nach Ans. Alex. 313. – Zum Ritus: Rit. lat. 156 ff.; Rit. prov. 475 ff. Hemd und Hose: *Limborch* 52. Der Text ist meist Joh 1, 1–14, doch auch Joh 1, 1–17 (Ermeng. Tract. 1262; Monet. Crem. 278; Rit. prov. 470 f.; *Döllinger* 2, 5 39). – Die Verpflichtung bei den Bogomilen: *Puech – Vaillant* 253 256; bei den Katharern: Bernh. Serm. 1092; besonders schön Petr. Sarn. 1, 19; vgl. Izarn. Sic. 256 275; Rit. lat. 162 f. Zu den parallelen Riten der Alten Kirche vgl. *Martène* 1, 65; *Eisenhofer* 2, 257 274. – Gelegentlich (Petr. Sarn. 1, 19) wird der Novize unter den Worten „Empfange den Heiligen Geist" angehaucht, genau wie die Formel auch bei der katholischen Priester- und Bischofsweihe lautet (*Eisenhofer* 2, 376 381); später sprechen die Vollendeten die Formel *Pater sancte, suscipe servum tuum in tua iusticia* oder ähnlich (Rit. lat. 164; Rit. prov. 478), die ich nirgends sonst nachweisen konnte. – Sonderbehandlung von Frauen: Gui Manuel 22.

[16] Zitat nach Ans. Alex. 314, Anspielung auf Mt 10, 16. – Die Einkleidung bei den Bogomilen: *Puech – Vaillant* 255; bei den Katharern: Petr. Sarn. 1, 14 20; Act. Inq. Tolos. 1245, *Douais,* Toulouse 155; vgl. *Guiraud,* Cartulaire 105. Dieses Mönchsgewand ist natürlich nicht im geringsten „ein unwiderleglicher Beweis für die Verwandtschaft der Manichäer und Katharer" (*Lea* 1, 101). – Später wird statt dessen nur noch eine Schnur oder ein Gürtel übergeben, die auf bloßer Haut zu tragen sind (Act. Inq. Tolos. 1245, *Douais,* Toulouse 155, Documents 1, 196; *Martène – Durand* 5, 1776; Act. Inq. Tolos. 1274, *Boffito,* Cuneo 329; *Limborch* 249). Ein Zusammenhang mit der persischen ‚Schnur des Gebetes‘ (so *Reitzenstein* 81) ist bei diesem Notbehelf in Gefahrenzeiten, der von der Mönchskleidung abgesehen ist, nicht vorhanden. – Als *baptisma spirituale* wird das *Consolamentum* oft bezeichnet: Ecb. Schon. 51; Bonac. Manif. 777; Alan. Ins. 351; Petr. Sarn. 1, 20; Monet. Crem. 59 112 278 293; Izarn. Sic. 256; Rit. lat. 157 162; Rit. prov. 475; *Döllinger* 2, 197 294. Für den ersten Teil der Aufnahme, die *traditio,* ist diese Bezeichnung nur bei den Bogomilen (*Obolensky* 216), nicht bei den Katharern bezeugt. Die Terminologie bei *Heer* 511 ist also verkehrt. – Daß der Neuaufgenommene den Namen eines

Apostels (*F. C. Döllinger* 1, 215) oder gar den Namen Petrus annehmen mußte (*F. C. Conybeare*, The Key of the Truth, a manual of the Paulician church of Armenia, Oxford 1898, S. CXLIII; Encyclopaedia Britannica, 13. Aufl., Bd. 5 [1945] S. 31; *Toynbee* 4, 631), ist eine Verwechslung mit einem paulikianischen Brauch; ein Blick auf Rit. lat. 164, Zeile 6 f. oder auf katharische Bischofslisten wird das Unzutreffende dieser Ansicht klarmachen.

[17] Sieben Vaterunser: Ermeng. Tract. 1262; Ans. Alex. 314; auch im Rit. lat. 164 f. – Die Befragung bei Rit. lat. 164; Ans. Alex. 314. Auch im katholischen Taufritus kommt sie ähnlich vor (*Eisenhofer* 2, 267 f.). – Die Sündenvergebung bei Rit. lat. 164; sie hat, wie schon *Dondaine*, Liber 45, bemerkte, mit dem *Confiteor* zu Beginn der katholischen Messe große Ähnlichkeiten; eine noch näher verwandte Formel steht bei *Martène* 1, 130.

[18] Haer. Cath. 307: *reconsolaretur per impositionem manuum*. Über die Voraussetzung dieser Zeremonie s. o. S. 134.

[19] Die theoretische Berechtigung jedes ‚Vollendeten‘ zur Spendung des *Consolamentum* ist unbestritten (Petr. Mart. 329; Monet. Crem. 293; Rain. Sacc. 65; Ans. Alex. 313; *Döllinger* 2, 294 324). Doch schon Petr. Sarn. 1, 15 – vielleicht also überhaupt die französischen Katharer – sprechen von der Vorrangstellung der *magistri*.

[20] Der Ritus steht nur bei Rit. prov. 481 f.; sonstige Zeugen: Petr. Sarn. 1, 15 f.; Act. Inq. Carcass. 1238 ff., *Germain* 298 308. Nach c. 1300 wurde das *Consolamentum* anscheinend nur noch Schwerkranken gespendet, deren baldiger Tod sicher zu erwarten war (Act. Inq. Tolos. 1245 ff., *Belhomme* 137; *Douais*, Documents 1, 195; *Limborch* 15). – Zu den christlichen Parallelriten vgl. *Martène* 1, 66 ff.; *Eisenhofer* 2, 323 f. 350.

[21] Solche Fälle bei *Limborch* 104 190 230. Es läßt sich also nicht bestreiten, daß Petr. Mart. 329 das Richtige wiedergab, als er sagte, den Katharern gälte das *Consolamentum* als *sacramentum*. Der Versuch eines Gegenbeweises bei *Roché* 26 ff. scheitert an der falschen Auslegung von Petr. Sarn. 1, 15, denn *secundum vulgare ipsorum* heißt nun einmal „in ihrer Volkssprache“ und nicht „expérience de l'Ésprit“.

[22] Die *Endura* wird meist in der Forschung überschätzt (z. B. bei *Douais*, Albigeois 253; *Döllinger* 1, 221 ff.; *Guiraud*, Inquisition 1, 82; *Coulton*, Inquisition 79; *Bühler* 104). – Man kann nicht (wie *Schmidt* 1, 357 u. v. a.) jeden Selbstmord eines Katharers als *Endura* bezeichnen, vor allem nicht jene Verzweiflungstaten, die aus Angst vor der Inquisition begangen wurden, wie der bekannte Fall der Guillelma de Proaudo (*Limborch* 33 70 f.), die nahezu alle schon bei Tacitus, Ann. XV c. 64 und 69, erwähnten Arten des Selbstmordes der Reihe nach versuchte, um der Inquisition zu entgehen. Auch wenn ein ‚Vollendeter‘ im Kerker der Inquisition seine Leiden selbst beendet (*Limborch* 98 ff. 178), ist das keine *Endura*. Nur solche Fälle dürfen dafür gelten, wo nach der Spendung des *Consolamentum* die Nahrung aus religiösen Gründen entzogen wird. Dies, doch auch nur dies, hat *Roché* 41 f. richtig gesehen. – Fälle echter *Endura* kommen erst nach 1275 in Italien, nach 1300 in Südfrankreich vor (*Molinier*, Endura 288 194; *Dossat* 29 f.). – Die langen Agonien (*Döllinger*

2, 19 24; *Limborch* 111) sind dadurch verursacht, daß den Kranken nur das Essen, nicht das Trinken untersagt wird. Nach medizinischer Auskunft beträgt die Maximallebensdauer des Menschen unter dieser Bedingung etwa 75 Tage. – Unglaubwürdig ist die Erzählung von Jac. Cap., *Ilarino*, Capelli 76; Pseud. Rain. 272; Act. Inq. Taurin. 1388, *Amati* 2, 57, man habe die Sterbenden gefragt, ob sie Märtyrer oder Bekenner sein wollten und sie dann je nach der Antwort entweder erwürgt oder verhungern lassen. Nur *Cozens* 22 nimmt die Erzählung ernst, die vermutlich aus einer Legende über die ersten Christenverfolgungen hervorging.

[23] Unterirdische Gelasse (*speluncae, textrinae* u. ä.) werden oft erwähnt: Ecb. Schon. 14; Hildegard von Bingen (bei Caes. Heist. Homil. 208, *Hilka* 1, 149); Gest. reg. Henr. a. 1178, Bd. 1, S. 216; Caes. Heist. V c. 24, *Strange* 1, 308; Gebeno von Eberbach, Pentachronon (Hs. Clm. 324, f. 57 v); Dav. Ausb. 210 225 f.; Steph. Borb. 289; Berth. Reg. 1, 242; 2, 70. Da von solchen Gelassen schon 1114 in Soissons erzählt wird (Guib. Novig. III c. 17, S. 212) und dort auch von den Fuchshöhlen der Ketzer die Rede ist, könnte man annehmen, daß hier der alte Topos zugrunde liegt, der die Ketzer nach Hld 2, 15 als *vulpes* bezeichnet (zuerst wohl Eucher. MPL 50, 752; wieder Bernh. Serm. 1093; Gervas. Dorobern. Chron. a. 1177, *Bouquet* 13, 140 und noch Dante, Div. Comm. Purg. XXXII 118 ff.). Die *penetralia, cellaria* und *textrinae* der Ketzer wären dann nicht wörtlich zu nehmen. Doch ist das nicht sicher auszumachen. – In Wäldern: Izarn. Sic. 247; Act. Inq. Tolos. 1254, *Belhomme* 134 f.; vgl. *Schmidt* 1, 300 338. – In den Privathäusern: so meist, von Petr. Sarn. 1, 34 40 48 bis Act. Inq. Taurin. 1412, *Esposito*, Chieri 423. – In katholischen Kirchen: AASS. April 3, 693 (Florenz); Steph. Borb. 279 (Mailand); *Limborch* 159 (Toulouse). Eine eigene katharische Kapelle gab es nur auf dem Montségur (zitiert *Schmidt* 2, 111).

[24] Nächtliche Versammlungen: Gest. reg. Henr. a. 1178, Bd. 1, S. 215; Joach. Apoc. 130 v; Petr. Sarn. 1, 7 34 40 48; Act. Inq. Tolos. 1254, *Belhomme* 133. – Einmal im Monat findet meist das *servitium* statt (s. u. A. 28); auch nach Act. Inq. Taurin. 1388, *Amati* 2, 20, mit der Einschränkung „wenn es nicht regnet". – Jeden Sonntag ist Gottesdienst auf dem Montségur (zitiert *Schmidt* 1, 301); vgl. auch Act. Inq. Taurin. 1388, *Amati* 2, 55.

[25] Die Zeremonie ist bezeugt seit Ecb. Schon. 52. Sie heißt meist in den lateinischen Quellen *reverentia* (Haer. Cath. 308; *Döllinger* 2, 4; Act. Inq. Trevis. 1297, *Picotti* 265; *Limborch* 131; Act. Inq. Taurin. 1388, *Amati* 2, 53). Im Rit. prov. 473 475 nennt man sie *meloier* oder *milhoirer; melioramentum* zuerst wohl bei Ans. Alex. 317. – Dieser Brauch ist keine Beichte (falsch *Clédat* XII; *Guiraud*, Consolamentum 96; *Welter* 79 f.); nur die Waldenser kennen ein *melioramentum de peccatis* (*Müller*, Waldenser 74), wobei die Wortbedeutung ,Besserung' deutlicher hervortritt als bei unserer Zeremonie. – ,Guter Christ' ist Synonym für Katharer (s. u. III, 9 A. 13). – Zeugen für die Formeln: Act. Inq. Carcass. 1237 ff., *Germain* 295 ff. 304; Act. Inq. Tolos. 1238 ff., *Vaissète – Dulaurier* 8, 1017 1149 1152; *Douais*, Toulouse 157, Documents 1, 35 266; 2, 251 270; *Belhomme* 133; Rit. lat. 156; Pseud. Rain. 272; Ans. Alex. 314 317;

Rit. prov. 470 473; Act. Inq. Tolos. 1274, *Boffito,* Cuneo 329; Act. Inq. Florent. 1280, *Manselli,* Firenze 135 (hier Abweichungen); Act. Inq. Ferrar. 1285, *Muratori,* Antiq. 5, 122; Act. Inq. Trevis. 1297, *Picotti* 265; Act. Inq. Bonon. 1299, *Aldrovandi* 289; *Limborch* 12; Gui Manuel 20; Act. Inq. Taurin. 1388, *Manuel* 80. – Eine innere oder auch nur äußere Entwicklung zeigt sich in diesen Formeln nirgends. – Das *Benedicite* ist an sich der Gruß unter katholischen Mönchen (s. *Martène* 2, 168; Caes. Heist. V c. 46, *Strange* 1, 331).

[26] Der Ausdruck *covenesa* zuerst wohl bei Rit. prov. 481; sonst *Döllinger* 2, 18; *Limborch* 29; Gui Manuel 20. Die Sache ist wohl zuerst bei der Belagerung des Montségur 1242 bezeugt (Act. Inq. Tolos. 1254, *Belhomme* 136; darüber *Dossat* 28 f.). – Ein Ritus dieser angeblichen „Weihe zum Gläubigen" (so *Douais,* Albigeois 186; *Warner* 83; *Guiraud,* Inquisition 1, 176 f.; *Runciman* 152) ist nirgends überliefert, es ist lediglich von einem *pactum* die Rede (Act. Inq. Tolos. 1254, *Belhomme* 136; *Limborch* 13 29; Gui Manuel 20), also wohl von einer formlosen Vereinbarung, die danach bei jeder sich bietenden Gelegenheit durch das *Melioramentum* wiederholt wird (in diesem Sinn *Guiraud,* Inquisition 1, 177 184; anders *Döllinger* 1, 238; jedenfalls stellt *Limborch* 199 *reverentia vel convenientia,* also Ehrenbezeigung und Verabredung, als nahezu identische Begriffe nebeneinander).

[27] Die Umarmung wird bei Ans. Alex. 317 mit dem provenzalischen Wort *caron* bezeichnet; sie heißt sonst *salutatio* (*Limborch* 72 348 f.); bei den katholischen Gegnern auch *adoratio* (*Douais,* Somme 107; *Mansi* 23, 364; *Limborch* 18 62). – Der Friedenskuß, der *bis in ore ex transverso* ausgeführt wird, ist erwähnt bei Petr. Sarn. 1, 20; Act. Inq. Carcass. 1236, *Germain* 299; Act. Inq. Carcass. 1244, *Vaissète – Dulaurier* 8, 1151; Act. Inq. Tolos. 1254, *Belhomme* 136 f.; Rit. prov. 479; Act. Inq. Taurin. 1388, *Amati* 2, 60. Die Zeremonie scheint sich also wieder in Südfrankreich ausgebildet zu haben. Zu ihren katholischen Parallelriten vgl. *Eisenhofer* 1, 260 f.; 2, 46 202 292. – Frauen küssen das Evangelienbuch, das hier die Stelle des katholischen *instrumentum pacis* vertritt; oder die männlichen ,Vollendeten' reichen ihnen *cum humero* den Friedenskuß weiter (Act. Inq. Carcass. 1244, *Vaissète – Dulaurier* 8, 1151).

[28] Gottesdienst als *servitium* bei Monet. Crem. 455; die Beichte heißt *servitium* oder *servisi* bei Rain. Sacc. 69; Rit. prov. 471; *Döllinger* 2, 37; *Cipolla,* Notizie 342. Bei Rit. lat. 156 165 bedeutet das Wort *servitium* wohl das *Melioramentum* (so *Dondaine,* Liber 44 f.) bzw. den Friedenskuß. – *Apparellamentum* heißt die Beichte bei Act. Inq. Tolos. 1238 ff., *Vaissète – Dulaurier* 8, 1017; *Douais,* Documents 1, 151 usw. Dieses Wort stammt von dem provenzalischen Verbum *apparelhar,* sich verbinden, her und ist (gegen *Douais,* Albigeois 258; *Dulaurier* 160) nur eine Übersetzung von *servitium* (vgl. das Zitat bei *Guiraud,* Inquisition 1, 185). Mit Unzucht (so *Belhomme* 118) hat das Wort gar nichts zu tun. – Zur bogomilischen Sündenklage: Cosm. Presb. 90; darüber *Puech – Vaillant* 249. – Die katharische Beichte dürfte wohl mit der katholischen Institution der Laienbeichte in Zusammenhang stehen (über sie *G. Gromer,* Die Laienbeicht im Mittelalter, München 1909; *A. Teetaert,* La confession aux laïques dans l'église latine depuis le VIII^e jusqu'au XIV^e siècle,

Diss. theol. Löwen, Welteren 1926), die ja auch von den Waldensern geübt wurde (darüber *Gromer*, a. a. O., S. 18). Auch die katholische *confessio generalis* (über sie *Eisenhofer* 2, 119 ff.) ist verwandt und vom Konzil von Narbonne 1243 sogar ausdrücklich mit dem katharischen *servitium* verglichen worden (*Mansi* 23, 364). Schließlich weisen die katharischen Sündenklagen (die ausführlichste bei Rit. prov. 471 ff.; sonst Rit. lat. 164; Rain. Sacc. 67; *Döllinger* 2, 295; Ans. Alex. 314) in Aufbau und Tonart, ja sogar im Wortlaut erstaunliche Ähnlichkeiten mit mittelalterlichen Sündenklagen auf (über diese allgemein am besten *G. Ehrismann*, Geschichte der deutschen Literatur bis zum Ausgang des Mittelalters, 1. Teil, 2. Aufl., München 1932, S. 311 ff.; für die Formulierungen vgl. etwa *Schmitz* 89 91 oder auch eine provenzalische Sündenklage bei *Meyer* [s. o. A. 10] S. 488 ff.). Ich bin davon überzeugt, daß sich bei systematischer Suche das katholische Vorbild für die katharischen Formeln finden wird. – Daß diese Beichte nur für ‚Vollendete‘ gilt, ist von *Cunitz* 45; *Alphandéry*, Morale 45 erkannt worden; dagegen haben *Schmidt* 2, 135; *Guiraud*, Inquisition 1, 185 194; *Belperron* 82; *Roché* 24 gemeint, dies sei eine Beichte der Gläubigen vor den Vollendeten, obwohl in den Quellen betont wird, daß die Gläubigen nicht zu beichten brauchen (z. B. *Döllinger* 2, 324). Allerdings findet die Beichte *coram omnibus et publice*, auch in Gegenwart der *credentes*, statt (Rain. Sacc. 67). – Der Diakon, der mit dem Beichthören betraut ist, ist bis ins 13. Jahrhundert auch in der katholischen Welt keine Seltenheit (s. *Eisenhofer* 2, 330).

[29] Zur Bußordnung: Monet. Crem. 303 306; Rain. Sacc. 69; Rit. prov. 472; insbesondere Ans. Alex. 315, wo die einzelnen Bußleistungen, bis zu 120 Tagen strenger Fasten, genau abgestuft sind, übrigens auch wieder einen provenzalischen Namen tragen: *trapassar*. Hier ist auch die Scheidung von läßlichen und Todsünden (s. o. III, 6 A. 12) notwendig geworden. – Die Einzelbeichte schwerer Sünden, die das Korrelat zu diesen Neuerungen ist, wird von Rain. Sacc. 67 derart eindeutig bezeugt (*oportet eum confiteri illud peccatum (mortale) ... secreto ...*), daß ihr Vorhandensein (gegen *Broeckx* 163; *Guiraud*, Inquisition 1, 188 ff.; *Morghen*, Medioevo 271) nicht ignoriert werden kann.

[30] Berichte über solche Wort-Gottesdienste: Act. Inq. Tolos. 1245, *Guiraud*, Inquisition 1, 152 f.; Act. Inq. Ferrar. 1280, *Muratori*, Antiq. 5, 119; allgemein darüber *Schmidt* 2, 116.

[31] Die Brotbrechung ist in der Forschung bisher stets mit den altchristlichen Liebesmahlen, der sog. Agape, verglichen worden (so von *Schmidt* 2, 130; *Dulaurier* 193; *Molinier*, Église 17; *Guiraud*, Cartulaire 189; *Hefele – Leclercq* 5, 2, 1269; *Aničkov*, Joachim 296; *Coulton*, Inquisition 72). Nur *Belhomme* 105; *Lot-Borodine* 155 haben beiläufig an die Eulogie erinnert. Nun ist dieser alte Brauch der Eulogie, der im Bekreuzen, Brechen und Austeilen von geweihtem, aber nicht konsekriertem Brot besteht, im 13. Jahrhundert überall im Schwang (vgl. *V. Leroquais*, Les Sacramentaires et les Missels manuscrits des bibliothèques publiques de France, Paris 1924, Bd. 1, S. 175; Bd. 3, S. 314; Monum. Parm. 1, 5, 84); die Waldenser ahmen ihn nach (*Müller*, Waldenser 76), die Katharer vergleichen ihre Zeremonie mit der Eulogie (*Döllinger* 2, 148)

und benennen ihr gesegnetes Brot *panis benedictus* oder *panis signatus* (Ecb. Schon. 89; *Douais*, Documents 1, 151; Act. Inq. Veron. 1290, *Cipolla*, Patarenismo 281, Notizie 342; *Limborch* 29 161; Gui Manuel 20), genau ebenso, wie die katholische Eulogie heißt (vgl. *Franz* 1, 235 ff.; für den Ausdruck *pa signat*, der noch um 1900 in der Languedoc üblich war, vgl. *Guiraud*, Cartulaire 187). Die ‚Vollendeten‘ sind sich darüber klar, daß sie ihr Brot nicht *signatus* nennen können, weil sie das Kreuzzeichen nicht darüber machen, und versuchen andere Namen dafür einzuführen *(panis sanctae orationis* oder *fractionis)*; aber es bleibt unter den Gläubigen doch beim *panis signatus*. – Warum man statt auf diese naheliegende Parallele immer wieder auf die altchristliche Agape verweist und daraus sogar erweisen will, daß die katharische Brotbrechung bis ins 3. Jahrhundert n. Chr. zurückreicht (*Guiraud*, Inquisition 1, 179), ist nicht einzusehen.

[32] Anfänge der Zeremonie: Everw. Steinf. 678; Bernh. Serm. 1098; Ecb. Schon. 15. Nach diesen Zeugnissen vergleichen die ersten Katharer mit einer gewissen Zweideutigkeit (Ecb. Schon. nennt sie *dolus*) ihre Zeremonie und die Eucharistie. – Die ausgebaute Zeremonie: Burce-Ilar. 336; Monet. Crem. 456; Rain. Sacc. 65; Ans. Alex. 316; *Döllinger*, 2, 30 147 323; *Molinier*, Rapport 283; Gui Manuel 19 f.; Act. Inq. Taurin. 1388, *Amati* 2, 16; *Esposito*, Chieri 423.

[33] Täglich nach Rain. Sacc. 65; doch nehmen nach *Limborch* 102 die Gläubigen in unregelmäßigen Abständen daran teil. – Zu sonstigen Speisesitten (Nicht essen, ohne Vaterunser zu beten, vor dem Essen *Melioramentum* des Kochs, bei jeder neuen Speisenfolge ebenfalls usw.) vgl. Act. Inq. Tolos. 1254, *Belhomme* 134 f.; Ans. Alex. 316; *Döllinger* 2, 295. – Daß die Brotbrechung an Weihnachten und Ostern gespendet wurde, sagen Act. Inq. Ferrar. 1285, *Muratori*, Antiq. 5, 137; später wird sie *loco communionis* feierlich empfangen (Act. Inq. Taurin. 1388, *Amati* 2, 54).

## 9. Die Hierarchie

[1] Cosm. Presb. 80 über die Gönner; sonst vgl. *Puech – Vaillant* 238 f.; *Obolensky* 133.

[2] Zur Teilung in Eingeweihte und Anhänger vgl. *Obolensky* 133 f. Der erste bogomilische Bischof, von dem wir Kunde haben, ist Simon, Amtsvorgänger des Niketas (Haer. Cath. 306 *Symone episcopo Drugonthie, a quo origo suscepti ordinis a Nicheta processerat*). Über die späteren Bogomilenbischöfe vgl. *Schmaus* 287. – Die Ketzer von Monteforte haben schon *maiores* (Landulf. Sen. Hist. Mediol. II c. 27, MGH. SS. 8, 65), die man allerdings (gegen *Ilarino*, Eresie 71) nicht mit den katharischen *perfecti* identifizieren kann (s. o. II, 3 A. 19).

[3] Darüber *Puech – Vaillant* 278. – Die Bezeichnung *Credentes* zuerst bei Everw. Steinf. 678 (doch vgl. o. III, 8 A. 8); später bei Petr. Sarn. 1, 14; von da ab allgemein gebräuchlich.

[4] Das krasseste Beispiel ist ein Ehepaar in Pavia, in dem der Gatte *credens* und

die Frau Spionin der Inquisition ist (Ende des 13. Jahrhunderts; *Biscaro*, Lombardia 507 f.). – Allgemein Petr. Sarn. 1, 14: *credentes seculariter viventes.* – Verheiratete: Act. Inq. Tolos. 1247, *Douais,* Documents 2,27. – Ihre Kinder werden wieder *credentes:* Act. Inq. Ferra. 1285, *Muratori,* Antiq. 5, 131 (Mutter und Sohn); *Molinier,* Inquisition 119 (Mutter mit sieben verheirateten Söhnen); *Limborch* 28 (vier Brüder). – Eine Aufstellung der *amasiae* von *credentes* gibt aus den Act. Inq. Tolos. 1245 *Guiraud,* Inquisition 1, 96 f. – Zu ihren weltlichen Geschäften, Wucher, Unzucht, Meineid, vgl. Petr. Sarn. 1, 15; darüber *Schmidt* 2, 156; *Molinier,* Église 280 f.; *Evans* 101, wo allerdings das als Gebot der ‚Vollendeten' betrachtet wird, was sie in Wirklichkeit nicht verbieten konnten.

[5] Zum Dogma sagt Rain. Sacc. 72: *simplicioribus singula non revelabantur;* Act. Inq. Carcass. 1305, *Schmidt* 2, 99: *solum bene suis familiaribus et bene firmis ... revelant ... omnia.* Dies sind die so oft diskutierten ‚Geheimlehren' der Katharer, mit deren Hilfe manche Forscher den Katharern ganz andere Glaubenssätze unterschieben wollten, als die Quellen angeben. Die heutige Forschung kennt sie, ja sogar die *secretissima,* die nicht allen ‚Vollendeten' mitgeteilt wurden (Petr. Mart. 324 330 331). – Anhören der Predigt: Act. Inq. Tolos. 1250, *Douais,* Documents 2, 260; Act. Inq. Ferrar. 1285, *Muratori,* Antiq. 5, 120 usw.

[6] Alle diese Punkte kehren in den Aussagen vor der Inquisition immer wieder; ein Musterbeispiel: Act. Inq. Tolos. 1246, *Douais,* Documents 2, 25 193.

[7] Zur Verpflegung usw. vgl. *Limborch,* passim. – Botengänge: Act. Inq. Ferrar. 1287, *Muratori,* Antiq. 5, 138 f.; *Molinier,* Église 13 (von Südfrankreich reist einer bis nach Sizilien). – Schutz: Joach. Apoc. 131 r: *adhaerere observantibus (fidem) vel saltem exhibere tutelam* sei die Aufgabe der *credentes.* – Der Eid: Act. Inq. Tolos. 1246, *Douais,* Documents 2, 18; Act. Inq. Taurin. 1387, *Amati,* 2, 23. Die ‚Vollendeten' selbst schwören nie (s. o. S. 139.).

[8] Beispiele bieten die Inquisitionsakten in Fülle. Schon die Anwerbung ist typisch: Meist kommt ein guter Bekannter zu einem Freund und sagt ihm, zwei Männer möchten ihn sprechen, oder eine Frau erzählt anderen Frauen, bei ihr seien *pulchrae gentes valde* abgestiegen. Die Neugierigen werden ohne weitere Förmlichkeiten zu einer katharischen Predigt geführt, sind oft sehr enttäuscht, kommen aber doch wieder und immer häufiger (vgl. *Douais,* Documents 2, 259; *Molinier,* Inquisition 118).

[9] Die Ehe ist den Gläubigen nie verboten gewesen, um 1230 aber durch Desiderius ausdrücklich erlaubt worden (Ans. Alex. 312). Für 1300 vgl. *Döllinger* 2, 179. – Zu den Erzählungen um die Seelenwanderung vgl. *Döllinger* 2, 183; darüber *Vidal,* Doctrine 406; bisweilen sagte man sogar, der treue Gläubige würde nach seinem Tode schnell noch durch einen Engel konsoliert. Als ‚Begierdetaufe' (so *Döllinger* 1, 192) kann man diese Einstellung nur zur Not bezeichnen.

[10] *Molinier,* Église 283; ähnlich *Alphandéry,* Morale 38. – Allgemein über das Eindringen der Gläubigenethik in das Gemeindeleben: *Weber* 258.

[11] Von „unzähligen" Gläubigen reden Alan. Ins. 307; Innozenz III. Ep. I, 94,

MPL 214, 82. – Einen Berechnungsversuch auf falscher Grundlage gab *Molinier, Église* 277. Er hat das (schon heute in Paris in 1:5000 gewandelte) Verhältnis von Priestern zu Laien in Frankreich um 1890 (4:3500) zugrunde gelegt und mit Hilfe der Angabe von Rain. Sacc. 70 (nicht ganz 4000 ,Vollendete') eine Gläubigenzahl von fast vier Millionen errechnet. Die späteren Forscher haben diese enormen Zahlen anstandslos übernommen. Die einzig mögliche Vergleichsziffer ist aber das Verhältnis von Priestern zu Laien im Mittelalter; es schwankt zwischen 1:10 (*Bühler* 55) und 1:50 (*K. Bücher,* Die Frauenfrage im Mittelalter, 2. Aufl., Tübingen 1910, S. 9); die Zahlen der katharischen Spätperiode (s. A. 12) zeigen das Verhältnis 1:70; doch ist hier die Zahl der ,Vollendeten' durch Verfolgungen unverhältnismäßig reduziert. Da bei den Katharern anders als bei den Katholiken jeder Laie ein potentieller Priester ist, wird man nur sehr vorsichtig hohe Zahlen annehmen dürfen und eine halbe Million Gläubige für die oberste tragbare Schätzung halten müssen, soweit man nicht überhaupt darauf verzichtet, die unsicheren Kandidaten zahlenmäßig zu erfassen.

[12] Darüber *Döllinger* 1, 212 f.; *Vacandard,* Inquisition 83; *Broeckx* 109.

[13] Namen für die ,Vollendeten': Sie selbst nennen sich meist *christiani* (Rit. lat. 165; Rit. prov. 479), oft auch mit dem Zusatz *veri* oder *boni* (Rit. lat. 157; Lib. princ. 144). Sonst begegnen wir einem offenbar katharischen Namen: *electi:* Everw. Steinf. 678 ff. – *consolati:* Ermeng. Tract. 1262; Petr. Sarn. 1, 15; Petr. Mart. 331; Act. Inq. Pav. 1292, *Biscaro,* Lombardia 504; Act. Inq. Bonon. 1291, *Aldrovandi* 244; Act. Inq. Florent. 1320, *Biscaro,* Firenze 362 – *induti, vestiti:* Petr. Sarn. 1, 40; 2, 90; Act. Inq. Tolos. 1233 ff., *Douais,* Documents 1, 61; 2, 28; *Belhomme* 144 f.; Guill. Podiol. 132 155 158; *Döllinger* 2, 178 – *perfecti:* Ecb. Schon. 31 *(eorum, qui inter vos perfecti vocantur);* Petr. Sarn. 1, 14 117 159; Act. Inq. Tolos. 1256, *Belhomme* 144; Act. Inq. Taurin. 1388, *Amati* 2, 57. Dieses Wort *perfecti,* das vielleicht auf Mt 19, 21 zurückgeht, ist also die zu allen Zeiten und in allen Ländern bezeugte Benennung; sie ist die wissenschaftlich einwandfreieste. – Auf Grund der gelegentlich bei katholischen Polemikern vorkommenden Benennung *professi* (Rain. Sacc. 66; Ans. Alex. 312), die auch die katholischen Ordensleute tragen, hat *Dondaine,* Sources 478, diese Bezeichnung auch in der wissenschaftlichen Nomenklatur einzuführen vorgeschlagen. Die Analogie des Katharismus zu den Mönchsorden ist zweifellos vorhanden und, wie man sieht, schon von den Zeitgenossen beobachtet worden. Doch müssen wir uns an die von den Katharern selbst gewählten Bezeichnungen halten. Da die Selbstbezeichnung *christianus* sich als wissenschaftlicher Terminus nicht empfehlen dürfte und *perfectus* (gegen *Warner* 83; *Roché* 17) eine katharische Selbstbenennung ist, ist letztere der geeignetste Name.

[14] Namen für die Gemeinschaft der ,Vollendeten': *ordo:* Ecb. Schon. 15 69 78; Gest. reg. Henr. a. 1178, Bd. 1, S. 214; Luc. Tud. 242; Monet. Crem. 395; Act. Inq. Tolos. 1250, *Douais,* Documents 2, 245; *Limborch* 42 – *congregatio:* Haer. Cath. 308; *Döllinger* 2, 35 (auch die Waldenser nennen sich so: *Preger,* Waldesier 239) – *multitudo* (nach Apg 6, 5): Act. Fel. 326; Haer. Cath. 306 ff. – Konzi-

lien: Zu St. Félix de Caraman s. o. S. 80; zu Mosio s. o. S. 83. Andere Konzilien der Katharer: 1206 in Mirepoix (*Döllinger* 2, 35; dort wird der Ausbau des Montségur als Rückzugsbasis beschlossen); 1224 in Montpellier (s. o. II, 8 A. 1, eine politische Demonstration für den Frieden); 1225 in Pieusse (s. o. I, 3 A. 27, Errichtung eines neuen Bistums); 1241 in La Pélade (s. *Schmidt* 1, 315; eine letzte Beratung über den Stand des Katharismus in Südfrankreich). Aus Italien hören wir durch Burce-Ilar. 309 von *concilia plurima*, die der Wiederherstellung der katharischen Einheit dienen sollten.

[15] Zum *Consolamentum* s. o. S. 145, zur Bischofswahl S. 153.

[16] Bleich und mager: Cosm. Presb. 55; Caes. Heist. V c. 18, *Strange* 1, 296. – Bart: Bernh. Serm. 1092; Ecb. Schon. 90; Caes. Heist. Homil. 210, *Hilka* 1, 150. Von langem Haupthaar berichten Joach. Apoc. 132 r; Berth. Reg. 1, 403 f. Später allerdings werden die ‚Vollendeten' rasiert oder kahl geschoren (*Limborch* 159; darüber *Vidal*, Ministres 93). – Barfuß (nach Mt 10, 10): Ann. Margan. 15; Caes. Heist. V c. 18, *Strange* 1, 296. Später tragen sie Schuhe: Act. Inq. Tolos. 1245, *Vaissète* – *Dulaurier* 8, 1148. – Mönchsgewand: s. o. III, 8 A. 16; doch ist diese Kleidung keineswegs obligatorisch (Petr. Sarn. 1, 40: *in veste communi; Guiraud,* Inquisition 1, 184 zitiert: *in habitu peregrini*); sonst gehen sie *in habitu simplicissimo* (Caes. Heist. Homil. 209, *Hilka* 1, 149; V c. 18, *Strange* 1, 296), bisweilen in priesterähnlicher Kleidung *ad instar tunicae dalmaticae* (Gest. reg. Henr. a. 1178, Bd. 1, S. 215), später *dissimulato habitu* (Steph. Borb. 277). Reine Phantasie ist die Schilderung der ‚Vollendeten' mit einer persischen Tiara auf dem Haupt, wie sie *Rahn* 77 129; *Nigg,* Ketzer 196 geben. Kapuze usw.: *Douais,* Documents 2, 269; *Limborch* 50 102. – Über die Rasthäuser s. u. A. 31. – Erwähnenswert ist, daß man gelegentlich auch Katharer zu Pferde trifft (Act. Inq. Tolos. 1245, *Vaissète* – *Dulaurier* 8, 1148; *Limborch* 44).

[17] Armut der Vollendeten (nach Mt 10, 9 ff.) infolge der Gütereinziehung nach dem *Consolamentum: Rit. lat.* 156 *(rogare de bono); Act.* Inq. Taurin. 1388, *Amati* 2, 57; darüber *Molinier,* Église 239. – Zur Kleidung: *Douais,* Documents 2, 253 264; *Limborch* 58 usw. – Zur Nahrung: Caes. Heist. V c. 18, *Strange* 1, 296; Act. Inq. Tolos. 1245 ff., *Belhomme* 142 146; *Guébin* – *Lyon* 1, 33; *Douais,* Documents 1, 196; 2, 256; *Döllinger* 2, 239; *Limborch* 42 59 67 usw. Das Hauptgericht ist Erbsenbrei oder Kohl mit Öl. Käsekuchen wird später gegen die eigentlichen Vorschriften (s. o. III, 7 A. 16) doch gerne gegessen (Act. Inq. Tolos. 1245, *Douais,* Toulouse 155, Documents 2, 11). – Neunmal gespült: Act. Inq. Taurin. 1388, *Amati* 2, 57; vgl. auch das Zitat bei *Guiraud,* Inquisition 1, 90.

[18] Frauenkonvente: vgl. die Zitate bei *Guiraud,* Cartulaire 108–112, Inquisition 1, 147–150; gelegentlich wandern die Frauen auch (*Douais,* Documents 1, 61; 2, 28; *Döllinger* 2, 165). – Zu den Diakonen s. o. S. 155. – Die *sapientes* werden zuerst erwähnt bei Haer. Cath. 306; zuvor heißen sie *doctores* oder *viri periti* (Everw. Steinf. 677; Ecb. Schon 26).

[19] Zitat nach *Schmidt* 2, 155, ähnlich auch Joach. Apoc. 131 v: *tristes sunt omni tempore.* Übrigens werden sie oft auch zur Ader gelassen, um nicht über-

mütig zu werden (*Limborch* 159; vgl. auch die Zitate bei *Guiraud*, Inquisition 1, 95 f.) – Zwar gehen die ‚Vollendeten‘ gerne zu zweien (Act. Inq. Tolos. 1245 ff., *Douais*, Documents 1, 35; 2, 265; *Belhomme* 134 136); aber das ist nicht, wie *Molinier*, Église 12; *Guiraud*, Cartulaire 113, meinen, eine Mußvorschrift; wenigstens später sieht man sie *modo unum, modo duos* (*Limborch* 20 53).

[20] Zu 1206: *Döllinger* 2, 35. Daraus erschließt *Döllinger* 1, 213 eine Gesamtzahl der ‚Vollendeten‘ in Südfrankreich von 700–800, was vielleicht etwas zu niedrig gegriffen ist. – Zu 1250: Rain. Sacc. 70. Wie *Evenhuis* 62 aus dieser Angabe 14000 ‚Vollendete‘ errechnet hat, bleibt dunkel.

[21] Zu 1300 s. o. A. 11. – Die Bedeutung der ‚Vollendeten‘ als mönchische Asketen, die zugleich priesterliche Hierarchien sind, hat *Morghen*, Libertà 453, gut charakterisiert.

[22] Zitat aus Haer. Cath. 307. – Über den Bischof Peter von Florenz sagt Haer. Cath. 307: *ab officio episcopatus a suis subditis reprobatus est.* – Auch in der frühchristlichen Kirche kann die Gemeinde den Bischof absetzen (*Feine* 1, 31).

[23] Zuerst war der neue Bischof, der ehemalige *filius maior*, nach dem Tode seines Vorgängers von dem nächstniederen Grad der Hierarchie, dem *filius minor* (s. u. A. 29), geweiht worden; das galt den Katharern des 13. Jahrhunderts als unwürdig. So weihte nun der alte Bischof kurz vor seinem Tode seinen *filius maior* selbst zum Nachfolger; das hatte zur Folge, daß viele Bistümer zeitweise doppelt besetzt waren (Rain. Sacc. 69). – Die Bischofsweihe geschieht durch ein erneutes *Consolamentum*; zwar ist uns dafür kein besonderer Ritus überliefert, aber wahrscheinlich war ein solcher gebräuchlich (Haer. Cath. 307: *recipere consolationem et ordinem episcopatus;* auch Petr. Mart. 329 spricht von einer besonderen Handauflegung, *quae fit in sacrorum ordinum datione*). – Auch die im katholischen Ritus allein übliche Weihe durch Nachbarbischöfe (s. *Eisenhofer* 2, 375 f.) kommt bei den Katharern vor (Haer. Cath. 306 für Markus, vgl. auch oben S. 84).

[24] *dominium:* Haer. Cath. 306 ff.; auch Ans. Alex. 309 erzählt von einem Katharer, *qui volebat et ipse esse episcopus.* – Über die Aufgaben des Bischofs am besten Rain. Sacc. 68; auch Jac. Cap., *Döllinger* 2, 279: *viris et mulieribus suae sectae praeest, ipsos secundum arbitrium suum disponendo.* Doch kann jeder, *sive ordinatus, sive christianus* (*Döllinger* 2, 323), die katharischen Riten theoretisch ebenso wie der Bischof vollziehen; in der Praxis ist es allerdings allmählich dahin gekommen, daß das *Consolamentum* durch den Bischof besonders begehrt war (Act. Inq. Tolos. 1254, *Belhomme* 135; Act. Inq. Ferrar. 1285, *Muratori*, Antiq. 5, 121). Doch nur das späte Zeugnis bei *Döllinger* 2, 295 spricht davon, daß der Bischof allein den Heiligen Geist vermitteln könne, eine nahezu katholische Vorstellung. – Über die Amtstracht ist nichts bekannt; vgl. zur einzigen Ausnahme o. A. 16. – Über die häufigen Reisen der Bischöfe vgl. *Dondaine*, Italie 290; sie ziehen von Nordfrankreich bis Neapel, oder von Bosnien bis Carcassonne; der Fall *absente episcopo* (Rain. Sacc. 69) scheint sehr häufig eingetreten zu sein, wenn für ihn gleich zwei Stellvertreter bestimmt werden mußten (s. o. S. 155).

[25] Zur Entstehung der Bistumsorganisation s. o. S. 77 ff. – Eine Liste der bisher bekannten katharischen Bistümer und Bischöfe ist in der Erstausgabe dieses Buches, S. 231 ff., gegeben. Man ersieht daraus, daß Ecb. Schon. 17 die augustinische Angabe über 72 manichäische Bischöfe keinesfalls zu Recht auf die Katharer übertragen hat. Auch die zeitweilige Zwölfzahl ist rein zufällig, nicht durch Analogie zu den zwölf Aposteln entstanden, wie sich aus der Geschichte der Bistumsgründungen klar ergibt.

[26] An einen Papst der Bogomilen glaubt nur *Angelov* 57. Auffällig ist immerhin, daß auch das Amt eines Patriarchen den Bogomilen unbekannt ist. Vgl. *Obolensky* 246 f. Ein katharischer Papst ist von der Forschung oft und oft vermutet worden; Niketas galt dafür als Kronzeuge. Seit *Schmidt* 2, 147 f. ist diese Hypothese zumeist aufgegeben worden; daß *Papas* ebenso wie ,Pope' ,Priester' bedeutet, hat *Runciman* 162 dargetan (s. o. II, 5 A. 24). – Damit ist aber das Problem nicht erledigt; denn wenn es auch keinen wirklichen katharischen Papst gab, ist die Tendenz dazu, je später, je deutlicher, vorhanden.

[27] Zu den Rechten des Bischofs von Albi vgl. Act. Fel. 326 und o. II, 5 A. 25. – Über die Versuche des Garattus, seine Suprematie gegenüber den übrigen italienischen Bischöfen nach 1190 noch einmal durchzusetzen, vgl. Haer. Cath. 308.

[28] Zunächst konzentrierten sich derartige Versuche auf Südfrankreich: 1201 kommt aus ,Albanien' ein *maior haereticorum* nach Albi (zitiert: *Döllinger* 1, 124; der Titel ist nicht katharisch, sondern waldensisch; aber an dem Faktum mag etwas Wahres sein); um 1223 entsendet ein bosnischer ,Papst' seinen Vertreter, einen Angehörigen der Diözese Carcassonne, nach Agen (*Martène – Durand* 1, 901; der hier abgedruckte Brief ist mit einigen Versehen auch bei Roger von Wendover, Flor. Hist. a. 1223, MGH. SS. 28, 51; Rad. Cogg. a. 1223, S. 195; Matth. Paris a. 1223, Bd. 3, S. 78 wiedergegeben); 1229 nennt sich der Bischof von Albi *apostolicus* (Alber. Tr. Font. Chron. a. 1229, MGH. SS. 23, 923; *Guiraud*, Inquisition 1, 202 hat mit Recht darauf verwiesen, daß dies zwar noch ein Bischofstitel, aber doch mit höherem Anspruch ist). Zu den Bistumsgründungen, die Guilabert von Castres inspirierte, s. o. S. 24. – 1231 nennt sich in Trier ein Katharer namens Gregor Papst der Katharer (*Mansi* 23, 242, ein Zeugnis, das nur mit Vorsicht zu benutzen ist); im gleichen Jahr hören wir von einem süditalienischen *papa* der Ketzer (*Hampe* 143 148 f.); ebenso nennt sich 1237/38 in Viterbo Johann von Benevent (*Muratori*, Scr. 3, 1, 581). Die Südfranzosen reden noch um 1320 von der Zeit, *quando ipsi haeretici habebant papas* (*Döllinger* 2, 194), und die Italiener kennen noch 1388 einen *summus pontifex*, der sich angeblich in Apulien aufhält (Act. Inq. Taurin. 1388, *Amati* 1, 39; 2, 51).

[29] Rain. Sacc. 76 berichtet vom *filius maior* der bulgarischen Bogomilenkirche für die Zeit um 1190 (vgl. zu diesem Grad *Puech – Vaillant* 239; für das 15. Jahrhundert *Schmaus* 287). Um 1190 ist der Titel *filius maior* gleichzeitig auch bei den Katharern bezeugt. Bei Haer. Cath. 312 ist diese Titulatur schon allgemein eingeführt. – Ob die Namen von einem Gleichnis hergenommen sind, etwa dem des verlorenen Sohnes (so *Réville* 53), ist sehr fraglich. Wahr-

scheinlich sind es lediglich Übersetzungen östlicher Titel: *Papas* heißt ja auch, wörtlich genommen, ‚Vater'.

[30] Über die Aufgaben der *filii* kurz und gut Rain. Sacc. 69; auch Jac. Cap., *Döllinger* 2, 279, dort auch über die Visitationen. Sonst vgl. *Döllinger* 2, 324; Act. Inq. Ferrar. 1285, *Muratori*, Antiq. 5, 121.

[31] Zuerst ist das Amt für die Zeit vor 1167 von Ans. Alex. 309 bezeugt. Über die Aufgaben des Diakons: Petr. Sarn. 1, 15; Jac. Cap., *Döllinger* 2, 279; Monet. Crem. 278; Rain. Sacc. 69; Ans. Alex. 324 (hier eine Liste von Diakonen); *Döllinger* 2, 295 324. – Von einem einzigen katharischen Diakon für alle katharischen Gemeinden, der der Vorgesetzte aller ‚Vollendeten' in ganz Westeuropa sei, weiß die späte Quelle bei *Döllinger* 2, 227. – Rasthäuser: Solche *hospicia* oder *domus haereticorum* kennen die bosnischen Bogomilen (s. *Schmaus* 288); bei den Katharern sind sie besonders häufig zu Beginn des 13. Jahrhunderts in Südfrankreich anzutreffen (s. die Zitate bei *Schmidt* 1, 198 f.; *Guiraud*, Inquisition 1, 146 ff.), doch auch in Italien: Act. Inq. Tolos. 1256, *Belhomme* 143 (für Pavia); Rit. lat. 156 *(ancianus … de hospicio)*; Act. Inq. Ferrar. 1270, *Muratori*, Antiq. 5, 131 (für Rimini); allgemein Monet. Crem. 278; *Döllinger* 2, 279. – Diakonissen: Bei den Bogomilen, vgl. *Puech – Vaillant* 242. Für die Katharer hat die Forschung (mit Ausnahme von *Döllinger* 1, 203 f.; *Roché* 35) das Vorhandensein von Diakonissen bisher bestritten; doch führen *Guébin – Lyon* 1, 113 dafür einen Beleg an.

[32] Eine lange Liste von südfranzösischen Diakonen gibt *Guiraud*, Inquisition 1, 212 ff.; auch noch 1245 finden wir sie in Frankreich häufig (Act. Inq. Tolos. 1245 ff., *Douais*, Toulouse 157; *Belhomme* 143). – Zu Italien vgl. Ans. Alex. 324; zu Sizilien *Limborch* 13 f.

[33] Peter Autier nennt sich *ancia* nach *Limborch* 37; schon im Rit. prov. 473 wird der Priester *ancia* genannt. Im Rit. lat. 156 ist der *ancianus* noch der Gegenpart des *ordinatus;* auch Ans. Alex. 315 spiegelt diese Stufe. – Der Titel ist nicht katharisch; vielmehr ist in Albi (s. *Compayré* 22) wie in Florenz, Bologna und Lucca (vgl. nur Dante, Div. Comm. Inf. XXI 38) das Anzianat eine kommunale Einrichtung. Auch die Waldenser kennen diesen Titel nach Burce-Ilar. 317. – Möglicherweise ist trotzdem auch hier ein bogomilischer Einfluß anzunehmen, denn die bosnische Bogomilenhierarchie kennt eine Teilung zwischen *gost* und *starac* (*Schmaus* 287), die genau der Differenzierung von Priestern und Ältesten bei den Katharern entspricht. – Ans. Alex. 315 meint diese Scheidung, wenn er *praelatio,* das hierarchische Amt, und *prioratus,* die durch Alter erworbene Ehrenstellung, unterscheidet.

[34] Dagegen, daß die Katharer nicht alle sieben evangelischen *ordines* hätten (Burce-Ilar. 299 336), wenden sie sich (Brev. summ. 121) mit einer Aufzählung ihrer *ordines:* Bischof, *filius maior, filius minor,* Diakon oder Presbyter, *filiolus,* Christen ( = ‚Vollendete'), Gläubige. Von der *filiolus* benannten Stufe ist sonst nichts bekannt. Anderwärts verweisen die Katharer darauf, daß sie die drei *ordines* der Urkirche besäßen: Bischof, Presbyter und Diakon (Monet. Crem. 313; zu den tatsächlichen Verhältnissen in der Urkirche vgl. *Eisenhofer* 2, 362 ff.).

## 10. Kirche und Gegenkirche

[1] Cosm. Presb. 64 66; darüber *Puech – Vaillant* 224 238. Die Bogomilen nennen sich *Synagoge*, ein Ausdruck, der später wie überall im Abendland auch bei den Katharern als negatives Gegenbild zur *Ecclesia* verwendet wird (Georg. Disp. 1743).

[2] Die fünf von Niketas bei Act. Fel. 326 genannten bogomilischen *ecclesiae* sind die bulgarische (wahrscheinlich Mazedonien umfassend), die drugurische (wohl Dragowitsa in Thrakien), die von *Romania* (vielleicht mit *Döllinger* 1, 121; *Dondaine,* Liber 62, in Lydien zu suchen; nach anderen, zuletzt *Obolensky* 157 ff., in Thrakien; ich neige zur ersteren Meinung), die von *Melenguia* (wohl Melnik in Ostmazedonien) und die dalmatinische. (Die Lokalisierung nach *Schmidt* 1, 57; *Obolensky* 156 ff.) Später verschwindet die Kirche von *Melenguia* und an ihre Stelle treten eine lateinische und eine griechische Kirche in Konstantinopel selbst (Rain. Sacc. 70). – Zur Wortgeschichte des Begriffes *Romania* vgl. *R. L. Wolff;* Romania, the Latin Empire of Constantinople, in: Speculum 23 (1948) S. 1–34, bes. S. 32.

[3] Zitat aus Act. Fel. 326, Worte des Niketas. Er verweist hier auf sieben Urkirchen in Asien, obwohl er nur fünf nennt, von denen wohl nur eine wirklich in Kleinasien liegt. Aber zugrunde liegt seiner Phrase natürlich Offb 1, 4 11: *septem ecclesiae quae sunt in Asia.* Wahrscheinlich dachten die Katharer auch später bei dieser Bibelstelle an die Bogomilen.

[4] *Ecclesia Dei* nennen sich die Katharer nach Ecb. Schon. 19 21; Burce-Ilar. 330; Rit. lat. 155 157 159 163; Brev. summ. 121; Rit. prov. 473 (hier freilich schon spiritualisiert: *ecclesia* heißt hier nicht mehr die große Gemeinde oder die Diözese, sondern die „zwei oder drei, die sich in meinem Namen versammeln"). – Zu den Streitigkeiten s. o. S. 82 ff. und Burce-Ilar. 309: *Unus alterum ad mortem condemnat, dicentes Albanenses adversus Concorricios, se esse ecclesiam Dei, et dicentes, illos fuisse ex ipsis, et ,a nobis secessi sunt'; et e converso Concorricii vero dicunt illud idem ... dicendo, quod eorum ecclesia patitur scandalum pro divisione eorum.* – Umgekehrt sagen die Katharer, die andere Kirche (die christliche) sei nicht die wahre, weil sie in Griechen und Römer gespalten sei (Monet. Crem. 459).

[5] Die Berufung der Katharer auf eine seit den Aposteln ungebrochene Tradition begegnet z. B. bei Everw. Steinf. 679 (s. o. II, 5 A. 9); Lib. antih 232 *(a multis praedecessoribus nostram (doctrinam) accipientes longaevam tenemus);* ausdrücklich erst Burce-Ilar. 328 *(descenderunt a Christo de gradu in gradum);* Rit. lat. 159 *(veri christiani, qui tanquam discipulorum (Ihesu Christi) heredes gradatim potestatem ab ecclesia Dei receperunt;* ib. 162 *docti ab ecclesia primitiva);* Rit. prov. 477 *(Aquest sanh babtisme ... a tengut la gleisa de Deu dels apostols en sa);* Act. Inq. Carcass. 1290 ff., *Germain* 307; vgl. auch das Zitat bei *Guiraud,* Inquisition 1, 137. Über diese Tradition handelt auch *Morghen,* Medioevo 281, freilich ohne die bogomilische Zwischenstufe zu erwähnen.

[6] Der Anspruch, allein die rettende Kirche zu sein, wird von den Katharern vertreten nach Ecb. Schon. 16 18; Bonac. Manif. 777; Ermeng. Tract. 1264; Ra-

dulf. Ardens, MPL 155, 2011; Joach. Apoc. 132 r; Rain. Sacc. 65; Act. Inq. Tolos. 1245, *Douais,* Toulouse 153; *Belhomme* 144 f.; Act. Inq. Carcass. 1278 ff.,
*Germain* 302; Act. Inq. Ferrar. 1285, *Muratori,* Antiq. 5, 120; Act. Inq. Taurin.
1387, *Amati* 2, 23. – Abmilderungen begegnen uns erst spät; so, wenn Rit. lat.
163 davor warnt, alles Katholische zu verwerfen, oder wenn 1296 in Bologna
ein Kathaer erklärt: *Sicut sunt 72 linguae, ita sunt 72 fides* (*Aldrovandi* 247; zu
dem Gedanken von 72 Sprachen und Völkern, der auf Gen 10 zurückgeht, vgl.
vorläufig *R. Michel,* in: Paul und Braunes Beiträge 15 [1891]
S. 377–379; eine ausführliche Studie wird vorbereitet). – Die katholische Kirche als Hure: Petr. Sarn. 1, 12 47; Monet. Crem. 397. Vgl. auch Dante, Div.
Comm. Purg. XXXII 148 ff. – Reinheit der wahren Priester: Burce-Döll. 77; Georg. Disp. 1752; Monet. Crem. 433. – Katholische Blutschuld: Bernh. Serm.
1100; Burce-Ilar. 327 (hier das Zitat); Act. Inq. Tolos. 1273, *Schmidt* 2, 84.

[7] Arme Kirche: Monet. Crem. 393; *Döllinger* 2, 154. – Katholischer Reichtum
und Machthunger: Act. Concil. Lumbar., *Bouquet* 14, 432; Georg. Disp. 1744;
Monet. Crem. 393 536; Brev. summ. 128. – Dieselbe Argumentation, die den
armen Christus dem reichen Bischof gegenüberstellt, noch bei *Goethe,* Ge-
spräche, hsg. *F. v. Biedermann,* Bd. 4, Leipzig 1910, S. 442.

[8] Satanssynagoge: *Limborch* 37; Act. Inq. Taurin. 1388, *Manuel* 78. – *Ecclesia
malignantium* (nach Ps 25, 5 Vulgata-Fassung): Rain. Sacc. 64; *Döllinger* 2,
322; Act. Inq. Taurin. 1388, *Amati* 1, 39; *Manuel* 81. Die Katholiken (z. B.
Guill. Alv. 1, 891) nennen natürlich die Katharer ebenso. – *ecclesia maligna:*
Brev. summ. 129; Act. Inq. Carcass. 1305 ff., *Germain* 304; *Limborch* 92. Dieselben Anschuldigungen findet man noch heutzutage im Munde der Sektierer
(*O. Karrer,* Über moderne Sekten, Luzern 1942, S. 32 f.)

[9] Schon bei den Bogomilen wird die orthodoxe Kirche beschuldigt, nicht von
den Aposteln, sondern erst von Johannes Chrysostomus abzustammen (Cosm.
Presb. 63; *Puech – Vaillant* 217; *Obolensky* 132 f.). Zitat (nach Kol 2, 8) aus
Everw. Steinf. 678. – 1163 wissen die Katharer in Köln noch nicht, welcher
Papst die Schuld für die Verrottung der katholischen Kirche trägt (Ecb. Schon.
71). Daß Konstantin d. Gr. und Papst Silvester I. die Schuldigen seien, behaupten sie kurz vor 1200 (AASS. Mai 5, 2, 86 ff.; Bonac. Manif. 777; später: Georg.
Disp. 1756; Monet. Crem. 263; *Döllinger* 2, 40 320; Act. Inq. Taurin. 1387,
*Amati* 1, 39; Act. Inq. Taurin. 1395, *Boffito,* Piemonte 394 396), also lange vor
1250, welches Datum *G. Laehr,* Die Konstantinische Schenkung in der abendländischen Literatur des Mittelalters bis zur Mitte des 14. Jahrhunderts (Historische Studien, Heft 166), Berlin 1926, S. 177, angibt. Diese Argumente, im
Investiturstreit aufgekommen (*Laehr,* a. a. O., S. 39) und von Arnold von Brescia mit Nachdruck vertreten (*Laehr,* a. a. O., S. 93), sind offensichtlich von
letzterem den italienischen Katharern vererbt worden, gleichzeitig aber auch
anderen Ketzern, insbesondere den Waldensern (*Laehr,* a. a. O., S. 176 f.; Zeugen: Monet. Crem. 405 409, Rain. Sacc. 78; Dav. Augsb. 206 f.), den Apostoli-
kern (Act. Inq. Bonon. 1299, *Aldrovandi* 264 ff.) und schließlich auch Dante,
Div. Comm. Inf. XIX 115 ff.

[10] Zu Petri Gewalt: Rit. lat. 159: *tibi dabo claves regni celorum – tibi pro omni-*

*bus;* zu ähnlichen Anschauungen in der christlichen Frühkirche vgl. *Haller* 1, 7 37; *Feine* 1, 53 f. – Das berühmte und bis in die jüngste Gegenwart heiß umstrittene Argument, Petrus sei gar nicht in Rom gewesen, ist waldensisch (Monet. Crem. 411; Ans. Alex. 319 f.) und nicht von den Katharern gebraucht worden (irrig *Morghen,* Medioevo 283). – Der Papst: *Döllinger* 2, 166. – Die Kirchenväter werden verworfen von den Ketzerreformern des früheren 12. Jahrhunderts (Petr. Ven. 730 752 779); bei den Katharern nach Bonac. Manif. 777; Ermeng. Tract. 1264; Alan. Ins. 322. – Luc. Tud. 246 wirft den Katharern sogar absichtliche Verfälschungen von Väterschriften vor, um die Christen zu verwirren; doch sind auch ohne die Mitwirkung von Ketzern oft Titel und Text patristischer Schriften arg verwahrlost (s. Petr. Abael., MPL 178, 1340 f.).

[11] Diese Begründung, meist verbunden mit der Beschuldigung, die Priester verkauften die Sakramente aus Habgier, findet sich u. a. bei Ecb. Schon. 88; Gest. reg. Henr. a. 1178, Bd. 1, S. 205; Guill. Nang. a. 1183, Bd. 1, S. 77; Ermeng. Tract. 1258; Ebr. Beth. 1548 1553; Act. Inq. Carcass. 1244; *Vaissète – Dulaurier* 8, 1147; Brev. summ. 128; Steph. Borb. 304; Act. Inq. Veron. 1301, *Cipolla,* Patarenismo 278; *Limborch* 348; Gui Manuel 12 26; Act. Inq. Carcass. 1326, *Guiraud,* Cartulaire 100; Act. Inq. Taurin. 1387, *Amati* 2, 9; Act. Inq. Taurin. 1395, *Boffito,* Piemonte 398.

[12] *aqua corrupta: Limborch* 85; nach *Döllinger* 2, 23 28 31 ruft das kalte Flußwasser Würmer hervor oder tötet gar die Täuflinge; über das Flußwasser spotten die Katharer schon bei Petr. Sarn. 1, 12. – Kinder als *daemones* und Satanspack: Cosm. Presb. 81 f.; Everw. Steinf. 679; Bernh. Serm. 1098; Ecb. Schon. 15; Ermeng. Tract. 1257; Burce-Ilar. 323; Georg. Disp. 1709 1726 f.; Monet. Crem. 284; Act. Inq. Tolos. 1245, *Douais,* Toulouse 152; Brev. summ. 131; *Döllinger* 2, 198 204 217. Über ihre Strafe besonders Rain. Sacc. 65; *Molinier,* Rapport 283 f.; *Döllinger* 2, 34 294. Vgl. *Molinier,* Église 15. – Nach katholischer Lehre kommen ungetaufte Kinder nicht in den Himmel, aber in den Limbus, wo ihre Strafe sehr milde ist (*Lefèvre* 50; Petr. Ven. 757; Guill. Alv. 1, 723; Dante, Div. Comm. Inf. IV 25 ff.). Den literarischen Kampf der katholischen Schriftsteller gegen die katharische Auffassung schildert gut *A. Landgraf,* Kindertaufe und Glaube in der Frühscholastik, in: Gregorianum 9 (1928) S. 337–372, 497–543, besonders S. 360–372. Vgl. auch *Landgraf* 1, 209.

[13] Nach Auffassung der Reformbewegungen bedürfen sündlose Kinder der Taufe gar nicht, um in den Himmel zu kommen, weil sie keinen Makel tragen (Alan. Ins. 345; *Ilarino,* Speroni 227). Diese Ansicht ist den Katharern durchaus fremd. – *Consolamentum* für Kinder: s. o. S. 146; sonst vgl. die Zitate aus Act. Inq. Tolos. 1245 bei *Guiraud,* Cartulaire 278; *Douais,* Narbonne 130; später *Döllinger* 2, 136; *Limborch* 190. – Das *Consolamentum* als Taufe: s. o. III, 8 A. 16. – Demgemäß wird die katholische Taufe nicht mehr restlos abgelehnt (Monet. Crem. 291 f.; Rit. lat. 163), sondern als ungenügend betrachtet; gegen die Lehre von der Verdammnis der Kinder wendet sich dann scharf Lib. princ. 142; sonst weist man sie wenigstens ins Fegefeuer (vgl. *Guiraud,* Cartulaire 88).

[14] Abendländisch ist die rationalistische Meinung, Christi Leib müsse schon

längst verzehrt sein, auch wenn er die Größe eines Berges hätte (Ecb. Schon. 92; Petr. Sarn. 1, 13; Monet. Crem. 300; Act. Inq. Ferrar. 1285, *Muratori*, Antiq. 5, 125; Act. Inq. Bonon. 1294, *Aldrovandi* 283; Act. Inq. Trevis. 1297, *Picotti* 264; Gui Manuel 24). Diese Meinung stammt nach Petr. Ven. 799 von Berengar von Tours (vgl. zu seiner wirklichen Ansicht *Geiselmann* 333 349). – Ebenso abendländisch ist die Auffassung, Christi Leib könne nicht der unwürdigen Verdauung unterworfen sein (Ecb. Schon. 84; Chron. Reg. Colon. a. 1172, SS. rer. Germ., S. 122; Alan. Ins. 359; Georg. Disp. 1732; Gui Manuel 24); sie ist von Berengar von Tours aufgebracht worden (s. *Geiselmann* 391; später etwa *Ilarino*, Speroni 276). – Brot als böse Materie: Bonac. Manif. 777; Petr. Sarn. 1, 37; Luc. Tud. 246; Georg. Disp. 1728; Monet. Crem. 295; *Lami* 2, 551; Act. Inq. Veron. 1301, *Cipolla*, Paterenismo 278; *Limborch* 85 132.

[15] Eucharistie als bloßes Gedächtnismahl: Ecb. Schon. 88; Georg. Disp. 1731; *Döllinger* 2, 322; die Einsetzungsworte werden umgedeutet: Ermeng. Tract. 1251; Georg. Disp. 1730; Monet. Crem. 297 f.; Rit. lat. 154; *Douais*, Somme 96; Steph. Borb. 303; *Vidal*, Doctrine 43. Auch dies ist schon vorher vielfach im Abendland bezeugt (s. *Geiselmann* 3 ff. 29 f. 293 ff.; Petr. Ven. 763). – Zur Brotbrechung s. o. S. 148 f.

[16] Die Ehe wird spirituell gedeutet: Burce-Ilar. 310; Petr. Mart. 306; Georg. Disp. 1711; Monet. Crem. 94 506; *Douais*, Documents 2, 99, Somme 97; *Döllinger* 2, 29; Gui Manuel 14. Auch diese Argumentation ist nicht neu, vgl. nur *Tellenbach* 155 über die Auslegung der Ehe als Bund zwischen Bischof und Gemeinde oder die Interpretation des Hohen Liedes durch Williram von Ebersberg um 1060. – Der böse Körper: Monet. Crem. 315; auch Burce-Ilar. 309 ff.; zur näheren Begründung s. o. S. 136 ff.

[17] Dazu vgl. o. S. 107 f.; auch Ans. Alex. 312 und *Döllinger* 2, 227 ff. Zu grotesken Auswüchsen dieser katharischen Ehegesetzgebung vgl. *Döllinger* 2, 179; darüber *Vidal*, Ministres 95, Doctrine 404.

[18] Daß die Sünden durch die katharischen Bräuche eher als durch die katholische Beichte getilgt werden, steht bei *Döllinger* 2, 294 323. Nur ganz selten hören wir aus katharischem Munde die abendländische Behauptung, man könne ohne Sündenvergebung gerettet werden (Ermeng. Tract. 1261; Act. Inq. Trevis. 1297, *Picotti* 264). – Zur katharischen Beichte s. o. S. 148.

[19] Die Gleichsetzung des *Consolamentum* mit der Firmung bei Petr. Mart. 329; sonst trifft man die Ablehnung bei Petr. Sarn. 1, 13; Alan. Ins. 369; *Döllinger* 2, 322. – Auch Katholiken haben gelegentlich im 12. Jahrhundert die Firmung nach der Taufe als überflüssig betrachtet (Hug. Roth. 1269).

[20] Zur Ablehnung der Letzten Ölung vgl. Ebr. Beth. 1553; Reiner. Ann. a. 1210, MGH. SS. 16, 663; Petr. Sarn. 1, 13; Brev. summ. 128 132; *Döllinger* 2, 322 f.; Gui Manuel 26. Zum Kranken-*Consolamentum* s. o. S. 146.

[21] Die Gleichsetzung von *Consolamentum* und Priesterweihe bei Petr. Mart. 329; zur Verwerfung der Ordination vgl. Ecb. Schon. 15 25 69 88; Alan. Ins. 369; Act. Inq. Carcass. 1326, *Alphandéry*, Averroisme 136; *Döllinger* 2, 166 323; meist mit der Begründung, es komme nicht auf die Weihe, sonder auf das reine Leben an. Aber auch wenn ein katholischer Geistlicher etwas Gutes tut,

ist er doch nur wie eine Kuh, die Milch gibt und dann in den Melkeimer tritt (*Döllinger* 2, 176).

[22] Gegen das Meßopfer, das *cum tumultu* gefeiert wird, wenden sich die Katharer nach Herib. Mon. 1721; Ecb. Schon. 15; Petr. Sarn. 1, 34; Luc. Tud. 246; Monet. Crem. 457. – Kirchengesang als unverständliches Geheul: Ermeng. Tract. 1250; Ebr. Beth. 1538; Petr. Sarn. 1, 291; Monet. Crem. 458; *Douais*, Documents 2, 97; *Döllinger* 2, 40 203. – Das Latein ist nur der Schleier, um den Betrug zu verdecken: Zitat bei *Guiraud*, Inquisition 1, 169. – Meßgewänder: Monet. Crem. 457. – Missale als tote Häute: Caes. Heist. V c. 21, *Strange* 1, 302; Steph. Borb. 289. – Weihrauch als jüdische Erfindung: Monet. Crem. 459 (wirklich kommt der Brauch aus dem Orient, s. *Eisenhofer* 1, 294). – Weihwasser: Hist. Vicelliac. monast. a. 1167, *Bouquet* 12, 343; Berth. Reg. 1, 406. – Kirchengebäude als Steinhaufen: Ermeng. Tract. 1247 f.; Alan. Ins. 371; Petr. Sarn. 1, 37 57 87 202; Caes. Heist. V c. 21, *Strange* 1, 303; Georg. Disp. 1749; Monet. Crem. 454; Guill. Podiol. 121; *Döllinger* 2, 319. Dort auch Beispiele für das katharische Verhalten in der Praxis. – Glocken als Teufelstrompeten: Petr. Sarn. 1, 17 (in der Tat gelten die Glocken dem Mittelalter als Nachbildung der alttestamentlichen Trompeten bei Num 10, 2; vgl. *Eisenhofer* 1, 395). – Verwerfung von Heiligenbildern: Cosm. Presb. 58 71; Petr. Sarn. 1, 17; Burce-Ilar. 311; Monet. Crem. 5; *Döllinger* 2, 320. – Fast alle diese Argumente sind schon vor den Katharern nachweisbar bei den spiritualistischen Ketzern des 11. und 12. Jahrhunderts.

[23] Dazu s. o. S. 145 ff.; zu katharischen Liedern s. o. II, 8 A. 31, auch Dav. Augsb. 215; Berth. Reg. 1, 406.

[24] Zur abendländischen Argumentation gegen die Verehrung des Kreuzes, die seit Claudius von Turin nicht abgerissen ist, vgl. *Ilarino*, Eresie 46; Petr. Ven. 722 773. Sie wird von den Katharern fortgeführt bei Ebr. Beth. 1560; Burce-Ilar. 311; *Douais*, Documents 2, 97; *Döllinger* 2, 57 320 323. – Die bogomilische Ansicht, daß das Kreuz das Marterwerkzeug Christi und das satanische Siegeszeichen sei (Cosm. Presb. 58 f.), findet sich bei Herib. Mon. 1721; Bonac. Manif. 777; Burce-Ilar. 327; Georg. Disp. 1747 f.; Monet. Crem. 461; Steph. Borb. 278; *Limborch* 348; Gui Manuel 26. – *Roché* 45 f. 93 97 f. hat zu erweisen versucht, daß die Katharer nur die übliche Kreuzesform ablehnten und statt ihrer die griechische Gestalt des Kreuzes, mit gleichlangen Armen, verwendeten. Er hat dazu den Faksimiledruck des NT. von Lyon herangezogen, wo derartige Kreuze am Rande vorkommen. Doch hat er nicht berücksichtigt, daß das letzte dieser Kreuze bei *Clédat* 448 zu finden ist, während der katharische Teil des Kodex erst bei *Clédat* 470 beginnt (s. o. I, 5 A. 10). Auch die Florentiner Handschrift des ‚Liber de duobus principiis‘ weist derartige Kreuze auf, ohne daß sie von Katharern herstammen. Daß überdies die Katharer nicht nur eine Form des Kreuzes, sondern das Kreuz an sich verdammten, besagen die oben genannten Quellen eindeutig.

[25] Sonntagsarbeit ist schon bei den Bogomilen bezeugt (s. *Obolensky* 134), auch bei den Katharern: Petr. Sarn. 1, 27; Act. Inq. Taurin. 1388, *Amati* 2, 15 25 51; *Manuel* 76 81. – Nach Gal 4, 10 argumentieren die Katharer bei Monet. Crem.

476, während sie bei *Döllinger* 2, 169 meinen, der Sonntag sei kein besonderer Tag, denn es regne ja an Sonntagen nicht weniger oft als an Werktagen.

[26] Dazu s. o. S. 138f. – Bisweilen hat man, ohne Nachweis, Pfingsten als Stiftungsfest der katharischen Kirche ansehen wollen (*Schmidt* 2, 138; *Hefele – Leclercq* 5, 2, 1269); dafür liegt kein ernstlicher Grund vor. Jedoch berichtet Ecb. Schon. 16 von einem im Herbst stattfindenden Fest *(Meus autem recitator ab eis, quibus ipse fuerat commoratus, Malilosa dixit vocari),* das er selbst mit dem manichäischen Bema-Fest vergleicht. Nun hat die Forschung seit *Schmidt* 2, 138 sich geweigert, diese Nachricht ernst zu nehmen (nur *Réville* 54; *Douais,* Albigeois 95; *Rahn* 121 nehmen sie ganz wörtlich), insofern mit Recht, als das Bemafest ganz anderen Charakter trägt und im März stattfindet (s. *C. R. C. Allberry,* Das manichäische Bema-Fest, in: Zeitschrift für die neutestamentliche Wissenschaft 37 [1938] S. 2–10). Aber man sollte nur Ekberts Deutung verwerfen, nicht die ganze Nachricht. Wäre es nicht denkbar, daß das Wort *Malilosa,* für das *Schmidt* 2, 139 keine Erklärung fand und das man meist als ‚Manisola' las, wirklich *Mali-losa* hieß und die Latinisierung eines mittelniederdeutschen Ausdrucks ‚Lösung des Makels', also ein Synonym für *Consolamentum* ist? (Vgl. *K. Schiller – A. Lübben,* Mittelniederdeutsches Wörterbuch, Bremen 1876–77, Bd. 2, S. 725 zu *lose;* Bd. 3, S. 10f. zu *mâl.)*

[27] Auch hier finden wir die spiritualistischen Begründungen vertreten: Everw. Steinf. 679; Bernh. Serm. 1098; Ermeng. Tract. 1267; Ebr. Beth. 1553; Alan. Ins. 373; Luc. Tud. 210; Georg. Disp. 1738; Dav. Augsb. 208. – Die Wunder von Heiligen werden ebenfalls geistlich verstanden: Georg. Disp. 1750; *Douais,* Documents 2, 99. – Die Verehrung für katharische Reliquien ist bezeugt durch Dav. Augsb. 222 228; Steph. Borb. 283; *Douais,* Hérétiques 376; *Molinier,* Rapport 293. 1292 erzählt man sich in Bologna von Wundern und Lichterscheinungen, die bei der Verbrennung von Katharern in Mantua geschehen seien (*Aldrovandi* 253).

[28] Totengebete, Ablässe und Almosen zugunsten der Verstorbenen werden von den Katharern lächerlich gemacht: Herib. Mon. 1721; Everw. Steinf. 679; Bernh. Serm. 1098; Caes. Heist. V c. 21, *Strange* 1, 301; Luc. Tud. 198; Georg. Disp. 1733; *Douais,* Documents 2, 100; Pseud. Rain. 272; Act. Inq. Taurin. 1388, *Amati* 2, 9 52. Auch dies ist altes Erbe der Reformbewegungen (vgl. Petr. Ven. 722 819 823; *Esposito,* Écrits 143). – Ablehnung der Bestattung: Ebr. Beth. 1553; Luc. Tud. 198 213; Act. Inq. Taurin. 1388, *Amati* 2, 9. – Katharische Gebete für die Toten: Monet. Crem. 374; *Molinier,* Rapport 231. Nach der glücklichen Vermutung von *Döllinger* 1, 229 betete man für die gestorbenen *Credentes,* die noch nicht erlöst sind und weiter wandern müssen. – Katharische Beerdigungen: Luc. Tud. 195; Burce-Ilar. 337; *Döllinger* 2, 19; Limborch 15 118. Meist erfolgen sie in einem Graben oder einem alten Brunnen; Verbrennung wird nur bei *Döllinger* 2, 171 von einer ketzerfeindlichen Tochter ihrer katharischen Mutter angedroht. – Friedhöfe: Über die bogomilischen Grabdenkmäler s. *Schmaus* 284 f. Über die seit 1207 zahlreich nachzuweisenden katharischen Friedhöfe in Südfrankreich s. *Molinier,* Église 14; *Guiraud,* Inquisition 1, 166; auch Guill. Podiol. 120. – Zur feierlichen Bestattung vgl.

*Fumi*, Orvieto 78; auch *Limborch* passim, wo von Ausgaben für Leichentücher die Rede ist. Oft lassen sich die Katharer auch auf katholischen Friedhöfen beisetzen (*Döllinger* 2, 139; *Biscaro*, Lombardia 510), weshalb die Inquisitoren zahlreiche Exhumierungen vornehmen müssen.

[29] *Harnack* 3, 475 f. hat völlig recht: „Jener katholische Grundbegriff der Kirche als sakramentaler Anstalt wird (von den mittelalterlichen Sekten) nicht beanstandet, weil der Grundbegriff vom Heil und von der Seligkeit unbeanstandet bleibt." Die Opposition ist rein äußerlich: Um 1260 wendet sich ein italienischer Katharer beim Gebet nicht gen Osten, sondern nach Westen: *nolebat adorare versus partem illam, ubi adorabant prevedones clericones* (*Muratori*, Antiq. 5, 125).

## IV. Katharismus und Mittelalter

### 1. Religion und Kultur

[1] *Lortz* 178.

[2] *Réville* 57; ähnlich *Troeltsch* 375; *Nigg*, Ketzer 14. Vgl. auch *W. Neuß*, Das Problem des Mittelalters, Kolmar o. J., S. 65 f.

[3] *Heer* 514. Schon Bernh. Serm. 1089 warf den Katharern vor, sie wollten lieber schaden als siegen.

[4] Im einzelnen s. o. S. 88 ff. – Die Verwandtschaft in der Sonderkirchenbildung, die *Toynbee* 5, 169 zwischen den Katharern und den Wiedertäufern des 16. Jahrhunderts sieht, besteht wohl für alle kirchlich organisierten Sekten des Spätmittelalters schon.

[5] In diesem Sinne *Tocco*, Eresia 1 ff.; *Molinier*, Église 288; *G. Ficker*, in RGG 3, 666; *Heer* 164 467. – Für die inhaltliche Entwicklung der katholischen Dogmen gilt freilich noch das Urteil von *Harnack* 3, 428 474 518, daß alle mittelalterlichen Sekten darauf ohne direkten Einfluß geblieben sind. – Immerhin hat man nicht ganz ohne Berechtigung die Scholastik mit der spätantiken Gnosis verglichen und „eine zweite Hellenisierung des Christentums" genannt (*H. Meyer*, Geschichte der abendländischen Weltanschauung, Bd. 3, Würzburg 1948, S. 159), also in die Nähe jener Gesinnung gerückt, die auch den Katharern zu eigen ist.

[6] Im einzelnen s. o. S. 92 ff. Nur am Rande sei auf die Ausgestaltung des Bußsakraments zu einer volksnahen Liturgik (*Ave Maria*, Rosenkranz) verwiesen.

[7] Den Zusammenhang zwischen Dualismus und Teufelsglauben haben betont *Schmidt* 2, 172; *Tocco*, Eresia 133; *Luchaire* 18; *Hollnsteiner* 208; *Bühler* 58; *Bihlmeyer* 502. Doch wird man den Katharismus nicht gar zu sehr zum *advocatus diaboli* machen dürfen; er hat die volkstümliche Teufelsvorstellung jedenfalls nicht erzeugt, allenfalls verstärkt (so *Bächtold* 9, 276). – Die Magie hat (gegen *Fumi*, Milano 124) wenig mit dem Katharismus gemein, auch wenn wir ab und zu *nigromantici* unter den Katharern finden (AASS. April 3, 693; *Döllinger* 2, 37; *Sanesi* 385). In unserem Sinn auch *Pètrement*, Histoire 74. Trotzdem glaubt das Volk bisweilen, die ‚Vollendeten' könnten Blitze bannen (Zitate bei *Schmidt* 1, 314; 2, 97).

[8] Sie sind bisher, auch von *Burckhardt* 464 ff., kaum beachtet worden. Doch kann man sich ohne katharische Nachwirkung kaum einen Satz wie den eines Bolognesen im Jahre 1294 erklären, der wünschte, der Sultan käme nach Rom und machte dem Papst den Garaus; dann sollte im Paradies Krieg ausbrechen und die Heiligen sollten einander umbringen (*Aldrovandi* 283).

[9] So *Dondaine*, Actes 334; im einzelnen s. o. S. 87 und 99 f.

[10] Die Bekanntschaft der Katharer mit den Universitäten wird von *Schmidt* 1, 144; *Perrens* 341 viel zu allgemein vorausgesetzt, s. o. II, 6 A. 35. – Die katharische Einwirkung auf die Volksbildung betont besonders *Stefano*, Riformatori 365, wohl ebenfalls zu allgemein, da die ,Vollendeten' zum Teil zwar Latein verstanden, aber zum anderen Teil gar nicht lesen konnten; s. o. II, 10 A. 26.

[11] Erst der letzte südfranzösische Katharer, Limosus Niger, versucht 1326, den Katharismus zu einer *Philosophia* zu machen (*Alphandéry*, Averroisme 138). Trotzdem hat man in der Forschung immer wieder die Katharer Philosophen genannt: *Jas* 106; *Schmidt* 1, II; 2, 167 257 f.; *Reuter* 2, 39; *Lacger*, Albigeois 294; *Stefano*, Riformatori 33; *Aegerter* X; *Solari* 417. – Die früher beliebte, heute selten gewordene Einstufung der Katharer als Mystiker (noch bei *Halphen* 321) empfiehlt sich erst recht nicht.

[12] S. o. S. 96 f. und 99. In unserem Sinn auch *Schnürer* 480; *Guiraud*, Inquisition 2, 16 über die Gründung der Universität Toulouse von 1229, die ein Gegenschlag gegen die Katharer ist.

[13] Darüber im einzelnen s. o. S. 87 und 99 f. – Im Vorbeigehen sei darauf verwiesen, daß es m. W. noch keine kunsthistorische Arbeit über die Darstellung des Ketzers in der mittelalterlichen Kunst gibt; die willkürlichen Interpretationen Amalrichs von Bène usw. bei *W. Fraenger*, Hieronymus Bosch. Das tausendjährige Reich, Coburg 1947, S. 25 ff., wird man nicht dafür nehmen wollen.

[14] Nur *Evenhuis* 46 hat den Katharismus als eine „das ganze Leben umfassende Kulturmacht" bezeichnet.

## 2. Staat und Gesellschaft

[1] *Pètrement*, Platon 328 f. hat treffend bemerkt, daß der Dualist revolutionär ist, weil er von der Welt nichts hält, ja sogar so revolutionär, daß er auch von einer Veränderung der Welt nichts hält und damit als Konservativer wirkt.

[2] Darüber s. o. II, 5 A. 18, II, 8 A. 26, II, 9 A. 2 im einzelnen. – Es ist müßig, dabei die Nationalcharaktere unterscheiden zu wollen.

[3] Immer wieder werden die Katharer als Feinde des Staates an sich, ja jeder menschlichen Ordnung und Gesittung bezeichnet, weil man sie für aktive Rebellen hält, was sie ihrer ganzen Struktur nach nicht sein können. Nur eine Blütenlese von Zitaten: *Vacandard*, Inquisition 91 (Revolutionäre); *Guiraud*, Cartulaire 82 (Anarchisten und Verbrecher); *Th. Steinbüchel*, Christliches Mittelalter, Leipzig 1935, S. 191 (Revolutionäre, Anarchisten, Nihilisten); *Gorce – Mortier* 4, 25 (Kriminelle); *Cozens* 65 (This anti-human heresy ... would reduce mankind to a horde of unclean beasts). Man kann dagegen mit

*Belperron* 76 f. sagen, daß im Mittelalter jede Häresie als antisozial gilt, und zwar, weil sie Häresie ist.

[4] Für die Bogomilen vgl. *Schmaus* 293; sonst s. o. S. 86 f. und 99. Bezeichnend ist ein Ausspruch des Grafen Raimund VI. von Toulouse: „Es ist ganz klar, daß der Teufel diese Welt gemacht hat, denn nichts gelingt Uns nach Unserem Wunsch" (Petr. Sarn. 1, 33 f.).

[5] Zu Wilhelm von Nogaret s. o. II, 10 A. 29. Das Zitat stammt aus einer erbitterten katharischen Invektive gegen den Adel bei Burce-Ilar. 327.

[6] Über die Ansichten der Forschung zu diesem Punkt s. o. II, 8 A. 28. *Varga,* Problème 138, hat sogar den städtischen Aufruhr gegen den Bischof als das Kernstück des Katharismus bezeichnet. Davon kann nicht die Rede sein.

[7] S. o. S. 101 f. und besonders die eindringliche Klage der Katharer über die Städte Italiens bei Burce-Ilar. 326.

[8] Freunde und Feinde der Katharer unter den modernen Forschern haben die sozialen Absichten der Katharer übertrieben; das gilt von *Molinier,* Église 279; *Evans* 93; *Roché* 41, wie für *Douais,* Albigeois 561; *Maycock* 317; *Dempf* 220 296. Im einzelnen s. o. S. 85 f., 98 und 106 f.

[9] Darüber im einzelnen oben S. 86, 98 f. und 107.

[10] Dazu s. o. S. 141. Dieser Punkt ist von *H. Sée,* Die Ursprünge des modernen Kapitalismus, Bern 1948, und vor allem von *R. H. Tawney,* Religion und Frühkapitalismus, Bern 1946, S. 31, nicht berücksichtigt worden.

[11] S. o. III, 10 A. 6. Fälschlich sind die Katharer für Individualisten gehalten worden von *Stefano,* Riformatori 61; *Thompson* 101; *Croce* 121; *Roché* 34 f.; *Heer* 384 ff. 509; *Morghen,* Medioevo 285 f. Wieder muß man Wesen und Wirkung des Katharismus hierbei auseinanderhalten.

[12] Über die Stellung der Frau bei den Katharern besonders *Dmitrevsky* 303; sonst s. o. S. 137 f. Von einer „Emanzipation der Frau" bei den Katharern (so *Neuß* 219) kann man nicht sprechen, wenn man das Wesen der Katharer im Auge hat; ob ihre Wirkung in diese Richtung ging, ist aber auch fraglich.

## 3. Dualismus und Christentum (Zusammenfassung)

[1] Diese Frage ist bei *Schmidt* 2, 258 offengelassen, ib. 2, 5 im zweiten Sinn beantwortet. *Guiraud,* Cartulaire 201 223, hat entschieden die zweite Alternative gewählt, aber später, Inquisition 1, 196, sich der ersten Lösung zugewandt. Ebenso geteilt ist z. B. die Einstellung von *Harnack* 3, 475 517 und *R. Seeberg,* Lehrbuch der Dogmengeschichte, 4. Aufl., Bd. 3, Leipzig 1930, S. 320 f. In aller Schärfe ist die genannte Frage neu gestellt worden von *Léonard* 143.

[2] *H. Diels – W. Kranz,* Die Fragmente der Vorsokratiker, 6. Aufl., Bd. 1, Berlin 1951, S. 160: ...ἐν τὸ σοφόν, ἐπίστασθαι γνώμην, ὁτέη ἐκυβέρνησε πάντα διὰ πάντων. – Dagegen sagen die Katharer: *Apud sapientes manifestum est quod per haec signa universalia, scilicet ‚omnia' et ‚universa' et ‚cuncta' ... non comprehenduntur bona et mala, munda et polluta, transitoria et permanentia, et maxime cum sint adversa penitus et contraria nec ab una causa simpliciter esse possint* (Lib. princ. 115).

# Verzeichnis der abgekürzt zitierten Werke

Diejenigen Quellen und Forschungen, die in der vorliegenden Arbeit an mehreren Stellen angeführt werden, sind dort nur abgekürzt zitiert (mit Verfassernamen und Seitenzahl, gegebenenfalls zusätzlich mit einem Stichwort des Titels und Bandzahl) und im folgenden genau nachgewiesen. Angaben über andere, von mir nicht benutzte Ausgaben dieser Werke sind beigefügt. Alle hier nicht aufgeführten Werke sind in den Anmerkungen genau zitiert.

AASS. . . . . . . . . . . . . . Acta Santorum Bollandiana, 68 Bände, Antwerpen–Paris–Rom–Brüssel 1643 ff.

Act. Fel. . . . . . . . . . . . ‚Notitia' über das Katharerkonzil von St. Félix de Caraman. Ausgabe: *Dondaine, Actes* 326 f.

Act. Inq. . . . . . . . . . . . Akten der Inquisition von Bologna, Carcassonne, Ferrara, Florenz, Mailand, Pavia, Toulouse, Treviso, Turin und Verona. Ausgaben: jeweils angegeben.

*Acton* . . . . . . . . . . . . . J. Dalberg-Acton, Rezension zu *Lea*, in: The English Historical Review 3 (1888) S. 773–788.

Adem. Caban. . . . . . . . . Adémar de Chabannes, Chronique, hsg. *J. Chavanon* (Collection de textes), Paris 1897.

*Aegerter* . . . . . . . . . . . . E. Aegerter, Les hérésies du moyen âge (Mythes et religions, Bd. 2), Paris 1939.

Alan. Ins. . . . . . . . . . . . Alanus ab Insulis, De fide catholica contra haereticos sui temporis. Ausgabe: MPL 210, Sp. 305–430.

*Aldrovandi* . . . . . . . . . . L. Aldrovandi, Acta Sancti Officii Bononiae ab anno 1291 usque ad annum 1309, in: Atti e memorie della R. Deputazione di Storia Patria per le provincie di Romagna, Serie 3, Bd. 14 (1896) S. 225–286.

*Allix* . . . . . . . . . . . . . . P. Allix, Remarks upon the Ecclesiastical History of the Ancient Churches of the Albigenses, London 1692.

*Alphandéry,* Averroisme . . . . . . . . . . P. Alphandéry, Y a-t-il eu un averroisme populaire au XIIIᵉ et au XIVᵉ siècle? in: Actes du premier Congrès international d'histoire des religions, Paris 1902, Teil 2, Fasc. 2, S. 127–138.

*Alphandéry,* Gnosticisme . . . . . . . . Ders., Le gnosticisme dans les sectes médiévales latines, in: Revue d'histoire et de philosophie religieuses 7 (1927) S. 395–411.

*Alphandéry,* Manichéisme . . . . . . . . . . . . Ders., Traces de manichéisme dans le moyen âge latin (VIᵉ–XIIᵉ siècle), in: Revue d'histoire et de philosophie religieuses 9 (1929) S. 451–467.

*Alphandéry*, Morale . . .    *Ders.*, Les idées morales chez les hétérodoxes latins
au début du XIII<sup>e</sup> siècle (Bibliothèque de l'École des
Hautes Études, sciences religieuses, Bd. 16, Fasc. 1),
Paris 1903.

*Alphandéry*,            *Ders.*, De quelques faits de prophétisme dans des
Prophétisme . . . . . . . .    sectes latines antérieures au Joachimisme, in: Revue
de l'histoire des religions 52 (1905) S. 177–218.

*Alphandéry*, Type . . . .    *Ders.*, Remarques sur le type sectaire dans l'hérésiologie médiévale latine, in: Transactions of the
Third International Congress for the History of Religions, Oxford 1908, Bd. 2, S. 354–357.

*Amati* . . . . . . . . . . . . .    *G. Amati*, Processus contra Valdenses in Lombardia
superiori, anno 1387, in: Archivio Storico Italiano,
Serie 3, Bd. 1, Teil 2 (1865) S. 3–52; Bd. 2, Teil 1
(1865) S. 3–61.

*Angelov* . . . . . . . . . . . .    *D. Angelov*, Der Bogomilismus auf dem Gebiete des
Byzantinischen Reiches, 1. Teil: Ursprung und We-
sen (Annuaire de l'Université de Sofia, Faculté histo-
rico-philologique, Bd. 44, Buch 2), Sofia 1948.

*Aničkov*, Graal . . . . . . .    *E. Aničkov*, Le saint Graal et les aspirations religieuses du XII<sup>e</sup> siècle, in: Romania 58 (1932) S. 274 bis
286.

*Aničkov*, Joachim . . . . .    *Ders.*, Joachim de Flore et les milieux courtois (Col-
lezione di studi meridionali, Bd. 13), Rom 1931.

Ann. Margan. . . . . . . .    Annales de Margan, in: Annales monastici, hsg.
*H. R. Luard* (Rerum Britannicarum medii aevi scrip-
tores, Nr. 36 I), London 1864.

Ans. Alex. . . . . . . . . . .    Anselmus de Alexandria O. P., Tractatus de haereticis. Ausgabe: *Dondaine*, Italie 308–324.

*Arnold* . . . . . . . . . . . . .    *G. Arnold*, Unpartheyische Kirchen- und Ketzerhistorie, 2 Bände, Frankfurt/Main 1699–1700.

*Bächtold* . . . . . . . . . . . .    *H. Bächtold-Stäubli* u. a., Handwörterbuch des deutschen Aberglaubens, 10 Bände, Berlin 1927 bis
1942.

*Bardenhewer* . . . . . . . .    *O. Bardenhewer*, Die pseudo-aristotelische Schrift
über das reine Gute, bekannt unter dem Namen ‚Li-
ber de causis', Freiburg i. Br. 1882.

*Basnage* . . . . . . . . . . . .    *J. Basnage*, Histoire de la religion des églises réfor-
mées, 2 Bände, Rotterdam 1690.

*Baeumker*, Alanus . . . .    *C. Baeumker*, Handschriftliches zu den Werken des
Alanus, in: Philosophisches Jahrbuch der Görresge-
sellschaft 6 (1893) S. 163–175, 417–429; 7 (1894)
S. 169 – 185 (Sonderabdruck Fulda 1894).

| | |
|---|---|
| *Baeumker,* Amalricianer......... | *Ders.,* Ein Traktat gegen die Amalricianer aus dem Anfang des XIII. Jahrhunderts, in: Jahrbuch für Philosophie und spekulative Theologie 7 (1893) S. 346–412. |
| *Belhomme*........... | M. *Belhomme,* Documents inédits sur l'hérésie des Albigeois, in: Mémoires de la Société archélogique du Midi de la France 6 (1852) S. 101–146. |
| *Belperron*........... | P. *Belperron,* La croisade contre les Albigeois et l'union du Languedoc à la France (1209–1249), Paris 1948 (zuerst erschienen 1942). |
| *Benoist* ............. | J. *Benoist O. P.,* Histoire des Albigeois et des Vaudois ou Barbets, 2 Bände, Paris 1691. |
| *Berger* ............. | S. *Berger,* Les bibles provençales et vaudoises, in: Romania 18 (1889) S. 353–422. |
| Bernh. Ep............ | S. Bernardus Claravallensis, Epistolae 241 et 242. Ausgabe: MPL 182, Sp. 434–437. |
| Bernh. Serm......... | S. Bernardus Claravallensis, Sermones in Cantica. Ausgabe: MPL 183, Sp. 785–1198. |
| Berth. Reg. ......... | Berthold von Regensburg O. F. M., Vollständige Ausgabe seiner Predigten, hsg. *F. Pfeiffer–J. Strobl,* 2 Bände, Wien 1862–1880. |
| *Besse* .............. | G. *Besse,* Histoire des ducs, marquis et comtes de Narbonne, Paris 1660. |
| *Beuzart* ............ | P. *Beuzart,* Les hérésies pendant le moyen âge et la réforme jusqu'à la mort de Philippe II, 1598, dans la région de Douai, d'Arras et au pays d'Alleu (Thèse présentée à la Faculté libre de théologie protestante à Paris), Le Puy 1912. |
| *Beyssier* ............ | J. *Beyssier,* Guillaume de Puylaurens et sa chronique, in: Université de Paris, Bibliothèque de la Faculté des lettres (Mélanges d'histoire du moyen âge) 18 (1904) S. 85–175; 20 (1905) S. 233f. |
| *Bihlmeyer* .......... | K. *Bihlmeyer,* Kirchengeschichte, 2. Teil: Das Mittelalter, hsg. *H. Tüchle,* 12. Aufl., Paderborn 1948. |
| *Biscaro,* Firenze ...... | G. *Biscaro,* Inquisitori ed eretici a Firenze (1319 bis 1334), in: Studi medievali, N. S. 2 (1929) S. 347–375; 3 (1930) S. 266–287. |
| *Biscaro,* Lombardia .... | *Ders.,* Inquisitori ed eretici Lombardi (1292–1318), in: Miscellanea di Storia Italiana, Serie 3, Bd. 19 (1922) S. 445–557. |
| *Biscaro,* Marca ....... | *Ders.,* Eretici ed inquisitori nella Marca Trevisana (1280–1308), in: Archivio Veneto, Serie 5, Bd. 11 (1932) S. 148–180. |

*Boffito*, Cuneo . . . . . . . G. *Boffito*, Gli eretici di Cuneo, in: Bollettino storico-bibliografico subalpino 1 (1896) S. 324–333.

*Boffito*, Genova . . . . . . . *Ders.*, Albigesi a Genova nel secolo XIII, in: Atti della R. Accademia delle Scienze di Torino 32 (1896) S. 161–170.

*Boffito*, Piemonte . . . . . *Ders.*, Eretici in Piemonte al tempo del gran scisma (1378–1417), in: Studi e documenti di storia e diritto 18 (1897) S. 381–431.

Bonac. Manif. . . . . . . . . Bonacursus, Manifestatio heresis Catarorum. Ausgabe: MPL 204, Sp. 775–792.

*Bossuet* . . . . . . . . . . . . J. B. *Bossuet*, Histoire des variations des églises protestantes, in: Oeuvres choisies, Bd.15–17, Versailles 1821 (zuerst erschienen in 2 Bänden, Paris 1688).

*Bouquet* . . . . . . . . . . . . M. *Bouquet* u. a., Recueil des historiens des Gaules et de la France, 24 Bände, Paris 1738–1904.

Brev. summ. . . . . . . . . . Brevis summula contra errores notatos haereticorum. Ausgabe: *Douais*, Somme 114–143.

*Broeckx* . . . . . . . . . . . . E. *Broeckx*, Le Catharisme. Étude sur les doctrines, la vie religieuse et morale, l'activité littéraire et les vicissitudes de la secte cathare avant la croisade (Diss. theol. Löwen 1916, Serie 2, Bd. 8), Hoogstraaten 1916.

*Bühler* . . . . . . . . . . . . . J. *Bühler*, Die Kultur des Mittelalters, Stuttgart 1948.

Burce-Döll., Burce-Ilar. Salvus Burce, Liber Supra Stella. Ausgaben: *Döllinger* 2, 52–84; *Ilarino*, Burci 19, 309–341.

*Burckhardt* . . . . . . . . . . J. *Burckhardt*, Die Kultur der Renaissance in Italien, 18. Aufl., hsg. *W. Goetz*, Leipzig 1928.

*Cantù* . . . . . . . . . . . . . C. *Cantù*, Gli eretici d'Italia, Bd. 1, Turin 1865.

*Capelle* . . . . . . . . . . . . G. C. *Capelle*, Autor du décret de 1210, Bd. III: Amaury de Bène. Étude sur son panthéisme formel (Bibliothèque thomiste, Bd. 16), Paris 1932.

Caes. Heist., *Hilka* . . . . Die Wundergeschichten des Caesarius von Heisterbach, hsg. *A. Hilka* (Publikationen der Gesellschaft für Rheinische Geschichtskunde 43) Bd. 1 und 3, Bonn 1933 und 1937.

Caes. Heist., *Strange* . . Caesarius Heisterbacensis O. Cist., Dialogus miraculorum, hsg. *J. Strange*, 2 Bände, Köln 1851.

*Cazeau-Varagnac* . . . . . M. *Cazeau-Varagnac*, Exposé sur la doctrine des Cathares, in: Revue de synthèse 23 (1948) S. 9–14.

*Chantepie* . . . . . . . . . . P. D. *Chantepie de la Saussaye*, Lehrbuch der Religionsgeschichte, 4. Aufl., hsg. *A. Bertholet – E. Lehmann*, 2 Bände, Tübingen 1925.

Chénon . . . . . . . . . . . .    E. Chénon, L'hérésie à La Charité-sur-Loire et les dé-
buts de l'Inquisition monastique dans la France du
Nord au XIII<sup>e</sup> siècle, in: Novelle revue historique de
droit français et étranger 40 (1917) S. 299–345.

Chron. Laud. . . . . . . .    Chronicon universale Anonymi Laudunensis, hsg.
A. Cartellieri – W. Stechele, Leipzig–Paris1909.

Cipolla, Notizie . . . . . .    C. Cipolla, Nuove notizie sugli eretici veronesi
1273–1310, in: Rendiconti della R. Accademia dei
Lincei, Cl. di scienze mor., stor. e filolog., Serie 5,
Bd. 5 (1896) S. 336–353.

Cipolla, Patarenismo . .    Ders., Il Patarenismo a Verona nel secolo XIII, in: Archivio Veneto 25 (1883) S. 64–86, 267–287.

Clédat . . . . . . . . . . . . .    L. Clédat, Le Nouveau Testament, traduit au XIII<sup>e</sup>
siècle en langue provençale, suivi d'un rituel cathare
(Bibliothèque de la Faculté des lettres de Lyon,
Bd. 4), Paris 1887.

Compayré . . . . . . . . . .    M. C. Compayré, Études historiques et documents
inédits sur l'Albigeois, le Castrais et l'ancien diocèse
de Lavaur, Albi 1841.

Cosm. Presb. . . . . . . . .    Cosmas le Prêtre, Discours contre la récente hérésie
de Bogomil. Französische Übersetzung: Puech-Vail-
lant 53–128.

Coulton, Inquisition . .    G. G. Coulton, Inquisition and Liberty, London
1938.

Coulton, Penalty . . . . .    Ders., The Death-Penalty for Heresy from 1184 to
1921 A. D. (Medieval Studies, Nr. 18), London
1924.

Cozens . . . . . . . . . . . . .    M. L. Cozens, A Handbook of Heresies, London
1945 (zuerst erschienen 1928).

Croce . . . . . . . . . . . . . .    B. Croce, Il materialismo storico e le eresie medie-
vali, in: Quaderni della Critica, Nr. 5, Bari 1946,
S. 119–121.

Cunitz . . . . . . . . . . . . .    E. Cunitz, Ein katharisches Rituale (Beiträge zu den
theologischen Wissenschaften, Bd. 4), Jena 1852.

D'Achéry . . . . . . . . . . .    L. d'Achéry O. S. B., Spicilegium sive collectio veterum aliquot scriptorum, qui in Galliae bibliothecis
delituerant, 2. Aufl., 3 Bände, Paris 1723.

D'Argentré . . . . . . . . . .    C. du Plessis d'Argentré, Collectio judiciorum de no-
vis erroribus, qui ab initio duodecimi saeculi usque
ad annum 1735 in Ecclesia proscripti sunt et notati,
3 Bände, Paris 1724–1736.

Dav. Augsb. . . . . . . . .    David von Augsburg O. F. M. (?), De inquisitione
haereticorum. Ausgabe: Preger, David 204–235.

David . . . . . . . . . . . . .    P. David, Un Credo cathare? in: Revue d'histoire ecclésiastique 35 (1939) S. 756–761.

Dawson . . . . . . . . . . . . .   Chr. Dawson, Religion and the Rise of Western Cul-
ture, London 1950.

Dempf . . . . . . . . . . . . . .   A. Dempf, Sacrum Imperium. Geschichts- und
Staatsphilosophie des Mittelalters und der politi-
schen Renaissance, München–Berlin 1929.

Dmitrevsky . . . . . . . . . .   M. Dmitrevsky, Notes sur le Catharisme et l'Inquisition dans le Midi de la France, in: Annales du Midi
36 (1924) S. 294–311; 37 (1925) S. 190–213.

Döllinger . . . . . . . . . . . .   I. v. Döllinger, Beiträge zur Sektengeschichte des
Mittelalters, 2 Bände, München 1890.

Domairon . . . . . . . . . . .   L. Domairon, Rôle des hérétiques de la ville de Béziers à l'époque du désastre de 1209, in: Le cabinet
historique 9 (1863) S. 95–103.

Dondaine, Actes . . . . . .   A. Dondaine O. P., Les actes du concile albigeois de
Saint-Félix de Caraman, in: Studi e Testi 125 (Mis-
cellanea G. Mercati, Bd. 5), Città del Vaticano 1946,
S. 324–355.

Dondaine, Italie . . . . . .   Ders., La hiérarchie cathare en Italie: II. Le ‚Tractatus de hereticis' d'Anselme d'Aléxandrie O. P. – III.
Catalogue de l'hiérarchie cathare d'Italie, in: Archivum Fratrum Praedicatorum 20 (1950) S. 234–324.

Dondaine, Liber . . . . . .   Ders., Un traité néo-manichéen du XIIIe siècle, le ‚Liber de duobus principiis', suivi d'un fragment de ri-
tuel cathare (Institutum historicum Fratrum Praedicatorum, Romae ad S. Sabinae), Rom 1939.

Dondaine, Lombardie .   Ders., La hiérarchie cathare en Italie: I. Le ‚De heresi
Catharorum in Lombardia', in: Archivum Fratrum
Praedicatorum 19 (1949) S. 280–312.

Dondaine, Manuel . . . .   Ders., Le Manuel de l'Inquisiteur (1230–1330), in:
Archivum Fratrum Praedicatorum 17 (1947)
S. 85–194.

Dondaine, Origine . . . .   Ders., L'origine de l'hérésie médiévale, in: Rivista di
Storia della Chiesa in Italia 6 (1952) S. 47–78.

Dondaine, Sources . . . .   Ders., Nouvelles sources de l'histoire doctrinale du
néo-manichéisme au moyen âge, in: Revue des
sciences philosophiques et théologiques 28 (1939)
S. 465–488.

Dondaine, Valdéisme . .   Ders., Aux origines du Valdéisme. Une profession
de foi de Valdès, in: Archivum Fratrum Praedicato-
rum 16 (1946) S. 191–235.

Dossat . . . . . . . . . . . . . .   Y. Dossat, L'évolution des rituels cathares, in: Revue
de synthèse 23 (1948) S. 27–30.

Douais, Albigeois . . . . .   C. Douais, Les Albigeois. Leur origine. Action de
l'Église au XIIIe siècle, Paris 1879.

*Douais*, Documents ... *Ders.*, Documents pour servir à l'histoire de l'Inquisition dans le Languedoc, 2 Bände, Paris 1900.

*Douais*, Guidonis ..... *Ders.*, (Hsg.), Bernardus Guidonis, Practica inquisitionis haereticae pravitatis, Paris 1886.

*Douais*, Hérétiques.... *Ders.*, Les hérétiques du Midi au treizième siècle. Cinq pièces inédites, in: Annales du Midi 3 (1891) S. 367–379.

*Douais*, Narbonne .... *Ders.*, L'Albigéisme et les Frères Prêcheurs à Narbonne au XIII$^e$ siècle, Paris 1894.

*Douais*, Somme ...... *Ders.*, La Somme des autorités à l'usage des prédicateurs méridionaux au XIII$^e$ siècle, Paris 1896 (zuerst erschienen in: Congrès provincial de la Société bibliographique et des publications populaires, Montpellier 1895, S. 603–741).

*Douais*, Toulouse ..... *Ders.*, Les hérétiques du comté de Toulouse dans la première moitié du XIII$^e$ siècle d'après l'enquête de 1245, in: Compte-rendu du Congrès scientifique international des Catholiques, Paris 1891, Sektion 5, S. 148 – 162.

*Duchesne-Guillemin* .. *J. Duchesne-Guillemin*, Zoroastre. Étude critique avec une traduction commentée des Gâthâ (Les dieux et les hommes, Bd. 2), Paris 1948.

*Dufourcq*............ *A. Dufourcq*, Étude sur les ,Gesta Martyrum' romains, Bd. IV: Le néo-manichéisme et la légende chrétienne, Paris 1910.

*Dulaurier* .......... *E. Dulaurier*, Les Albigeois ou les Cathares du Midi de la France, in: Le cabinet historique 26 (1880) S. 5–19, 97–112, 145–162, 193–207.

Ebr. Beth. .......... Ebrardus Bethuniensis, Liber antihaeresis. Ausgabe: MBP 24, S. 1525–1584.

Ecb. Schon.......... Ecbertus Schonaugiensis, Sermones XIII contra Catharos. Ausgabe: MPL 195, Sp. 11–102.

*Ehrle* .............. *F. Ehrle S. J.*, S. Domenico, le origini del primo studio generale del suo ordine a Parigi e la somma teologica del primo maestro, Rolando da Cremona, in: Miscellanea Dominicana, Rom 1923, S. 85–134.

*Eisenhofer*.......... *L. Eisenhofer*, Handbuch der katholischen Liturgik (Theologische Bibliothek), 2 Bände, Freiburg i. Br. 1932–1933.

*Emery* ............. *R. W. Emery*, Heresy and Inquisition in Narbonne (Diss. phil. Columbia University), New York 1941.

*Engel-Jánosi*......... *F. Engel-Jánosi*, Die soziale Haltung der italienischen Häretiker im Zeitalter der Renaissance, in: Vierteljahrschrift für Sozial- und Wirtschaftsgeschichte 24 (1931) S. 385–409.

Erdmann . . . . . . . . . . . .  C. Erdmann, Die Entstehung des Kreuzzuggedan-
kens (Forschungen zur Kirchen- und Geistesge-
schichte, Bd. 6), Stuttgart 1935.

Ermeng. Tract . . . . . . .  Ermengaudus, Tractatus contra haereticos. Ausgabe:
MPL 204, Sp. 1235–1272.

Esnault . . . . . . . . . . . .  R. Esnault, Tracce ereticali nel medio evo francese,
in: Religio 14 (1938) S. 18–53.

Esposito, Chieri . . . . . .  M. Esposito, Un ,Auto de fé' à Chieri en 1412, in:
Revue d'histoire ecclésiastique 42 (1947)
S. 422–432.

Esposito, Écrits . . . . . . .  Ders., Sur quelqes écrits concernant les hérésies et
les hérétiques aux XIIᵉ et XIIIᵉ siécles, in: Revue d'hi-
stoire ecclésiastique 36 (1940) S. 143–162.

Esposito, Rezension . . .  Ders., Rezension zu Dondaine, Liber, in: Revue d'histoire ecclésiastique 38 (1942) S. 191–193.

Essen . . . . . . . . . . . . . .  L. van der Essen, De ketterij van Tanchelin in de
XIIde eeuw, in: Ons Geloof 2 (1912) S. 354–361.

Evans . . . . . . . . . . . . . .  A. P. Evans, Social aspects of medieval heresy, in:
Persecution and Liberty, Essays in honor of G. L.
Burr, New York 1931, S. 93–116.

Evenhuis . . . . . . . . . . . .  J. R. Evenhuis, Rol en lot der Katharen, in: De Gids
106 (1942) S. 46–66, 101–115.

Everw. Steinf. . . . . . . . .  Everwin Steinfeldensis, Epistola ad S. Bernardum.
Ausgabe: MPL 182, Sp. 676–680.

Faber . . . . . . . . . . . . . .  G. St. Faber, An Inquiry into the History and Theo-
logy of the Ancient Vallenses and Albigenses, Lon-
don 1838.

Farlati . . . . . . . . . . . . . .  D. Farlati S. J., Illyricum sacrum, Bd. 4, Venedig
1765.

Feine . . . . . . . . . . . . . . .  H. E. Feine, Kirchliche Rechtsgeschichte, Bd. 1, Weimar 1950.

Ficker . . . . . . . . . . . . . .  J. Ficker, Die gesetzliche Einführung der Todesstrafe
für Ketzerei, in: Mitteilungen des Instituts für
Österreichische Geschichtsforschung 1 (1880)
S. 177–226.

Ficker–Hermelink . . . .  G. Ficker–H. Hermelink, Das Mittelalter, in:
G. Krüger, Handbuch der Kirchengeschichte, Bd. 2,
2. Aufl., Tübingen 1929.

Flathe . . . . . . . . . . . . . .  L. Flathe, Geschichte der Vorläufer der Reformation, 2 Bände, Leipzig 1835–1836.

Fliche–Martin . . . . . . .  A. Fliche, V. Martin u. a., Histoire de l'Église depuis
les origines jusqu'à nos jours, 24 Bände (im Erschei-
nen), Paris 1934 ff.

Franz . . . . . . . . . . . . . . .  *A. Franz*, Die kirchlichen Benediktionen im Mittelalter, Bd. 1, Freiburg i. Br. 1909.

Frédéricq . . . . . . . . . . .  *P. Frédéricq*, Corpus documentorum inquisitionis
haereticae pravitatis Neerlandicae, 5 Bände, Gent
1889–1906.

Freyer . . . . . . . . . . . . . .  *H. Freyer*, Weltgeschichte Europas, 2 Bände, Wiesbaden 1948.

Füeßlin . . . . . . . . . . . . .  *J. C. Füeßlin*, Neue und unparteiische Kirchen- und
Ketzerhistorie der mittleren Zeit, 3 Bände, Frank-
furt/Main–Leipzig 1770–1774.

Fumi, Milano . . . . . . . .  *L. Fumi*, L'Inquisizione Romana e lo Stato di Milano, in: Archivio Storico Lombardo, Serie 4, Jahr-
gang 37, Bd. 13 (1910) S. 5–124, 285–414; Bd. 14
(1910) S. 145–220.

Fumi, Orvieto . . . . . . . .  *Ders.*, I Paterini in Orvieto, in: Archivio Storico Italiano, Serie 3, Bd. 22 (1875) S. 52–81.

Geiselmann . . . . . . . . .  *J. Geiselmann*, Die Eucharistielehre der Vorscholа-
stik (Forschungen zur christlichen Literatur- und
Dogmengeschichte, Bd. 15, Heft 1–3), Paderborn
1926.

Georg. Disp. . . . . . . . . .  (Georgius), Disputatio inter Catholicum et Paterinum haereticum. Ausgabe: *Martène–Durand* 5,
S. 1705–1753.

Ger. Chan. . . . . . . . . . .  S. Gerardus episcopus Chanadiensis, Scripta et Acta,
hsg. *J. Graf Battyány*, Karlsburg–Ungarn 1790.

Germain . . . . . . . . . . . .  *A. Germain*, Inventaire inédit concernant les archives de l'Inquisition de Carcassonne, in: Mémoires de
la Société Archéologique de Montpellier 4 (1855)
S. 287–308.

Gest. reg. Henr. . . . . . .  Gesta regis Henrici secundi ('Benedict of Peterbo-
rough'), hsg. *W. Stubbs* (Rerum Britannicarum me-
dii aevi scriptores, Nr. 49), 2 Bände, London 1867.

Geyer . . . . . . . . . . . . . .  *B. Geyer*, Die patristische und scholastische Philosophie, in: *F. Überweg*, Grundriß der Geschichte der
Philosophie, Bd. 2, 12. Aufl., Tübingen 1951.

Ghellinck, Essor . . . . . .  *J. de Ghellinck S. J.*, L'essor de la littérature latine au
XII$^e$ siècle (Museum Lessianum, Section historique,
Nr. 4–5), 2 Bände, Brüssel–Paris 1946.

Ghellinck, Mouvement  *Ders.*, Le mouvement théologique du XII$^e$ siècle.
Études, recherches et documents, 2. Aufl. (Museum
Lessianum, Section historique, Nr. 10), Brügge
1948.

Gieseler . . . . . . . . . . . . .  *J. C. L. Gieseler*, Lehrbuch der Kirchengeschichte, 4.
Aufl., Bd. 2, 1–2, Bonn 1846–1848.

311

Gorce–Mortier . . . . . . .   *M. Gorce. R. Mortier* u. a., Histoire générale des religions, 4 Bände, Paris 1947–1948.

Grabmann, Aristoteles   *M. Grabmann*, Forschungen über die lateinischen Aristoteles-Übersetzungen des XIII. Jahrhunderts (Beiträge zur Geschichte der Philosophie des Mittelalters, Bd. 17, Heft 5–6), Münster 1916.

Grabmann, Methode . .   *Ders.*, Die Geschichte der scholastischen Methode, 2 Bände, Freiburg i. Br. 1909–1911.

Grabmann, Theologie .   *Ders.*, Die Geschichte der katholischen Theologie seit dem Ausgang der Väterzeit (Herders Theologische Grundrisse), Freiburg i. Br. 1933.

Grégoire . . . . . . . . . . . .   *H. Grégoire*, Cathares d'Asie Mineure, d'Italie et de France, in: Mémorial Louis Petit (Archives de l'orient chrétien, Bd. 1), Bukarest 1948, S. 142–151.

Gretser . . . . . . . . . . . . .   *J. Gretserus S. J.*, Opera omnia, Bd. 12, Teil 2: De Waldensibus, Regensburg 1738.

Grundmann, Bewegungen . . . . . . . . . . . . . . . .   *H. Grundmann*, Religiöse Bewegungen im Mittelalter. Untersuchungen über die geschichtlichen Zusammenhänge zwischen der Ketzerei, den Betelorden und der religiösen Frauenbewegung im 12. und 13. Jahrhundert und über die geschichtlichen Grundlagen der deutschen Mystik (Historische Studien, Heft 267), Berlin 1935.

Grundmann, Joachim .   *Ders.*, Neue Forschungen über Joachim von Fiore (Münstersche Forschungen, Heft 1), Marburg 1950.

Grundmann, Mystik . .   *Ders.*, Die geschichtlichen Grundlagen der Deutschen Mystik, in: Deutsche Vierteljahrsschrift für Literaturwissenschaft und Geistesgeschichte 12 (1934) S. 400–429.

Grundmann, Typus . . .   *Ders.*, Der Typus des Ketzers in mittelalterlicher Anschauung, in: Kultur- und Universalgeschichte, Festschrift für W. Goetz, Leipzig–Berlin 1927, S. 91–107.

Guébin–Lyon . . . . . . . .   s. Petr. Sarn.

Guerrini . . . . . . . . . . . .   *P. Guerrini*, Gli Umiliati a Brescia, in: Miscellanea P. Paschini (Lateranum N. S., Bd. 14, Heft 1–4), Bd. 1, Rom 1948, S. 187–214.

Gui Manuel . . . . . . . . .   Bernard Gui, Manuel de l'Inquisiteur, hsg. *G. Mollat* (Les classiques de l'histoire de France au moyen âge, Bd. 8–9), Bd. 1, Paris 1926 (erste Ausgabe: *Douais, Guidonis*).

Guib. Novig. . . . . . . . .   Guibert de Nogent, Histoire de sa vie (1053–1124), hsg. *G. Bourgin* (Collection de textes, Nr. 40), Paris 1907.

Guill. Alv. . . . . . . . . .   Guillelmus Alvernus episcopus Parisiensis, Opera omnia, 2 Bände, Paris 1674.

Guill. Nang. . . . . . . . .   Guillaume de Nangis, Chronique latine, hsg. *H. Géraud* (Société de l'Histoire de France), 2 Bände, Paris 1843.

Guill. Novob. . . . . . . .   Guillelmus Novoburgensis, Historia rerum Anglicarum, hsg. *R. Howlett* (Rerum Britannicarum medii aevi scriptores, Nr. 82), 2 Bände, London 1884–1885.

Guill. Podiol.  . . . . . . .   Guillelmus de Podio Laurensi, Chronica. Ausgabe: *Beyssier* 119–175.

*Guiraud,* Albigeois . . . .   *J. Guiraud,* Albigeois, in: Dictionnaire d'histoire et de géographie ecclésiastiques, Bd. 1, Paris 1912, Sp. 1619–1694.

*Guiraud,* Cartulaire . . .   *Ders.,* Cartulaire de Notre-Dame de Prouille, précédé d'une étude sur l'Albigéisme languedocien aux XII$^e$ et XIII$^e$ siècles (Bibliothèque historique du Languedoc, Bd. 1), 1. Teil, Paris 1907.

*Guiraud,* Consolamentum . . . . . . . . . . . . . .   *Ders.,* Le ‚Consolamentum' cathare, in: Revue des questions historiques, N. S. 31 (1904) S. 74–112.

*Guiraud,* Inquisition . .   *Ders.,* Histoire de l'Inquisition au moyen âge, 2 Bände, Paris 1935–1938.

Haer. Cath. . . . . . . . . .   De haeresi Catharorum in Lombardia. Ausgabe: *Dondaine,* Lombardie 306–312.

*Hagenbach* . . . . . . . . .   *K. R. Hagenbach,* Kirchengeschichte des Mittelalters, 2. Aufl., Leipzig 1869.

*Hahn* . . . . . . . . . . . . . .   *Chr. U. Hahn,* Geschichte der Ketzer im Mittelalter, besonders im 11., 12. und 13. Jahrhundert, Bd. 1, Stuttgart 1845.

*Haller* . . . . . . . . . . . . .   *J. Haller,* Das Papsttum. Idee und Wirklichkeit, 2. Aufl., Bd. 1–3, Stuttgart 1950–52.

*Halphen* . . . . . . . . . . .   *L. Halphen,* L'essor de l'Europe (Peuples et civilisations. Histoire générale, Bd. 6), 3. Aufl., Paris 1948.

*Hampe* . . . . . . . . . . . . .   *K. Hampe,* Stilübungen zur Ketzerverfolgung unter Kaiser Friedrich II., in: Festgabe für F. v. Bezold, Bonn–Leipzig 1921, S. 142–149.

*Harnack* . . . . . . . . . . . .   *A. v. Harnack,* Lehrbuch der Dogmengeschichte, 5. Aufl., 3 Bände, Tübingen 1931–1932.

*Haskins* . . . . . . . . . . . .   *C. H. Haskins,* Robert le Bougre and the beginnings of the Inquisition in Northern France, in: The American Historical Review 7 (1901–1902) S. 437–457, 631–652.

*Hauck* . . . . . . . . . . . . .   *A. Hauck,* Kirchengeschichte Deutschlands, Bd. 3–4, Leipzig 1896–1903 (letzte Auflage 1925).

313

Havet . . . . . . . . . . . . . . .     J. *Havet*, L'hérésie et le bras séculier au moyen âge jusqu'au treizième siècle, Paris 1881 (zuerst erschienen in: Bibliothèque de l'École des Chartes 41 [1880] S. 488–517, 570–607; später auch in: Oeuvres de J. H., Bd. 2, Paris 1896, S. 117–180).

Heer . . . . . . . . . . . . . . .     F. *Heer*, Aufgang Europas. Eine Studie zu den Zusammenhängen zwischen politischer Religiosität, Frömmigkeitsstil und dem Werden Europas im 12. Jahrhundert, Textband, Wien–Zürich 1949.

Hefele–Leclercq . . . . . .     C. J. v. *Hefele – H. Leclercq* O. S. B., Histoire des conciles d'après les documents originaux, 8 Bände, Paris 1907–1921.

Herib. Mon. . . . . . . . . .     Heribertus monachus, Epistola de haereticis Petragoricis. Ausgabe: MPL 181, Sp. 1721 f.

Herse . . . . . . . . . . . . . . .     W. *Herse*, Ketzer in Goslar im Jahre 1052, in: Zeitschrift des Harzvereins für Geschichte und Altertumskunde 68 (1935) S. 139 f.

Hilka . . . . . . . . . . . . . . .     s. Caes. Heist.

Hirsch . . . . . . . . . . . . . .     E. *Hirsch*, Geschichte der neuern evangelischen Theologie im Zusammenhang mit den allgemeinen Bewegungen des europäischen Denkens, Bd. 1–2, Gütersloh 1949–1951.

Hist. litt. . . . . . . . . . . . .     Histoire littéraire de la France, Neuausgabe, 37 Bände, Paris 1869–1937.

Hollnsteiner . . . . . . . . .     J. *Hollnsteiner*, Die Kirche im Ringen um die christliche Gemeinschaft, in: J. P. *Kirsch*, Kirchengeschichte, Bd. 2, Teil 2, Freiburg i. Br. 1940.

Holmes . . . . . . . . . . . . .     E. *Holmes*, The Albigensian or Catharist Heresy. A Story and a Study, London 1925.

Hug. Roth. . . . . . . . . .     Hugo Rothomagensis archiepiscopus, Contra haereticos sui temporis. Ausgabe: MPL 192, Sp. 1255–1298.

Hurter . . . . . . . . . . . . . .     H. *Hurter* S. J., Nomenclator literarius theologiae catholicae, 6 Bände, 3. bzw. 4. Aufl., Innsbruck 1906–1926.

Ilarino, Bonacursus . . .     *Ilarino da Milano* O. F. M. Cap., La ‚Manifestatio heresis Catarorum quam fecit Bonacursus', secondo il cod. Ott. lat. 136 della Bibl. Vaticana, in: Aevum 12 (1938) S. 281–333.

Ilarino, Burci . . . . . . . .     *Ders.*, Il ‚Liber Supra Stella' del piacentino Salvo Burci contro i Catari e altre correnti ereticali, in: Aevum 16 (1942) S. 272–319; 17 (1943) S. 90–146; 19 (1945) S. 281–341.

*Ilarino*, Capelli . . . . . . . Ders., La ‚Summa contra haereticos' di Giacomo Capelli O. F. M. e un suo ‚Quaresimale' inedito (secolo XIII), in: Collectanea Franciscana 10 (1940) S. 66–82.

*Ilarino*, Eresie . . . . . . . . Ders., Le eresie popolari del secolo XI nell'Europa occidentale, in: Studi Gregoriani, hsg. *G. B. Borino*, Bd. 2, Rom 1947, S. 43–89.

*Ilarino*, Gregorio . . . . . . Ders., Fr. Gregorio O. P., vescovo di Fano, e la ‚Disputatio inter Catholicum et Paterinum hereticum', in: Aevum 14 (1940) S. 85–140.

*Ilarino*, Inquisizione . . . Ders., Per una storia dell'Inquisizione medioevale, in: La Scuola Cattolica 67 (1939) S. 589–596.

*Ilarino*, Speroni . . . . . . . Ders., L'eresia di Ugo Speroni nella confutazione del Maestro Vacario. Testo inedito del secolo XII con studio storico e dottrinale (Studi e Testi 115), Città del Vaticano 1945.

*Ilarino*, Treviso . . . . . . . Ders., Episodio dell'Inquisizione francescana a Treviso, in: Collectanea Franciscana 5 (1935) S. 611–620.

*Ilarino*, Venezia . . . . . . Ders., L'istituzione dell'Inquisizione monastico-papale a Venezia nel sec. XIII, in: Collectanea Franciscana 5 (1935) S. 177–212.

Int. Joh. . . . . . . . . . . . . . Interrogatio Johannis apostoli et evangelistae. Ausgabe: *Reitzenstein* 297–309.

*Ivanov* . . . . . . . . . . . . . . *J. Ivanov*, Bogomilski knigi i legendi, Sofia 1925.

Izarn. Sic. . . . . . . . . . . . Débat d'Izarn et de Sicart de Figueiras. Ausgabe: *Meyer*, Izarn 233–285.

Jac. Cap. . . . . . . . . . . . . Jacobus a Capellis O. F. M., Summa contra haereticos. Ausgaben: jeweils angegeben.

*Jas* . . . . . . . . . . . . . . . . *P. Jas*, Disputatio academica de Waldensium secta ab Albigensibus bene distinguenda, Leiden 1834.

Joach. Apoc. . . . . . . . . . Joachim de Flore, Expositio in Apocalypsim, Venedig 1527.

*Jonas* . . . . . . . . . . . . . . *H. Jonas*, Gnosis und spätantiker Geist (Forschungen zur Religion und Literatur des Alten und Neuen Testaments, N. F. Heft 33), Göttingen 1934.

*Jordan* . . . . . . . . . . . . . *E. Jordan*, Rezension zu *Grundmann*, Bewegungen, in: Revue d'histoire ecclésiastique 32 (1936) S. 968–972.

*Kaeppeli* . . . . . . . . . . . *Th. Kaeppeli O. P.*, Une Somme contre les hérétiques de s. Pierre Martyr (?), in: Archivum Fratrum Praedicatorum 17 (1947) S. 295–335.

*Kirsch* . . . . . . . . . . . . . *J. P. Kirsch* u. a., Handbuch der allgemeinen Kirchengeschichte, Bd. 2, 6. Aufl., Freiburg i. Br. 1925.

*Lacger*, Albigeois ..... L. *de Lacger*, L'Albigeois pendant la crise de l'Albigéisme. L'Épiscopat de Guilhem Peire 1185–1227, in: Revue d'histoire ecclésiastique 29 (1933) S. 272 bis 315, 586–633, 849–904.

*Lacger*, Rezension ..... Ders., Rezension zu *Guiraud*, Inquisition, in: Revue d'histoire ecclésiastique 32 (1936) S. 151–154.

*Lacombe* ........... G. *Lacombe*, La vie et les oeuvres de Prévostin (Bibliothèque thomiste, Bd. 11), Kain 1927.

*Ladner* ............. G. *Ladner*, Theologie und Politik vor dem Investiturstreit. Abendmahlstreit, Kirchenreform, Cluni und Heinrich III. (Veröffentlichungen des Österreichischen Instituts für Geschichtsforschung, Bd. 2), Baden bei Wien 1936.

*Lami* .............. G. *Lami*, Lezioni di antichità toscane e specialmente della città di Firenze, 2 Bände, Florenz 1766.

*Landgraf* ........... A. M. *Landgraf*, Dogmengeschichte der Frühscholastik, 1. Teil, Bd. 1, Regensburg 1952.

*Lavisse–Luchaire* ..... A. *Luchaire*, Les premiers Capétiens (987–1137), in: E. *Lavisse*, Histoire de France depuis les origines jusqu'à la révolution, Bd. 2, Teil 2, Paris 1901.

*Lea* ................ H. Ch. *Lea*, Geschichte der Inquisition im Mittelalter, deutsch von *Wieck-Rachel-Hansen*, 3 Bände, Bonn 1905–1913 (zuerst erschienen London 1888).

*Lecoy* .............. A. *Lecoy de la Marche*, Anecdotes historiques, légendes et apologues tirés du recueil inédit d'Étienne de Bourbon, dominicain du XIII$^e$ siècle, Paris 1877.

*Lefèvre* ............. G. *Lefèvre*, Les variations de Guillaume de Champeaux et la question des Universaux (Travaux et mémoires de l'Université de Lille, Bd. 6, Nr. 20), Lille 1898.

*Léger* .............. L. *Léger*, L'hérésie des Bogomiles en Bosnie et en Bulgarie au moyen âge, in: Revue des questions historiques 8 (1870) S. 479–517.

*Leicht* ............. P. S. *Leicht*, La lotta contro gli eretici in Friuli nel secolo XIII, in: Memorie Storiche Forogiuliesi 20 (1924) S. 137–141.

Leod. Ep. ........... Leodiensis ecclesiae epistola ad Lucium papam. Ausgabe: MPL 179, Sp. 937 f.

*Léonard* ............ E. G. *Léonard*, Rezension zu *Guiraud*, Inquisition, in: Bibliothèque de l'École des Chartes 97 (1936) S. 143–149.

Lib. antih. .......... Liber antihaeresis Anonymi Valdensis. Ausgabe in Auszügen: *Dondaine*, Valdéisme 231–235.

Lib. princ. .......... Liber de duobus principiis. Ausgabe: *Dondaine*, Liber 81–147.

Limborch . . . . . . . . . . . Liber sententiarum inquisitionis Tolosanae 1305–1323, hsg. *Ph. van Limborch,* in: Historia Inquisitionis, Amsterdam 1692.

Lortz . . . . . . . . . . . . . . *J. Lortz,* Geschichte der Kirche in ideengeschichtlicher Betrachtung, 15./16. Aufl., Münster 1950.

Lot-Borodine . . . . . . . . *M. Lot-Borodine,* Autour du saint Graal, in: Romania 56 (1930) S. 526–557; 57 (1931) S. 147–205.

Luard . . . . . . . . . . . . . . s. Ann. Margan.

Luc. Tud. . . . . . . . . . . . Lucas episcopus Tudensis, De altera vita fideique controversiis adversus Albigensium errores. Ausgabe: MBP 25, S. 194–251.

Luchaire . . . . . . . . . . . . *A. Luchaire,* Innocent III. La croisade des Albigeois, Paris 1905.

Manselli, Firenze . . . . . *R. Manselli,* Per la storia dell'eresia catara nella Firenze del tempo di Dante, in: Bullettino dell'Istituto Storico Italiano per il Medio Evo e Archivio Muratoriano 62 (1950) S. 123–138.

Manselli, Manicheismo *Ders.,* Il manicheismo medievale (Rezension zu *Runciman*), in: Ricerche religiose 20 (1949) S. 65–94.

Mansi . . . . . . . . . . . . . . *J. D. Mansi,* Sacrorum conciliorum nova et amplissima collectio, 31 Bände, Florenz–Venedig 1759–1798.

Manuel . . . . . . . . . . . . . *G. Manuel di S. Giovanni,* Un episodio della storia del Piemonte, in: Miscellanea di Storia Italiana 15 (1874) S. 7–84.

Martène . . . . . . . . . . . . *E. Martène O. S. B.,* De antiquis Ecclesiae ritibus, 4 Bände, Antwerpen 1763–1764.

Martène – Durand . . . . *E. Martène O. S. B.–U. Durand O. S. B.,* Thesaurus novus anecdotorum, 5 Bände, Paris 1717.

Matth. Paris . . . . . . . . . Matthaeus Parisiensis, Chronica maiora, hsg. *H. R. Luard* (Rerum Britannicarum medii aevi scriptores, Nr. 57), 7 Bände, London 1872–1884.

Maycock . . . . . . . . . . . . *A. L. Maycock,* The Albigensian Heresy, in: The Month 148 (1926) S. 309–317.

MBP . . . . . . . . . . . . . . Maxima Bibliotheca veterum patrum et antiquorum scriptorum ecclesiasticorum, 27 Bände, Lyon 1677.

Menéndez . . . . . . . . . . . *M. Menéndez y Pelayo,* Historia de los Heterodoxos Españoles, 3 Bände, Madrid 1880–1881 (Neuausgabe von *E. R. Reyes,* Santander 1948).

*Mens*, Begijnen . . . . . . .   *A. Mens O. F. M. Cap.*, Oorsprong en betekenis van de Nederlandse Begijnen- en Begardenbeweging. Vergelijkende studie: XIIde – XIIIde eeuw (Université de Louvain, Recueil de travaux d'histoire et de philosophie, Serie 3, Fasc. 30), Löwen 1947.

*Mens*, Drijfveeren . . . .   *Ders.*, Innerlijke drijfveeren en herkomst der kettersche bewegingen in de middeleeuwen. Religieus ofwel sociaal oogmerk? in: Miscellanea historica in honorem L. van der Essen, Brüssel–Paris 1947, S. 299–313.

*Meyer*, Chanson . . . . . .   La Chanson de la Croisade contre les Albigeois, hsg. *P. Meyer* (Société de l'Histoire de France), 2 Bände, Paris 1875–1879.

*Meyer*, Izarn . . . . . . . . .   *Ders.*, Le débat d'Izarn et de Sicart de Figueiras, in: Annuaire-bulletin de la Société de l'Histoire de France, Paris 1879, S. 233–292 (Gesondert erschienen: Nogent-le-Rotrou 1880).

MGH. . . . . . . . . . . . .   Monumenta Germaniae Historica (SS. = Scriptores; Const. = Legum sectio IV Constitutiones usw.).

*Molinier*, Église . . . . . . .   *Ch. Molinier*, L'église et la société cathare, in: Revue historique 94 (1907) S. 255–248; 95 (1907) S. 1 bis 22, 263–291.

*Molinier*, Endura . . . . .   *Ders.*, L'endura, coutume religieuse des derniers sectaires albigeois, in: Annales de la Faculté des lettres de Bordeaux 3 (1881) S. 282–299.

*Molinier*, Inquisition . .   *Ders.*, L'Inquisition dans le Midi de la France au XIIIᵉ et au XIVᵉ siècle, Paris 1880.

*Molinier*, Muratori . . . .   *Ders.*, Un texte de Muratori concernant les sectes cathares, in: Annales du Midi 22 (1910) S. 180–220.

*Molinier*, Rapport . . . . .   *Ders.*, Rapport à M. le Ministre de l'Institution Publique sur une mission executée en Italie, in: Archives des missions scientifiques et littéraires, Serie 3, Bd. 14, Paris 1888, S. 133–336 (gesondert unter dem Titel: Étude sur quelques manuscrits de bibliothèques d'Italie concernant l'Inquisition et les croyances hérétiques du XIIᵉ et du XIIIᵉ siècle, Paris 1887).

*Molinier*, Sources . . . . .   *A. Molinier*, Les sources de l'histoire de France des origines aux guerres d'Italie, Bd. 3, Paris 1903.

*Molinier*, Traité . . . . . .   *Ch. Molinier*, Un traité inédit du XIIIᵉ siècle contre les hérétiques cathares, in: Annales de la Faculté des lettres de Bordeaux 5 (1883) S. 226–255.

*Mollat* . . . . . . . . . . . . .   s. Gui Manuel.

*Moeller* . . . . . . . . . . . . .   *W. Moeller*, Lehrbuch der Kirchengeschichte, 2. Aufl., Bd. 2, hsg. *G. Kawerau*, Tübingen 1893.

Monet. Crem......... Moneta Cremonensis O. P., Adversus Catharos et Valdenses libri quinque, hsg. *Th. A. Ricchini O. P.*, Rom 1743.

Monum. Bologn. ..... Monumenti istorici della Romagna, Serie 1: Statuti, Statuti di Bologna (1245–1267), 3 Bände, Bologna 1869–1877.

Monum. Parm........ Monumenta historica ad provincias Parmensem et Placentinam pertinentia, 12 Bände, Parma 1855–1869.

*Morghen,* Libertà ..... *R. Morghen,* Libertà, gerarchia e chiesa nel pensiero del medioevo, in: Rivista Storica Italiana 58 (1941) S. 439–460.

*Morghen,* Medioevo ... *Ders.,* Medioevo cristiano (Biblioteca di cultura moderna, Nr. 491), Bari 1951.

*Morghen,* Osservazioni *Ders.,* Osservazioni critiche su alcune questioni fondamentali riguardanti le origini e i caratteri delle eresie medioevali, in: Archivio della R. Deputazione Romana di Storia Patria 67 (1944) S. 97–151 (Verändert wiederabgedruckt bei *Morghen,* Medioevo 212–286).

*Mornay* ............. *Ph. de Mornay,* Mysterium iniquitatis seu historia papatus, 2. Aufl., Saumur 1612.

*Mosheim,* Institutiones *J. L. v. Mosheim,* Institutionum historiae ecclesiasticae libri quattuor, Helmstedt 1755 (zuerst erschienen 1737–1741).

*Mosheim,* Versuch .... *Ders.,* Versuch einer unpartheyischen und gründlichen Ketzergeschichte, Helmstedt 1746.

*Motte* .............. *A. R. Motte O. P.,* Une fausse accusation contre Abélard et Arnaud de Brescia, in: Revue des sciences philosophiques et théologiques 22 (1933) S. 27–46.

MPL................ *J. P. Migne* u.a., Patrologiae cursus completus. Series latina, 221 Bände, Paris 1844–1864.

*Müller,* KG .......... *K. Müller,* Kirchengeschichte, Bd. 1, Freiburg i. Br. 1891 (Neuauflage 1895).

*Müller,* Waldenser .... *Ders.,* Die Waldenser und ihre einzelnen Gruppen bis zum Anfang des 14. Jahrhunderts, Gotha 1886 (zuerst erschienen in: Theologische Studien und Kritiken [1886] S. 665–732; [1887] S. 45–146).

*Muratori,* Antiq....... *L. A. Muratori,* Antiquitates Italicae medii aevi, 6 Bände, Mailand 1738–1742.

*Muratori,* Scr. ....... *Ders.,* Rerum Italicarum scriptores ab anno aerae christianae 500 ad 1500, 25 Bände, Mailand 1723 bis 1751.

*Muratori,* Scr. ed. nov.. *Dass.,* Neuausgabe, hsg. *G. Carducci* u. a., 1900 ff.

Neander . . . . . . . . . . . .  A. Neander, Allgemeine Geschichte der christlichen Religion und Kirche, Band 4–5, Hamburg 1836–1845.

Neuß . . . . . . . . . . . . . .  W. Neuß, Die Kirche des Mittelalters, Bonn 1946.

Newman . . . . . . . . . . .  L. J. Newman, Jewish Influence on Early Christian Reform Movements (Columbia University Oriental Studies, Nr. 23), New York 1925.

Nigg, Ketzer . . . . . . . .  W. Nigg, Das Buch der Ketzer, Zürich 1949.

Nigg, KG . . . . . . . . . . .  Ders., Die Kirchengeschichtsschreibung. Grundzüge ihrer historischen Entwicklung, München 1934.

Obolensky . . . . . . . . . .  D. Obolensky, The Bogomils. A Study in Balkan Neo-Manichaeism, Cambridge-G. B. 1948.

Opitz . . . . . . . . . . . . . .  G. Opitz, Über zwei Codices zum Inquisitionsprozeß, Cod. Cas. 1730 und Cod. des Archivio Generalizio dei Domenicani II 63, in: Quellen und Forschungen aus italienischen Archiven und Bibliotheken 28 (1937–1938) S. 75–106.

Ostrogorsky . . . . . . . .  G. Ostrogorsky, Geschichte des byzantinischen Staates (Byzantinisches Handbuch, Teil 1, Bd. 2), München 1940 (2. Aufl. 1952).

Perrens . . . . . . . . . . . . .  F.-T. Perrens, Saint Pierre Martyr et l'hérésie des Patarins à Florence, in: Revue historique 2 (1876) S. 337–366.

Pètrement, Histoire . . .  S. Pètrement, Le dualisme dans l'histoire de la philosophie et des religions (La montagne Sainte-Geneviève, Nr. 5), Paris 1946.

Pètrement, Platon . . . . .  Dies., Le dualisme chez Platon, les Gnostiques et les Manichéens (Bibliothèque de philosophie contemporaine), Paris 1947.

Petr. Mart. . . . . . . . . . .  S. Petrus Martyr O. P. (?), Summa contra Patarenos. Ausgabe im Auszug: Kaeppeli 320–335.

Petr. Sarn. . . . . . . . . . . .  Petrus Vallium Sarnaii monachus, Hystoria Albigensis, hgs. P. Guébin – E. Lyon (Société de l'Histoire de France), 3 Bände, Paris 1926–1939.

Petr. Ven. . . . . . . . . . . .  Petrus Venerabilis, Tractatus adversus Petrobrusianos. Ausgabe: MPL 189, Sp. 719–850.

Peyrat . . . . . . . . . . . . . .  N. Peyrat, Histoire des Albigeois. Les Albigeois et l'Inquisition, 3 Bände, Paris 1870–1872.

Pfister . . . . . . . . . . . . . .  Ch. Pfister, Études sur le règne de Robert le Pieux (996–1031) (Bibliothèque de l'École des Hautes Études, Bd. 64), Paris 1885.

Picotti . . . . . . . . . . . . . .  G. B. Picotti, I Caminesi e la loro signoria in Treviso del 1283 al 1312, Livorno 1905.

Pincherle . . . . . . . . . . .  A. Pincherle, Rezension zu Morghen, Osservazioni, in: Rivista Storica Italiana 60 (1948) S. 607–619.

Pollock – Maitland . . . . . F. Pollock – F. W. Maitland, The History of English Law before the time of Edward I, 2. Aufl., Bd. 2, Cambridge-G. B. 1911.

Pouzet . . . . . . . . . . . . . Ph. Pouzet, Les origines lyonnaises de la secte des Vaudois, in: Revue d'histoire de l'église de France 22 (1936) S. 5–37.

PRE . . . . . . . . . . . . . . . Realenzyklopädie für protestantische Theologie und Kirche, 3. Aufl., 24 Bände, Leipzig 1896–1913.

Preger, David . . . . . . . . W. Preger, Der Tractat des David von Augsburg über die Waldesier, in: Abhandlungen der Histor. (III.) Cl. der Kgl. Bayerischen Akademie der Wissenschaften, Bd. 14, Abt. 2, München 1876, S. 183–235.

Preger, Mystik . . . . . . . Ders., Geschichte der deutschen Mystik im Mittelalter, 3 Bände, Leipzig 1874–1893.

Preger, Waldesier . . . . . Ders., Beiträge zur Geschichte der Waldesier im Mittelalter, in: Abhandlungen der Histor. (III.) Cl. der Kgl. Bayerischen Akademie der Wissenschaften, Bd. 13, Abt. 1, München 1875, S. 181–250.

Pseud. Rain. . . . . . . . . (Pseudo-)Rainerius, Summa de Catharis et Pauperibus de Lugduno. Ausgabe: MBP 25, S. 262–277.

Puech – Vaillant . . . . . . H.-Ch. Puech – A. Vaillant, Le traité contre les Bogomiles de Cosmas le Prêtre (Travaux publiés par l'Institut d'Études Slaves, Nr. 21), Paris 1945.

Rad. Cogg. . . . . . . . . . Radulphus de Coggeshall, Chronicon anglicanum, hsg. J. Stevenson (Rerum Britannicarum medii aevi scriptores, Nr. 66), London 1875.

Rad. Glab. . . . . . . . . . . Raoul Glaber, Les cinq livres de ses Histoires (900 bis 1044), hsg. M. Prou (Collection de textes, Nr. 1), Paris 1886.

Rahn . . . . . . . . . . . . . . O. Rahn, Kreuzzug gegen den Gral, Freiburg i. Br. 1933.

Rain. Sacc. . . . . . . . . . Rainerius Sacconi O. P., Summa de Catharis et Pauperibus de Lugduno. Ausgabe: Dondaine, Liber 64–78.

Randall . . . . . . . . . . . . J. H. Randall, The Making of the Modern Mind, 2. Aufl., Cambridge-U.S.A. 1940.

RE . . . . . . . . . . . . . . . . Pauly – Wissowa – Kroll, Realenzyklopädie der klassischen Altertumswissenschaft, Stuttgart 1893 ff.

Reagan . . . . . . . . . . . . J. C. Reagan, Did the Petrobrusians teach salvation by faith alone? in: The Journal of Religion 7 (1927) S. 81–91.

Rébelliau . . . . . . . . . . . A. Rébelliau, Bossuet, historien du Protestantisme. Étude sur l'Histoire des Variations et sur la controverse entre les Protestants et les Catholiques au 17e siècle, Paris 1891 (3. Aufl. 1908).

Reinach . . . . . . . . . . . . . S. Reinach, Les survivances européennes du Catharisme, in: Compte-rendu du V^e Congrès international des sciences historiques, Brüssel 1923, S. 188 f.

Reitzenstein . . . . . . . . . R. Reitzenstein, Die Vorgeschichte der christlichen Taufe, Leipzig–Berlin 1929.

Reitzenstein–Schaeder . R. Reitzenstein–H. H. Schaeder, Studien zum antiken Synkretismus aus Iran und Griechenland (Studien der Bibliothek Warburg), Leipzig–Berlin 1926.

Reuter . . . . . . . . . . . . . . H. Reuter, Geschichte der religiösen Aufklärung im Mittelalter, 2 Bände, Berlin 1875–1877.

Réville . . . . . . . . . . . . . . A. Réville, Les Albigeois, in: Revue des deux mondes, Bd. 16, Teil 3 (1874) S. 42–76.

RGG . . . . . . . . . . . . . . . Die Religion in Geschichte und Gegenwart, 2. Aufl., 5 Bände, Tübingen 1927–1931.

Ricchini . . . . . . . . . . . . s. Monet. Crem.

Ripoll . . . . . . . . . . . . . . Th. Ripoll O. P., Bullarium ordinis Fratrum Praedicatorum, Bd. 1, Rom 1729.

Ristori . . . . . . . . . . . . . . G. B. Ristori, I Paterini in Firenze nella prima metà del secolo XIII, in: Rivista storico-critica delle scienze teologiche 1 (1905) S. 10–23, 328–341, 754 bis 760.

Rit. lat. . . . . . . . . . . . . . Fragmentum ritualis Catharorum. Ausgabe: Dondaine, Liber 151–165.

Rit. prov. . . . . . . . . . . . Rituel cathare en langue provençale. Ausgabe: Clédat IX–XXVI; Faksimiledruck: Clédat 470–482.

Roché . . . . . . . . . . . . . . D. Roché, Le Catharisme, 2. Aufl. (Institut d'Études Occitanes), Toulouse 1947 (zuerst erschienen Carcassonne 1937).

Rog. Hov. . . . . . . . . . . . Roger de Hovedene, Chronica, hsg. W. Stubbs (Rerum Britannicarum medii aevi scriptores, Nr. 51), 4 Bände, London 1868–1871.

Roth . . . . . . . . . . . . . . . F. W. E. Roth, Die Visionen und Briefe der hl. Elisabeth, sowie die Schriften der Äbte Ekbert und Emecho von Schönau, 2. Aufl., Brünn 1886.

Runciman . . . . . . . . . . . St. Runciman, The Medieval Manichee. A Study of the Christian Dualist Heresy, Cambridge-G. B. 1947.

Sadnik . . . . . . . . . . . . . . L. Sadnik, Religiöse und soziale Reformbewegungen bei den slawischen Völkern, 1. Teil, in: Blick nach Osten, Bd. 1, Heft 3–4 (1948) S. 46–54.

Sandius . . . . . . . . . . . . . Chr., Sandius, Nucleus historiae ecclesiasticae, exhibitus in historia Arianorum, Köln 1676.

Sanesi . . . . . . . . . . . . . . G. Sanesi, Un episodio d'eresia nel 1383, in: Bullettino Senese di Storia Patria 3 (1896) S. 384–388.

*Sbaralea* . . . . . . . . . . . . *J. H. Sbaralea O. F. M. Conv.*, Bullarium Francisca-
num, 4 Bände, Rom 1759–1768.

*Schaeder*, Manichäis-  H. H. *Schaeder*, Der Manichäismus nach neuen Fun-
mus . . . . . . . . . . . . . . . den und Forschungen, in: Orientalische Stimmen
zum Erlösungsgedanken (Morgenland, Heft 28),
Leipzig 1936, S. 80–109.

*Schaeder*, Urform . . . . . *Ders.*, Urform und Fortbildungen des manichäischen Systems, in: Vorträge der Bibliothek Warburg
1924/25, Leipzig–Berlin 1927, S. 65–157.

*Schaeder*, Zarathustra . . *Ders.*, Zarathustras Botschaft von der rechten Ordnung, in: Corona 9 (1940) S. 575–602.

*Schmaus* . . . . . . . . . . . . *A. Schmaus*, Der Neumanichäismus auf dem Balkan, in: Saeculum 2 (1951) S. 271–299.

*Schmid* . . . . . . . . . . . . *H. Schmid*, Der Mystizismus des Mittelalters in seiner Entstehungsperiode, Jena 1824.

*Schmidt* . . . . . . . . . . . . *Ch. Schmidt*, Histoire et doctrine de la secte des Cathares ou Albigeois, 2 Bände, Paris–Genf 1849.

*Schmitz* . . . . . . . . . . . . *H. J. Schmitz*, Die Bußbücher und die Bußdisziplin
der Kirche, Mainz 1883.

*Schnürer* . . . . . . . . . . . *G. Schnürer*, Kirche und Kultur im Mittelalter,
Bd. 2, Paderborn 1926 (2. Auflage 1929).

*Scholz* . . . . . . . . . . . . . *R. Scholz*, Unbekannte kirchenpolitische Streit-
schriften aus der Zeit Ludwigs des Bayern
(1327–1354) (Bibliothek des Kgl. Preußischen Historischen Instituts in Rom, Bd. 9–10), 2 Bände, Rom
1911–1914.

*Schramm* . . . . . . . . . . . *P. E. Schramm*, Kaiser, Rom und Renovatio. Studien
und Texte zur Geschichte des römischen Erneue-
rungsgedankens vom Ende des karolingischen Reiches bis zum Investiturstreit (Studien der Bibliothek
Warburg), 2 Bände, Leipzig 1929.

*Schroeckh* . . . . . . . . . . *J. M. Schroeckh*, Christliche Kirchengeschichte,
Bd. 23, Leipzig 1796.

*Schultz-Gora* . . . . . . . . *O. Schultz-Gora*, Altprovenzalisches Elementar-
buch, 5. Aufl., Heidelberg 1936.

*Serena* . . . . . . . . . . . . . *A. Serena*, Fra gli eretici trevigiani, in: Archivio Ve-
neto-Tridentino 3 (1923) S. 169–202.

*Smedt* . . . . . . . . . . . . . *Ch. de Smedt S. J.*, Les sources de l'histoire de la croisade contre les Albigeois, in: Revue des questions
historiques 16 (1874) S. 433–481.

*Söderberg*, Cathares . . . *H. Söderberg*, La religion des Cathares. Étude sur le
gnosticisme de la basse antiquité et du moyen âge,
Uppsala 1949.

*Söderberg*, Rezension . . *Ders.*, Rezension zu *Runciman*, in: Kyrkohistorisk
Arsskrift 47 (1947) S. 286–292.

Solari . . . . . . . . . . . . . .  G. Solari, Di un inedito trattato neo-manicheo del secolo XIII e del suo presunto autore Giovanni di Lugio bergamasco, in: Atti della R. Accademia delle Scienze di Torino, Cl. di scienze mor., stor. e filolog., Bd. 75, Teil 2 (1940) S. 409–435.

Srbik . . . . . . . . . . . . . .  H. Ritter v. Srbik, Geist und Geschichte vom deutschen Humanismus bis zur Gegenwart, 2 Bände, München–Salzburg 1950–1951.

SS. rer. Germ. . . . . . . . .  Scriptores rerum Germanicarum in usum scholarum ex Monumentis Germaniae Historicis recusi, Hannover–Leipzig 1841 ff.

Stefano, Bilychnis . . . . .  A. de Stefano, Saggio sull'eresia medievale nei secoli XII e XIII, in: Bilychnis 4 (1914) S. 163–175; 5 (1915) S. 24–47 (Veränderter Wiederabdruck bei Stefano, Riformatori 345–383).

Stefano, Catari . . . . . . .  Ders., Catari, in: Enciclopedia Italiana di scienze, lettere ed arti, Bd. 9, Rom–Mailand 1931, S. 434–436.

Stefano, Riformatori . . .  Ders., Riformatori ed eretici del medioevo, Palermo 1938.

Steph. Borb. . . . . . . . . .  Stephanus de Borbone O. P., De septem donis spiritus sancti. Ausgabe in Auszügen: Lecoy.

Steude . . . . . . . . . . . . . .  G. Steude, Über den Ursprung der Katharer, in: Zeitschrift für Kirchengeschichte 5 (1882) S. 1–12.

Strange . . . . . . . . . . . . .  s. Caes. Heist.

Tellenbach . . . . . . . . . .  G. Tellenbach, Libertas. Kirche und Weltordnung im Zeitalter des Investiturstreites (Forschungen zur Kirchen- und Geistesgeschichte, Bd. 7), Stuttgart 1936.

Theloe . . . . . . . . . . . . . .  H. Theloe, Die Ketzerverfolgungen im 11. und 12. Jahrhundert (Abhandlungen zur mittleren und neueren Geschichte, Heft 48), Berlin–Leipzig 1913.

Théry . . . . . . . . . . . . . .  G. Théry O. P., Autour du décret de 1210, Bd. I: David de Dinant. Étude sur son panthéisme matérialiste (Bibliothèque thomiste, Bd. 6), Kain 1925.

Thompson . . . . . . . . . .  J. W. Thompson, Catharist social ideas in medieval French romance, in: The Romanic Review 27 (1936) S. 99–104.

Thompson–Holm . . . .  J. W. Thompson – B. J. Holm, A History of Historical Writing, 2 Bände, New York 1942.

Tocco, Eresia . . . . . . . . .  F. Tocco, L'eresia nel medio evo, Florenz 1884.

Tocco, Ordini . . . . . . . .  Ders., Gli ordini religiosi e l'eresia, in: Gli albori della vita italiana, Conferenze tenute a Firenze nel 1890, Mailand 1895, S. 204–226.

Tonini . . . . . . . . . . . . . .  L. Tonini, Storia civile e sacra Riminese, Bd. 2–3, Rimini 1856–1862.

Toynbee . . . . . . . . . . .  A. J. Toynbee, A Study of History, 2. Aufl., 6 Bände,
London 1951.

Trithem. Chron. . . . . .  Johannes Trithemius, Chronicon Hirsaugense, 2
Bände, St. Gallen 1690.

Troeltsch . . . . . . . . . . .  E. Troeltsch, Die Soziallehren der christlichen Kirchen und Gruppen (Gesammelte Schriften, Bd. 1),
Tübingen 1912.

Turberville, Heresy . . . .  A. S. Turberville, Medieval Heresy and the Inquisition, London 1920.

Turberville, History . . .  Ders., Heresies and the Inquisition in the middle
ages, c. 1000–1305, in: The Cambridge Medieval Hi-
story, Bd. 6, Cambridge-G. B. 1936, S. 699–726.

Turdeanu . . . . . . . . . .  E. Turdeanu, Apocryphes bogomiles et apocryphes
pseudo-bogomiles, in: Revue de l'histoire des reli-
gions 138 (1950) S. 22–52, 176–218.

Vacandard, Inquisition  E. Vacandard, L'Inquisition. Étude historique et critique sur le pouvoir coercitif de l'Église, Paris 1907.

Vacandard, Origines . .  Ders., Les origines de l'hérésie albigeoise, in: Revue
des questions historiques, N. S. 11 (1894) S. 50–83.

Vaissète . . . . . . . . . . . .  C. de Vic–J. Vaissète O. S. B., Histoire générale de
Languedoc, 5 Bände, Paris 1730–1745.

Vaissète–Dulaurier . . .  Dass., Neuausgabe, hsg. E. Dulaurier u. a., 15 Bände,
Toulouse 1872–1892.

Valois . . . . . . . . . . . . . .  N. Valois, Guillaume d'Auvergne, sa vie et ses ouv-
rages, Paris 1880.

Varga, Cardinal . . . . . .  L. Varga, Peire Cardinal était-il hérétique? in: Revue
de l'histoire des religions 117 (1938) S. 205–231.

Varga, Cathares . . . . . .  Dies., Les Cathares sont-ils dès Néomanichéens ou
des Néognostiques? in: Revue de l'histoire des reli-
gions 120 (1939) S. 175–193.

Varga, Problème . . . . . .  Dies., Un problème de méthode en histoire religieuse: Le Catharisme, in: Revue de synthèse 11
(1936) S. 133–143.

Vernet, Albigeois . . . . .  F. Vernet, Albigeois, in: Dictionnaire de théologie
catholique, Bd. 1, 1, Paris 1930, S. 677–687.

Vernet, Cathares . . . . . .  Ders., Cathares, in: Dictionnaire de théologie catholique, Bd. 2, 2, Paris 1932, S. 1987–1999.

Vidal, Doctrine . . . . . . .  J. M. Vidal, Doctrine et morale des derniers ministres albigeois, in: Revue des questions historiques,
N.S. 41 (1909) S. 357–409; 42 (1909) S. 5–48.

Vidal, Ministres . . . . . .  Ders., Les derniers ministres de l'Albigéisme en Languedoc. Leurs doctrines, in: Revue des questions hi-
storiques, N. S. 35 (1906) S. 57–107.

Vignier . . . . . . . . . . . . .  N. Vignier, Recueil de l'histoire de l'Église, Leiden
1601.

Volpe ............... *G. Volpe,* Movimenti religiosi e sette ereticali nella società medievale italiana (secoli XI–XIV), 2. Aufl., Florenz 1926 (zuerst erschienen 1922).

Walch .............. *Ch. W. F. Walch,* Entwurf einer vollständigen Historie der Ketzereien, Spaltungen und Religionsstreitigkeiten bis auf die Zeiten der Reformation, 11 Bände, Leipzig 1762–1785.

Walter .............. *J. v. Walter,* Die ersten Wanderprediger Frankreichs. Studien zur Geschichte des Mönchtums, Neue Folge, Leipzig 1906.

Warner ............. *H. J. Warner,* The Albigensian Heresy (Studies in Church History), London 1922 (2. Band New York 1928).

Weber .............. *M. Weber,* Wirtschaft und Gesellschaft, 3. Aufl., Halbband 1, Tübingen 1947.

Welter .............. *G. Welter,* Histoire des sectes chrétiennes des origines à nos jours (Bibliothèque historique), Paris 1950.

Wilmart ............ *A. Wilmart O. S. B.,* Une lettre sur les Cathares du Nivernais (v. 1221), in: Revue Bénédictine 47 (1935) S. 72–74.

Windelband ........ *W. Windelband,* Lehrbuch der Geschichte der Philosophie, hsg. *H. Heimsoeth,* 14. Aufl., Tübingen 1948.

Wulf ............... *M. de Wulf,* Histoire de la philosophie médiévale, 6. Aufl., 2 Bände, Löwen–Paris 1934–1936.

Zanoni ............. *L. Zanoni,* Gli Umiliati nei loro rapporti con l'eresia, l'industria della lana ed i comuni nei secoli XII e XIII (Bibliotheca historica Italica, Serie 2, Bd. 2), Mailand 1911.

Zöckler ............ *O. Zöckler,* Neu-Manichäer, in PRE 13, S. 757–770.

# Nachwort

von Alexander Patschovsky

Es geschieht nicht oft, daß mehr als ein Menschenalter nach Erscheinen das Erstlingswerk eines Mittelalter-Historikers als Taschenbuchausgabe einer breiteren Öffentlichkeit präsentiert wird. Das ist ein Ereignis, dem wenigstens drei Ursachen zugrunde liegen: (1) ein waches Interesse der lesenden Öffentlichkeit am Stoff, (2) das Fehlen adäquater jüngerer Darstellungen, und vor allem: (3) der Charakter des großen Wurfs, der dem Werke selbst eignet.

Arno Borsts Katharerbuch war nach der großen ersten wissenschaftlich zu nennenden Gesamtdarstellung des Elsässers Charles Schmidt (1849) die ein Jahrhundert Forschungsdiskussion abschließende Synthese. Das war nicht irgendein Jahrhundert und nicht irgendeine Forschungsdiskussion, sondern darin hatte die moderne Geschichtswissenschaft zu sich selbst gefunden in Form exakter Quellenforschung und -erschließung wie spannungsreicher geistiger Verständnisansätze. Steht Charles Schmidt am Ausgang der älteren, sich im Zeichen des Konfessionalismus artikulierenden Historiographie und zugleich am Beginn der modernen geschichtswissenschaftlichen Disziplin, so Arno Borst, wenn auch nicht gerade an deren Ende, so doch an einer ihrer Etappengrenzen. Es ist die Grenze des mit dem Begriff Geistesgeschichte bezeichneten Verständnishorizontes. Das ist Geschichte begriffen als Raum, in dem Menschen ihrem Dasein einen Sinn abzuringen suchen und in dem Geschehen folglich vor allem eines ist: Sinnträger geistiger Konzepte. Das ist fern von strukturalistischen Betrachtungsweisen, wie sie in unseren Tagen dominieren, wo das soziale und ökonomische Beziehungsgeflecht als die den Menschen bestimmende Größe Hauptgegenstand der Betrachtung ist.

Man träfe jedoch nicht den Kern der Sache, wertete man Borsts

Katharerbuch lediglich als die späte Frucht einer besonders im deutschen Bereich zu reicher Blüte gelangten historiographischen Tradition. Die Aktualität des Werkes liegt vielmehr darin, daß es zugleich Sehweisen erprobte, die erst in den letzten Jahrzehnten die geschichtswissenschaftliche Diskussion zu bestimmen begonnen haben: Das ist das Interesse an kollektiven Einstellungen, also die Frage, was Menschen nicht als Individuen, sondern als Gruppen geistig bewegte und zu ihrem Handeln brachte.

Es sind daher drei Determinanten, die Borsts Katharern das Gepräge geben: (1) die Ketzergruppe als geistige Gemeinschaft, (2) der Geist dieser Gemeinschaft als Sonderform europäischen Geistes, und schließlich (3) Geist und Gruppe als in und von Zeit und Raum veränderten, d. h. geschichtlichen Größen.

Von diesen drei Fluchtpunkten her ist Borsts Werk entworfen worden. In drei Richtungen führte er es aus:

(1) In einem ersten Abschnitt untersuchte er den Reflex, den der Katharismus im abendländischen Schrifttum hervorgerufen hat. Schon dieses Vorgehen ist ungewöhnlich. Nicht so sehr, daß das 11. Jahrhundert, die umstrittene Früh- oder Vorphase des Katharismus, mit in die Betrachtung einbezogen wurde, sondern daß Borst die geistige Auseinandersetzung mit dem Phänomen des Dualismus als Weltanschauung über die Jahrhunderte hinweg als einen einheitlichen geistigen Raum begreift, in dem die Schriften der Katharer selbst, ihrer Gegner und der um das Verständnis ihrer beider Denken und Erscheinung ringenden Historiker auf ein und dieselbe Ebene gestellt werden. Das ist etwas gänzlich anderes als die für eine Dissertation obligate Auslassung über Quellen und Literatur. Sondern indem Borst dieses Obligo in meisterhafter Weise nebenher auch erfüllt, liefert er ein Kabinettstück geistesgeschichtlicher Betrachtungsweise. Denn im Spiegel der geistigen Auseinandersetzung mit der dualistischen Weltsicht wird bei Borst nicht weniger als das Abenteuer der schmerzhaften Geburt und der widerspruchsvollen Entfaltung des europäischen Geistes insgesamt sichtbar.

(2) Der zweite Großabschnitt bietet so etwas wie die historische Morphologie des Katharismus. Der Bogen wird gespannt von den dualistischen Vorläufern im Iran Zarathustras über Mani,

Gnosis, Paulikianer, Bogomilen und schließlich über die in ihrer Zeit als heterodox empfundenen Erscheinungen der genuin abendländischen religiösen Bewegung des 11. und frühen 12. Jahrhunderts zu den Katharern selbst, die uns im Abendland erstmals zweifelsfrei 1143 in Köln begegnen, und von diesen ersten Katharern bis zum Verrinnen der Bewegung im 14. Jahrhundert. Zur Darstellung kommt ihre Geschichte als Wirkungszusammenhang von Personen, Institutionen, äußerer Erscheinung innerer religiös-moralischer und -dogmatischer Befindlichkeiten; dies alles stets im Kontext der Rahmenbedingungen, welche die Umwelt dem Katharismus zu seiner Formung bot, im guten wie im schlechten. Katharismus als europäische Lebensform – so könnte man diesen Abschnitt überschreiben.

(3) In einem dritten Schritt schließlich werden die Grundzüge des katharischen Glaubens behandelt. Das Aufregende dieses Abschnitts liegt in der Verbindung von systematischer und historisch-genetischer Betrachtungsweise. Die Verbindung der beiden Elemente ist nicht etwa die bloße Addition zweier für sich allein möglicher Verständnisansätze, sondern erst in deren Synthese kommt das eigentümlich Neue von Borsts Katharer-Bild zustande. Denn während die Dogmatik in dem ihr eigenen systematischen Zugriff stets der Gefahr ausgesetzt ist und bisweilen erliegt, über Zeit und Raum hinweg ein in sich geschlossenes statisches Gesamtbild für das Lehrgebäude einer religiösen Erscheinung zu konstruieren, liefert Borst das faszinierende Schauspiel vom Geschick der Erscheinungsformen einer menschlichen Grunderfahrung, die in dynamischem Prozeß der permanenten geschichtlichen Wandlung unterworfen gewesen ist. Erst wer mit Borst wie bei einem in der Retorte stattfindenden naturwissenschaftlichen Experiment beobachtet hat, wie das dualistische Grundempfinden in seinen charakteristischen Elementen dem Wirkungszusammenhang seiner historischen Bedingungen ausgesetzt war und darauf reagierte, dem wird begreiflich, worin die Chance für das Erscheinen und worin die Ursache für das Verlöschen des Katharismus zu sehen ist.

Die geistige Erscheinung des Katharismus als eine geschichtliche und damit veränderliche Größe begriffen, das Ringen um ein

Geistig-Religiöses im geschichtlichen Raum als katharische Lebensform herausgearbeitet zu haben: darin liegt in meinen Augen das Einmalige, Unverwechselbare, auch das Unverwelkbare von Borsts Verständnisansatz[1]. Es ist eine Deutung auf sicherem Fundament, schlüssig in der Argumentation, bahnbrechend in der Erschließung neuer Horizonte[2]. Ein solches Werk veraltet nie, mit ihm können allenfalls Arbeiten von ähnlich innovativer Kraft konkurrieren. Man tut der seit 1953, dem Jahr der Publikation von Borsts Buch, erschienenen einschlägigen Literatur schwerlich unrecht, wenn man ihr diesen Charakter abspricht. Nicht einmal im Punktuellen hat sich seither viel gewandelt: Antoine Dondaines grundstürzende Materialfunde lagen Borst bereits vor. Sie sind von Christine Thouzellier zum Teil neu herausgegeben worden[3], ohne daß man dabei immer einen nennenswerten Fortschritt hätte erkennen können[4], auch ihre zahlreichen Studien zur Sache[5] kamen über die Klärung verhältnismäßig nebensächlicher Details nie hinaus. Eine spürbare Verbreiterung der 1953 bekannten Materialbasis brachte – ungeachtet ihrer Mängel – die von Jean Duvernoy 1965–72 besorgte Ausgabe des in den Jahren 1318–1325 angelegten Verhörsregisters von Jacques Fournier[6], dem nachmaligen Papst Benedikt XII., auf dessen Grundlage Emmanuel Le Roy Ladurie 1975 sein epochemachendes Werk über die Welt des Pyrenäendorfs Montaillou hat schreiben können[7]. Jean Duvernoys eigene, 1976/1979 erschienene Gesamtdarstellung von Glaube und Geschichte der Katharer[8] kann sich mit Borst nicht messen: Die Gegenüberstellung von Glaube und Geschichte – die mutatis mutandis im Grunde schon von Charles Schmidt mit der Dichotomie Lehre und Leben vorgenommen wurde – ist zwar unverkennbar Borst verpflichtet, doch wird beides nur schematisch nebeneinander abgehandelt, geht gerade der fruchtbare Verständnisansatz einer historisch-genetischen Betrachtung beider Bereiche in ihrem inneren Zusammenhang verloren.

Sonst gab es viel Rauschen im Blätterwald, aber viele Früchte fielen dabei nicht zu Boden: Jahr für Jahr erscheint seit 1966 ein Band der Cahiers de Fanjeaux, in denen immer wieder einmal etwas mehr oder minder Weiterführendes über Katharer zu finden ist. In Villegly bei Carcassonne entstand vor allem durch Initiative von René Nelli 1981/2 mit dem Centre National d'Études cathares sogar ein veritables Institut zur Erforschung des Katharismus mit eigenem Mikrofilm-Archiv, eigener Bibliothek und eigener Zeitschrift[9]. Sosehr diese Initiative zu begrüßen ist und soviel sie an Veröffentlichungen hervorbrachte[10], kann ich nicht finden, daß da bislang etwas wirklich Substantielles herausgekommen ist, allenfalls Problematisches angesichts einer stark ins Populärwissenschaftliche gehenden, das okzitanische Moment überscharf akzentuierenden Sichtweise. Erfolgreicher waren nach meinem Dafürhalten amerikanische Kollegen: Walter L. Wakefield, der für Albigenserkreuzzug und Inquisition im Midi in vielen Einzelzügen Fortschritte brachte[11]. Ungemein wichtig sodann für den sozialgeschichtlichen Hintergrund der Ketzer- = Katharer-Verfolgung die Studien von John H. Mundy über Toulouse[12]. In diese Richtung weiter schreitend schließlich jüngst der vielversprechende soziologische Ansatz von James Given[13]. Als nicht minder weiterführend darf man die Arbeiten von Lorenzo Paolini bezeichnen, der die Arno Borst nur in Auszügen zugänglich gewesenen Bologneser Inquisitionsprotokolle der Jahre 1291–1310 kritisch herausgab und eindringende Untersuchungen daran anschloß[14]. Wichtige Detailstudien über das Umfeld des Katharismus im Moment seines beginnenden Siegeslaufes im Abendland während des 12. Jahrhunderts werden Raoul Manselli verdankt, während seine übergreifende, die Gesamterscheinung des Katharismus behandelnde Darstellung blaß und konventionell bleibt, keine neuen Bahnen beschreitet, sondern etwas allzu apologetisch darauf ausgerichtet ist, gemäß den Vorstellungen seines Lehrers Raffaello Morghen den Erfolg der Katharer aus genuinen abendländischen Voraussetzungen zu erklären und das dualistische Konzept nicht via bogomilischem Einfluß zu einem entscheidenden Wirkelement auf die spirituelle Kultur des Westens werden zu lassen[15]. So zutreffend diese Sicht der Dinge auch nach meinem Dafürhalten ist und sosehr sie mit Borsts Verständnis der dualistischen Häresie als einer Erscheinung harmoniert, bei der es „um die grundsätzliche Spannung im christlichen Glauben zwischen Weltabkehr und Weltzuwendung" gehe[16], so wenig führte diese Sichtweise über die Diskussion zwischen Raffaello Morghen und Antoine Dondaine prinzipiell hinaus. Am meisten vorwärts kam man an der Peripherie des Themas: Nina Garsoïan und Paul Lemerle stellten die Forschung über die armenischen und thrakischen Paulikianer auf eine völlig neue Basis[17]. Von Nutzen sind schließlich auch Gerhard Rottenwöhrers Dissertation und Habilitationsschrift zum Thema[18]; beide Schriften sind kompendienhaft kommentierte Quellenkunden, doch einen neuen Verständnisansatz bringen sie nicht.

In summa – ohne daß diese Hinweise auf jüngere Forschungen auch nur von fern den Anspruch eines auf Vollständigkeit zielenden Forschungsberichts erheben wollten –: ein Gesamtbild aus neuer Sicht ist allenfalls hier und da im Werden, und so verdienstlich alle einzelnen Fortschritte auch sind, haben sie für das von Borst herangezogene Material doch nichts von Belang an Modifikation bezüglich seiner Aussagen erbracht. Es erwies sich daher nicht einmal eine durchgreifende Überarbeitung der Fußnoten als notwendig: Wer zum Beispiel die ersten 33 Seiten als Leitfaden zur Orientierung über die Quellenlage zur Hand nimmt, findet dort, von relativ wenigen Ausnahmen abgesehen, immer noch den aktuellen Forschungsstand. Das ist nun freilich nicht nur als Kompliment für dieses Buch zu verstehen, sondern angesichts der Fülle unzureichender Ausgaben zentral wichtiger Quellen eher ein Verdikt für fast vierzig Jahre Katharer-Forschung nach Borst.

Wer dieses Buch in die Hand nimmt, hält darin einen Edelstein. Wer es liest, wird reicher. Wer sich dadurch anregen läßt, über Katharer und ihre Welt (noch) mehr wissen zu wollen oder gar etwas (noch) Besseres darüber zu schreiben, der macht den rechten Gebrauch davon.

---

[1] Er faßte seine Sicht der Dinge 1953/54 noch einmal in zwei Vorträgen zusammen, die, verschmolzen zu einem einzigen Beitrag, erst kürzlich in überarbeiteter Gestalt erschienen sind: Die dualistische Häresie im Mittelalter, in: Barbaren, Ketzer und Artisten. Welten des Mittelalters (München 1988) S. 199–231, 624 f.

[2] Das erste Echo der gelehrten Welt auf dieses Buch war durchgehend positiv,

ohne doch das eigentlich Neue zum Ausdruck zu bringen, und die Rezeption in der häresiologischen Spezialforschung war eher material-orientiert, als daß der neue Verständnisansatz fruchtbar gemacht worden wäre. An Besprechungen sei verwiesen auf Herbert Grundmann, HZ 180 (1955) S. 541–547, der die wichtigeren vorangehenden Rezensionen nennt, denen vielleicht noch die Besprechung von A. Vernet in der Bibliothèque de l'École des Chartes 112 (1954) S. 271–273 hinzuzufügen wäre.

[3] Livre des deux principes (Sources chrétiennes 198, Paris 1973); Rituel cathare (ebd. 236, Paris 1977). Beides 1939 ediert von Antoine Dondaine. Für den „Liber de duobus principiis" fand der in der vorliegenden Ausgabe weggelassene Kommentar Arno Borsts Verwendung (S. 254–318 der Erstausgabe). Zur Wertung verweise ich auf meine Besprechungen DA 33 (1977) S. 625 f. und DA 35 (1979) S. 610. Ebenfalls durch Dondaine bekannt gemacht, vielfach untersucht und in Auszügen ediert, aber erstmals von Chr. Thouzellier in kritischer Ausgabe vorgelegt wurde „Une somme anti-cathare: Le Liber contra Manichaeos de Durand de Huesca" (Spicilegium sacrum Lovaniense. Études et documents 32, Louvain 1964).

[4] Einen solchen sehe ich nur in der Ausgabe des „Liber contra Manichaeos" des Durand von Osca. Siehe auch Herbert Grundmann, in: DA 20 (1964) S. 245 f. Das gilt in etwas anderer Weise auch von der durch Kurt-Victor Selge veranstalteten Ausgabe von Durands von Osca erster anti-katharischer Schrift: des „Liber antiheresis" (2 Bde., 1967), denn dabei kam sehr viel, ja Grundlegendes für die waldensische Frühgeschichte, aber nur wenig für die Geschichte der Katharer heraus.

[5] Das meiste bequem zugänglich in den Aufsatzsammlungen „Catharisme et valdéisme en Languedoc, à la fin du XIIe et au début du XIIIe siècle" (Louvain – Paris [2]1969) und „Hérésie et hérétiques: Vaudois, Cathares, Patarins, Albigeois" (Storia e Letteratura. Raccolta di studi e testi 116, Roma 1969).

[6] Le registre d'inquisition de Jacques Fournier, évêque de Pamiers (1318–1325), 3 Bde. (Bibliothèque méridionale, 2e série 41, Toulouse 1965), zu benutzen mit der 48 Seiten umfassenden, 1972 erschienenen Korrekturliste.

[7] E. Le Roy Ladurie, Montaillou, village occitan de 1294 à 1324 (1975). Die an diesem Buch bisweilen geübte Kritik erscheint mir – sosehr sie Richtiges treffen mag – nicht frei von beckmesserischen Zügen.

[8] J. Duvernoy, Le catharisme, Bd. 1: La religion des cathares, Bd. 2: L'histoire des cathares (Toulouse [2]1976 und 1979). Das Werk ist, mit geringfügigen Ergänzungen und Korrekturen, inzwischen mehrfach nachgedruckt worden, zuletzt 1989.

[9] „Heresis. Revue d'hérésiologie médiévale". Seit 1983 erschienen 15 Hefte.

[10] Ich hebe hervor die kulturphilosophisch ausgerichteten Schriften von René Nelli, hier besonders „Les cathares ou l'éternel combat" (Paris 1972). Hingewiesen sei auch auf das fast schon enzyklopädisch anmutende Werk von Michel Roquebert, L'épopée cathare, 4 Bde. (Toulouse 1970–1989), wo – vorzüglich bebildert – das Material über Werden und Vergehen des Katharismus in Süd-

frankreich bis zur Eroberung von Montségur ausgebreitet wird. Knapp und emphatisch Anne Brenon, Le vrai visage du catharisme (Toulouse 1988).

[11] Ich hebe hervor sein Buch „Heresy, Crusade, and Inquisition in Southern France, 1100–1250" (London 1974).

[12] Vgl. nur J. H. Mundy, The Repression of Catharism at Toulouse. The Royal Diploma of 1279 (Toronto 1985), sowie ders., Men and Women at Toulouse in the Age of the Cathars (Toronto 1990).

[13] Vgl. bislang J. Given, Factional politics in a medieval society: a case study from fourteenth-century Foix, in: Journal of Medieval History 14 (1988) S. 233–250; The Inquisitors of Languedoc and the Medieval Technology of Power, in: The American Historical Review 94 (1989) S. 336–359.

[14] Die wichtigsten Titel: L'eresia a Bologna fra XIII e XIV secolo, I: L'eresia catara alla fine del duecento (Studi storici 93–96, Roma 1975); Il „De officio inquisitionis". La procedura inquisitoriale a Bologna e a Ferrara nel Trecento (Bologna 1976); Acta S. Officii Bononie ab anno 1291 usque ad annum 1310, hg. von L. P. und Raniero Orioli, 3 Bde. (Fonti per la storia d'Italia 106, Roma 1984).

[15] R. Manselli, Studi sulle eresie del secolo XII (Studi storici 5, Roma 1953, ²1975); L'eresia del male (Napoli 1963).

[16] A. Borst, Die dualistische Häresie, S. 202.

[17] N. G. Garsoïan, The Paulician Heresy. A Study of the Origin and Development of Paulicianism in Armenia and the Eastern Provinces of the Byzantine Empire (The Hague – Paris 1967); P. Lemerle, L'histoire des Pauliciens d'Asie Mineure d'après les sources grecques (Travaux et Mémoires 5, 1973, S. 1–144), dazu die von ihm gemeinsam mit Ch. Astruc u. a. veranstaltete Ausgabe „Les sources grecques pour l'histoire des Pauliciens d'Asie Mineure" (ebd. 4, 1970, S. 1–227).

[18] G. Rottenwöhrer, Der Katharismus, 3 Bde. (Bad Honnef 1982/1990); Unde malum? Herkunft und Gestalt des Bösen nach heterodoxer Lehre von Markion bis zu den Katharern (Bad Honnef 1986).

# Die Taschenbuch-Alternative

**HERDER** / SPEKTRUM

Jacques Gélis
**Das Geheimnis der Geburt**
Rituale, Volksglaube,
Überlieferung
Band 4103

**Lexikon der Religionen**
Phänomene – Geschichte –
Ideen
Herausgegeben von
Hans Waldenfels
Begründet von Franz König
Band 4090

Erika Uitz
**Die Frau in der mittelalterli-
chen Stadt**
Band 4081

Edward Schillebeeckx
**Jesus**
Die Geschichte von einem
Lebenden
Band 4070

Leszek Kolakowski
**Falls es keinen Gott gibt**
Band 4067

Martin Noth
**Die Welt des Alten Testaments**
Eine Einführung
Band 4060

Malcolm Lambert
**Ketzerei im Mittelalter**
Eine Geschichte von Gewalt
und Scheitern
Band 4047

A. Th. Khoury/L. Hage-
mann/P. Heine
**Islam-Lexikon**
Geschichte – Ideen – Gestalten
Drei Bände in Kassette
Band 4036

Joseph M. Bochenski
**Wege zum philosophischen
Denken**
Einführung in die Grundbe-
griffe
Band 4020

Hans Maier
**Die christliche Zeitrechnung**
Entstehung – Wirkung –
Widersprüche
Band 4018

Gerd Heinz-Mohr
**Lexikon der Symbole**
Bilder und Zeichen der christ-
lichen Kunst
Band 4008

**HERDER** / SPEKTRUM